KB190667

칭의의 복음

- '톰 라이트의 칭의론'에 대한 언약적, 구원론적 비평

The Gospel Of Justification

- The Conditionality in the Covernant of Grace and in the Coverantal Nomism :
  A Critic on N. T. Wright's View of Justification

Copyright © 2012 *by* Rev. Park Dong Gun, Th. M., Ph. D.
Pubilshed by Hapdong Theological Seminary Press
Kwangkyojoongang-ro 50, Yeongtong-gu, Suwon, Korea

칭의의 복음

초판 1쇄 인쇄 ∣ 2012년 2월 20일
초판 2쇄 발행 ∣ 2014년 2월 10일

지은이 ∣ 박동근
발행인 ∣ 조병수
펴낸곳 ∣ 합동신학대학원출판부
주 소 ∣ 443-791 경기도 수원시 영통구 광교중앙로 50
전 화 ∣ (031)217-0629
팩 스 ∣ (031)212-6204
홈페이지 ∣ www.hapdong.ac.kr
출판등록번호 ∣ 제22-1-1호
인쇄처 ∣ 예원프린팅 (031)957-6551
총 판 ∣ (주)기독교출판유통(031)906-9191

값 15,000원

ISBN 89-97244-04-1
*잘못된 책은 교환해드립니다

이 도서의 국립중앙도서관 출판시 도서목록(CIP)은 e-CIP 홈페이지
http://www.nl.go.kr/cip.php에서 이용하실 수 있습니다.
(CIP제어번호: CIP 2012004569)

칭의의 복음

- '톰 라이트의 칭의론'에 대한 언약적, 구원론적 비평

박동근 지음

합동신학대학원출판부

금번에 박동근 박사께서 "칭의의 복음" 제하의 책을 합신대학원 출판사를 통해 출판하게 된 것을 진심으로 축하한다. 박 박사의 "칭의의 복음"은 원래 합동신학대학원 대학교에 제출한 박사학위 논문을 많이 다듬은 후에 책으로 출판한 것이다. 따라서 본서는 학문적인 깊이와 함께 독자들이 읽는데 큰 불편 없도록 만든 귀한 저술이다. 본서는 근래에 세계적인 신학계의 주목을 끈 "바울의 새 관점"에 대한 바른 이해를 돕는데 큰 역할을 하고 또한 개혁주의적인 관점에서 "새 관점"의 문제점들을 잘 평가해 준 책이다. 성경의 진리는 죄인의 구원이 그리스도를 믿음으로만 가능하다고 가르친다. 그리고 예수를 믿는 성도들은 구원에 합당한 거룩한 삶을 예수님처럼 살아야한다고 강조한다. 그래서 믿음으로만 구원을 얻는다는 이신칭의와 성도의 삶이 율법을 지키고 삶을 거룩하게 살아야 한다는 행위의 관계가 항상 긴장의 관계로 논의되며 어느 쪽을 강조하느냐에 따라 신학적인 입장이 달라진다.

박동근 박사는 본서에서 구원은 오로지 하나님의 작품임을 강조한다. 본 추천자는 본서가 한국교회의 신학자들, 목회자들 그리고 신학지망생과 일반 성도들에게 구원에 대한 바른 이해와 성도들이 어떤 삶을 요청받고 있는지를 이해하는데 크게 기여하리라 생각하여 중심으로 추천하는 바이다.

합동신학대학원대학교 명예교수
웨스트민스터신학대학원대학교 총장
신학박사 박형용

　　박동근 박사의 귀한 책에 대해서 기쁜 마음으로 이 추천사를 씁니다. 이 책은 박 박사에게 영광스러운 책일 뿐만 아니라 한국의 신학 교육적 측면에서도 의미 있는 책이라고 할 수 있습니다. 일반적으로 신학석사 이상의 학위들(서구인들이 말하는 이른 바 higher degrees)은 국외에서 하는 것이 오랜 동안의 관례로 되어 있었고, 그것이 여러 면에서 불가피했고 또 필요한 일이었습니다. 그런데 이제 여러 다른 분야에서의 학위와 마찬 가지로 신학 석사 학위와 신학 박사 학위(Ph. D. in theology)도 국내에서도 많이 추구되고 있습니다. 그러나 그 동안 상당한 불이익이 국내 박사 학위 소지자들에게 있었던 것은 사실입니다. 그러나 이 책 등이 잘 보여 주듯이 근자에 국내에서 작성된 박사 학위 논문들이 서구에서 작성된 논문들에 비하여 손색이 없다는 것을 드러내면서 좋은 논문들을 쓰시는 분들이 늘어 가고 있습니다. 조직신학 분야에만 해도 요나단 에드워즈에 대한 귀한 논문을 쓴 이상웅 박사나 정요석 박사의 논문과 같이 이 논문도 정말 잘 쓰여진 논문이라고 할 수 있습니다. 그래서 세 분들이 축하 받아 마땅하다고 생각합니다.

　　첫째는 수년 동안 이 귀한 논문을 쓴 박 박사 자신이 축하 받아 마땅합니다. 예전 보다는 나아지긴 하였지만 자료를 구하기 어려운 국내 사정은 여전한데도 불구하고 필요한 자료들을 꾸준히 찾아 연구하면서 이 귀한 논문에 반영한 박 박사의 귀한 노력은 칭찬받아 마땅합니다.

　　둘째는 국내에서 이렇게 수준 높은 논문을 쓸 수 있도록 지도하신 김병훈 교수님의 지도를 높이 살 수 있을 것입니다. 특히 마지막 시기에는 김 교수님 자신이 목회와 연구를 병행하시며 가르치는 일까지 맡아 하시면서도 이렇게 수준 높은 논문을 쓸 수 있도록 지도하신 것은 참으로 치하 받으실 만한 일이라 사료됩니다.

셋째는 이런 박사 학위 논문을 생산해 내었을 뿐 아니라, 이를 신학 단행본으로 내기로 결정한 합동신학대학원의 여러 관계자들도 축하받아 마땅할 것입니다. 용기있는 믿음과 책을 알아보는 감식력에 감사드립니다.

이 책은 개혁파 정통주의 구원론을 아주 잘 정리해 내었다는 점에서와 특히 그와 대조되는 바울에 대한 새로운 관점의 구원론의 문제점을 드러내었다는 점에서 매우 의미 있는 책입니다. 오늘날 한국 교계 안에서도 이런 저런 방식으로 바울에 대한 새로운 관점을 상당히 수용하는 목소리들이 늘어 가는 것은 심각한 문제입니다. 어쩌면 이것은 우리 시대의 가장 심각한 이론적 문제 중의 하나라고 할 수 있을 것입니다. 그것이 받아들여지면 결국 종교개혁은 무의미한 것으로 드러나게 됩니다. 물론 우리들은 이런 당파적 사유 때문에 정통적 구원론을 옹호하는 것은 아니고, 종교 개혁적 구원론이 성경적이기 때문에 이를 지켜보려고 하는 것입니다. 그러므로 오늘 날은 종교 개혁적 구원론이 성경적이라고 생각하시는 우리들과 바울에 대한 새 관점을 수용하는 것이 성경적이라고 생각하시는 분들 사이의 여러 전선에서의 전쟁이 일어나고 있다고 할 수 있습니다. 주께서 이 논의에 이 책을 의미 있게 사용해 주시기를 원합니다.

합동신학대학원대학교 조직신학 교수

한국개혁신학회 총무

철학박사 이승구

　　박동근 박사는 훌륭한 개혁신학자이다. 그가 얼마나 부지런히 그리고 헌신적으로 그리스도의 복음을 배우고 드러내기 위해 노력을 하였는지를 지켜본 사람으로 그의 연구 결과가 책으로 출판됨을 너무나 기쁘게 생각한다. 그의 책은 오늘날 '바울의 새 관점'이라는 이름으로 복음의 이해가 굴절이 되고 있는 상황에 참으로 시의적절한 비평적 이해를 열어준다. 그 뿐만 아니라 복음에 대한 개혁주의의 언약신학적 이해를 풍성히 전달해 주고 있으므로 독자들에게 참으로 소중한 신학유산을 전달해 준다.

　　예수 그리스도의 교회는 성경의 교훈 위에 서 있다. 교회 전통도 귀하지만 잘 세워진 전통도 본래의 뜻에서 벗어나 변질되는 법이기 때문에 항상 교회는 성경의 교훈 위에서 있어야 한다. 종교개혁자들의 신학을 존중하며 학습해야 하는 이유는 그것이 중세 로마 천주교회의 전통과 다른 새로운 하나의 전통을 세웠기 때문이 아니다. 그와는 반대로 성경에 근거하여 그리스도의 복음을 이해하고 가르치는 중요성을 강조하며, 실제로 그렇게 성경을 풀어 해석하고 가르치기 때문이다. 그런 의미에서 종교개혁자들이 '오직 성경'(*sola Scriptura*)을 표어로 주장을 할 때, 그것은 교회를 그릇된 기초 위에서 오직 예수 그리스도라는 반석 위에 바르게 올려놓는 노력이었다.

　　'오직 성경으로 돌아가자'는 종교개혁자들의 외침은 그리스도의 복음을 그릇되게 이해하고 가르친 중세 로마 천주교회의 뿌리 깊은 오류들을 시정하고 바로 잡기 위한 신앙고백이었다. 그 고백은 매우 진지하였으며 진정한 것이었고 또한 치열하였다. 종교개혁자들의 헌신은 '오직 은혜'(*sola Gratia*), '오직 믿음'(*sola Fide*), '오직 그리스도'(*sola Christo*)의 표어로 요약이 되는 신학적 결정을 낳았다.

　　그리스도의 은혜로 그의 공로에 의지하여 구원이 주어지며, 어떠한 의미에서도 인간의 공로나 행위에 근거하여 구원이 주어지는 것이 아니라는 그리스도의 은혜의 복음을 밝혀냈다.

이러한 복음의 발견이 단순한 신학적 사변의 반영이 아니라, 성경의 정당한 해석을 통해 드러난 것이었음을 주목할 필요가 있다. 그렇기 때문에 그 영향력은 역사 속에 종교개혁의 한 장을 이루어낸 것이며, 오늘에까지 성경해석과 신학이 지지를 받고 있는 것이다. 특별히 이러한 종교개혁 신학은 개혁주의 신학을 통해 '은혜언약'이라는 개념적 이해를 통해서 공고하게 완성되어 갔다. 개혁주의 신학은 그리스도의 복음을 성경대로 풀어가는 본질적이며 핵심적인 중심개념으로 언약신학을 체계화 하였다.

현재 신약신학계 안에서 하나의 학문적 경향으로 새롭게 자리를 내린 '바울의 새 관점' 신학은 전통적인 종교개혁 신학의 이해를 근본에서 부정을 하며, 개혁주의 언약신학의 이해와 정면으로 충돌한다. '바울의 새 관점'은 구원의 결정이 오직 믿음만이 아니라 행위의 순종이라는 조건에 따라 이루어진다고 주장을 한다. 비록 언약 안에 들어오는 기회는 은혜로 받는다 할지라도, 그 언약 안에서 주어지는 계명의 조건을 행하지 않는다면 구원을 최종적으로 받지 못하게 된다는 이해를 제시하는 것이다. 이것은 종교개혁의 신학을 포기하고 중세 후기의 세미-펠라기우스 신학으로 되돌아가는 것을 뜻한다.

박동근 박사는 그의 박사학위 논문을 정리하여 내 놓은 책에서 이러한 '바울의 새 관점' 신학의 오류를 개혁주의 언약신학의 관점에서 올바르게 지적을 하며 적절한 비평을 제공해 준다. 복음이 어지럽게 훼손되고 있는 이 시대에 언약신학의 줄기를 따라 개혁신학을 공부하면서 성경대로 그리스도의 복음을 담고 있는 중요한 신학적 자산을 만나기를 원한다면, 누구나 이 책을 읽음으로 커다란 도움을 얻을 것임을 확신하며 적극적으로 추천을 한다.

합동신학대학원대학교 조직신학 교수
대한예수교장로회 화평교회 담임목사
철학박사 김 병 훈

　종교개혁 이래 이신칭의(以信稱義) 교리는 복음의 중심으로 여겨져 왔다. 루터
(Martin Luther)는 이 교리를 "그것과 함께 그리고 그것에 의해 교회가 서기도 하며,
그것이 없이 넘어지기도 하는 조항"[1]으로 여긴다. 칼빈은 이 교리를 '구원과 경건의
토대'로 간주한다.[2] 이들에게 이신칭의(以信稱義) 교리의 왜곡과 부인은 '흑암'으로
여겨진다.[3] 종교개혁자들과 그 계승자들은 이신칭의(以信稱義)를 부수적인 조항으로
여기지 않는다. 이들에게 이신칭의(以信稱義)는 복음의 중심 교리요 모든 교리들을
해석하는데 있어 중요한 해석학적 틀이다. 따라서 그들은 이 교리가 부정되거나
왜곡되는 것을 '흑암'으로 표현했던 것이다. 이신칭의(以信稱義) 교리는 신앙과 신학
의 토대요 교회의 토대인 것이다.

　그러나 역사 속에서 이 교리는 수많은 도전을 받아왔다. 이러한 도전은 비단 옛
일이 아니며 오늘날 우리가 직면한 현실이기도 하다. 오늘날 개신교는 칭의 교리를
수정하려는 시도들로 인해 큰 위기에 직면해 있다. 우리는 이러한 사조들 중에 특별히
'바울에 관한 새 관점'(new perspective on Paul)에 주의를 집중할 것이다. 새 관점
신학은 상당히 독특한 주장을 한다. 왜냐하면 그들은 칭의 논쟁을 구원론의 범주가
아니라 교회론의 범주 안에 놓기 때문이다. 또한 더 큰 틀에서 새로운 관점은 개신교
내에 에큐메니컬 신학(Ecumenical Theology)의 큰 흐름에 부합하는 신학을 주창하

---

1 Martin Luther, *What Luther Says: An Anthology*, ed. Ewald M. Plass, 3 vols. (St. Louis: Concordia, 1959), 2:704, n. 5, R. C. Sproul, *Faith Alone: The Evangelical Doctrine of Justification* (Grand Rapids, Michigan: Baker Books, 2006), 67에서 재인용.

2 John Calvin, *Institutes of the Christian Religion*, ed. John T. McNeil, trans. Ford Lewis Battles (New York : Westminster Press 1960), III., xi. 1. 이후 Calvin, *Institutes*, 권., 장. 절로 표시한다.

3 Sproul, *Faith Alone*, 17, 67. Cf. Luther, *What Luther Says*, 2:703.

기 때문에, 복음주의 진영 내에서 많은 관심과 지지를 모으고 있다. 뿐만 아니라 새 관점의 칭의론 수정은 로마 카톨릭과 개신교의 '공동 선언'이나 개혁주의 진영 내에 언약적 율법주의(covenant nomism) 류4와 흡사한 내용을 주장하고 있기에 더욱 주목해야 할 것이다. 바울에 관한 새 관점은 지엽적으로 다양성을 갖지만, 구원론과 언약의 조건성에 있어 반(半)-펠라기우스주의적(Semi-Pelagianism) 성향을 공유한다. 이들의 가장 큰 위험성은 1세기 유대주의와 바울의 관계에 대한 종교개혁의 주장을 극단적으로 뒤엎는다는데 있다. 새 관점은 종교개혁의 성경 읽기에 대한 패러다임의 수정이다.

바울에 관한 새 관점은, 바울이 율법주의로서 유대주의와 논쟁했으며, 바울의 이신칭의(以信稱義)는 이러한 율법주의의 대안이었다는 종교개혁의 주장을 부인한다. 그들은 1세기 유대주의가 율법주의가 아닌 은혜의 종교였다고 주장한다. 그들은 1세기 유대주의가 선택과 은혜를 통해 언약 안에 들어가 율법에 대한 순종으로 머무는 언약적 율법주의(covenant nomism) 체계라고 주장한다. 그들은, 종교개혁자들이 로마 카톨릭과의 논쟁의 정황을 바울에게 투영하므로 은혜의 종교로서 1세기 유대주의를 율법주의로 오해하는 실수를 범했다고 주장한다. 그들은, 바울과 유대주의는 언약적 율법주의 체계 아래 연속성을 가지며, 바울은 율법을 통해 언약에 머물고 순종을 통해 최종 구원을 얻는 언약적 율법주의에 대해 반대하지 않았다고 주장한다. 이러한 언약적 율법주의의 도전은 가히 '샌더스 이전과 샌더스 이후'로 불릴 만큼 신학적 대사건(sensation)이다. 이들의 도전은 종교개혁의 견해에 대하여 코페르니쿠스적 혁명으로 여겨진다.

루터에 따르면 이들의 신학은 교회를 넘어뜨리는 신학이요, 칼빈에 따르면 구원과 경건의 토대를 허무는 신학으로 여겨져야 한다. 왜냐하면 이들의 신학은 종교개혁자들이 '흑암'이라고 표현한 복음의 일식(日蝕) 현상과 동일한 것이기 때문이다. 그리고 종교개혁자들에게 흑암은 이신칭의(以信稱義) 교리의 수정과 왜곡 혹은 무관심과 동의어이기 때문이다.

---

4 개혁주의 진영 내에 노르만 쉐퍼드(Norman Shepherd)와 Federal Vision 그리고 단일언약주의자들은 구원론의 언약적 해설에 있어 유사한 주장을 하고 있으며, 이들의 신학은 새 관점과 유사성을 가진다.

이 책이 추구하는 바는 복음의 정수를 왜곡하는 바울에 관한 새 관점 신학의 오류를 드러내는 것이다. 논증의 과정을 통해 우리가 제시할 이 책의 논지는, 바울의 새 관점에 의해 은혜의 종교로 규정된 언약적 율법주의가 은혜의 종교가 아니며 반(半)-펠라기우스주의적 공로신학이라는 것이다. 이 책의 논증 목적과 결론은, 참된 은혜의 종교로서 은혜 언약이 gratia(은혜)가 아닌 sola garatia(오직 은혜)의 언약이며 구원이라는 것이다. 이들의 오류의 시작은 신인협력적인 반(半)-펠라기우스주의적 구원을 은혜의 종교로 인식하는데서 비롯된다. 또한 이들은, 마치 종교개혁이 반(半)-펠라기우스주의(Semi-Pelagianism)가 아닌 펠라기우스주의적(Pelagian) 로마 카톨릭과 논쟁한 것처럼 오해한다.[5] 그러나 언약적 율법주의와 로마 카톨릭의 구원 체계는

---

5 펠라기우스주의와 반(半)-펠라기우스주의 논쟁은 인간의 자유의지, 하나님의 주권, 은혜, 죄관의 역학 관계에 대한 이해로부터 발생한 논쟁이라 할 수 있다. 이 논문의 논지와 관련하여 펠라기우스주의와 반(半)-펠라기우스주의의 차이와 각각의 문제점들을 살피는 것이 유익하리라 생각된다. 먼저 펠라기우스주의는 5세기 서방의 금욕주의 운동의 일반적인 가르침이었고 펠라기우스가 원조로 여겨진다(D. F. Wright, "Pelagianism," *New Dictionary of Theology*, ed. S. B. Ferguson and D. F. Wright (Downers Grove, IL: InterVarsity, 1988), 499.). 펠라기우스주의는, 아담의 타락이 인간성을 손상시키지 않았다고 믿는다. 따라서 인간은 하나님의 명령을 이룰 수 있다고 믿는다. 그는 원죄 교리를 부인한다. 그는 세례 받은 신자가 완전히 거룩한 삶을 영위할 수 있다는 인간에 대한 최고의 낙관론을 가진다(Wright, "Pelagianism," 499-500.). 펠라기우스는 하나님께서 인간에게 완전한 의미의 자유의지를 창조해 주셨다고 믿는다. 그분의 명령을 순종하기 위해 은혜의 도움은 필요하지 않다. 인간은 자연적인 상태에서 순종을 할 수 있다. 자연은 선하게 창조되었기 때문이다(R. C. Sproul, 『자유의지와 믿음』, 김태곤 역 (서울: 생명의 말씀사, 2000), 31-34). 이러한 인간에 대한 낙관론은 인간 본성과 타락에 대한 펠라기우스의 이해에서 비롯된다. 그는 하나님과 그의 창조가 선하기에 죄가 인간의 본성에 침투할 수 없다고 믿는다. 천성은 본질적으로 변할 수 없고 비본질적으로(accidentally)만 변경될 수 있다. 인간은 비본질적으로 정욕을 소유하지만 그것은 죄가 아니다. 인간의 본성은 이것을 이겨낼 수 있고 완전해질 가능성을 가진다. 인간의 죽음은 원래 그런 운명으로 지어졌기 때문에 존재하는 것이며 원죄는 물려받는 어떤 것이 아니다. 그는 인간을 유기체적 전체성 안에서 보지 않고 아담을 고립된 개인으로 본다(Sproul, 『자유의지와 믿음』, 34-39.). 이처럼 펠라기우스주의는 원죄를 부인하고 인간의 가능성을 극대화하므로 은혜의 필요성을 거부하고 있는 것이다. 펠라기우스주의를 도해하자면, 그는 인간론(본질적으로 선함)-죄론(원죄 부정)-은혜(은혜는 본질적으로 필요하지 않음)의 구도 안에서 인간의 자유의지의 능력을 극도로 긍정한다.
      그렇다면 반(半)-펠라기우스주의는 어떠한가? 펠라기우스주의가 원죄를 부인하고 인간의 자유의지를 본질적으로 선한 것으로 규정하고 신학을 전개했다면, 반(半)-펠라기우스주의는 타락을 인정하지만 전적 타락을 부정하므로 발생하게 된다. 이들은 인간의 자유의지의 속박(bondage of will)을 인정하지 않고 단지 의지의 능력이 약화되었다고 가르친다. 이들에게 인간의 죄로 사망에 이른 것이 아니라 병든 것으로 여겨진다. 따라서 이들의 자유의지는 펠라기우스주의보다는 못한 것이고 개혁신학보다는 긍정적이다. 따라서 인간의 자유의지는 타락했지만 선한 것을 택할 능력이 어느 정도 살아 있기 때문에 역학적으로 은혜가 부분적으로 필요하게 된다. 따라서 이들은 전적 은혜를 주장하지 않고 은혜와 인간의 협력을 주장한다(Sproul, 『자유의지와 믿음』, 87-89.). 이들은 구원의 시작에 있어 신인협력설을 주장하고 역시 최종 구원에 있어서도 은혜와 인간의 협력을 강조한다.
      따라서 펠라기우스주의는 타락 자체가 인간의 본성에 미치는 영향력 자체를 부정하므로 인간의 의지가 자율적이고 선한 것으로 이해하는 오류를 범했고 반(半)-펠라기우스주의는 타락은 인정하나 전적 타락을 부정하므로 은혜를 인간의 자유의지와 협력하는 상대적인 가치로 전락시켰다. 은혜는 필요하지만 전적으로 필요한 것은 아니며 구원은 신인협력적인 개념으로 시작되고 진행되고 종결된다.

모두 gratia를 제시하지만 sola gratia를 부인하는 동일한 신인협력적 구원관을 가진다. 우리는 이들의 언약관과 칭의의 조건성 해설에 있어 넓은 의미의 율법주의를 함의 하고 있음을 논증할 것이다. 대조적으로 개혁신학의 은혜 언약과 구원론 안에 제시된 조건성이 오직 은혜에 부합된 것임을 논증할 것이다. 따라서 이 논문은 언약적 율법주의가 은혜의 종교가 아니며 이들의 종교 체계는 개혁신학의 은혜 언약과 이질적인 것임을 논증할 것이다.

따라서 이 책의 논증 방식은, 새 관점과 개혁신학에 함의된 '구원에 대한 언약적 이해'를 상호 비교하고 평가하는 것이다. 이러한 목적을 위해 우리는 새 관점의 신학 체계를 분석한 후, 이를 개혁신학의 성경 해석과 신조들에 비교시킬 것이다. 이러한 논증 과정에서 필자는 샌더스와 던 그리고 라이트의 신학을 분석, 비평하되, 샌더스와 던은 배경적으로 다루고 라이트의 칭의론을 중점적으로 다루려 한다.

펠라기우스주의와 반(半)-펠라기우스주의에 대해 반대한 529년 오렌지 공의회(Arausiacum)는 주목할 만한 종교회의이다. 그러나 이 공의회는 '오직 은혜'는 지켰으나 어거스틴의 예정론은 기각시키고 세례에 의한 중생을 주장하기도 한다(김영재, 『기독교 교리사 강의』 (수원: 합동신학대학원출판부, 2006), 123-124.). 샤프(Philip Schaff)가 요약한 오렌지 공의회의 신조들을 살피면, "믿음의 시작, 곧 믿고자 하는 마음조차도 은혜에 의해 이루어"지며 "자유의지가 너무나 약화되어" 선을 행할 수 있는 능력은 은혜 즉, 중생을 통해 주어진다(Philip Schaff, *History of the Christian Church*, 8 vols. (Grand Rapids: Eerdmans, 1952-53), 3:867, 869. Sproul, 『자유의지와 믿음』, 90-91에서 재인용.).

개혁신학은 전적 타락과 의지의 속박을 주장하므로 하나님의 주권과 은혜의 절대적인 필요성을 주장하였다. 그러나 개혁주의는 자유의지 자체의 존재를 부정하지 않는다. 이들은 자유의지(*liberum arbitrium*, liberty)는 남아있지만 선택의 도덕적 능력으로서 자유(*libertas*, freedom)를 상실하였다고 가르친다(Sproul, 『자유의지와 믿음』, 73.). 개혁신학이 하나님의 주권을 강조할 때, 하나님의 작정의 필연성은 강제적 필연성이나 물리적 필연성이 아니고 가정적 필연성이다. 즉, 제1원인이신 하나님은 그의 작정 안에서 모든 일을 결정하실 때에 제2원인들의 성질에 따라서 혹은 필연적으로, 혹은 자유롭게, 혹은 우유적으로 실행이 되도록 하셨다. 달리 말하면 하나님께서는 자신의 영원한 작정에 따라서 모든 일을 결정하시지만, 실행에 있어서는 제2원인들의 본질에 따라서 작정의 대상들을 움직이시며, 그것들의 고유한 작용 양식을 빼앗지 않는 방식으로 행하시는 것이다(Francis Turretin, *Institutes of Elenctic Theology*, trans. George Musgrave Giger, ed. James T. Dennision, Jr., vol. 1 (New Jersey: Presbyterian and Reformed Publishing Company, 1992), 321. 김병훈, "도르트 신경의 예정론에 관련한 이해", 『장로교회와 신학』 4 (2007): 264에서 재인용.). 따라서 개혁신학은 자유의지를 인정하지만 의지의 속박을 주장하면서 오직 은혜의 필요성을 강조한다. 결과적으로 펠라기우스주의는 은혜를 부정하는 율법주의라고 부를 수 있고 반(半)-펠라기우스주의는 은혜와 협력하는 행위를 공로로 인정하는 온건한 율법주의라고 부를 수 있다. 그러나 개혁신학은 "오직 은혜"만을 주장하는 참된 은혜의 신앙을 주장한다.

제1장
최근의 연구 동향

바울과 유대인, 바울과 유대인의 율법관 그리고 이 논의 안에 함의된 칭의에 대한 바울에 관한 새 관점(New Perspective on Paul)의 태동과 동향은 샌더스(E. P. Sanders) 이전과 샌더스 이후로 구분하여 다루어질 수 있다. 즉, 이 논제와 관련된 신학 논쟁은 새 관점과 관련하여 네 시기로 구분 된다: (1) 종교개혁이 지배적이던 시기, (2) 새 관점의 전조(前兆)가 되는 사상들의 출현 시기, (3) 새 관점의 태동 시기 그리고 (4) 마지막으로 새 관점과 이에 대한 반대들이 상호작용 아래 논쟁하는 시기. 새 관점에 의해 제시되고, 이에 대한 비평안에 제시되는 논제들은 사실 새로운 것들이 아니다. 새 관점의 논제인 바울과 유대교 혹은 율법과의 관계에 대한 관심과 종교개혁에 맞선 대안들은 실제로 종교개혁의 중심 논쟁 주제였으며, 현대 신약 신학의 바울 연구에 있어 중심 이슈들이기도 하다. 바울 연구와 관련하여 종교개혁으로부터 현대 성경 신학의 태동과 새 관점과 관련된 이슈는 언제나 '이신칭의(以信稱義)의 의미'와 '이신칭의(以信稱義)가 바울과 전체 신약성경 내에서 차지하는 역할과 위치'에 대한 것이다. 달리 말하면, 바울 신학의 중요한 이슈는 '이신칭의(以信稱義)의 의미'와 '이신칭의(以信稱義)의 위치와 역할 혹은 바울 신학의 중심'에 관한 것이다. 따라서 우리가 새 관점의 태동을 이해하려 할 때, 한편으로 바울 신학의 동향 속에서 종교개혁이 이 주제를 어떻게 지배하여 왔는지를 살피고, 다른 한편으로 현대 신학의 태동과 함께 전통적 개념을 뒤 흔들어 놓은 개신교 신학자들의 영향력을 이해해야 된다.6 특히 "20세기에 들어서서 바울 연구는 점차적으로 바울과 유대교(또는 율법)의

---

6 Joseph Plevink, S. J., 『최근 바울신학 동향』, 배용덕 역 (서울: 기독교문서선교회, 2000), 84.

관계에 주목하는 방향으로 진행되어 왔다."[7] 분명 새 관점은 이러한 신학의 역사적 변혁의 정황 안에서 태동하였다. 새 관점 자체의 특별한 정체성이 존재할지라도, 샌더스 이전과 이후의 신학 동향들의 상호 작용 안에 새 관점의 태동 및 논쟁의 진행을 이해하는 것은 중요하다. 새 관점은 분명 이전의 전조(前兆)들을 갖는다. 그럼에도 불구하고 '샌더스 이전과 이후'라는 말이 발생할 만큼 새 관점 신학의 정체성이 또한 존재한다.

1. 새 관점 이전

우선 새 관점의 전조와 태동과 관련된 바울에 관한 신약신학의 최근 동향 소개는 F. C. 바우어[8](F. C. Baur)의 1826년 Tübingen의 교수사역으로부터 시작될 수 있다. 바로 이 시점이 독일의 전통적인 루터주의 신학의 쇠퇴기와 일치하기 때문이다.[9] 이 시기 성경 주석은 급진적인 철학의 영향으로 신학적인 전체로서 성경의 가르침과 역사적인 조직신학의 지배로부터 독립하여 독자적인 방법론을 추구하게 된다. 성경은 신학의 원리와 기준의 권위를 빼앗겼고 성경 연구는 '고대 역사의 문서'로 취급되었다.[10]

20세기 신약학을 지배한 바우어는 헤겔(Hegel)의 변증법적 역사관과 절대정신(the idea of Spirit)을 통해 성경을 해석하였다.[11] 바우어는 헤겔 철학의 도식을 따라

---

7 이승문, "바울신학의 최근 연구동향: '바울에 대한 새 관점'과 갈라디아서를 중심으로", 『신학논단』 제53집 (2008): 71-72.

8 바우어의 저서들은 다음과 같다. F. C. Baur, "The Christ-party in the Corinthian Church, the Conflict Between Petrine and Pauline Christianity in the Early Chruch, the Apostle Peter in Rome," *Tübinger Zeitschrift für Theologie* 4 (1831): 61-206; F. C. Baur, *Paul, the Apostle of Jesus Christ, His Life and Work, His Epistles and His Doctrine*, 2 vols., trans. E. Zeller and A. Menzies (London & Edinburgh: Williams and Norgate, 1875).

9 G. P. Waters, *Justification and the New Perspectives on Paul: A Review and Response* (Phillipsburg, New Jersey: P&R Publishing, 1995), 3.

10 Waters, *Justification and the New Perspectives on Paul*, 3-4. cf. "결과적으로 많은 사람들이 성경을 단순히 고대 역사의 문서로서 견지하게 되었다. 사색은 성경 책들의 가능한 기원과 근원들에 관련하여 시작되었다. 성경의 '역사적 의미'를 그것의 문자적, 문법적 의미와 동일시하는 종교 개혁적 혹은 비판적 능력 발달 이전의 원칙은 폐기되었다. 그것의 입장에 있어 받아들여진, 정경적인 본문 안에서가 아니라 가정적인 이전 문서들 안에서 혹은 개인적 발췌들의 가정적으로 재구성된 삶의 정황 안에서 그것 배후에 혹은 아래서 의미를 구하는 것의 비평적 원칙이 발생하였다. 이러한 원칙은 새로운 차원에 그것의 조직신학적 정황으로부터 본문의 분리를 가져온다." Waters, *Justification and the New Perspectives on Paul*, 4.

바울 신학의 중심을 기독론(Christology)이 아닌 성령의 개념에 두었다. 즉 바우어는 바울의 교훈을 '성령과 육의 반위적 주제'(the antithetical motif)에서 찾았다.[12] 바우어에 따르면, 유한자이며 상대적인 '육'은 무한자이며 절대적인 '성령'과 대립을 이룬다.[13] 유한자 인간은 절대자 성령의 내재, 즉 성령과의 합일을 통해 절대적인 자유에 도달하여 유한성과 상대적인 것으로부터 해방되고 신인(God-man)이 된다.[14] 바우어는 이상주의적 도식을 통해 기독교는 절대적인 종교가 되고, 바울은 자유와 화해의 교리를 통해 성령 안에서 하나님과 인간의 절대적인 합일 의식에 도달한 유일한 사람이 된다.[15] 다메섹 도상에서 예수님을 만난 바울의 체험은 유한과 무한의 합일을 통한 절대 자유 획득과 유한으로부터의 해방을 표명한다. 이러한 바울의 의식은 율법주의적이고 배타적인 유대주의에 묶여 있던 초대교회와 대립 관계에 놓이게 된다.[16]

바우어의 기독교 기원에 대한 이러한 재구성은 바울 서신의 진정성과 신약 문서 연대 결정의 기준으로 작용하였다.[17] 따라서 성경의 역사는 바울-이방인 기독교(正)과 베드로, 야고보 마태-유대 기독교(反)의 충돌과 이 충돌을 숨기는 누가, 사도행전-고대 카톨릭교회(合)로 진행된다. 누가복음과 사도행전은 과거의 충돌들을 감추고 있기 때문에 바울의 진정한 서신은 양자의 충돌을 기록한 갈라디아서, 고린도 전후서 그리고 로마서라는 네 개의 서신에 한정되고 나머지 아홉 서신들은 거부된다.[18]

바우어의 바울 연구의 기여와 영향력은 다음과 같은 모양으로 제시된다. 그는 바울의 반대자들과 그들의 가르침에 대한 질문을 던지므로, 바울과 반대자들의 논쟁이 비평적 연구의 중심에 놓이게 되었다. 첫째, 이 이슈 안에서 칭의, 믿음, 행위 그리고 율법에 대한 역사적 비평적 접근들이 다음 세대의 논쟁의 양상을 모양 지웠다.[19]

---

11 Herman Ridderbos, *Paul: An Outline of His Theology* (Grand Rapids, Michigan: Wm. B. Eerdmans Publishing Company, 1982), 17.

12 Ridderbos, 16.

13 Ridderbos, 16.

14 Ridderbos, 16.

15 Ridderbos, 16.

16 Ridderbos, 16.

17 Ridderbos, 17.

18 Waters, *Justification and the New Perspectives on Paul*, 4-5.

둘째, 바우어는 바울의 율법관과 복음의 관계 그리고 이 질문에 대한 바울과 반대자들의 차이점을 묻는다. 바우어는 이 질문에 대하여 바울과 동시대 유대인들 사이에 거리를 만드는 식으로 답하였으며, 바울이 유대적 믿음의 영향을 받았는지 헬라적 믿음에 영향을 받았는지를 묻는다.[20] 셋째, 바우어는 바울 신학의 중심 문제를 제기하였다. 바우어는 이 질문에 대하여 헤겔의 유한성과 절대성을 통하여 재해석된 "오직 믿음에 의한 이신칭의(以信稱義)와 성령"을 바울 신학의 두 중심축이라 답하였다.[21] 이후 신약 학자들은 바울 신학의 중심을 법정적 측면에 놓을 지 갱신적 측면에 놓을 지를 논쟁하게 된다. 이 모든 질문들과 관심은 향후 역사적 비평적 학자들의 논쟁 장소가 되었다.

19세기 말과 20세기 초 세 가지 신학 운동 안에서 우리가 제시한 바울 신학의 이슈들이 논쟁되었다. 이들은 자유주의(the Liberalism), 종교사학파(the History of Religion School), 슈바이처(Albert Schweitzer)에 속한 운동이다.

첫째, 19세기 후반 헤겔의 변증법에 대한 반론이 제기되면서, 바우어의 입장에 대한 수정과 반론에 제기되었다.[22] 바우어와 마찬가지로 자유주의는 바울 신학의 출발점으로 성령론을 취하였지만, 바우어처럼 헤겔의 철학이 아닌 헬라의 인간론에 의해 접근했다.[23] 즉, 이들은 희랍적 인간론인 '영과 육의 싸움 사상'을 통해 바울 신학을 전개한다. 여기서 영과 육의 대칭은 헤겔의 변증법적 의미가 아니라 인간 안에 있는 대립으로 '고등한 이성적 원리'(πνεῦμα)와 '열등한 감각적 원리'(σάρξ)의 대립이다.[24] 열등한 감각적 원리에서 벗어나는 길은 '그리스도와 함께'(with Christ) 혹은 '그리스도 안에'(in Christ) 그리스도와 연합하는 데 있다. 그리고 이러한 연합의 결과는 윤리적 실현이다.[25] 따라서 칭의를 바울 신학의 중심으로 여기며, 영과 육의 싸움으로서 성화를 연관시킨 종교개혁과 달리, 자유주의는 유대주의로부터의 법정적

---

[19] Waters, *Justification and the New Perspectives on Paul*, 6.
[20] Waters, *Justification and the New Perspectives on Paul*, 6.
[21] Waters, *Justification and the New Perspectives on Paul*, 6.
[22] 박형용, 『바울 신학』 (수원: 합신대학원출판부, 2008), 38.
[23] Ridderbos, 17.
[24] Ridderbos, 18.
[25] Ridderbos, 18.

계열을 영과 육의 대조로부터 표현되는 신비적이고 윤리적인 계열과 분리시키고[26] 도덕적이고 갱신적 측면을 바울 신학의 중심에 놓으려 한다. 즉, 자유주의는 바우어의 두 중심을 부인하며 양자가 양립될 수 없음을 강조하였다. 그러나 홀츠만(H. J. Holtzmann)은 자유주의 해석에 있어 일종의 전환점과 극치로 표현되는 통찰을 제시한다. 그는 바울 신학에 있어 헬라적 혹은 히브리적 영향(외부적 영향)보다 바울 자신의 다메섹 체험(내부적 경험)을 강조한다.[27] 홀츠만에 따르면, 다메섹 사건은 곧 이어 객관적 구원 교리로 선포할 그것의 첫 주관적 체험이었다.[28] 이 사건을 통해 바울은 유대주의 특권의식을 버리고 '그리스도와 함께 죽고 사는 것'을 의미하는 연합을 통한 도덕적 실현을 자신의 신학의 중심으로 삼게 된 것이다.[29] 바울의 교훈은 자신의 내적, 그리고 개인적 체험의 객관화이며 일반화로 볼 수 있는데, 그의 경험과 사상 형성에 있어 희랍적 영향과 유대적 영향이 함께 있어서 법정적인 것과 윤리적인 것이 이율배반적이고 모순적으로 공존한다. 그럼에도 불구하고 그 모든 것은 바울의 종교적 인격과 다메섹 도상의 깊은 체험이 그것들을 지탱하고 있다.[30] 결과적으로 자유주의는 그리스도와의 연합을 강조하면서 칭의와 성화를 분리시키고 윤리적 변화에 바울 신학의 중심을 두었다. 따라서 바울의 종교는 윤리화되었다. "자유주의 신학은 바울의 구원론의 본질을 누군가의 그리스도 안에 신비적 경험에 의한 것이었다고 이해하였다."[31]

둘째, 종교사학파(the History of Religion School)는, 바울이 헬라 철학의 영향 아래 있었다는 주장으로부터 전환하여, 바울이 헬라적 대중 종교, 즉 헬레니즘 시대의 대중적인 종교 개념의 영향을 받았다고 주장한다. 즉 이러한 대중 종교는 동방 문화의 영향 아래 서방 종교 안에 일어났던 종교적 혼합주의를 의미한다.[32] 종교사학파에 따르면, 이 종교는 제의와 함께 숭배하던 대상에 대한 신화를 갖고 있었다. 이들은

---

[26] Ridderbos, 17-18.
[27] Ridderbos, 19. 홀츠만은 헬라적이고 히브리적 영향을 부정하지는 않는다. cf. Waters, *Justification and the New Perspectives on Paul*, 8.
[28] Ridderbos, 19.
[29] Ridderbos, 19.
[30] Ridderbos, 19-20.
[31] Waters, *Justification and the New Perspectives on Paul*, 8.
[32] Ridderbos, 22. cf. 박형용, 45.

죽더라도 소생하여 승리를 쟁취하는 내용으로 그려졌다.[33] 이 종교에 속한 사람들은 제식에 참여하므로 신적 인물의 승리, 부활 그리고 불멸에 대한 몫을 할당받는다. 제의의 참여는 성례전과 같은 비밀스런 의식과 신비스러운 감각적 관념의 방법을 통해 이루어진다. 이러한 의식들의 목적은 감각적 경험의 내용을 초월하여 신적인 상태에 도달하려는 것이다. 제의를 통해서만 신과의 합일이 있고 영생이 있다.[34]

종교사학파는 헬라적 신비 종교에 의존하여 복음을 정의했다. 즉, "그리스도께서는 헬라의 신비 종교의 신들의 의미에서 '주'(Κύριος)로서 고백되기 위하여 시간 안에 오셨다고 주장하였다."[35] 신비적 제의의 참여에 의해 교제를 누릴 수 있는 헬라적 개념의 주(主)가 히브리의 종말론적 메시아 개념으로서 인자 종말론의 주(主)를 대체한 것이다.[36] 즉 바울은 이방 신의 명칭으로서 주(主)를 차용하여 자신의 신학을 정립해 나간 것이다.[37] 달리 말하면 바울은 예수를 이방인과 똑같은 방식으로 이해하였던 것이다.[38] 따라서 신비-제의 종교를 따라 종교사학파는, 바울이 주(主)와의 연합 안에 윤리적 삶을 강조하였다고 주장한다. 그리스도-신비주의는 승귀하신 주(主)에 대한 개인의 강렬한 소속감과 영적인 유대감(연합과 교제)으로 발전하고, 이 주(主)는 생활과 윤리의 근본 토대를 형성한다.[39]

결과적으로, 종교사학파는 바울 신학의 중심을 갱신적 측면에 놓고, 그 성경적 강조를 "그리스도 안에"의 참여적인 언어에 놓는다.[40] 달리 표현하면, 바울 신학의 중심은 "신의 죽음과 부활에 제의적 참여"이다.[41] 이는 바울을 철저히 헬라적 영향에 투영시킨 결과이다. 따라서 종교사학파의 신비적-윤리적(mystical-ethical) 형식의

---

[33] Ridderbos, 22. cf. 이러한 관점은 Wilhelm Bousset, *Kyrios Christos: A History of the Belief in Christ from the Beginnings of Christianity to Irenaeus,* trans. John E. Steely (Nashville: Abingdon, 1970); Richard Reitzenstein, *Hellenistic Mystery-Religions: Their Basic Ideas and Significance,* trans. the 3rd German, edition, John E. Steely (Pittsburgh: Pickwick Press, 1978)에서 다루어진다.

[34] Ridderbos, 23.

[35] Waters, *Justification and the New Perspectives on Paul,* 9.

[36] Ridderbos, 25-26.

[37] 박형용, 45.

[38] 박형용, 46.

[39] Ridderbos, 26.

[40] Waters, *Justification and the New Perspectives on Paul,* 9.

[41] Waters, *Justification and the New Perspectives on Paul,* 9.

접근은 바울 사상의 중심으로서 칭의를 거부한다.[42]

셋째, 슈바이쳐는 종교사학파의 바울의 헬라 신비-제의 종교의 영향을 거부한다. 그에 따르면, 바울의 신비주의가 헬라의 영향을 받은 것이 아니라 "유대의 종말론적 세계관"에 깊이 관여되었다.[43] 유대인의 종말론적 세계관의 의미는 "바울이 오직 메시아의 세대까지 유효하게 남겨졌다고" 믿었으며 "'그리스도 안에' 있는 사람들은 율법으로부터 자유"롭게 될 것이라는 종말론적 기대이다.[44] 슈바이쳐는 바울 신학의 중심을 그리스도-신비주의에 놓는다. 이 개념은 교회가 그리스도와 함께 있고 그리스도 안에 있음으로서 그리스도의 죽음과 부활에 연합하는 방도를 뜻한다.[45] 슈바이쳐에 따르면, 신비주의는 유대적 종말론적 의미를 갖는다. 예수님의 종말은 임박한 종말론으로 아직 이루어지지 않은 미래의 일이다. 그러나 바울 당시의 정황은 예수님의 죽음과 부활로 예수님께서 기대하였으나 성취되지 못했던 그 미래가 성취된 단계였다. 즉 예수님께서는 왕국과 함께 메시아가 종말에 나타날 것(임박한 종말론)으로 생각하였으나 바울은 세상 끝이 오기 전에 메시아 왕국이 도래 할 것으로 생각한 것(이마아직)이다. 따라서 메시아 왕국은 자연과 초자연의 겹침이다. 메시아 왕국에 참여한 자들(교회)은 그리스도의 부활에 참여한다(그리스도-신비주의).[46] 슈바이쳐에 따르면, 바울의 신비주의는 감정적, 내적, 영적 신비주의가 아니라 '사실들에 관한 객관적 신비주의'(objective mysticism of facts)이다.[47] 그러나 슈바이쳐의 이러한 생각은 바룩의 묵시, 제4 에스라서를 통해 온 것이다.[48]

슈바이쳐에 따르면, 그리스도-신비주의 사상에 따른 그리스도의 연합 사상에 의해 율법은 사람들에게 지배력을 상실하여 메시아 왕국의 시작은 율법의 마침을 의미한다. 그리고 죄의 권능도 파괴된다.[49] 슈바이쳐는 그리스도의 죽음과 부활 사건을 통해 죄가 파괴되었다고 믿기 때문에, 칭의라는 법정적 측면의 필요성을 느끼지 않는다.

---

[42] Waters, *Justification and the New Perspectives on Paul*, 10.
[43] Golin G. Kruse, *Paul, the Law and Justification* (Leicester, 1996), 30.
[44] Kruse, 30.
[45] Ridderbos, 29.
[46] Ridderbos, 29-30.
[47] Ridderbos, 30.
[48] Ridderbos, 29-30.
[49] Ridderbos, 30.

슈바이쳐는 그리스도와 연합된 자들이 실제로 죄가 없다고 믿는다.[50] 따라서 그는 칭의를 '화산의 중심적 분화구'(the main crater)로서 그리스도 안에 존재를 통한 신비적 구속 교리의 가장 자리를 차지하는 '보조적 분화구'(a subsidiary crater)로 여긴다.[51] 따라서 칭의는 바울 신학의 중심이 아니라 보조적이고 부차적인 문제가 되었다.

1914년에 *Judaism and St. Paul: Two Essays*[52]를 저술한 몬테피오레(Glaude G. Montefiore)는 바울과 동시대 유대인과의 관계성을 묻는다. 그는 바울이 유대주의를 행위 중심적인 것으로 이해하였다는 것에 동의한다. 그러나 바울 서신의 구원론은 랍비적 유대주의를 반영하지 못하고 헬라적 유대주의를 반영한 결과라 주장한다.[53] 원래 랍비적 유대주의는 따뜻하고 행복하고 낙관적인 종교였다. 바울이 규정한 율법주의 종교는 랍비적 유대주의가 아닌 헬라적인(디아스포라) 유대주의이다. 랍비적 유대주의의 결함은 단지 그들의 배타주의(particularism)에만 있다.[54] 이러한 주장은 새 관점의 전조가 될 만한 주장이다.

19세기 말과 20세기 초반을 넘어 이제 20세기를 지배했던 세 명의 학자들을 살피도록 할 것이다. 이들은 불트만(Rulolf Bultmann)과 불트만에게 도전한 제자 케제만(Ernst Käsemann), 그리고 슈바이쳐의 길을 취했던 데이비스(W. D. Davies)이다. 첫째, 불트만[55]은, 바울이 유대주의와 헬라 신비-제의 종교, 영지주의 등의 광범위한 종교적 환경 속에 놓여있었다고 주장하지만, 이신칭의에 관련하여서만은 철저히 루터와 실존철학에 서서 종교학파를 떠난다. 불트만을 따르면, 예수님과 바울은 율법주의인 유대주의에 대하여 진보적인 성격을 띤다. 유대주의는 율법주의였으므로 자기 공적을 자랑하는 태도를 지닌다. 그러나 예수님과 바울은 전혀 다른 류의 순종을

---

50 Ridderbos, 30.

51 Ridderbos, 30. cf. Kruse, 31. 이 주제에 대한 슈바이쳐의 저서는 다음을 참고하라. Albert Schweitzer, *The Mysticism of Paul the Apostle* (London: A. and C. Black, 1931); Albert Schweitzer, *Paul and His Interpreters: A Critical History*, trans. William Montgomery (London: Adam & Charles Black, 1956).

52 Glaude G. Montefiore, *Judaism and St. Paul: Two Essays* (London: Max Goschen, 1914).

53 Waters, *Justification and the New Perspectives on Paul*, 217.

54 Kruse, 28.

55 Rudolf Bultmann, *Theology of the New Testament*, 2 vols., trans., Kendrick Grobel (New York: Scribner, 1951)은 불트만을 이해하기 위한 중요한 저서이다.

추구하였다. 예수님과 바울은 겸손하게 복종하는 태도의 순종을 추구하였다.[56] 따라서 바울은 유대인의 자랑하는 공로적인 의(義)에 반대된 믿음에 의한 의(義)를 선물로서 의 의(義)로 규정한다.[57]

그에게 칭의는 '개인' 중심적인 것이었고 종말론적 실존으로 이해된다. 불트만에 따르면, 우리는 예수님의 오심을 통해 종말론적 정황에 놓여진다. 그리고 종말론적 정황 안에서 예수님의 인격 안에 절대적인 결단의 요구가 주어진다.[58] 절대적인 결단은 실존적인 결단을 의미한다. 즉 실존적 결단은 공로적인 율법의 의(義)로 인정받으려는 유대주의적 태도에 반하여 믿음을 통해 율법이 아닌 하나님을 의존해야 하는 인간 실존을 인정하는 태도를 의미한다. 이 두 가지 태도 사이의 긴장은 육·성령의 반위 관계로 표현될 수 있다.[59] 불트만의 칭의는 실존철학 안에서 재해석된다. 그에게 칭의는 율법에 대해 반위적인 태도에 대한 실존적 선택이다. 그러나 칭의는 신비적 변화가 아니라 종말론적 실존이며 하나님의 선물이다.[60] 칭의는 실존적 선택으로서 믿음을 통해 전가된 의(義)를 통해 받는 하나님의 선물이며, 개인적이고 법정적인 것이다. 이런 의미에서 불트만이 해석한 바울은 철저히 반유대주의적이다. 이런 의미에서 종교개혁의 이신칭의(以信稱義) 반대를 위한 새 관점의 논증은 불트만의 구조에 대한 반대를 지향한다.[61]

둘째, 1948년에 출판된 데이비스의 *Paul and Rabbinic Judaism*[62]은 바울과 당시 유대인들의 관계를 호의적으로 기술하려 한다. 그는, 바울이 바리새적 유대인들에게 빚을 졌다고 주장한다. 그는, 헬라적 유대주의의 영향력 아래 바울이 있었다는 몬테피

---

[56] Veronica Kopersky, 『최근 바울과 율법 연구 동향』, 김병모 역 (서울: 기독교문서선교회, 2009), 20.

[57] Kopersky, 21.

[58] Ridderbos, 32.

[59] Ridderbos, 33.

[60] Waters, *Justification and the New Perspectives on Paul,* 17.

[61] Waters, Justification and the New Perspectives on Paul, 18. 실제로 우리가 다룰 세 명의 새 관점 신학자들은 종교개혁과 개혁주의를 비판할 때, 종교개혁과 개혁신학의 역사적인 문헌들과 신조들을 다루지 않는다. 라이트는 이 문헌들을 연구하지 않았음을 스스로 고백하기도 한다. 이들이 비판하는 옛 관점은 현대신학자들의 입을 통해 전해진 것들이며, 현대신학자들의 신학에 투영된 옛 관점이라 할 수 있다.

[62] W. D. Davies, *Paul and Rabbinic Judaism: Some Rabbinic Elements in Pauline Theology* (Philadelphia: Fortress, 1980).

오레의 주장에 반대하고,[63] 율법을 부정적으로 주장한 불트만에 반하여 율법을 긍정적인 것으로 기술한다.[64] 데이비스는 슈바이쳐를 따라 바울 사상의 기원을 유대주의에 두고, 그리스도 안에서 토라와 성령을 함께 봄으로 토라를 기독교화 한다. 따라서 율법에 대한 부정적인 진술은 종말론적 의미 안에서 옛 율법보다 더 좋은 율법을 제시하는 의미로 제시된 것이다.[65] 슈바이쳐와 같이 데이비스에게 바울 신학의 중심은 칭의가 아니라 그 안에서 성령을 통해 토라를 새롭게 실현하시는 그리스도 즉, 기독론이다.[66] 우리는 데이비스 안에서 유대교와 바울의 불일치를 부인하는 새 관점의 전조(前兆)를 보게 된다.

셋째, 케제만은 불트만과 스텐달(Krister Stendahl)을 함께 비판하였다. 우선 케제만은 *The Righteousness of God in Paul*[67]을 통해 칭의에 대한 개인적이고 사적인 불트만의 의미를 부정하고 칭의가 근본적으로 공동체적이라고 주장한다.[68] 특별히 케제만에게 하나님의 의(義)는 "하나님의 언약적 신실성" 혹은 "그의 창조를 회복하시는 구원하시는 능력에 대한 하나님의 맹세"를 의미한다.[69] 이처럼 하나님의 의(義)를 능력으로 정의함으로 말미암아 칭의의 법정적 측면은 상실되고 만다. 그리고 케제만은 *Justification and Salvation History in the Epistle to the Romans*[70]를 통해 칭의가 바울 사상의 중심이 아니라는 스텐달의 주장을 반박한다. 따라서 케제만은 불트만과 새 관점을 시작하려는 스텐달 사이에 서 있다고 볼 수 있다.

쇠프스[71](H. J. Schoeps)는 언약적 율법주의의 전조(前兆)를 확인할 수 있는 또 하나의 예이다. 그는 바울이 유대주의 종말론을 받아들였지만, 율법을 언약의 인으로

---

63 Kruse, p. 31.

64 Waters, *Justification and the New Perspectives on Paul*, 19.

65 Waters, *Justification and the New Perspectives on Paul*, 20.

66 Waters, *Justification and the New Perspectives on Paul*, 19.

67 Ernst Käsemann, "The Righteousness of God in Paul," In *New Testament Questions of Today* (Philadelphia: Fortress, 1969), 169-93.

68 케제만이 칭의를 본질적으로 공동체적인 것으로 진술하지만, 개인적인 측면을 전혀 부인한 것은 아니다. 다만 본질에 있어서 공동체적이라는 것이다. Cf. Waters, *Justification and the New Perspectives on Paul*, 22.

69 Waters, *Justification and the New Perspectives on Paul*, 22.

70 Käsemann, "Justification and Salvation History in the Epistle to the Romans," *Perspectives on Paul* (Philadelphia: Fortress, 1971), 60-78.

71 H. J. Schoeps, *Paul: Theology of the Apostle in the Light of Jewish Religious History* (ET, London: Lutterworth, 1961).

서 평가하는데 실패했다고 지적한다.[72] 따라서 그는, 바울이 예수님을 언약의 마침(롬 10:4)으로 이해하며 율법을 부정하는 것은 치명적 실수였다고 주장한다.[73]

우리는 새 관점 이전의 동향을 살필 때, 새 관점이 완전히 새로운 신학이 아니라는 것을 이해하게 된다.[74] 우리가 살핀 동향들을 토대로 새 관점 이전의 전조들의 양상을 요약해 보면 다음과 같다.

첫째, 이미 19세기 말부터 20세기를 지배하는 신약 신학의 바울 연구의 중심 주제는 새 관점의 중심 주제인 바울과 유대인의 관계, 율법관 그리고 칭의에 이미 모아져 있었다. 둘째, 새 관점과 동일한 모습은 아니지만, 새 관점 이전의 신학에서 바울과 유대주의의 관계를 연속성 안에서 보려는 경향이 발견된다. 셋째, 칭의를 바울 신학의 중심에서 배제시키는 경향들이 보인다. 넷째, 칭의를 본질적으로 공동체적인 것으로 보거나 칭의를 구원론이 아닌 교회론으로 보는 경향도 발견된다. 다섯째, 바울 신학의 기원을 회심이 아닌 소명에 두고, 유대인의 문제를 민족적 배타성으로 규정하므로, 바울과 유대인의 율법주의와의 논쟁을 부인하는 경향도 나타난다.

이러한 것들을 종합할 때, 이미 새 관점 이전 신학들 안에 새 관점과 유사한 바울과 유대인의 관계, 율법관, 칭의의 개념들이 출현하고 있음을 확인할 수 있다. 이제 우리는 새 관점의 전조(前兆)로부터 시선을 돌려, 더욱 체계적이고 주목받는 새 관점의 태동기를 살피도록 하자.

2. 새 관점의 태동과 발전

전조(前兆)를 넘어선 새 관점의 엄밀한 시작은 1961년에 the American Psychological Association에서 행한 스텐달(Krister Stendahl)의 강연에서 비롯된다. 그는 그의 Paul and the Instrospective Conscience of the West에서 죄와 죄책에 대한 서구적 민감한 양심(어거스틴으로부터 루터와 그 계승자들)을 성경에 투영하므로 바울을 잘못 읽었다고 주장한다.[75] 따라서 스텐달의 이러한 주장은 인간의

---

[72] Kruse, 32.

[73] Kruse, 32.

[74] 이승문, 75.

무능성과 이로부터 유일한 대안인 믿음에 의한 칭의를 부인하는 결과에 이른다. 그는 Paul Among Jews and Gentiles[76]에서는 더 극단적인 주장을 한다. 즉, 다메섹에서 바울은 회심을 경험하지 않았고 소명을 경험하였다.[77] 스텐달은, 바울의 후회가 교회에 대한 핍박에 있지 하나님의 율법에 대한 표준에 따라 사는데 있지 않다고 주장한다.[78] 따라서 스텐달은, 바울이 강건한 양심을 가졌지 민감한 양심으로 괴로워하지 않았다고 주장한다. 그에 따르면 바울의 관심은 개인적 죄로부터의 구원이 아니었고, 유대인들과 이방인의 관계 안에 있었다. 바울에게 논쟁은 유대교와 기독교란 두 체계의 싸움이 아니었다. 바울의 관심은 유대인과 이방인이 하나님의 신비적인 계획안에 공존해야 하는 과제에 있었다.[79] 또한 스텐달은 바울의 회심을 부인하고 소명만 강조함으로 바울의 경험의 구원론적 중요성을 간과하였다. 따라서 그의 사역은 교회 공동체의 설립에 초점이 모아지지 구원론에 모아지지 않는다. 그는, 바울이 율법의 성취를 긍정하는 것으로 여기기 때문에, 바울이 하나님의 은혜와 인간의 노력으로 율법을 성취하는 소위 언약적 율법주의 형태의 종교체계를 공유하는 것으로 여긴다. 스텐달은 바울을 통해 진술된 인간의 보편적 죄성으로서 곤경을 종말론적인 의미에서 해석한다. 즉, 메시아의 오심, 해결책으로 인해 추론된 곤경이다. 스텐달에게 칭의와 하나님의 의(義)는 용서의 교리가 아니라 하나님의 백성의 정당성 입증이다.[80] 스텐달에게 있어 칭의와 의(義)는 도덕적인 것과 연관성이 없고 다만 공동체적이고 교회론적이다.[81]

샌더스(E. P. Sanders)의 *Paul and Palestinian Judaism*[82]는 새 관점이 바울 연구에 있어 공식적인 태동을 신호한 것이며, 새 관점의 주류로 틀을 잡는 데 기여하였다. 샌더스는 이 책을 통해 바울과 유대주의의 관계의 혁명적 주장을 제시한다.

---

[75] Kruse, 33.

[76] Krister Stendahl, "Paul Among Jews and Gentiles," *Paul Among Jews and Gentiles and Other Essays* (Philadelphia: Fortress, 1976), 1-77.

[77] Waters, *Justification and the New Perspectives on Paul*, 221.

[78] Kruse, 33.

[79] Waters, *Justification and the New Perspectives on Paul*, 25-26.

[80] Waters, *Justification and the New Perspectives on Paul*, 30.

[81] Waters, *Justification and the New Perspectives on Paul*, 30.

[82] E. P. Sanders, *Paul and Palestinian Judaism: A Comparison of Patterns of Religion* (Philadelphia: Fortress, 1977).

그는, 종교개혁이 유대주의를 율법주의였다고 주장하는 것이 로마 카톨릭과의 논쟁을 바울에게 투영시킨 결과로 빚어진 오류라고 생각한다. 유대주의는 율법의 종교가 아니었다. 샌더스에 따르면, 유대주의는 선택과 은혜로 입문하여 감사와 언약적 응답으로 율법을 준수하므로 언약 안에 머무는 은혜의 종교였다. 그는 *Paul, the Law, and the Jewish People*[83]을 통해 앞의 책에서 언급하지 못한 이슈들을 다룬다. 여기서 샌더스는 바울의 율법관을 다룬다. 그는 "해결책으로부터 곤경으로(from solution to plight)" 논증하며 그는 "그리스도와 사도의 부르심에 관련된 사도의 중심적이고 일관된 확신들에 대한 견해에 있어, 바울이 율법과 율법에 관련된 인간의 곤경에 관한 비조직화된 반영들을 남겼다"[84]고 주장한다. 샌더스는, 유대주의가 율법주의였다는 종교개혁의 주장을 반대하면서, 유대주의를 은혜의 종교로 규정하고, 한편으로는 율법을 통해 언약 안에 머문다고 주장하므로 구원의 최종성이 신인협력적인 것으로 제시된다. 만일 이러한 샌더스의 입장을 받아들인다면, 우리는 두 가지 결론 중에 하나에 도달해야 한다. 첫째, "바울이 당시 유대교를 제대로 이해하지 못했다(당시 유대교가 율법주의 종교가 아닌데도 바울은 율법주의 종교로 묘사하고 있으므로)," 둘째, "지금까지 교회가 바울을 이해하고 해석하는 방법은 잘못되었다(특히 유대인들은 율법의 행위로 구원을 얻으려 했다는 바울의 주장에 대한 종래의 해석이 잘못되었다)."[85]

이 문제에 관련된 다른 새 관점 신학자들의 답변은 두 가지로 제시된다. 첫째는 순수한 비일관성의 방식(Heikki Räisänen)과 일관성의 방식(James Dunn과 N. T. Wright)이다.[86] 먼저 레이제넨은 *Paul and Law*[87]를 통해 바울이 유대교를 오해했고 율법에 대한 바울의 주장들은 매우 일관성이 없고(inconsistent) 자기모순적(self-contradcitory)이라고 주장한다.[88] 레에제넨에 따른 바울의 비일관된 율법 해설

---

83 E. P. Sanders, *The Law, and the Jewish People* (Philadelphia: Fortress, 1983).

84 Waters, *Justification and the New Perspectives on Paul*, 222.

85 김철홍, "현대 바울신학 연구 동향: 바울신학의 새 관점을 중심으로", 『성서 마당』 여름 (2008): 76.

86 Waters, *Justification and the New Perspectives on Paul*, 91.

87 Heikki Räisänen, *Paul and the Law* (Philadelphia: Fortress, 1986).

88 김철홍, 76.

은 다음과 같다. 첫째, 바울은 율법을 정의하지 못하고 얼버무린다. 둘째, 바울은 율법의 폐기와 그 지속적인 힘을 함께 제시한다. 셋째, 인간의 율법 성취에 대해 비일관적이다. 넷째, 바울은 율법이 천사로부터 비롯되었다고 말하기도 하며 하나님 으로부터 왔다고 주장하기도 한다.[89] 또한 레이제넨은 바울이 유대주의를 율법주의로 오해했다고 주장한다. 레에제넨도 샌더스를 따른다. 레이제넨에 따르면, 바울은 구원 은 전적으로 그리스도 안에서만 가능하다는 확신 때문에 의도적으로 유대주의의 은혜와 선택 개념을 이월시킨다. 따라서 율법에 대한 부정과 유대교에 대한 율법주의 비판은 의도적인 오류이다. 레이제넨은 이러한 왜곡이 유대주의자들의 충돌로부터의 압력으로부터 비롯된 의도적인 오류라고 주장한다.[90] 그러나 이를 반대하는 신학자들 은, 1세기 유대주의를 살아가던 바울이 자신이 속한 종교에 대해 오해하였다는 것은 납득이 가지 않는 주장이라 생각한다.

반면 던(J. D. G. Dunn)과 라이트(N. T. Wright)는 바울의 일관성을 주장한다. 던은 바울과 유대인의 연속성을 주장하고 바울의 율법의 일관된 설명을 주장한다. 특별히 던은 '율법의 행위'(Works of the law)를 언약 백성의 경계표(boundary marks)로 규정하므로, 바울이 율법주의와 논쟁한 것이 아니라 유대인의 민족적 배타 성을 반대한 것이라고 주장한다. 따라서 유대주의는 은혜의 종교이며, 바울의 율법에 대한 부정적 언급은 언약 백성의 경계표에 관련된다. 그러나 바울은 언약의 응답으로 서 혹은 머무름의 수단으로서 율법을 준수하였으며, 또 성취하려 했으므로, 바울의 율법에 대한 부정과 율법에 대한 긍정은 모순되지 않다는 것이다.

라이트(N. T. Wright)는 던의 '율법의 행위'와 하나님의 신실성과 백성의 언약적 신실성으로서 의(義) 개념을 그대로 수납하면서, 칭의를 언약 백성에 속했다는 사실에 대한 정당성 입증으로 정의하였다. 최종 칭의는 성령에 이끌린 삶의 전체에 따라서 (according to) 혹은 기초하여(on the basis of) 즉, 행위를 따라서(according to) 혹은 기초하여(on the basis of) 있을 것이라는 것이다. 현재 칭의는 미래 칭의의 예기 혹은 기대와 관련된 확신으로 주어지고, 최후 심판은 행위에 따라 결정 되는

Waters, *Justification and the New Perspectives on Paul*, 92-94.
Waters, *Justification and the New Perspectives on Paul*, 94-95.

것으로 주장된다. 라이트에게 있어서도 바울의 율법에 대한 부정적 언급은 "경계표"에 관련된 것이지 언약적으로 신실한 성도의 응답으로서 선행에 관련된 것이 아니라는 것이다. 성도의 율법 준수는 최종 칭의와 밀접한 관련을 가지고 긍정된다. 라이트에게 바울의 종교는 유대주의의 그리스도와 성령을 중심한 연속성 안에 재해석일 뿐이다. 엄밀히 유대교와 기독교는 다른 것이 아니고, 기독교는 유대교의 성취일 뿐이다. 샌더스도 *Paul, the Law, and the Jewish People*을 통해 율법에 대한 바울의 비판이 신학적인 것이 아니라 사회학적인 것이라고 주장한다. 바울이 율법을 비판한 것은 이방 선교를 위한 실용적인 이유로 인한 것이지, 복음의 핵심을 설명하는 것과 상관이 없다는 것이다.[91]

3. 개혁주의 내부 논쟁

언약적 율법주의 류의 신학은 비단 복음주의 진영 내에서만 주장되지 않는다. 실제로 개혁주의 내부에서도 언약적 율법주의 류의 구원론이 제기되고 있다. 노르만 쉐퍼드 (Norman Shepherd)와 Federal Vision을 그 예로 들 수 있다. 먼저 쉐퍼드 논쟁 (Shepherd Controversy)은 필라델피아(Philadelphia) 장로회 안에서 7년간 지속되었다(1963-1982).[92] 그리고 2000년의 저작 *The Call of Grace*는 개혁주의와 복음주의 공동체의 신학 논쟁에 다시금 기름을 끼얹었다. 쉐퍼드는 율법과 복음의 대조를 부인하고 행위 언약과 은혜 언약의 구분을 인정하지 않는 단일언약주의자이다. 그는 언약 안에서 믿음과 행위를 통합하려 하지만, 칭의와 성화의 구분을 유지하지 못한다. 쉐퍼드는 그리스도와의 연합 안에서 언약적 순종을 강조하면서, 믿음을 회개와 순종 그리고 언약 안에서 신실함의 방식으로 표현한다.[93] 그에게 구원의 도구적 원인 (instrumental cause)은 sola fide(오직 믿음)가 아니라 믿음과 순종으로서 살아있는

---

91 김철홍, 77.

92 Jeong Koo Jeon, *Covenant Theology and Justification By Faith: The Shepherd Controversy and Its Impacts* (Eugene, Oregon: Wipf & Stock Publishers, 2006), x.

93 Norman Sheperd, "Justification by Works in Reformed Theology," *Backbone of the Bible: Covenant in Contemporary Perspective*, ed., P. Andrew Sandlin (TX: Covenant Media Press, 2004), 119. Jeon, *Covenant Theology and Justification By Faith*, 96에서 재인용.

믿음(living faith), 순종하는 믿음(obeident faith)이다.[94] 쉐퍼드와의 논쟁의 논쟁점은 언약 안에서 조건성을 제시하는데 있다기 보다는 언약 안에 조건성에 대한 강조가 언약의 구분들, 복음과 율법의 구분, 칭의와 성화의 구분, 그리고 구원의 배타적 도구적 원인으로서 믿음의 유일성에 대한 명확하지 않은 표현에 있는 것으로 보인다. 이러한 칭의 해설의 요소들이 생략되거나 부인될 때, 오직 그리스도의 사역의 공로를 믿음으로 전가 받아 용서받고 용납되는 칭의의 개념은 모호해지고 성화와의 경계가 허물어지고 만다. 결국 이러한 언약 해설은, 종말론적 구원의 원인이 새 관점처럼 믿음과 행위가 되게 만든다.

쉐퍼드 논쟁이후 개혁주의 안에 언약과 칭의에 관한 논쟁이 발생하는데, 우리는 이 신학 사조를 Federal Vision 혹은 Auburn Avenue Theology[95]라고 부른다. Federal Vision은 2002년과 2003년에 Auburn Avenue Presbyterian Church Conference(Monroe, LA)로부터 비롯된다.[96] 사실 이들은 역사적 고백들과 진술들을 허물려는 목적으로 Federal Vision을 제창하지 않았다.

이들은 거의 대부분 *Westminster Standards* 혹은 *Three forms of Unity*에 찬동하며 더 나아가 이것들에 자신들의 지지를 호소한다. 우리는, 그들이 개신교 혹은 개혁주의 칭의 교리에 생기를 불어넣으려 했다는 사실을 부인할 수 없다.[97] 그들은 특별히 언약신학에 큰 기대와 확신 속에 칭의 교리를 해설하였다. 그러나 그들의

---

94 Norman Shepherd, *The Call of Grace: How the Covenant Illuminates Salvation and Evangelism* (Phillipsburg, NJ: P&R Publishing, 2000), 15, 19 cf. 쉐퍼드는 야고보서 2장을 행위에 근거된 칭의의 증거 구절로 삼는다. Shepherd, 16.

95 Federal Vision의 지지자들은 Douglas Wilson, Peter Leithart, James Jordan, Steve Schlissel, John Barach, Ralph Smith, Steve Wilins, Rich Lusk, Joel Garver, Mark Horne 등이며, Federal Vision에 대한 비평은 Bryan Chapell, Anthony R. Dallision, J. Ligon Duncan, John V. Fesko, David T. Gordon, Michael S. Horton, Guy Prentiss Waters, Richard D. Philips, Presbytery of the Mississippi Valley (PCA), "Study Report on the New Perspective(s) on Paul; the Theology of Norman Shepherd; and the Federal Vision/Auburn Avenue Theology" (2005); Westminster Sminary California, "Our Testimony on Justification" (2004); *Justification, Report of the Committee to Study the Doctrine of Justification*, by the Seventy-third General Assembly of the Orthodoxy Presbyterian Church, 56-83을 통해 이루어졌다. 특히 Federal Vision의 비평적 입문서로 Guy Prentiss Waters, *The Federal Vision and Covenant Theology: A Comparative Analysis* (Pillipsburg, New Jersey, 2006)을 참조하라.

96 *Justification, Report of the Committee to Study the Doctrine of Justification*, by the Seventy-third General Assembly of the Orthodoxy Presbyterian Church, 87.

97 *Justification, Report of the Committee to Study the Doctrine of Justification*, by the Seventy-third General Assembly of the Orthodoxy Presbyterian Church, 87.

이러한 열심은 언약 안에 믿음과 행위를 합병하는 방식으로 이루어졌다. 문제는 여기로부터 비롯된다.

위원회는 더욱 좁게 고려된 칭의 교리에 관련하여 Federal Vision 문제들이 그리스도의 사역에 대한 우리의 믿음과 성부 안에 그리스도의 신뢰를 합병하는 믿음의 재정의를 따라 그리스도의 능동적 순종의 전가를 확고히 하는데 대한 실패를 포함한다. 그리고 또한 믿음 자체의 바로 그 정의 안에서 선행을 포함하는데 있다.[98]

김재성 교수는 Federal Vision을 다음과 같이 요약한다.

전통적인 개혁주의 언약신학의 개념을 수정하고 비전에 대해서 좀 더 무게를 두는 쪽으로 체계를 변화시키려는 사람들이 주장하는 것들이다. 노르만 쉐퍼드 교수의 사상에서 좀 더 발전되어 나온 그룹이라고 볼 수 있다.[99]

우리는, 개혁주의 내부에서 발생한 언약적 율법주의 류의 신학의 가장 큰 문제가 단일언약주의 안에서 복음과 율법의 대조를 부인하고 칭의와 성화의 구분, 믿음과 행위의 경계를 제거한 것에 있다고 판단한다.[100]

현대 복음주의가 처한 상황을 상기할 때, 칭의에 대한 개혁주의 내부의 논쟁은 몹시 우려스러운 것이다. 에큐메니컬 신학(Eccumenical theology), 카톨릭과 개신교의 교회 연합 운동의 조짐들[101], 옛 카톨릭의 망령을 좇는 복음주의 안에 많은 경향들을

---

[98] *Justification, Report of the Committee to Study the Doctrine of Justification*, by the Seventy-third General Assembly of the Orthodoxy Presbyterian Church, 87.

[99] 김재성, "현대 칭의론과 칼빈의 구원론", 『주는 영이시라』, 은퇴 기념 논총 출판 위원회 편 (수원: 합동신학대학원출판부, 2009), 341.

[100] *Justification, Report of the Committee to Study the Doctrine of Justification*, by the Seventy-third General Assembly of the Orthodoxy Presbyterian Church, 88에 Federal Vision의 특징들이 열거되어 있다.

[101] 개신교와 카톨릭의 교회 연합 운동의 동향을 살펴보면 다음과 같다. 1999년 10월 31일, 독일 아우그스부르크(Augsburg)의 성 안나 루터교회에서 "교황청 그리스도교 일치촉진 평의회" 의장인 에드워드 카시디(Edward Idris Cassidy) 추기경과 "루터교 세계연맹"의 크리스티안 크라우저(Christian Crowser) 회장은 "의화 교리에 관한 공동 선언문"에 서명하였다. 이러한 결과가 이루어지기까지, 양 진영은 30년 이상에 걸친, 미국과 독일을 중심한 국제적이고 국가적인 대화의 과정을 가져야 했다(심상태, "의화 교리에 대한 합동 선언문 해설", 1.).

루터교와 로마 카톨릭의 분열은 1517년 루터의 95개 조항 발표를 시발점으로 시작되었다 그러나 1541년 4월 28일부터 5월 2일까지 레겐스부르그(Regensburg)에서 화해를 위한 대화가 시도되었다. 이 대화에서 양 진영은 칭의론과 다른 여타의 중요한 주제들(성찬, 고해성사, 교회와 공의회의 권한, 교황의

고려 할 때, 우리는 개혁주의 내부에까지 들어온 공로신학적 사조들을 신중하게 판단하고 대처해야 할 것이다. 특별히 Federal Vision은 개혁주의 내의 언약적 율법주의 류로서 새 관점과 많은 유사점을 지닌 신학 사조라 할 만하다. 이들의 신학을 살필 때, 칭의 해석에서 언약신학이 담당하는 역할이 얼마나 큰 것인지를 실감하게 된다. 언약적 해석의 틀을 어떻게 이해하는가에 따라 너무나 큰 신학적 차이가 발생하고, 언약적 이해의 오류가 율법주의와 율법폐기론이라는 극단으로 귀결되는 것이다.

4. 새 관점에 대한 비평

더글라스 무(D. J. Moo)는 *'Law,' 'Works of the Law,' and Ligalism in Paul*이란 소논문에서 '율법의 행위'를 "인간의 행위" 즉, "율법에 의해 요구된 행위를 포함한다고 주장한다.[102] 토마스 슈라이너[103](Thomas Schreiner)는 전통적인 입장에 대한 주석

수위권 등)에 대한 이견으로 화해가 무산되었다. 그리고 나서 로마 카톨릭은 "트렌트 공의회"(1545-1563)를 통해 루터교에 대한 입장을 파문으로 정리 하였다(정홍렬, "종교개혁과 로마 카톨릭의 입장에 준거한 칭의론 공동선언에 대한 신학적 평가", 『조직신학 논총』 5집 (2000년 1월): 263.). 그러나 이러한 양측의 분위기는 400여년이 지나 "제2차 바티칸 공의회"를 통해 반전을 겪게 된다. 1960년대에 열렸던 제2차 바티칸 공의회의 결정은 "천주교회가 천주교회를 중심으로 하는 기독교회의 일치를 도모"(김병훈, "'오직 은혜'로 충분한가?", (합신 총회 교역자 수련회 강의안, 2007년 5월 15일), 1)하도록 고무하는 계기가 되었다. 1965년 루터교 세계연맹은 바티칸 공의회에 실행위원회를 파송하였고 교황청 위원회도 "그리스도인의 일치를 위한 공동연구 위원회"에 대표단을 파견하였다. 이 들의 임무는 "이미 형성되어 있는 루터교 세계연맹과 로마 카톨릭교회 사이의 관계를 어떤 방식으로 진전시키며 심화시킬 수 있는지와 그리고 그것이 가능한 자"(정홍렬, 263-64.)를 연구하는 것이었다. 그리고 이러한 화해의 노력 속에 축적된 연구와 대화는 1997년 칭의론에 대한 공동 선언의 최종 초안을 나오게 하였고, 1999년의 공동 선언문에 대한 합의를 만들어 냈다.

　　이러한 노력의 과정 속에 다음과 같은 결과물들이 산출되었다. 루터 세계연맹 산하의 미국 지회(*Lutheran World Ministries in USA*)와 천주교회의 제7차 대화를 통해 1983년 발간된 "믿음으로 의롭게 하심"(*Justification by Faith*), 독일에서 루터파 신학자들과 천주교 학자들이 1986년 발간한 "종교개혁 시대의 정죄들"(*The Condemnations of the Reformation Era*), 영국 성공회와 천주교회가 1987년 발간한 "구원과 교회"(*Salvation and Church*), 영국 감리교와 천주교가 1988년과 1992년 두 번에 걸쳐 발간한 "의롭게 하심-합의문"(*Justification*), 독일의 루터교회와 천주교회의 공동 위원회가 1993년 발간한 "교회와 의롭게 하심"(*Church and Justification*), 루터 세계연맹과 천주교 사이에 1999년 발표된 "의화교리에 관한 공동 선언문"(*Joint Declaration on the Doctrine of Justification*) 그리고 2006년의 "세계 감리교회 협의회와 의화 교리에 관한 공동 선언문"(*The World Methodist Council and the Joint Declaration on the Doctrine of Justification*) 등이다. 특별히 "세계 감리교회 협의회와 의화 교리에 관한 공동 선언문"은 2006년 7월, 서울에서 열린 "세계 감리교회 협의회 제19차 대회"와 관련된다. 이 선언문에 대한 합의는 1999년 "의화 교리에 관한 공동 선언문"이 감리교회의 이해와 일치함을 선언하고 이에 더하여 감리교회와 웨슬리안 고백이 위의 선언문과 어긋나지 않음을 공표한 선언문이다(김병훈, "'오직 은혜'로 충분한가?", 1.).

　　[102] D. J. Moo, "'Law,' 'Works of the Law,' and Ligalism in Paul," *Westminster Theological Journal* 45 (1983): 90-100. Cf. Waters, *Justification and the New Perspectives on Paul,* 228.

적 변호와 새 관점 저작자들을 비평적으로 다루었다. 슈라이너는 율법의 행위로 구원받을 수 없으며, 바울도 이 점을 믿었다고 논증한다. 율법은 언제나 완전한 순종을 요구하지만 인간은 무능하다.[104] 율법은 인간의 무능성을 드러내기 위하여 죄인에게 주어졌다. 바울은 유대주의 안에 율법주의를 간파했다. 율법은 할례, 희생 그리고 음식법에 관련하여 문자적으로 준수되어서는 안 된다. 왜냐하면 그리스도 안에서 그것들이 성취되었기 때문이다. 그러나 다른 한편으로 율법은 성령의 능력 안에서 유용하게 되었고 지속성을 갖는다.[105] 그에 따르면 선행으로 구원받을 수 없지만, 선행은 구원의 증거로서 그것 없이 구원이 있을 수 없다.[106] 로버트 건드리 (Robert H. Gundry)의 *Grace, Works, and Staying Saved in Paul*[107]은 샌더스의 *Paul and Palestinian Judaims*과 *Paul, the Law, and Jewish People*에 대한 초기 비평이다.[108]

개스톤[109](Lloyd Gaston)은 바울의 논쟁 대상이 유대인 그리스도인이나 유대교가 아니라 이방인 그리스인의 율법주의라고 주장한다. 유대인에게 토라의 준수는 언약과 은혜 아래서 자연스러운 것이었다. 즉, 이미 들어가 있는 자들에게 율법은 문제가 되지 않았다. 그러나 이방인들이 율법의 규칙 아래 스스로를 놓고 행위에 의해 언약 백성에 포함되려 할 때, 바울은 이들과 논쟁하였다.[110]

---

103 Thomas Schreiner, "Is Perfect Obedience to the Law Possible? A Re-Examination of Gal 3:10," *Journal of the Evangelical Theological Society* 27 (1984): 151-60; Thomas Schreiner, "Paul and Perfect Obedience to the Law: An Evaluation of the View of E. P. Sanders," *Westminster Theological Journal* (1985): 245-78; Thomas Schreiner, "Works of the Law in Paul," *Novum Testamentum* 33 (1991): 217-44; Thomas Schreiner, "Israel's Failure to Attain Righteousness in Romans 9:30-10:3," *Trinity Journal* 12 (1991): 209-20; Thomas Schreiner, "Did Paul Believe in Justification by Works? Another Look at Romans 2," *Bulletin of Biblical Research* 3 (1993): 131-55; Thomas Schreiner, "Paul's View of the Law in Romans 10:4-5," *Westminster Theological Journal* 55 (1993): 113-35; Thomas Schreiner, *The Law and Its Fulfillment: A Pauline Theology of Law* (Grand Rapids: Bakier, 1993).

104 Thomas R. Schreiner, "Paul and Perfect Obedience to the Law: An Evaluation of the View of E. P. Sanders," *Westminster Theological Seminary Journal* 47/2 (Fall, 1985): 279.

105 Kruse, 52-53. Cf. Schreiner, "The Abolition and Fulfillment of the Law In Paul," *Journal for the Study of the New Testament* 35 (1989): 65.

106 Kruse, 53.

107 Robert H. Gundry, "Grace, Works, and Staying Saved in Paul," *Biblical* 66 (1985): 1-38.

108 Waters, *Justification and the New Perspectives on Paul*, 229.

109 Lloyd Gaston, *Paul and the Torah* (Vancouver: University of British Columbia Press, 1987).

110 Kruse, 42-43.

프랑크 틸만(Frank Thielman)은 *From Plight to Solution: A Jewish Framework to Understanding Paul's View of the Law in Galatian and Romans*[111]에서 샌더스의 '해결책으로부터 곤경'의 논증을 반대한다. 율법에 대한 바울의 견해는 오직 기독론에 기원하지 않고 유대주의 종말론적 패턴에 빚지고 있다. 유대주의의 종말론은 "곤경으로부터 해결책으로 진행하는 이스라엘에 대한 하나님의 다루심에 대한 유대인의 사고 안에서" 발견된다.[112] "곤경은 율법을 지키는데 있어 이스라엘의 무능성에 의해 인식되었고 죄의 지배로부터 자유로워질 때, 이스라엘이 하나님의 계명들에 순종할 종말론적 미래에 의해 해결책이 인식되었다."[113] 틸만에 따르면, 바울은 "오직 죄 아래 백성들을 가두는 그것의 기능"과 "형벌을 그들에게 언도하는 기능"에 있어서만 율법을 부정적으로 언급하며, 사랑의 명령을 통해 율법을 성취함의 필요성을 긍정적으로 제시하기도 한다. 갈라디아서나 로마서 모두에서 유대주의 문헌의 곤경에서 해결책의 패턴이 발견된다. 바울은 죄의 속박, 결과적인 무능성, 오직 그리스도 안에서 용서와 성령의 권능을 통한 계명의 준수로 이어지는 곤경과 종말론적 해결책을 공유한다. 틸만은 유대인 중 어떤 이들이 신인협력적 구원론을 믿었다고 주장한다. 그러나 대부분의 유대인들은 율법의 행위가 정당하지 않다는 것을 이해했다고 믿는다. 그런 의미에서 틸만은 바울과 유대인의 은혜의 곤경과 해결책으로 논증되는 종말론적 패턴의 연속성을 강조한다.[114]

마르틴(Brice L. Martin)은 *Christ and the Law*[115]를 통해 새 관점과 다른 주장을 한다. 마르틴은, 바울의 진술이 모순적이라는 주장에 맞선다. 그에 따르면, 바울 안에 모순적인 표현들은 실제로 모순된 것이 아니라 각각 주어진 정황들에 의해 설명된다.[116] 예를 들면, 갈라디아서에서 율법에 대한 부정적 진술은 율법에 의해 구원을 받으려는 율법주의 정황에서 진술되었고, 고린도 전서 1장에서 반율법주의에

---

111 Frank Thielman, *From Plight to Solution: A Jewish Framework to Understanding Paul's View of the Law in Galatian and Romans* (Leiden: Brill, 1989).

112 Kruse, 45.

113 Kruse, 45.

114 Kruse, 47.

115 Brice L. Martin, *Christ and the Law in Paul* (Leiden: Brill, 1989).

116 Kruse, 48.

38 · 칭의의 복음

맞서 율법과 도덕적 가치들을 강조하였으며, 로마서에서는 균형 잡힌 진술을 제공한다. 마르틴에 따르면, 율법은 구원을 얻기 위한 방편으로 주시지 않았다. 오히려 율법은 "인간의 딜레마의 부분이 되도록 주셨다."[117] "유대주의와 바울의 근본적인 차이는 그의 기독론으로부터 유래한다. 율법을 통하여 의(義)를 얻으려 하는 것은 그리스도의 죽음과 부활의 필요성을 부인하는 것이다."[118] "율법은 구원을 얻거나 구원에 머물기 위하여 그것을 지키지 않고 그들의 구원을 받았기에 율법을 순종한다."[119]

마크 세이프리드(Mark A. Seifrid)는 새 관점의 초기 비평 중의 하나인, *Blind Alleys in the Controversy over the Paul of History*[120]를 통해 "율법의 행위"에 대한 던의 견해와 바울 신학을 "좌-추방-회복"의 구조로 이해하려는 라이트의 견해를 비평한다. 이외에도 세이프리드는 *Christ Our Righteousness: Paul's Theology of Justification*[121]에서 "회심," "하나님의 의(義)," "율법," 그리고 "믿음에 의한 칭의"와 같은 주제들을 주석적으로 접근해 새 관점 신학을 비평한다. 그러나 이 책에서 고백적 개신교로부터 일탈된 진술을 하기도 한다. 즉, 믿음의 칭의에 있어 유일한 수단적 가치에 대해 회의적이고, 칭의에 관련하여 전가의 용어의 타당성에 대하여 의심을 품는다.[122] 같은 해에 저술된 *The New Pespective on Paul and Its Problems*[123]을 통해서 세이프리드는 샌더스의 "언약적 율법주의"라는 1세기 묘사를 문제시한다. 그리고 새 관점의 공동체적 읽기를 전통적인 구원론적 읽기와 대조한다. 또한 그는 '지속적인 추방'의 개념에 있어서도 문제를 제기한다.[124]

리처드 개핀(Richard Gaffin)은 *Paul the Theologian*을 통해 라이트의 *What Saint Paul Really Said*와 던의 *Theology of Paul the Apostle*에 대한 논평을 하였다.

[117] Kruse, 48.
[118] Kruse, 48.
[119] Kruse, 48.
[120] Mark A. Seifrid, "Blind Alleys in the Controversy over the Paul of History," *Tyndale Bulletin* 45 (1994): 73-95.
[121] Mark A. Seifrid, *Christ Our Righteousness: Paul's Theology of Justification* (Leicester: Apollos/Downers Grove, Ill.: InterVarsity, 2000).
[122] Waters, *Justification and the New Perspectives on Paul*, 234.
[123] Mark A. Seifrid, "The New Perspective on Paul and Its Problems," *Themelios* 25 (2000): 4-18.
[124] Waters, *Justification and the New Perspectives on Paul*, 234.

개핀의 논평의 가치는 그 비평의 깊이와 정확성에 있다.[125] 리챠드 개핀은 다른 책, *By Faith, Not By Sight: Paul and the Order of Salvation*[126]을 통해 그리스도와의 연합 안에 *historia salutis*(성취된 구원)과 *orod salutis*(구원의 서정)를 조화롭게 해설한다. 그는 그리스도와의 연합 안에 갱신적 측면의 성화와 법정적 측면의 칭의를 확실히 구분하고 이를 혼동하는 새 관점을 비평한다.

게더콜(Simon Gathercole)은 샌더스를 비평한다. 그는 랍비문헌과 바울 서신들에서 "자랑"이란 용어에 초점을 맞추고 바울과 유대주의가 율법에 대해 순종할 능력을 갖는가에 대해 서로 다른 의견을 가졌다고 주장한다.[127]

김세윤(Seyoon Kim)은 던에 반대한다. 그는 Paul and the New Perspective[128]에서 "다메섹 도상에서의 그리스도와의 바울의 만남은 바울의 부르심의 기원일 뿐만 아니라 또한 칭의에 대한 그의 교리의 기원"이라 주장한다.[129] 김세윤에 따르면, "바울의 부정적 율법관은 다메섹 도상에서 얻게 된 계시적 인식에서 필연적으로 추론된 논리적 귀결인 것"이다.[130] 바울의 부정적 율법관의 기원을 다메섹 도상과 연관 짓는 다른 학자로는 P. 스튤마허(P. Stuhlmacher)가 있다.[131]

존 파이퍼(John Piper)는 Counted Righteous in Christ: Should We Abandon the Imputation of Christ' Righteousness?[132]를 통해, 새 관점이 부인하는 아담의 전가와 그리스도의 의(義)의 전가 교리에 대한 주석적이고 신학적 변호를 시도한다.[133] 파이퍼의 또 다른 책은 라이트의 칭의론을 비평한 The Future of Justification:

---

[125] Waters, *Justification and the New Perspectives on Paul*, 233.

[126] Richard B. Gaffin, *By Faith, Not By Sight: Paul and the Order of Salvation* (Mobilization Drive, Waynesboro: Paternoster Press, 2006).

[127] Waters, *Justification and the New Perspectives on Paul*, 235. Cf. Simon Gathercole, *Where Is Boasting? Early Jewish Soteriology and Paul's Response in Romans 1-5* (Grand Rapids: Eerdmans, 2002).

[128] Seyoon Kim, *Paul and the New Perspective: Second Thoughts on the Origins of Paul's Gospel* (Grand Rapids: Eerdmans, 2002).

[129] Waters, *Justification and the New Perspectives on Paul*, 235.

[130] 이한수, "새 관점의 칭의 해석, 어떻게 볼 것인가?", 『신약연구』 제9권, 제2호 (2010년 6월): 258.

[131] 이한수, 258. cf. P. Stuhlmacher, "Das Ende des Gesetzes, über Ursprung und Ansatz der paulinischen Theologie," *ZTK* 67 (1970), 30.

[132] John Piper, *Counted Righteous in Christ: Should We Abandon the Imputation of Christ' Righteousness?* (Wheaton, Ill.: Crossway, 2002)

[133] Waters, *Justification and the New Perspectives on Paul*, 236.

A Response to N. T. Wright[134]이다. 이 책을 인해 라이트는 Justification[135]을 출판하여 파이퍼의 논평에 재반론을 한다.

워터스(Guy Prentiss Waters)는 2004년 출판된 Justification and the New Perspectives on Paul을 통해 새 관점을 개관하고 주석적, 역사적, 성경신학적 그리고 조직신학적인 접근 아래 새 관점을 종합적인 방법으로 비평한다. 그리고 베네마(Cornelis P. Venema)도 세 명의 새 관점 선구자들을 상세히 소개하고, 이들의 칭의와 신학 방법론에 대한 비평을 조직신학적이고 주석적으로 제시한다.[136]

새 관점에 대한 비평에 있어 샌더스의 유대문헌 1차 자료 연구에 필적할 만한 비평 진영의 연구가 수행되었다. 이러한 연구의 결실은 두 권으로 구성된 Justification and Variegated Nomism[137]로 나타났다. 이를 통해 충분한 자료와 통찰을 통해 샌더스와 새 관점 지지자들의 유대주의 이해를 깊이와 정확성을 가지고 비평할 수 있게 되었다.

마이클 홀튼(Michael Horton)[138]은 전통적인 언약신학의 구조 아래 구원의 서정을 조명하는 방식으로 새 관점의 언약적 율법주의와 그들의 칭의론을 비평한다. 또한 이러한 접근은 스콧 크락(R. Scott Clark)에 의해 편집된 Covenant, Justification, and Pastoral Ministry[139]를 통해서도 나타난다.

샌더스를 전후 한 새 관점 신학의 동향을 살필 때, 우리는 다음과 같은 요점들에 이른다. 첫째, 새 관점 논쟁은 19세기 이래 신약 신학의 바울 연구를 지배하여온 중심 주제 안에서 일어났다. 그것은 바울과 유대교의 관계, 바울의 율법관 그리고

---

134 John Piper, *The Future of Justification: A Response to N. T. Wright* (Wheaton, Illinois:Crossway Books, 2007), 44.

135 N. T. Wright, *Justification: God's Plan and Paul's Vision* (London: SPCK, 2009).

136 Cornelis P. Venema, *The Gospel of Free Acceptance in Christ* (Murrayfield Road, Edinburgh: The Banner of Truth Trust, 2006); Cornelis P. Venema, *Getting the Gospel Right: Assessing the Reformation and New Perspectives on Paul* (Murrayfield Road, Edinburgh: The Banner of Truth Trust, 2006).

137 D. A. Carson, Peter T. O'Brien and Mark A. Seifrid, eds., *Justification and Variegated Nomism: The Complexities of Second Temple Judaism* (Grand Rapids: Baker, 2001); D. A. Carson, Peter T. O'Brien and Mark A. Seifrid, eds., *Justification and Variegated Nomism: The Paradoxes of Paul* (Grand Rapids: Baker, 2004)

138 Michael S. Horton, *Covenant and Salvation: Union with Christ* (Louisville, London:Westminster John Knox Press, 2007)

139 R. Scott Clark, ed., *Covenant, Justification, And Pastoral Ministry* (Phillipsburg, New Jersey: P&R Publishing, 2007).

이 주제들이 함의하는 칭의론에 관한 질문들이다. 특별히 칭의에 관련하여 칭의의 정의와 칭의가 바울 신학 전체에 갖는 위치 즉, 바울 신학의 중심 문제와 관련된다. 새 관점은 이 주제에 대한 오랜 논의 과정 안에 발생한 신학 사조인 것이다. 둘째, 우리가 이미 살핀 대로 새 관점은 샌더스 전과 후로 나눌 수 있을 만큼 거대한 패러다임의 변화를 겪었으며, 새 관점의 정체성이 어느 정도 표명되었지만, 새 관점의 전조(前兆)들이 이미 19세기 이래 성경 신학에서 발견된다는 사실을 이해할 필요가 있다. 셋째, 새 관점에 이르러 바울 신학의 중심 주제에 대한 전통적인 논의는 전복되었다. 새 관점에 의해 유대주의는 은혜의 종교로 둔갑했으며, 종교개혁자들은 유대교를 자신들의 로마 카톨릭과의 논쟁의 정황에 투영해 바울과 유대교를 잘못 읽었다고 비난 받는다. 따라서 전통적인 칭의와 율법 이해는 코페르니쿠스적 혁명에 버금가는 변화를 겪게 되었다. 따라서 종교개혁신학과 개혁신학은 이 여파를 대처하지 않으면 안 되는 상황에 놓여 있는 것이다. 넷째, 새 관점에 대한 반론이 제기되고 있다. 그 반론들은 유대주의 1차 문헌에 대한 연구와 주해, 조직신학적 조명 아래 진행되고 있다.

새 관점에 대한 효과적인 비평은 우선적으로 신학의 원리인 성경에 대한 바른 해석의 접근과 주해에 있으며, 양 진영의 주해의 결과로서 구축된 조직신학적 체계를 분석하고 검토하는데 있다. 따라서 무엇보다 조직신학의 역할은 성경 진술과 성경 전체의 함의와 부합된 합당한 체계가 무엇인지를 논증해 내야 한다. 특별히 이 논문은 이러한 효과적인 비평 작업에 있어 두 번째 임무를 감당하는 것이 목적이다. 새 관점의 바울 읽음을 통해 결과 된 신학 체계를 분석하고 이를 개혁주의의 역사적 진술 속에 표명된 체계와 상호 비교하는 것이며, 이를 통해 성경의 함의를 효과적으로 표명하는 체계를 분별하는 것이다. 특별히 이 목적을 위해 개혁주의 내에 칭의론과 칭의에 대한 은혜 언약적 해설을 분석하고 제시할 것이다. 새 관점 지지자들은 역사적 진술과 고백들에 빈약한 관심과 이해를 가지고 있다. 종교개혁과 개혁주의를 비판하며 이에 대한 혁명 내지 대안으로서 새로운 사상을 창출해 내지만, 실제 자신들이 비판하고자 하는 대상의 실제적인 내용에 대해 무지하거나 무관심한 경우가 많다. 실제로 새 관점은 종교개혁과 개혁주의 정통신학의 정수(marrow)를 수정하려 들지만, 그들의 참고문헌을 제시하지 못하고 있다. 새 관점과의 논쟁 안에 개혁주의의 역사적 고백과 진술들을 등장 시키는 것은 너무나 타당하고 당연한 일이며 또한 효과적인 논증이라 사료된다. 특별히 이 논문은 은혜 언약 아래 조명된 칭의론을 새 관점과 비교하므로 새 관점의 문제점과 오류를 비평하려 한다. 새 관점에 대한 효과적인 비평을 위해 칭의에 대한 깊고 정확한 언약적 해설의 기여가 요구된다. 이러한 접근은 새 관점의 비평뿐만 아니라 개혁주의 자의식을 온전히 일깨우는 일에 유익을 끼칠 것이다. 필자의 궁극적인 목적은 개혁신학의 은혜 언약의 조건성과 칭의의 관계에 관하여 새 관점이 지닌 이질성을 드러내는 것이다. 필자는 특별히 칭의에 대한 개혁신학 안에 언약적 해설이 라이트의 구원의 서정에 내포된 문제들을 더 깊고 정확히 밝혀내는데 기여하기를 바란다. 왜냐하면 개혁신학이나 라이트에게 있어 동일하게 언약은 칭의 해석에 있어 중요한 해석학적 도구와 전제로서 역할하기 때문이다.

제2장
언약적 율법주의의 공로적 조건성

라이트(N. T. Wright)의 칭의론과 그의 칭의 체계의 배경을 이루는 샌더스(E. P. Sanders)의 '언약적 율법주의'와 던(J. D. G. Dunn)의 '율법의 행위'와 '하나님의 의' 개념을 이해하는 것이 이장의 목적이다. 우리는, 새 관점에 속한 세 학자들이 은혜의 종교를 어떤 의미로 받아들이는지 주목할 것이다. 따라서 필자는 언약적 율법주의 안에 내포된 조건성(conditionality)의 성격을 조명하고, 이들의 체계 안에서 칭의와 행위가 어떤 관계성을 가지고 제시되는지를 분석하고자 한다. 특별히 이러한 분석은 개혁신학의 은혜 언약과 언약적 율법주의 사이에 비교를 위한 예비 작업이 될 것이다.

1. E. P. 샌더스의 은혜의 종교로서 언약적 율법주의 이해

A. '오직'(*sola*)이 배제된 '은혜'(*gratia*)의 종교로서 언약적 율법주의

a. 은혜의 종교로 이해된 언약적 율법주의의 정의

샌더스(E. P. Sanders)는 1세기 유대주의를 연구하면서 그 종교적 패턴을 '언약적 율법주의'[1](Covenantal Nomism)로 명명하고 이러한 종교 패턴을 '은혜의 종교'로 규정한다. 샌더스에 따르면, 바울의 유대교 비판의 핵심은, 종교개혁이 주장한 것과

---

[1] Sanders, *Paul and Palestinian Judaism*, 422.

같은 율법주의(legalism)가 아니다.[2] 유대주의에 관한 고전적 해설로 여겨지는 1977년의 『바울과 팔레스틴 유대주의』(Paul and Palestinian Judaism)는 팔레스틴 유대주의에 대해 새로운 관점을 제시하면서 종교개혁의 주장을 단호히 비판하였다. 샌더스는, 제2 성전기 유대교(second-temple judaism) 문헌을 살필 때, 1세기 유대교가 율법주의라는 종교개혁의 주장이 정당하지 못하다고 주장한다.[3] 즉, 샌더스는 1세기 유대주의를 '어거스틴과 펠라기우스' 혹은 '로마 카톨릭과 종교개혁자들'과의 논쟁에 투영하여 해석하는 것을 경계한다.[4] 따라서 샌더스는 유대교와 바울 신학의 관계성과 각 종교의 본질적인 성격을 파악하기 위한 신학적 근거 자료를 1세기 문헌에 두었다. 즉, 샌더스의 연구 목적은 B.C. 200년에서 A.D. 200년 사이의 1세기 유대주의(first century judaism) 혹은 제2 성전기 유대주의의 문헌과 바울의 저작에서 나타나는 '종교 패턴'(a pattern of religion)을 비교하는 것이다. 특별히 샌더스는 연구자료로서 Tannaitic literature, the Dead Sea Scrolls 그리고 the Apocrypha와 Pseudepigrapha라는 세 가지 광범위한 범주에 집중한다.[5] 샌더스가 이러한 자료들에 자료를 한정하는 이유는, 그가 "스트랙-빌러벡(Strack-Billerbeck)처럼 1세기 팔레스타인 유대교를 이해하기 위해 5세기의 유대인 사료에 지나치게 의존"하는 것을 비판하는 입장에 서 있기 때문이다.[6] 이러한 연구의 결론은, 종교개혁신학이 규정한 율법주의로서의 유대주의 패턴을 파격적으로 뒤엎는다. 즉, 1세기 유대주의의 종교형태(type)는 율법주의 혹은 행위 의(work righteousness)의 종교가 아니라는 것이다.

샌더스가 제시한 유대교의 본질적 특성은 유대교의 성격에 대한 그의 요약에서 표명된다. 그는 그의 요약에서 언약적 율법주의 체계 안에서 은혜성과 율법의 요구성의 상관관계를 8 가지 특성으로 설명하고 있다.

첫째, 하나님께서 이스라엘을 선택하시고,
둘째, 그들에게 율법을 주셨는데, 그 율법은 다음과 같은 사실을 표현한다.

---

[2] Sanders, *Paul and Palestinian Judaism*, 552.
[3] Thomas R. Schreiner, 『바울과 율법』, 배용덕 역 (서울: 기독교문서선교회, 1993), 24.
[4] Horton, *Covenant and Salvation: Union with Christ*, 38.
[5] Waters, *Justification and the New Perspectives on Paul*, 37.
[6] Philip H. Eveson, 『칭의론 논쟁』, 석기신, 신호섭 역 (서울: 기독교문서선교회, 2001), 190.

셋째, 즉, 선택을 유지하시겠다는 하나님의 약속과

넷째, 순종하라는 요구.

다섯째, 하나님께서는 순종을 보상하시며 범죄를 벌하신다.

여섯째, 율법은 속죄의 수단을 제공하며, 속죄는 다음과 같은 결과를 낳는다.

일곱째, 즉, 언약 관계의 유지 혹은 회복.

여덟째, 순종, 속죄 그리고 하나님의 자비에 의해 언약 안에 머무른 모든 사람들은 구원받을 무리에 속하게 된다. 첫 번째와 마지막의 중요한 해석은 선택과 궁극적으로 구원이 인간의 성취라기보다는 하나님의 자비에 의한 것으로 고려된다.[7]

샌더스는, 1세기 유대주의가 은혜의 종교로 주장될 수 있는 이유를 **언약적 성격**에 두었다. 홀튼(Michael S. Horton)은, 샌더스가 그의 신학 안에서 언약적 동기(covenantal motif)의 중요성을 강조하였다고 소개한다.[8] 유대교는 하나님과의 언약적 관계에 그 근본을 두고 있다. 샌더스에 따르면, 언약적 관계는 유대교의 민족적 정체성과 자신의 종교에 대한 이해에 있어 근본을 이룬다.[9] 샌더스의 언약적 율법주의의 특징은, 그것이 본질적으로 은혜의 종교로 규정되면서도 언약적 관계성 안에서 '율법'에 대한 긍정이 내포되어있다는 것이다. 홀튼은 언약적 율법주의라는 말을 이렇게 풀고 있다. "'율법주의'(nomism)는 형용사 '언약적'(covenantal)에 의해 수식되는데, 샌더스는 '언약적'이란 형용사를 '은혜로운'(gracious)이라는 말과 대등한 것으로 조직적으로 취급한다."[10] 그리고 한편으로 '율법주의'(nomism)란 용어를 사용하므로 은혜로운 언약 안에서 율법이 갖는 의미를 설명하려 시도한다. 필립 H. 입슨(Philip H. Eveson)의 표현을 빌자면, 언약적 율법주의는 "하나님의 은혜로운 언약의 문맥 가운데 율법을 준수하는 일을 수반"[11]하는 것을 의미한다. 즉, 샌더스는, 언약적 율법주의라는 신학 구조 안에서 **언약 안에 내포된 은혜성과 요구성의 관계**를 나름대로

---

[7] Sanders, *Paul and Palestine Judaism*, 422.

[8] Horton, *Covenant and Salvation: Union with Christ*, 37.

[9] James, D. G. Dunn, "The New Perspective on Paul," *The New Perspective on Paul* (Grand Rapids, Michigan: William B. Eerdmans Publishing Company, 2005), 102.

[10] Horton, *Covenant and Salvation: Union with Christ*, 39.

[11] Eveson, 190.

설명하고 있다. 따라서 샌더스의 신학적 시도는 은혜로운 율법이라는 하나의 '종교 패턴' 안에 구별된 언약 형태들을 통합하는 것이다.[12] 샌더스에게 '율법의 행위'(Works of the law)는 일반적으로 율법을 행하는 것과 동일시된다.[13] 샌더스에게 언약과 율법의 관계성에 대한 문제는 몹시 중요한 것이다.[14] 실제로 그는 율법과 약속의 언약을 언약적 율법주의라는 한 형태(type) 아래 종합하였고, 이로부터 언약신학적인 이슈와 논쟁이 발생하게 된다.[15] 이 점에 있어서 우리는, 샌더스가 언약적 시각에서 율법의 문제를 통찰하려 했던 시도를 긍정적으로 평가할 수 있다. 그러나 문제는, 그가 언약과 율법의 관계성을 언약적 율법주의라는 형태 아래 종합하는데 있다. 즉 그가 언약적 율법주의라는 하나의 종교 패턴(a pattern of religion)[16]을 제시할 때, 우리는, 그 안에 함의된 은혜의 개념이 어떠한 것인지를 신중히 이해해야 한다. 따라서 우리는, 샌더스의 언약적 율법주의 안에 '언약과 율법의 상관성' 즉, 언약의 은혜성과 요구성이 어떤 신학구조로 진술되고 있는지를 주목해야 한다.

샌더스의 언약과 율법의 상관성은 '들어감'(getting in)과 '머무름'(staying in)의 체계를 통해 설명된다. 샌더스는 유대교의 본질적 성격을 밝혀내기 위해 한 종교가 어떻게 존재하며, 또한 구원받을 자들의 공동체에 어떻게 들어가며 머물게 되는지를 질문한다. 샌더스에 따르면 "언약적 율법주의는 하나님의 계획안에 한 사람의 지위가 언약에 기초하여 세워지고 언약이 그것의 계명들에 대한 그의 순종을 인간의 온당한 응답으로서 요구한다는 견해이다."[17] 또한 이 체계 안에서 범죄에 대한 속죄의 수단이 제공된다."[18] 따라서 언약의 시초는 은혜로 말미암지만 언약 안에 지위는 순종에

---

12 Eveson, 190.

13 Dunn, "The New Perspective on Paul," 119.

14 Sanders, *Paul and Palestine Judaism*, 419.

15 Horton, *Covenant and Salvation: Union with Christ*, 38.

16 샌더스(E. P. Sanders)의 저서를 검토한 워터스(G. P. Waters)는 샌더스의 신학적 재능과 방법론(methodology)에 있어 특징과 기여를 그를 앞선 바울에 관한 다양한 해석들의 종합에 두었다. 이러한 종합은 일차 자료들로서 고대 유대문헌들에 근거한 방식으로 이루어진다. 우리는 이러한 방법론을 가리켜 '종교 패턴'(a pattern of religion)에 관한 연구라고 부를 수 있을 것이다. 샌더스는 팔레스틴 유대주의를 그 자신의 용어들 안에서 묘사하려고 애썼다. 샌더스의 팔레스틴 유대주의 연구는 복음(언약)과 율법에 대한 바울의 이해를 위한 작업이기도 하다. 샌더스의 방법론은 소수의 이차 자료를 가지고 바울과 유대교 간의 관계성을 해석하는 것에 대한 불만으로부터 나왔다고 볼 수 있다. Cf. Waters, *Justification and the New Perspectives on Paul*, 35-36.

17 Sanders, *Paul and Palestine Judaism*, 75.

의해 유지된다. 그리고 유대인들은 순종에 의한 지위 유지를 의(義)로 여겼다.[19] 워터스(G. P. Waters)는 샌더스의 들어감과 머무름의 체계를 다음과 같이 요약한다. 그에 따르면, 샌더스의 접근법은, "한 종교가 어떻게 기능하는지에 관하여 묻는 두 가지 질문에 초점"이 맞추어져 있으며 그것은 "한 사람이 구원받은 사람들의 공동체에 어떻게 들어가고 머무는가?"[20]에 관한 것이다. 샌더스의 이러한 접근은 내세, 원죄 등을 다루지 않으므로 구원론이 아니며 그가 제시하는 종교 패턴은 우리에게 어떻게 종교와 종교적 삶을 수행하는가라는 기능적인 고려에 집중한다.[21] 달리 표현하면 '들어감'과 '머무름'이라는 것은, 샌더스가 이해한 종교의 기초 구조(framework)에 관한 것이라 할 수 있다.[22]

b. 언약적 율법주의가 제시하는 은혜의 종교의 요소들

샌더스(E. .P. Sanders)에 따르면, 유대교가 은혜의 종교인 이유는, 유대교 언약이 은혜의 선행성 및 선택, 순종, 속죄의 수단 및 회개와 같은 요소들을 포함하기 때문이다.[23] 이스라엘 백성이 구원받은 단체로 들어가는 것(getting in)은 하나님의 선택이며 자비에 관련된 일이다. 율법 준수는 그 단체 혹은 공동체에 머무는(staying in) 수단으로만 가능한다. 또한 여기서 율법 준수는 속죄의 수단과 회개의 기회를 통해 율법주의와 구분된다. 샌더스에게 1세기 유대문헌을 통해 얻은 이러한 요소들은 그로 하여금 유대교를 은혜의 종교로 규정하게 만든다.

그러나 이러한 샌더스의 주장으로부터 제기되는 문제는, 그가 다른 문헌들 안에서 **은혜와 공로의 긴장**이 발견된다는 점이다. 그는 자료들에 나타난 공로성에 대한 명시적 진술들을 인정한다. 그러나 어떠한 이유에서인지 그는 그러한 공로성의 발견에

---

[18] Sanders, *Paul and Palestine Judaism*, 420.

[19] Sanders, *Paul and Palestine Judaism*, 544.

[20] Waters, *Justification and the New Perspectives on Paul*, 36.

[21] Waters, *Justification and the New Perspectives on Paul*, 36.

[22] Sanders, *The Law, and the Jewish People*, 6.

[23] Waters, *Justification and the New Perspectives on Paul*, 38. 이 주제를 논증하기 위해 샌더스가 의존한 자료는 *Tannaitic literature*이다.

도 불구하고 유대교를 은혜의 종교로 규정한다. 우리는 그의 그러한 노력들이 타당한 것인지, 어떤 의미에서 문제를 제기할 수 있는지 살펴야 할 것이다. 결론부터 말하자면 그는 공로성이 있음에도 불구하고 은혜가 함께 주장되는 이유로 유대주의가 은혜의 종교라는 논리를 펴 간다. 다시 말해 그는 반(半)-펠라기우스주의를 은혜의 종교로 여기고 있는 것이다.

먼저 은혜의 선행성 및 선택을 살펴보면, 하나님과 그 백성의 언약 체결은 하나님의 은혜에 근거한다. 언약을 맺으실 때 하나님께서는 그 백성들을 용서하시며 그들과 관계하신다.[24] 즉 언약의 공동체에 들어가는 것의 문제(getting in)는 행위가 아니라 하나님의 선택과 은혜에 근거한다. 샌더스는, 랍비들이 언약에 들어감이 계명에 선행한다는 사실을 명시적으로 표명했다는 사실로부터 논증을 시작한다. 베네마(Cornelis P. Venema)는, 샌더스가 언약적 율법주의를 은혜에 근거한 종교 패턴이라고 주장할 때, 그것은 입문에 관련된 것이며 이 개념은 언약 공동체에 들어갈 때 주어지는 시초적인 은혜 혹은 은혜로운 시작을 의미한다고 지적한다.[25] 샌더스에 따르면, "이스라엘은 인간의 공로(achievement)에 의해 언약 안에 들어가지 않고 하나님의 **자유로운 시작**(free initiative)에 의해"[26] 언약에 들어갔다.

그러나 은혜로운 시작에 대한 강조에도 불구하고 유대문헌 안에는 신학적 긴장을 일으키는 랍비들의 진술이 존재한다. 즉 유대인들은 선택을 은혜로 여기면서도 한편으로 "왜 그분이 그렇게 선택 하셨는가?"를 물었다.[27] 샌더스는, 이러한 질문이 하나님의 선택을 "변덕스럽거나 임의적이지 않은"[28] 공의로운 것으로 이해하기 위한 것이라 주장한다. 그러면, 랍비들은 이스라엘을 선택한 이유를 어떤 식으로 답했을까? 답변은 세 가지로 나타난다. 첫째는, 하나님께서 모두에게 언약과 그것에 첨부된 계명들을 주셨지만, 오직 이스라엘만이 그것을 받아들였기 때문이다. 둘째, 하나님께서는 족장들 혹은 출애굽 세대 혹은 예지되는 미래 세대의 순종의 조건 위에서 어떤 공로들

---

24 Schreiner, 『바울과 율법』, 24.
25 Venema, *Getting the Gospel Right*, 28-29. Cf. Venema, *The Gospel of Free Acceptance in Christ*, 100.
26 Venema, *The Gospel of Free Acceptance in Christ*, 100.
27 Sanders, *Paul and Palestine Judaism*, 87.
28 Sanders, *Paul and Palestine Judaism*, 87.

때문에 이스라엘을 선택하셨다. 셋째, 하나님께서 그의 이름을 위하여 이스라엘을 택하셨다.[29] 우리가 이 세 진술들을 살펴볼 때, 이 진술들에 함의된 공로성의 문제는 간과될 수 없다.

샌더스도, 유대 문헌들 안에 은혜와 공로라는 두 요소가 긴장 관계를 이루고 있다는 점을 인정한다. 그러나 샌더스는 나름대로의 해결책을 제시한다. 그것은 "하나님의 선택이 비임의적인 것처럼 보이게 하려는 랍비의 바람"과 "하나님께서 이스라엘을 선택하셨다는 확신의 중심성"이다.[30] 샌더스에 따르면, 랍비들은 이스라엘의 공로로 인해 하나님께서 그들을 선택하셨다고 말함으로 은혜와 충돌을 일으켰지만, 그러한 충돌과 긴장은 교리적으로 혹은 조직적으로 진술된 것이 아니다.[31] "랍비들은 '행위의 (義)'에 대한 바울적/루터적 문제를 갖지 않았다."[32] 랍비들이 공로적인 요소를 언급할 때 그것은 교리적 진술이 아니라 **설명적 장치**(explanatory device)일 뿐이다.[33] 샌더스의 이러한 해명이 유대주의 문헌 안에 엄연히 공존하는 은혜와 공로의 긴장 문제를 해결할 수 있을까? 필자의 판단은 회의적이다. 샌더스의 논리는, 선택의 문제에 있어 공로적 성격이 존재하지만, 은혜가 함께 제시되기에 유대주의는 은혜의 종교로 여겨질 수 있다는 것이다. 이것은 반(半)-펠라가우스주의와 다른 것이 아니며 은혜와 공로의 혼합일 뿐이다.

둘째, 이 주제에 대한 샌더스의 문제는 순종에 대한 해설에서도 반복된다. 그는 순종이 보상을 통한 획득이 아니며 우선적인 선택의 결과라고[34] 지적한다. 또한 랍비들이 생각한 순종은 단지 외적 행위가 아니라 사랑으로부터 비롯된 것이라고 한다.[35] 샌더스는 이렇게 유대교의 은혜성을 제시하면서도 한편으로 공로의 문제에 직면한다.[36] 이러한 공로적 성격들은 랍비들의 '되갚음'(measure for measure) 과 '공로의 검토'(weighing of merits)와 같은 개념 속에 함의되어있다. 전자는 하나님의

---

[29] Sanders, *Paul and Palestine Judaism*, 87-88.

[30] Waters, *Justification and the New Perspectives on Paul*, 40.

[31] Waters, *Justification and the New Perspectives on Paul*, 40-41.

[32] Sanders, *Paul and Palestine Judaism*, 100.

[33] Sanders, *Paul and Palestine Judaism*, 100.

[34] Sanders, *Paul and Palestine Judaism*, 85.

[35] Waters, *Justification and the New Perspectives on Paul*, 41.

[36] Horton, *Covenant and Salvation: Union with Christ*, 41.

공의가 이생에서 보상된다는 의미이며, 후자는 선행들이 범죄들을 압도하였는지에 관한 문제를 다룬다.[37] 샌더스의 인간론을 살필 때, 우리는, 은혜의 종교의 근거로 제시된 순종의 개념이 공로신학 쪽으로 기울고 있음을 확인하게 된다. 왜냐하면 샌더스는, 랍비들이 순종과 죄를 선택하는데 있어 '인간의 중립성을 주장한다고 믿기 때문이다. 샌더스는 랍비 문헌과 유대 문헌 특히 사해 두루마리에서 제시된 죄론과 완전 하라는 율법의 요구를 함께 본다.[38] 유대문헌 안에 죄 지음과 완전 하라는 요구가 함께 제시된다는 것이다. 당시에 유대인들은 "율법을 완벽하게 지키는 것은 어렵지만 전적으로 불가능한 것이 아니라고 생각했고 그래서 자신이 흠이 없다"[39]고 말할 수 있었다. 샌더스에 따르면, 유대인은 인간의 죄성을 인정하기는 하지만 무능성(inability)을 인정하지 않는다. 즉, 순종과 불순종의 선택권은 인간에게 중립적으로 놓여 있다.[40] 샌더스는 랍비 문서에서 순종과 불순종과 관련된 인간 본성의 문제를 기독교 교리와 구분되는 것으로 취급한다. 즉, 샌더스는 "랍비들이 기독교적 의미에서 원죄(original sin) 혹은 각각의 인간의 본질적인 죄성에 관한 교리를 갖고 있지 않다"[41]는 것을 중요시 한다. 그것은 원죄나 죄성에 관한 교리적 진술에 관한 것이 아니라 모든 사람들이 죄를 짓는 것에 대한 관찰로부터 얻어진 통찰일 뿐이다. 달리 말하면, 죄성은 존재하지만 그것이 의지의 속박(bondage of will) 혹은 선에 대한 무능성과 같은 것을 의미하지 않는다. 이들의 죄관은 매우 중립적인 것이다.

> 죄는 인간이 오직 실제로 불순종할 때 발생한다; 만일 그가 불순종하지 않는다면 그는 죄인이 아닐 것이다. 누군가 죄를 짓지 않을 것이라는 가능성은 존재한다. 불순종을 향한 경향에도 불구하고, 인간은 자유롭게 순종하며 불순종한다.[42]

샌더스의 해석을 따르면, 인간에게 죄성이라는 것은 하나의 가능성일 뿐이다.

---

37 Horton, *Covenant and Salvation: Union with Christ*, 41.
38 Sanders, *Paul, the Law, and the Jewish People*, 24.
39 Sanders, *Paul, the Law, and the Jewish People*, 24.
40 Sanders, *Paul and Palestine Judaism*, 107-16
41 Sanders, *Paul and Palestine Judaism*, 114.
42 Sanders, *Paul and Palestine Judaism*, 114-15.

그리고 그것은 중립적이어서 자유롭게 순종하거나 불순종할 수 있는 그런 것이 된다. 따라서 샌더스는 율법에 대한 완전 성취 불가능성(unfulfillability)을 부정하며 이에 대한 근거로 빌립보서 3:6b를 제시한다.[43] 이러한 인간 본성에 대한 샌더스의 이해는 '머무름'의 개념 안에서 은혜를 말하면서도 종말론적 심판이 인간의 행위에 의해 결정된다는 진술 안에 반영된다. 워터스(G. P. Waters)는 이러한 진술들을 가리켜 "인간 본성 안에 그 어떤 것도 사람으로 하여금 죄를 짓도록 결정하지 못한다"[44]는 의미로 해석했다. 이러한 인간론은 타락 전에 아담의 상태를 방불케 한다. 물론 죄성이 인간의 천성 속에 존재한다는 진술 외엔 말이다. 샌더스가 제시하는 상태는 전통적 용어로 *posse non peccare*(죄짓지 않을 수 있는)로 타락 전 아담의 상태와 동일한 것이다. 샌더스는 인간의 타락 이후의 *non posse non peccare*(죄를 짓지 않을 수 없는 상태)를 부인하고, 타락으로 인한 인간의 무능성(inability) 및 의지의 속박(bondage of will)을 부정하고 있는 것이다.

유대주의 안에 자명한 은혜와 공로의 긴장이 단지 교리적 진술이 아니기에 모순적이지 않다고 샌더스는 주장한다. 그에 따르면, 모순처럼 보이는 진술은 첫째, 자비와 공의의 균형을 주장하기 위함이요,[45] 둘째, 언약 백성으로 하여금 최선을 다해 계명에 순종하도록 자극하기 위함일 뿐이다.[46]

샌더스는, 랍비들에게 구원의 교리가 존재한다면 그것은 "선택과 회개"라고 진술한다. 그리고 율법의 성취가 내세의 보상이라 말하는 것은 한 사람의 범죄가 정죄와 관련된다는 진술에 의해 균형이 잡힌다고 주장한다.[47] 그러나 그가 말하는 균형은 문제를 해결하지 못하고 단지 회피하려는 변명일 뿐이다. 왜냐하면 샌더스에 따르면, 언약적 율법주의가 은혜의 종교로 여겨지는 이유는, 그것이 공로에 근거한 심판을 주장하면서도 그것에 은혜가 섞여있기 때문이다.[48] 마이클 홀튼(Michael S. Horton)

---

43 홍인규, 『바울의 율법과 복음』 (서울: 생명의 말씀사, 2000), 159. Cf. 홍인규 교수는 언약적 율법주의를 받아들이는 한국의 신학자 중 한 사람이다. 홍인규 교수에 대한 반론은 최갑종 교수에 의해 이루어졌다(최갑종, "홍인규 교수의 *The Law in Galatians*에 대한 요약과 평가", 『성령과 율법』 (서울: 기독교문서선교회, 1997), 225-307.

44 Waters, *Justification and the New Perspectives on Paul*, 41.

45 Horton, *Covenant and Salvation: Union with Christ*, 41.

46 Horton, *Covenant and Salvation: Union with Christ*, 41.

47 Horton, *Covenant and Salvation: Union with Christ*, 41.

은 이러한 언약적 율법주의의 신학 구조가 넓은 의미에서 중세 로마 카톨릭의 공로사상과 흡사함을 잘 지적하고 있다.[48] 샌더스는 머무름과 구원이 행위에 근거한다고 말하면서도, 이 체계를 은혜의 종교로 규정하기 위해, 요구된 순종은 완전한 것이 아니며 심판에 자비가 긍정적 역할을 한다고 해명한다.[50] 이러한 설명은 매우 모호한 것이다. 그렇다면 우리는 도대체 "어떤 질과 양의 순종이 심판 날에 신적 정밀조사를 성공적으로 견디기 위하여 요구 되는가"물을 수 있다.[51] 사실 샌더스의 "은혜는 체계 안에서 논리적인 우선권을 갖지 못하는 반면, 인간 순종의 불완전성에 의해 남겨진 틈을 채우는" 정도의 의미를 갖는다.[52] 랍비들이 공로성과 은혜를 함께 제시하지만 하나님의 자비가 어떻게 작용하는지에 대해 아무런 일치가 없으며, 그저 긍정적 기대를 제시하는 정도로 나타날 뿐이다.[53] 단지 이러한 모호성이, 랍비가 조직신학자가 아니라는 이유만으로 합리화 될 수 있는 것인지 의문스럽다.

세 번째 은혜의 종교의 요소는 언약 회원권과 속죄 안에서의 구원 개념이다. 샌더스는 랍비 문헌의 언약의 회원권 안에서 구원을 조망한다. 그에 따르면, 오직 하나님의 거부와 그의 언약만이 누군가를 언약에서 내몰 수 있다. 따라서 누군가 회개에 의해 언약을 지키려는 근본적인 의향만 있으면 그는 용서될 수 있다.[54] 이러한 원칙은 언약 안에서 범죄가 벌어질 시에도 고수된다. 그러나 유대주의의 속죄 개념은 공로적 성격을 포함한다.

샌더스에 따르면, 랍비들에게 있어 "속죄한다"는 의미는 "속죄의 인간 행위"와 "용서의 하나님의 행위"를 함께 포함한다.[55] 그들의 행위가 속죄를 초래한다는 명시적 진술들이 랍비들의 진술 안에 존재한다.[56] 여기서 속죄는 인간이 이룬 자신의 행위이

---

48 Horton, *Covenant and Salvation: Union with Christ*, 41.

49 Horton, *Covenant and Salvation: Union with Christ*, 42.

50 Waters, *Justification and the New Perspectives on Paul*, 46.

51 Waters, *Justification and the New Perspectives on Paul*, 47.

52 Waters, *Justification and the New Perspectives on Paul*, 47.

53 Waters, *Justification and the New Perspectives on Paul*, 47.

54 Sanders, *Paul and Palestine Judaism*, 147.

55 Waters, *Justification and the New Perspectives on Paul*, 48. Cf. Sanders, *Paul and Palestine Judaism*, 160.

56 Waters, *Justification and the New Perspectives on Paul*, 48.

다. 회개의 실패는 은혜를 무효화 할 수도 있다. 회개는 언약 안에서 하나님의 용서에 대한 필연적인 태도이다[57] 따라서 랍비들은 회개를 마치 독립적인 수단처럼 여겼다. 어떤 의미에서 랍비들의 강조점은 행위의 질에 놓이지 않고 행위 자체에 놓여 있다고 판단될 수 있다.[58] 이들에게 회개는 선택이라는 큰 정황 내에서 시작되지만, 그러나 결국 로마 카톨릭의 오류와 유사한 모습으로 종결된다.[59] 은혜로 시작되었지만 결국 그 구원 유지와 획득은 개인의 태도에 달린 것이 된다. 즉, 언약 입회 후에 회개 자체는 또 하나의 공로가 된다. 즉, 유대 종교에 있어 언약 회원권에 의한 구원의 확신은 속죄의 수단의 공로적 성격을 배제한 채 생각될 수 없는 개념인 것이다.[60]

우리는 이제까지 샌더스가 언약적 율법주의를 은혜의 종교로 규정하기 위해 제시한 요소들을 살펴보았다. 우리의 결론은 그의 은혜의 종교의 요소로서 선택, 순종 그리고 회개와 속죄의 수단 등이 반(半)-펠라기우스주의적 요소를 가진다는 것이다. 은혜의 요소들에 대한 진술 안에서 늘 인정되어야 하는 것은, 랍비들이 언제나 공로성을 포기하지 않고 있다는 것이다. 샌더스도 이 점을 인정하고 몇 가지 대안을 내 놓고 있지만, 우리는 샌더스에게서 은혜와 공로의 충돌에 대한 해결책을 발견하지 못한다. 그는 공로에도 불구하고 *gratia*(은혜)가 함께 하기에 유대주의가 은혜의 종교인 것으로 답변한다. 이는 반(半)-펠라기우스주의적 발상일 뿐이다.

우리는, 샌더스에 의해 규정된 율법주의가 펠라기우스주의(Pelagianism)에 한정된 것임을 인식해야 한다. 그는 펠라기우스주의만이 율법주의라고 생각한다. 워터스(G. P. Waters)와 마이클 홀튼(M. S. Horton)은 이 점을 잘 파악하고 있다.

샌더스는 순수한 펠라기우스주의의 종교로서 유대주의에 대한 초상을 바로 잡았다. 그리고 이러한 종교가 본질에 있어 반(半)-펠라기우스주의라는 것을 표명했다.[61]
종교개혁의 관점으로부터 단순히 그것이 펠라기우스적(Pelagian)이 아니라는 것을 보여주는 것에 의해 유대주의를 행위-의(義)로부터 면제시키려는 시도는 성공하지 못하였다.

---

57 Sanders, *Paul and Palestine Judaism*, 178.
58 Waters, *Justification and the New Perspectives on Paul*, 49.
59 Horton, *Covenant and Salvation: Union with Christ*, 43.
60 Waters, *Justification and the New Perspectives on Paul*, 52.
61 Waters, *Justification and the New Perspectives on Paul*, 57.

왜냐하면 중세신학은 명확히 펠라기우스주의가 아니었기 때문이다.[62]

샌더스가 자신이 이해한 유대주의를 통해 종교개혁의 관점을 반대하려는 것은 매우 큰 실수이다. 왜냐하면 당시 종교개혁자들의 논쟁 대상인 로마 카톨릭의 실체는 펠라기우스주의가 아니라 반(半)-펠라기우스주의였기 때문이다. 샌더스의 실수는, 그가 반(半)-펠라기우스적 요소를 가진 언약적 율법주의를 은혜의 종교로 규정한 것에 있다. 그는 율법주의를 펠라기우스적인 것에 제한시키고 축소시켜 버렸다. 샌더스가 이해한 언약적 율법주의가 유대교의 참 모습이었다면, 우리는, 바울이 그 유대교의 참 모습(언약적 율법주의)을 율법주의로 규정하고 싸웠다는 것을 간과해서는 안된다. 샌더스가 로마 카톨릭을 펠라기우스주의로 규정하고, 종교개혁자들이 펠라기우스주의적인 로마 카톨릭을 은혜의 종교인 유대주의에 대비시키므로 그들이 바울을 잘못 읽었다고 비평한 점은 매우 엉뚱한 일이 아닐 수 없다. 바울과 종교개혁은 모두 *gratia*(은혜)를 제시하는 반(半)-펠라기우스주의적 체계와 싸웠고 바울과 종교개혁은 *sola gratia*(오직 은혜)를 고수하기 위해 논쟁하였기 때문이다.

결론적으로 샌더스의 은혜의 종교에 대한 개념은 너무나 관대하며, 그의 율법주의에 대한 정의는 반대로 너무 협소하다. 언약적 율법주의는 은혜 언약 안에 반(半)-펠라기우스주의적 공로가 들어설 곳이 없었던 종교개혁과 대조된다. 반면 율법주의는 펠라기우스주의로 제한되지 않는다. 성경과 바울 그리고 종교개혁자들의 율법주의 정의는 펠라기우스주의에 한정되지 않고 반(半)-펠라기우스주의를 포함한다. 그런 의미에서 우리는, 언약적 율법주의가 진실로 은혜의 종교인지 물을 수 있다.

B. 언약적 율법주의에 의해 재해석된 바울의 기독교

a. '오직 은혜'가 아닌 '은혜'의 종교로서 바울의 기독교

샌더스는 유대 문헌 연구를 통해 통찰된 언약적 율법주의 안에서 바울을 조망한다.

---

62 Horton, *Covenant and Salvation: Union with Christ*, 40.

샌더스의 바울 연구의 초점은 언약적 율법주의로서 규정된 유대교와 바울의 상관관계이다. 달리 표현하면, 샌더스는 언약적 율법주의로서 유대교와 바울의 기독교가 연속성 안에 있는지 불연속성 안에 있는지를 묻는다. 샌더스는 이 질문에 대한 답변으로서 제시한 '새 관점'(new perspective)을 통해 종교개혁의 바울상(象)을 수정한다. 이러한 연구의 결과물이 『바울, 율법, 유대인』(Paul, the Law, and the Jewish People)이라 할 수 있다. 이 논문에서 바울과 유대교의 관계를 이해하기 위해 그는 바울과 유대교의 율법관을 다루며, 바울과 당시의 유대인들이 '들어가 머무는 일'을 어떻게 이해하였는지를 살핀다.[63] 이와 관련하여, 우리는, 샌더스가 바울에 관한 새로운 관점에 따라 은혜의 종교를 어떻게 규정하는지를 주목해야 한다.

은혜의 종교로 규정된 언약적 율법주의와 바울의 기독교는 샌더스에게 연속성(continuity)과 불연속성(discontinuity)을 동시에 갖는다. 샌더스는 바울의 기독교를 '새로운 언약적 율법주의'[64](new covenanantal nomism)라고 명명하므로, 그가 이해한 바울의 기독교는 수정된 언약적 율법주의 정도로 이해될 수 있을 것이다. 여기서 논증하고자 하는 바는, 샌더스가 이해한 바울의 종교가 공로신학으로서 유대교와 다를 바 없다는 것이다. 따라서 우리가 살필 것은, 샌더스가 이해한 바울의 은혜의 종교 개념이 여전히 반(半)-펠라기우스주의적 요소를 지닌다는 점이다. 우리는 이러한 연속성을 이해하는 가운데 그가 한편으로 주장하는 불연속성이 어떤 것인지 이해해야 한다. 물론 우리는, 그 불연속성이 샌더스가 이해한 유대교와 기독교 사이에 은혜의 종교의 의미를 상이한 것으로 만들지 않는다는 사실에 주목해야 한다.

샌더스가 유대주의를 은혜의 종교로 규정할 때, 유대주의를 율법주의로 규정한 종교개혁 신학은 전복된다. 샌더스는, 유대주의와 바울의 불일치가 율법주의 논쟁에 있지 않다고 주장한다.[65] 워터스(Waters)를 따르면, 샌더스는 두 가지 확신 안에서 유대주의 유산으로서 언약적 율법주의를 변형 내지 수정시킨다.[66] 그 두 가지 확신은 "예수님께서 주님이신데, 그 안에서 하나님께 믿고 즉시 돌이킬 모든 사람들에게

---

63 Sanders, *Paul, the Law, and the Jewish People*, ix.
64 Sanders, *Paul, the Law, and the Jewish People*, 208.
65 Waters, *Justification and the New Perspectives on Paul*, 60.
66 Waters, *Justification and the New Perspectives on Paul*, 61.

구원을 주신다"는 것과 "바울은 이방인의 사도로 부름 받았다"[67]는 것이다. 이러한 두 가지 전제 아래 유대주의와 바울의 기독교를 비교하면서, 샌더스는 다음과 같은 두 종교 체계 간의 연속성(continuity)과 불연속성(discontinuity)를 제시한다. 샌더스에게 바울은 어떤 의미에서 여전히 유대인이었지만, 어떤 의미에서 유대교와 결별한 자이기도 하다. 샌더스에 따르면, 바울의 기독교는 여전히 들어감(getting in)과 머무름(staying in)의 구조 안에서 설명된다. 워터스에 따르면, 샌더스가 이해한 바울의 기독교는 신자가 세례에 의해 입문한 후, 언약 회원권을 획득하는 체계를 갖는다. 그리고 이 '회원권의 지위'(membership)는 구원을 제공한다. 그러나 특별한 계명들에 대한 순종과 범죄에 대한 회개는 언약 안에 머무름의 조건이 된다.[68] 만일 반복되고 극악무도한 범죄를 지을 때는 회원권의 지위가 박탈될 수도 있다. 즉, 유대주의의 언약적 율법주의에서처럼 바울의 기독교도 "들어감"과 "머무름"의 체계를 갖는다. "머무름"에 있어 여전히 계명들에 대한 순종과 회개가 조건으로 작용하는 것이다.

그러나 샌더스는 양자 간에 불연속성도 지적한다.

첫째, 바울의 유대교 반대의 본질은 은혜와 공로적 행위의 싸움이 아니라 그것이 기독교가 아니라는 데 있다. 바울은 할례와 율법을 입교 조건으로 여기는 것에서 결별한다. 그리고 불연속성은 입교의 차원에서 발생한다. 이로부터 유대교의 언약적 율법주의와 바울의 언약적 율법주의 사이에 변화가 발생한다. 바울의 논쟁의 주제는 "어떻게 아브라함의 참 자손이 되는가와 어떻게 하나님의 백성에 속하는가"[69]에 관련된 문제이다. 즉, 들어감의 차원에서 논쟁이 발생하며, 입문의 조건이 무엇이냐는 질문으로부터 논쟁이 시작된다. 샌더스는 갈라디아서 2-3장을 주해하면서, 이 논쟁의 대상이 유대인 기독교 선교사들이라는 점을 지적한다. 샌더스에 따르면, 이들은 이방인에게 복음을 전하였지만, 이방인이 하나님의 백성의 회원이 되기 위해, 즉 입교하기 위한 조건으로 할례와 율법을 받아들여야 한다고 주장했다.[70] 유대인 기독교 선교사들이 이방인들에게 복음을 전할 때, 이들은 입회 조건으로 할례와 율법을 더불어 요구했

---

67 Waters, *Justification and the New Perspectives on Paul*, 61.
68 Waters, *Justification and the New Perspectives on Paul*, 61.
69 Sanders, *Paul, the Law, and the Jewish People*, 19.
70 Sanders, *Paul, the Law, and the Jewish People*, 19.

던 것이다. 따라서 바울이 율법을 반대할 때, 그것은 율법 준수 자체에 대한 것이 아니고 할례와 율법을 입교 조건으로 제시하는 것에 대한 것이다. 바울은 이에 반대하여 그리스도를 믿는 믿음을 입교의 유일한 조건으로 제시하고 있다. 샌더스에게 있어 유대주의와 바울의 결별은 그리스도로부터 시작된다. 베네마(Cornelis P. Venema)는, 샌더스가 "바울의 유대주의에 대한 주요한 반대는, 그것이 그리스도를 통하여 하나님의 구원하시는 사역의 새로운 실재를 거부하는 것"에 있었다고 생각한 점을 지적한다.[71] 샌더스는 유대교와 기독교의 결정적인 불연속성을 입문의 차원에서 다음과 같이 요약하였다. "요약하자면, 이것이 바울이 유대주의 안에서 잘못된 점을 발견한 것이다. 그것은 기독교가 아니라는 데 있다."[72] 샌더스는 유대교와 기독교 사이에 불연속성의 명확한 증거를 바울의 저작 안에서 발견한다. 첫째는 언약 공동체 회원의 지위가 그리스도 안에서만 주어지며, 둘째, 그리스도를 믿어 하나님의 백성 안에 들어가는 것이 이방인이나 유대인에게나 동등한 조건으로 주어진다는 것이다.[73] 샌더스에 따르면, 바울은 언약적 율법주의를 버리지 않는다. 그는 들어감에 있어 율법을 배제한 믿음을 입문조건으로 주장하는 식으로 이전의 체계를 한정했을 뿐이다. 그는 하나님의 백성을 둘러싼 경계들을 그리스도로 제한하였다.[74] 즉, 혈통 안에 선택을 통해 하나님의 백성의 공동체 안으로 들어온 사람들의 경계표로서 율법은 더 이상 언약 백성의 경계표가 아닌 것이다. 그 모든 것이 그리스도 중심적으로 변화되었고 이것이 양자 간의 일차적 차이를 형성하는 요인이 된다.[75]

둘째, 들어감의 조건에 대한 논쟁으로부터 '의(義)'에 대한 개념의 불연속성이 발생한다. 던(James D. G. Dunn)은, 샌더스가 너무 성급하게 유대주의를 바울의 종교와 근본적으로 다른 체계인 것으로 결론지었다고 불평한다. 그리고 그 불연속성이 기독교 안에 있는 "의(義)의 매우 다른 양식"으로부터 비롯된다고 지적한다.[76] 그렇다면 유대주의와 바울의 종교는 각각 '의'(義)를 어떤 방식으로 이해했을까? 먼저 유대인

---

71 Venema, *Getting the Gospel Right*, 30.
72 Sanders, *Paul and Palestine Judaism*, 552.
73 Sanders, *Paul, the Law, and the Jewish People*, 208.
74 Waters, *Justification and the New Perspectives on Paul*, 63.
75 Waters, *Justification and the New Perspectives on Paul*, 64.
76 Dunn, "The New Perspective on Paul," 103.

들이 생각한 의(義)는 들어감의 차원에서 생각된 개념이 아니라 머무름의 차원에서 생각된 개념이다. 유대인들에게 '의롭게 된다'는 말의 의미는 "토라(Torah)에 순종하고 범죄를 회개하는 것을 의미"[77]한다. 즉, 율법에 순종하는 사람을 의롭다고 칭할 때, 그 말의 의미는 "누군가 그것[율법]에 대한 순종]에 의해 언약 안에 머문다"[78]는 것이 된다. 그리고 그 의(義)가 지칭하는 내용은 "올바르게 행동하는 사람에 대한 주요한 용어"[79]로서 표현된다. 홀튼(Michael S. Horton)에 따르면, 샌더스가 제시한 유대인의 의(義)는 "선택된 자들의 그룹 중에 지위에 대한 유지를 암시하는 한 용어"[80]이다. 샌더스는 앞에서 언급했듯이, 인간의 무능력(inability)를 인정하지 않는다.[81] 그리고 그는 그의 주해를 통해(특히, 빌립보서 3:6, 9) 인간이 율법을 이룰 수도 있음을 강조한 바 있다. 샌더스는, 바울이 율법 혹은 율법의 행위를 반대할 때, 그것이 율법의 준수 가능성을 부인하는 것이 아니라고 주장한다. 바울의 반대는, 인간이 율법을 이룰 수 있다는 것에 관한 것이 아니라 율법을 이루는 것을 통해 의(義)를 획득할 수 있다는 생각이다. 유대인의 의(義)는 "율법을 지키는 것에 기초하여 오직 유대인에게만 해당되는"[82] 의(義)이며, "율법을 따를 자에게 제한되는 의(義)로 특징 지워진다."[83] 따라서 유대인의 의(義)는 머무름의 차원에서 고려될 때, 그것이 "유대인만 얻을 특권을 가진 의(義)"[84]로서 "자기 의(義)"와 구별된다. 즉, 유대인의 의(義)는 하나님의 백성의 공동체에 '들어간 후' 순종과 속죄의 수단 그리고 회개를 통하여 '하나님의 백성의 지위' 혹은 '언약 백성의 회원권'을 유지하는 것을 의미한다.

그렇다면 바울의 종교가 정의한 의(義)는 유대인의 의(義)와 어떤 차이를 갖는가? 우선 바울의 종교의 의(義)는 머무름의 차원에서 생각되지 않고 들어감, 즉 입문의 차원에서만 적용되는 개념이다. 샌더스를 따르면 "입교 수단으로써 율법은 배제된

---

77 Horton, *Covenant and Salvation: Union with Christ*, 45.
78 Horton, *Covenant and Salvation: Union with Christ*, 45.
79 Horton, *Covenant and Salvation: Union with Christ*, 45.
80 Horton, *Covenant and Salvation: Union with Christ*, 45.
81 Sanders, *Paul and Palestine Judaism*, 114-15. Cf. Sanders, *Paul, the Law, and the Jewish People*, 24-25.
82 Sanders, *Paul, the Law, and the Jewish People*, 38.
83 Sanders, *Paul, the Law, and the Jewish People*, 38.
84 Sanders, *Paul, the Law, and the Jewish People*, 38.

다. 그리고 유대인이과 이방인은 그리스도를 믿는 믿음이란 동일한 기초 위에 선다.[85] 그에 따르면, 바울이 율법의 행위로 얻는 의(義)를 비판할 때, 바울의 논점은 율법 자체나 율법 준수의 불가능성에 놓이지 않는다. 그의 논점은, 율법은 이룰 수 있지만, 그럴지라도 율법을 이룸을 통하여 의(義)를 획득할 수 없다는 것이다.[86] 엄밀히 말해, 샌더스가 생각하는 바울의 율법 거부는 "제한적 거부"[87]로서 율법 자체나 율법 준수 능력에 대한 거부가 아니라 입문이라는 정황에서만 거부 되는 것을 의미한다. 바울에게 의(義)는 머무름의 차원에서 율법에 대한 순종의 개념이 아니라, 그리스도의 몸, 즉 구원받은 자들의 몸 안으로 들어가는 것이며 그것은 하나의 '이동'(transfer) 개념이다.

바울이 반대한 것은 유대인 기독교 선교사들이 구원받은 자들의 몸에 들어가는 조건으로 믿음뿐만 아니라 율법을 받아들일 것을 요구한 것에 놓여진다. 왜냐하면 어떤 사람도 율법의 행위에 의해 구원받은 자들의 몸으로 이동할 수 없기 때문이다. 결론적으로 유대교와 율법에 대한 바울의 반대의 실체는 무엇인가? 샌더스에 따르면, 유대인들의 '종교적 배타성'이다. 우리가 살핀 의(義)의 개념에 연관 지어 생각할 때, 바울의 반대는 "구원받을 배타적 소집단의 회원이 되려면 무엇이 요구되는가?"[88]라는 질문에서 비롯된 것이다. 따라서 바울이 율법과 믿음의 대립을 다룰 때, 그는 율법의 행위와 율법 준수를 반대하는 것이 아니라 그것이 '들어감'의 조건이라는 것을 반대한다. 샌더스에 따르면, 바울은 이방인이든(갈라디아서) 유대인이든(로마서) 모두 그리스도를 믿음으로만 그리스도의 몸 안으로 이동하며 그 공동체의 회원 자격 요건을 획득할 수 있다고 생각한 것이다. 이 의(義)는 결코 율법을 행함으로 얻어질 수 없는 것이다. 그것이 하나님의 계획이기 때문이다. 그러나 바울은 "소집단의 사람들이 어떻게 행동해야 하는지의 문제"가 제기될 때, 믿음과 율법을 대립적으로 보지 않는다.[89] 핵심은 율법을 의(義)와 관련시키는가 그리고 그 의(義)가 "들어감"의

---

85 Sanders, *Paul, the Law, and the Jewish People*, 47.

86 Sanders, *Paul, the Law, and the Jewish People*, 27.

87 Sanders, *Paul, the Law, and the Jewish People*, 48.

88 Sanders, *Paul, the Law, and the Jewish People*, 114

89 Sanders, *Paul, the Law, and the Jewish People*, 114

문제로 여겨지는가 혹은 "머무름"의 차원에서 다뤄지는가이다. 워터스와 홀튼은 바울과 유대교의 불연속성을 다음과 같은 용어로 요약한다. 즉, 의(義)의 문제에 있어 유대교의 언약적 율법주의와 기독교의 차이는 '언약적 율법주의'(Covenantal Nomism)와 '참여주의적 종말론'(Participationist Eschatology)으로 표현될 수 있다. 유대교의 의(義)는 '들어가 율법에 순종하여 지위를 유지하는 것'에 관계되지만, 바울의 기독교에서 의(義)는 '그리스도를 믿어 그리스도의 몸 안으로 들어가는 것 혹은 이동하는 것'에 연계된다. 샌더스는 이러한 관점에서 유대교와 기독교는 유사하지만 결별한 것으로 결론짓는다. 그런 의미에서 기독교는 유대교가 아니지만 새로운 언약적 율법주의(new covenantal nomism)로 간주될 수 있다. 이것은 연속성 안에서 불연속성을 주장하는 식이다.

여기까지 살핀 바울에 관한 새 관점의 체계와 윤곽을 통해 우리는 샌더스가 이해한 은혜의 성격을 파악할 수 있다. 샌더스가 유대교와 기독교의 불연속성을 강조하기는 하였지만, 그것은 공로의 문제에 있어서는, 유대교의 언약적 율법주의와 다를 바 없다. 의(義)가 '그리스도를 믿음으로 들어감'을 의미하는 의(義)이든, '들어가 율법을 순종하여 지위를 유지하는 개념이든, 이 두 종교 체계의 공통점은 결국 종말의 심판이 이들의 율법 순종 여부에 달려 있다는 것이다. 율법에 대한 순종 가능성은 무능력(inability) 교리를 배제한 채 주장되고, 율법은 이룰 수 있으며 이루어야 하는 것으로 주장된다. 그리고 율법 순종은 최종 심판에 있어 구원의 수단과 원인으로 제시된다. 즉, 그리스도의 몸으로 들어간 그리스도인이 삶을 교정하지 않음으로 인해, 즉 그의 행위로 인해 구원에서 배제될 가능성이 열린다.[90] 샌더스에게 '입문' 자체가 최종적이고 궁극적 구원을 보장하지 않는다. 그에게 입문은 최종적 구원과 동의어가 아니다. 그에게 최종 구원은 그 때 가보아야 경험할 수 있는 그런 것이며, 현재라는 시점에서 확신할 수 없는 구원이다. 이러한 개념들은, 샌더스가 해석한 바울의 기독교가 *sola gratia*(오직 은혜)의 종교가 아니라는 것을 입증한다. 샌더스에 따르면, 무엇이 의(義)인가에 대한 유대교와 기독교의 불연속성이 존재할지라도, 들어가 율법을 준수하는 것이 최종 구원을 받기 위한 유일한 길이라는 것은 언약적 율법주의나 바울의 기독교

---

[90] Sanders, *Paul, the Law, and the Jewish People*, 7.

나 매 한 가지인 것이다.[91] 바울의 새 관점 안에서의 은혜의 종교는 반(半)-펠라기우스
주의 요소를 내포하고 있다. 그리고 그의 언약적 율법주의에서의 공로성 문제가
제기된 것처럼 샌더스의 바울은 공로주의 문제를 안고 있는 기독교인 것이다.

b. 샌더스의 은혜의 종교와 율법의 관계성 이해

바울에 관한 새 관점은 유대교와 바울의 관계성 속에서 율법 논쟁을 다룸으로
얻어진 통찰들이라 할 수 있다.[92] 샌더스(E. P. Sanders)는 유대교와 바울의 논쟁의
핵심인 그리스도를 믿는 믿음과 율법의 대조가 어떤 의미를 갖는지에 집중한다.
이러한 논증은, 샌더스가 이해한 은혜의 종교 개념을 풀어가는 열쇠가 된다. 우리가
지금까지 살펴 본 샌더스의 은혜의 종교 개념이 반(半)-펠라기우스적인 것이라는
것을 고려할 때, 샌더스가 은혜의 종교 안에서 율법 혹은 율법 준수를 어떻게 이해하는
지는 중요한 사안이 된다.

샌더스의 율법 이해는 "율법과 약속의 언약이 한 형태(type) 아래 종합될 때 문제가"
된다.[93] 샌더스는 유대교와 기독교 사이의 차이를 의(義)에 대한 이해의 차이에 두고
기독교를 새로운 언약적 율법주의로 부르지만, 결국 들어간 후 머무는 데 있어 율법과
행위의 역할은 크게 변화되지 않는다. 샌더스의 율법관은 바울의 종교를 로마 카톨릭
의 공로신학과 다를 바 없는 것으로 만든다. 홀튼(Micheal S. Horton)도 이 점을
지적한다.

> 그러나 율법과 약속의 언약이 한 형태 아래 종합될 때 문제가 발생한다. ...샌더스 자신의
> 제2 성전기 유대주의 자료에 대한 상세한 연구가, 비록 그것이 20세기 캐리커처
> (caricatures)에 도움이 되도록 도전할지 몰라도, 그럼에도 불구하고 중세 기독교 신학의
> 언약적 율법주의 특징과 초기 유대주의 특징 사이에 병행(유사성)을 강화한다...[94]

---

[91] Sanders의 책, *Paul, the Law, and the Jewish People*의 7 페이지에 제시된 도표를 참조하라. 그 도표를
살필 때, 그의 들어감과 머무름 구조에 기초한 바울의 종교 체계 안에 공로적 성격이 있음을 발견할
수 있을 것이다.

[92] Sanders, *Paul, the Law, and the Jewish People*, 3.

[93] Horton, *Covenant and Salvation: Union with Christ*, 38.

[94] Horton, *Covenant and Salvation: Union with Christ*, 38.

물론 이러한 문제들은 율법주의를 펠라기우스주의에 한정시키고 은혜의 종교를 반(半)-펠라기우스주의로 확대시키는 샌더스의 실수로부터 기인한다고 볼 수 있다. 이제 샌더스가 이해한 은혜의 종교 아래 율법의 의미를 살펴보도록 하자.

샌더스는, 바울이 율법 성취의 가능성을 반대하지 않는다고 주장한다. 그는 율법이 입문 조건으로 제시되는 것만을 반대한다. 변화된 것은 의(義)가 머무름을 위한 율법준수로부터 입문을 위해 그리스도를 믿는 믿음으로 전환되었다는 점이다. 이런 전제 속에서 샌더스를 따르면, 바울의 반대는 율법주의적 율법 준수에 대한 것이 아니라 단지 율법을 행함으로 언약 백성의 공동체에 들어갈 수 없다는 것만을 의미한다. 그렇다면 이러한 샌더스의 논지는 그의 주해를 통해 어떻게 지지될까? 샌더스는 그의 주해를 통해 믿음과 율법의 대조적 표현을 어떻게 이해할까? 그리고 어떤 방식으로 언약적 율법주의 아래서 바울이 율법을 최종 구원의 근거로 삼았다고 샌더스는 주장하는 것일까? 우리는 이러한 질문들을 주의 깊게 살펴야 할 것이다. 샌더스의 율법관의 핵심은 율법은 지킬 수 있고 지켜야만 할지라도, 의(義)는 입문의 차원에서 오직 믿음에 의해서 온다는 것이다. 즉 샌더스는 입문에 차원에서 오직 믿음을 인정하지만, 머무름의 차원에서 율법을 공로화한다. 샌더스는, 주해와 논증을 통해 바울이 율법을 이루고자 노력하는 것을 결코 반대하지 않았다는 점을 증명하려 애쓴다. 즉 샌더스는 율법 성취에 대한 무능성 교리를 인정하지 않으며,[95] 율법 성취를 최종 구원을 위한 공로와 무관하지 않은 방식으로 제시한다. 예를 들면, 샌더스는 빌립보서 3:6의 "율법의 의(義)로는 흠 없는"이라는 구절을 율법 성취 가능성을 지지하는 구절로 제시한다. 샌더스에 따르면, 이 구절은 언약적 율법주의를 따르는 유대인으로서 바울의 진술이다. 언약적 율법주의에서 의(義)는 선택 받은 자가 들어가 율법에 대한 순종을 통해 회원권 지위를 유지하는 것이었다. 따라서 바울은 이 점을 당시 시대의 하나의 공리(公理)로서 이해하고 있었다고 볼 수 있다. 바울은 이제 그리스도의 오심으로 말미암은 의(義)의 불연속성, 즉 언약 공동체로서 그리스도의 몸에 들어가려면

---

95 홍인규, "시내 언약의 의무로서의 율법", 『바울의 율법과 복음』 (서울: 생명의 말씀사, 2000), 156-68: "...'누구든지 율법 책에 기록된 대로 온갖 일을 항상 행하지 아니하는 자는 저주 아래 있는 자라.' 이 구약 인용문은 율법의 완전 성취 불가능성(unfulfillability)을 지적한다는 것이 일반적인 견해이다... 그러나 샌더스는 이러한 통속적인 이해에 반대하여, 바울은 여기에서 율법을 완벽하게 지키는 일의 불가능성을 말하지 않는다고 주장한다."

오직 믿음으로만 가능하다는 것을 제시하고 있는 것이다. 그러나 한편으로 바울은 여전히 율법 성취 가능성과 그것의 당위성 자체를 긍정하고 있다. 실제로 이러한 율법 성취의 권면이 입문의 조건으로서 믿음이라는 의(義)의 개념을 반대하지 않는 것을 전제로 여전히 제시된다(살전 3:13; 5:22; 고전 1:8). 즉 바울의 율법 반대는 제한적 의미에서 제시되는 것이다. 샌더스가 율법 성취에 있어 무능성(inability)을 부인할 때,[96] 그리고 그에게 율법이 너무 까다로워 충분히 행할 수 없는 것이 아닐 때,[97] 그리고 "흠이" 없었다는 바울의 고백이 실제로 율법을 성취한 이유에서라고 주장될 때,[98] 율법 순종은 구원 성취에 있어 중요한 역할을 하게 된다.

샌더스의 이러한 결론들은 그의 또 다른 주해를 통해 지지되는데, 그의 주해는 두 가지 질문과 이로부터 비롯된 딜레마를 풀어가는 데 초점이 맞추어진다. 그 질문은 "율법은 하나님의 뜻이다"라는 것과 "의(義)는 오직 그리스도를 믿음을 통해서 온다"는 두 가지 확신으로부터 온다. 즉 바울은 유대인의 관점을 가지고 질문을 제기한다. 유대인으로서 그가 빠진 딜레마는 이것이다. 모든 일은 하나님의 섭리로부터 비롯되는데, 율법 주심은 하나님의 뜻과 대립될 수 없다. 그러나 율법은 구원을 주지 못한다.[99]

샌더스는 이러한 딜레마를 다룸에 있어 왜 하나님께서 율법을 주셨는가에 집중한다. 즉 그는, 바울이 율법의 목적을 어떻게 이해했는지 묻는다. 샌더스는 그리스도를 믿음으로 인해 의(義)를 얻기 전의 이방인과 유대인의 상태가 어떠했는지를 묻는다. 성경은 율법과 죄를 연관시킨다. 바울은 그리스도를 믿는 믿음의 토대 위에 의(義)를 얻는다고 주장하며, 이에 반한 의(義)를 얻지 못한 상태에 주의를 집중시킨다. 이 상태는 율법, 죄, 육신의 상관성 속에서 나타난다. 샌더스는 갈라디아서 3:19-4:7을 주해한다. 그에 따르면, 그리스도에 대한 믿음이라는 동일한 토대 위에서 유대인과 이방인이 동일하게 의(義)를 얻을 때, 이 의(義)를 얻지 못한 상태는 동일한 곤경(plight)로 나타난다. 유대인이나 이방인이나 모두 곤경 속에 갇혀 있다. 유대인의 곤경은 '율법 아래 매인' 것이며(갈 3:23) 이방인의 곤경은 '하나님 아닌 자들'에게

---

[96] Sanders, *Paul, the Law, and the Jewish People*, 24-25. Cf. Sanders, *Paul and Palestine Judaism*, 114-15.

[97] Sanders, *Paul, the Law, and the Jewish People*, 28-29.

[98] Sanders, *Paul, the Law, and the Jewish People*, 24.

[99] Sanders, *Paul, the Law, and the Jewish People*, 66.

종노릇하는 것(갈 4:8)으로 나타난다. 이렇게 되면, '율법 아래 매인' 것과 '하나님 아닌 것'이 곤경이란 정황 아래 묶이게 되는데, 샌더스는 이러한 등식을 부인한다. 왜냐하면 율법은 하나님이 주신 것인데, 율법과 우상이 등식 관계로 대응될 수 없기 때문이다. 이런 상이한 성격을 가진 두 개념이 곤경 안에 하나의 개념으로 조화될 수 없다는 것이다.

따라서 샌더스는 이 두 개념의 교집합을 '율법'과 '하나님 아닌 자들' 자체로 보지 않고, 그것들이 주는 결과적인 '속박'에 놓는다.[100] 죄 아래 놓이는 곤경과 관련하여 '율법 아래 매인' 것의 부정적 의미가 '속박'에 있다면, 이 곤경은 율법 자체를 의미하기 보다는 그것의 결과적 '속박'에 놓이게 된다. 그렇다면 율법이 속박이 될 수밖에 없는 작인(agent)은 무엇인가? 샌더스는 그 작인을 율법-죄-육신의 상관성 속에서 찾는다. 샌더스에 따르면, 율법은 하나님의 섭리 가운데 그의 뜻으로 주신 것이다. 그러므로 율법 자체가 곤경이 될 수 없다. 율법을 부정적 속박으로 만드는 것은 율법 자체가 아니라 그 능동적 작인으로서 죄이다.[101] 그는 로마서 7장 주해를 통해 이를 논증한다. 그리고 또 다른 작인이 존재한다. 육신은 죄를 불러일으킨다. 인간은 근본적으로 육신적이다(롬 7:14). 인간은 선한 것을 추구하려 하여도, '다른 법'(another law)에 의해 방해를 받는다. 또한 이것은 '죄의 법'(a law of sin)으로 불러질 수 있다.[102] 샌더스에 따르면, 로마서 7장의 진술들은 하나님의 계획에서 율법의 목적을 설명하려는 시도의 결과라 볼 수 있다. 율법은 하나님이 주신 것이다. 그러므로 선하다. 그러나 하나님께서는 의(義)를 율법이 아닌 그리스도를 믿는 믿음으로 주시고자 하셨다. 또한 율법이 인간을 속박하는 것은 율법 자체의 책임이 아니라 죄와 죄를 불러일으키는 인간 본성으로서 다른 법, 즉 육신에 있다. 그러나 '속박'이 곤경으로 제시된다 하여도 샌더스가 해설하는 곤경은 '무능성 교리'와 무관하게 해설되고 있음을 간과해서는 안 된다. 따라서 샌더스가 인간의 곤경을 인정한다할 지라도 개혁신학의 그것과 다른 의미의 곤경을 제시하고 있음을 상기해야 한다.

그러므로 샌더스는 인간의 곤경을 다루는 데 있어 '해결책으로부터 곤경'(from

---

100 Sanders, *Paul, the Law, and the Jewish People*, 69.
101 Sanders, *Paul, the Law, and the Jewish People*, 73.
102 Sanders, *Paul, the Law, and the Jewish People*, 74.

solution to plight)의 구도로 나아간다.[103] 슈라이너(Thomas R. Schreiner)도 이점을 통찰한다.

> 샌더스는 바울이 '해결책에서 곤경으로'(solution to plight) 논증해 나간 것으로 묘사한다. 바울은 구속이 오직 그리스도를 통해서임을 믿게 되었다. 그 다음 그는 반동적으로 율법이 구원의 길이 아니라는 결론을 내렸다는 것이다. 다시 말해서 바울은 인간의 불순종이나 율법주의로 인하여 율법에 큰 문제가 있음을 생각함으로써 시작하는 것이 아니라 인간적인 딜레마에 대해 그리스도께서 그 해답이 되신다는 것을 발견하고 있다. 바울은 그리스도께서 구원받을 수 있는 유일한 길을 제공하시며 따라서 율법이 구원에 이르는 길이 될 수 없음을 역으로 추론하는 것을 전제함으로써 시작하고 있다.[104]

샌더스에 따르면, 바울은 인간의 타락으로 인한 무능성(inability)의 문제로부터 논증을 펴 가지 않는다. 바울에게 있어 유대교에 대한 반대는 율법으로 의로워 지려는 노력 즉, 율법주의에 관한 것이 아니다. 그에게 있어 반대는 '그리스도에 대한 믿음의 결여와 '이방인의 동등성에 대한 부인과 그들의 배타주의(exclusivism)'에 관한 것이다.[105] 바울은 그리스도로부터 출발하여 그것과 상관된 주제로서 인간의 곤경을 설명해 가는 것이다. 샌더스는 '곤경으로부터 해결책'으로 논증하는 종교 개혁을 오류라 본다. 샌더스는 인간 곤경에 대한 바울의 묘사가 그리스도에 대한 우선적인 확신들로부터 유래 한다고 주장한다.[106] 즉 샌더스는 그리스도께서 이방 인과 유대인의 공통된 구원자이며 구원의 유일한 토대라는 확신으로부터 시작하여 이를 기초로 율법에 대한 교리와 이에 상응한 인간의 죄성 교리로 나아간다.[107] 이러한 '해결책으로부터 곤경으로'의 논증 방법은 종교개혁이 주창한 인간의 전적

---

103 최갑종, "바울과 율법", 『성령과 율법』 (서울: 기독교문서선교회, 1997), 283-84. 샌더스는 곤경을 종말론적으로 이해한다. 그는 곤경을 타락과 무능성으로부터 이해하지 않는다. 율법요구가 아무런 문제가 없으며 심지어는 인간은 율법 성취 가능성까지 가지고 있다. 그러나 더 완전한 분, 그리스도께서 오시므로 이전 것은 곤경이 된다. 샌더스에게 율법 준수를 통해 언약 안에 머물고 최종 구원을 받으려 노력하는 것은 문제가 되지 않는다. 다만 입회 조건으로 율법을 제시할 때만 문제가 된다. Cf. 권연경, "옛 관점과 새 관점의 충돌: 주석적 평가와 제안", 총신대학교에서 열린 제28회 정기학술심포지엄 제출 논문, 2010년 5월 8일, 24.

104 Schreiner, 『바울과 율법』, 28.

105 Waters, *Justification and the New Perspectives on Paul*, 154.

106 Venema, *Getting the Gospel Right*, 30.

107 Venema, *Getting the Gospel Right*, 30.

타락으로부터 비롯된 인간의 무능성 교리를 부인하므로, 복음과 그리스도의 절대적 필요성을 설명하는 신학적 구도와 체계를 전복시키는 체계라 할 수 있다. 이런 주장이 제기된다면, 복음의 의미 역시 수정 불가피하게 되는 것이다. 이 문제는 "그리스도와 복음이 우리에게 왜 절대적으로 필요한가"라는 질문의 답과 연관되기 때문이다.

유대교와 기독교에 있어 의(義)와 관련된 불연속성에도 불구하고, 샌더스에게 율법 준수는 여전히 머무름의 조건이며 최종 구원의 원인으로 역할 한다. 바울이 율법 아래 있지 않다고 말하거나 혹은 율법에 대하여 죽었다고 말하는 것은 율법과 그 목적이 입문의 조건으로서 끝났다는 것이다. 율법에 대해 죽었다고 말하는 것은 바로 이러한 측면에 한정된 의미로만 사용된다.[108] 이러한 의미에서 바울은 한편으로는 율법에 대해 죽었다고 말하면서도(롬 3:21) 다른 한편으로 율법을 이룬다고(롬 8:4; 13:8-10) 말하는 것이다. 따라서 그의 율법관에 제한성이 가해진다 해도, 샌더스는 여전히 구원의 조건과 관련하여 율법의 긍정적 기능을 주장한다. 그에게 율법은 이룰 수 있으며 이루어야 하는 것이다. 그런 면에서, 샌더스는 율법 준수에 있어 "완전주의"(perfectionism) 성향을 가진다. 물론 이런 결과는 무능성(inability) 교리를 부인하는 그의 인간론과 연관된다.

결국 이러한 사상은 구원의 원인을 갱신적 측면에 돌리는 것으로 귀결될 것이다. 샌더스에게 행위는 구원의 원인으로 역할 한다. 그는 로마서 8장에 대한 해석에 근거해(롬 8:1-2) 율법 성취를 낙관하는 반면에 순종의 실패가 영원한 심판으로 이어질 수 있음을 주장하기도 한다. 샌더스는, 명확히 바울의 종교 안에 행위를 통한 유기(遺棄, reprobation)가 존재한다고 주장한다. 샌더스는 말한다.

> 나는 바울의 권고와 율법에 관한 전통적인 유대적 사고 사이에 관계성을 추적하는 가장 훌륭한 방식이 그가 한편으로 행위와 다른 한편으로 보상과 형벌 사이에 표준적 관계를 주장하는지 않는지를 묻는 것이라고 믿는다. 그는 유대주의에서 잘 알려진 방식으로 순종은 보상을 받으며 불순종은 형벌을 받는다고 주장했는가? 그리고 배타적 소집단 안에서의 범죄는 속죄될 수 있으며, 극악무도하고 교정되지 않는 범죄는 추방에 이를 수 있다고

---

108 Sanders, *Paul, the Law, and the Jewish People*, 83.

주장했는가? 내가 다소 적은 증거로부터 주장할 수 있는 한, 그는 그렇게 했다.[109]

이러한 주장을 고려할 때, 샌더스는 머무름의 차원에서 신인협력적 구원론을 주장하고 있다. 샌더스는 성령으로 사는 삶과 율법에 따라 사는 삶을 통합한다.[110] 샌더스에 따르면, 바울이 제시하는 율법의 내용들은, 율법이 하나님께서 주신 것이라는 유대인으로서 확신과 유대인과 이방인이 동일한 토대로서 그리스도라는 새로운 기반 위에 서 있으며, 그런 의미로 율법은 폐지되어야 한다는 새로운 확신 사이에 통합을 반영하고 있다.[111] 이러한 샌더스의 생각의 위험성은 성령 안에서 율법에 순종하는 삶이 구원의 결과로 이해되기 보다는 구원의 원인으로 이해되는 데 있다.

결론적으로, 샌더스가 이해한 은혜의 종교는 *sola gratia*(오직 은혜)가 아니라 *gratia*(은혜)의 종교일 따름이다. 이러한 반(半)-펠라기우스주의적 구원 체계 아래서 율법 준수는 은혜와 함께 협력하여 구원의 도구적 원인(instrumental cause) 혹은 공로적 원인(meritorious cause)이 된다.

2. James D. G. 던의 '율법의 행위'에 대한 재해석

A. 언약적 율법주의와 바울의 연속성 강조

a. 샌더스에 대한 비평적 수용

(1) 언약적 율법주의에 대한 동의

영국의 드르햄(Durham) 대학의 신학부에서 교수해온 던(James D. G. Dunn)은 샌더스(E. P. Sanders)의 견해에 동의한다. 이러한 동의는 1982년 '바울에 관한 새 관점'(The New Perspective on Paul)이란 강연에서 표명되었다. 그는 샌더스의 연구로서 『바울과 팔레스틴 유대주의』(Paul and Palestine Judaism)를 인정하였

---

109 Sanders, *Paul, the Law, and the Jewish People*, 105.
110 Sanders, *Paul, the Law, and the Jewish People*, 105.
111 Sanders, *Paul, the Law, and the Jewish People*, 103.

고, 그로부터의 관점을 바울 사도를 이해하기 위한 '새로운 패턴'('new pattern' of understanding the apostle)으로 간주했다.[112] 또한 던은 라이트(N. T. Wright)에게도 중요한 영향력을 끼친 인물로 지목된다.[113]

던의 신학적 기여는 샌더스를 인정하여 바울에 대한 종교개혁의 관점을 비판하고, 종교개혁의 '율법의 행위'(Works of the law)에 대한 이해가 바울에 대한 오독(誤讀)으로부터 비롯된 것임을 증명하려 했다는데 있다. 즉, 던은 샌더스의 새로운 유대주의 이해의 토대 위에서 '율법의 행위' 주제를 집중적으로 논증하려 하였다. 그러나 던은 샌더스의 창시자적 통찰(groundbreaking insight)을 인정하지만, 샌더스의 한계를 지적하고 수정하는 역할도 하였다. 따라서 던이 언약적 율법주의를 어떻게 이해하며 언약적 율법주의가 '율법의 행위'의 재해석에 어떤 영향을 미쳤는지를 살피는 것은 의미 있는 일이다. 던은 샌더스의 개념에 대한 업적에 동의하면서도 이를 비판하여 발전시킨 인물로 묘사되므로, 우리는 던과 샌더스 사이에 일치점과 불일치점을 구분할 필요가 있다. 그리고 우리는 이러한 불일치가 어떤 면에서 새 관점 개념을 발전시켜 나가는지를 조망할 필요가 있다. 먼저 샌더스에 대한 던의 동의를 살펴보자.

베네마(Cornelis P. Venema)는, 던이 샌더스와 근본적으로 동일한 출발점을 갖는다고 주장한다. 즉 그 출발점은 제2 성전기 유대주의에 대한 샌더스의 주장이다.[114] 던은 샌더스가 제기한 종교개혁의 유대주의와 바울에 관한 옛 관점 폐기론을 전적으로 따르고 계승한다. 던은 종교개혁이 이해한 율법주의로서 유대주의를 반대한다. 그리고 옛 관점에 의해 제시된 바울과 '율법의 행위' 사이에의 반립(antithesis)이 오류로서 단번에 완전히 폐기되어야 한다고 주장한다.[115] "샌더스의 근본적인 주장은 바울이 오해한 것이라기보다는 바울의 저작들로부터 끌어온 유대주의의 그림이 역사적으로 잘못되었다는 것이다. 단순히 부분적으로 부정확한 것이 아니라 근본적으로 잘못되었다는 것이다."[116] 이렇듯 던은 종교개혁의 관점 폐기에 대한 샌더스의 입장을 전적으로

---

112 Venema, *The Gospel of Free Acceptance in Christ*, 106.
113 Venema, *The Gospel of Free Acceptance in Christ*, 106.
114 Venema, *The Gospel of Free Acceptance in Christ*, 106.
115 Venema, *Getting the Gospel Right*, 32.
116 Dunn, "The New Perspective on Paul," 101.

동의하고 어떤 의미에서 더욱 강조하여 찬동하는 것으로 보인다. 던은, 종교개혁의 바울 이해가 '루터(Martin Luther)의 주관적인 씨름'과 16세기 로마 카톨릭주의와의 갈등을 바울에게 직접적으로 투영시킨 결과라고 지적한다.[117] 즉 종교개혁자들의 바울은 16세기의 바울이지 1세기 유대주의의 진정한 모습이 아니라는 것이다. 던은, 이러한 오류가 불트만(Rudolf Bultmann)과 케제만(Ernst Käsemann)과 같은 현대 신학자들을 통해 계승되었다고 지적한다. 이들 모두는 루터의 안경을 통해 바울 신학의 '중심적인 신학 원리'를 믿음에 의한 칭의로 규정하는 데 이르렀다고 비평한다.[118]

던은 샌더스를 종교개혁의 오류를 수정하는 데 있어 기여 한 자로 인정한다. 그리고 그는, 샌더스가 묘사한 새로운 유대주의와 바울 신학의 상(像)에 전적으로 동의한다. 던은 1세기 유대주의의 종교가 하나님과의 언약에 기초한 종교로서 은혜의 종교라는 새로운 개념에 전적으로 동의한다. 언약적 율법주의에 있어 율법은 언약에 대한 응답이요 표현으로 기능한다.[119] 율법은 언약 안에 관계성을 규정하고 유지하기 위해 주어진 것이며, 이러한 관점에서 의(義)는 언약 관계의 적합한 행위로서[120] 하나님의 신실성 혹은 언약 백성의 신실한 응답으로서 이해된다. 이와 같이 던은, 샌더스가 제기한 은혜의 종교로서 유대주의와 언약적 율법주의 패턴에 전적으로 동의한다.

(2) 언약적 율법주의와 바울의 연속성 강조

샌더스(E. P. Sanders)와 레이제넨(Räisänen)의 저작에 큰 관심을 보인 던은 바울의 율법관과 칭의관에 독단적이고 특유하고 이율배반적인 성격이 있다는 샌더스와 레이제넨의 주장에 반대한다.[121] 이 두 신학자들은 바울의 율법관 안에 임의적이고 모순적인 이론들이 존재한다고 주장한다.[122] 바울과 율법의 결별이 존재하면서도

---

117 Dunn, "The New Perspective on Paul," 101-102.
118 Dunn, "The New Perspective on Paul," 102.
119 Dunn, "The New Perspective on Paul," 102.
120 Dunn, "The New Perspective on Paul," 102.
121 Schreiner, 『바울과 율법』, p. 33.
122 Dunn, "*Works of the Law and the Curse of the Law*," *The New Perspective on Paul* (Grand Rapids, Michigan: William B. Eerdmans Publishing Company, 2005), 121.

율법에 대한 긍정이 모순적으로 제시된다. 그러나 던에게 있어 이러한 바울 신학 안에 모순과 긴장은 바울 자신의 것이 아니라 1세기 역사적 정황(historical context) 아래서 바울을 조명하는데 실패한 신학자들 자신의 것이다. 던에 따르면, 샌더스의 문제는, 자신이 언약적 율법주의를 통해 옛 관점의 틀을 부수어 놓고도, 그것을 바울 신학에 투영하고 적용하지 못한 것에 모아진다. 따라서 던은 샌더스의 새로운 언약적 율법주의(new covenantal nomism)의 개념을 부정한다. 즉 바울에 관한 새 관점은 '언약적 율법주의 자체'라는 것이다.

샌더스에 대한 던의 불평은 이것이다. "바울의 신학이 유대주의의 '언약적 율법주의'에 관련하여 얼마나 많이 설명될 수 있는지에 대하여 탐구하는 대신에, 그는 바울의 종교 사상의 패턴과 1세기 유대주의의 그것 사이의 차이에 의해 더욱 감동 받는 것에 머물렀다."[123] 던은, 샌더스가 언약적 율법주의의 조명 아래 바울의 종교를 해석함으로 그 연속성을 발견하기 이전에, 너무나 성급히 두 종교를 결별하는 것으로 결론지었다고 불평한다. 우리는, 이미 샌더스가 유대교와 기독교의 결별이 '들어감'과 '머무름'의 구조 안에서 의(義)에 대한 이해의 차이로부터 발생한 것이라고 주장하는 것을 목격하였다. 결국 결별이란 것은 이러한 의(義)의 문제에 있어 불연속성을 의미한다. 유대교는 의(義)를 '머무름'을 위한 율법 순종에서 보았고, 기독교는 의(義)를 그리스도를 믿음으로 입문하는 '들어감'의 차원에서 보았던 것이다. 그러므로 샌더스를 따르면, "바울은 율법을 따르는 것이 그리스도 안에 거하는 결과가 된다"는 유대교의 주장 때문에 유대교와 결별하였다.[124] 던을 따르면, 믿음과 율법의 극단적인 대조나 율법에 대한 부정과 긍정의 모순적 병행 그리고 그에 대한 비일관성 등은, "유대주의의 언약적 율법주의에 관련하여 사도의 저작들을 해석하기보다" 불연속성을 강조하여 "옛 종교와 깨끗이 관계를 끊는 것"으로 묘사하는 샌더스의 실수에서 비롯된다. 그리고 이러한 진술들은 "바울이 유대교를 전적으로 거부하고 유대인의 과거로부터 완전히 분리된 기독교 믿음의 이해를 채택"한 것처럼 결론짓게 만든다.[125] 던은, 샌더스의 이러한 접근이 바울의 진술을 모순적이고 비일관적인 것으로 만든다고 본다. 던에

---

123 Dunn, "The New Perspective on Paul," 103.
124 Dunn, "The New Perspective on Paul," 103.
125 Venema, *The Gospel of Free Acceptance in Christ*, 108-109.

따르면, 샌더스의 접근은 두 체계 간에 불연속성만을 남긴다. 그리고 율법을 부정하며 긍정하는 모순적인 긴장을 독자에게 남긴다. 그러나 던은 이러한 모순과 불연속성이 바울의 책임이 아니라 언약적 율법주의라는 1세기 정황을 떠나 바울을 해석한 신학자 자신의 것임을 강조한다. 그리고 그는 이러한 모순을 피하고 바울을 이러한 임의성과 불연속성에서 건져낼 해석적 대안을 제시한다. 그것이 '율법의 행위'에 대한 개념이다.

b. '율법의 행위'에 대한 사회학적 해석

율법에 대한 딜레마와 모순적 표현들로부터 바울 자신을 건져낼 획기적인 관점은 '율법의 행위'(Works of the law)에 대한 새로운 해석으로부터 비롯된다. 던(James D. G. Dunn)을 따르면, 샌더스와 레이제넨(Räisänen)의 문제는, 바울과 율법을 그 처했던 사회적 정황 내에서 다루지 못했다는 데 있다.[126] 던에 의하면, 그들은 율법의 행위를 율법 자체와 엄밀히 구분하지 못한 채 동일한 것으로 다루는 실수를 범하였다. 던은 갈라디아서 2:16을 주해하며, '율법의 행위'의 개념을 규정하는 데 있어 사회 인류학적 관점을 도입한다. 던은 사회 인류학자들이 말한 바를 유대교와 바울의 종교 해석에 도입하는 것이다.

어떤 사회적 그룹이든지 그 사회적 그룹의 자기 정의를 제공하고 다른 그룹으로부터 그것을 구별하는 여러 가지 특색들과 특징들을 필연적으로 가지려 한다는 사실을 우리에게 인식시 킨다. 그룹의 회원들은 어떤 구별된 의식들(실천들)과 믿음들을 포함한 이러한 특색 (feature)과 특징을 통하여 그룹과 그룹의 회원권을 자연스럽게 생각하려 한다. 여기서 두 가지 핵심 단어들은 정체성(identity)과 경계(boundary)이다.[127]

던에 따르면, 바울은 "의롭게 된다"(be justified)(갈 2:16)라는 말을 갑작스럽게 반복적으로 사용하고 있으며, 이러한 표현들은 이미 알려진 유대인의 공리적 진리로써 유대인의 감각에 호소되고 있는 것이다. 그리고 15절에 "우리는 본래 유대인이요

---

[126] Dunn, "Works of the Law and the Curse of the Law," 122.

[127] Dunn, "Works of the Law and the Curse of the Law," 122. Cf. H. Mol, *Identity and the Sacred* (Oxford: Blackwell, 1976), 233. Cf. 권연경, "옛 관점과 새 관점의 충돌: 주석적 평가와 제안", 26-30.

이방 죄인이 아니로되"라는 표현을 사용하므로 자신들을 이방인들로부터 구분하고 있다. 즉, 던에 의하면 '의롭게 됨'은 이방인이 아닌 것으로 유대주의 안에 속하는 문제와 관련된다.[128] 던은 '칭의'를 언약적 언어라고 주장한다. 그것은 선택과 그로부터 비롯된 이방 나라들로부터의 분리를 함축한다.[129] 따라서 던에 따르면, '하나님의 의(義)'[130]는 '하나님의 언약적 신실성'을 의미하며, 칭의는 "그의 백성으로서 이스라엘에 대한 승인'(recognition)을 의미한다. 그리고 칭의는 이스라엘과 그의 언약의 근거 위에 이스라엘을 위한 판결(verdict)"[131]로 정의된다. 던은, 칭의가 "하나님의 최초의 행위를 특수하게 생각하고 있지 않다"[132]고 주장한다. "하나님의 칭의는 오히려 언약 안에 누군가 이미 있다는 하나님의 인정이다."[133] 그러므로 의(義)의 문제는 샌더스의 주장처럼 유대교의 머무름(staying in)이나 기독교에서의 입문(getting in)에서만의 문제가 아니다. 이런 의미에서 던은, 샌더스가 '들어감'과 '머무름'의 구조에 너무

---

[128] Dunn, "The New Perspective on Paul," 106-107. Cf. James D. G. Dunn, "In Search Common Ground," *Paul and the Mosaic Law* (Grand Rapids, Michigan/Cambridge, U.K.: William B. Eerdmans Publishing Company, 2001), 334. "율법에 대한 바울의 부정적인 태도의 취지는 다른 민족들로부터 이스라엘을 분리시키는 것에 있어서의 기능에 반대하여 지향되는 것으로 보인다. 여기서 아이러니한 것은 바울의 신학적 이상이 이스라엘 종족과 종교적 정체성에 대한 사회적 실재를 맴돌았던 것으로 보인다는 점이다."

[129] Dunn, "The New Perspective on Paul," 107.

[130] Cf. James D. G. Dunn and Alan M. Suggate, *The Justice of God: A Fresh Look at the Old Doctrine of Justification By Faith* (Carlisle UK: The Paternoster Press, 1993), 15-16. 던은 *The Justice of God*에서 자신의 하나님의 의(義) 개념을 사회적인(종교, 사회, 정치 적인 측면을 포함한) 의미 안에서 현시대에 적용한다. 그는 의(義)를 관계적인 차원에서 정의한다. "정말로, 근본적으로 은혜스러우신 너그러운 행위로서 하나님의 정의에 대한 바울의 전 이해는 구약, 특별히 시편과 이사야로부터 직접적으로 끌어내 진다. 이미 거기서 우리는 하나님의 의(義)에 대한 이해가 공의로운 형벌에 의해서가 아니라 오히려 그들의 어리석음에도 불구하고 그를 신뢰하는 사람들을 구원하시는 자발적으로 받아들이시는 하나님의 의무로서 이해한다." 던에게 하나님의 의(義)는 사회적인 것이며, 관계적인 것이다. 따라서 하나님의 의(義)는 '인간을 향한 신실함이며, 인간의 의(義)는 하나님의 신실함 하심에 대한 신실한 반응이다. 또한 인간과 인간 사이에 혹은 종교 안에 의(義)는 관계적인 것으로 서로에게 배타적이지 않은 것이다. 따라서 "이웃들과 가난한 자들에게 대한 정의가 없는 칭의는 모순 논리이다." 그러므로 "칭의와 의(義)(justice)의 그러한 분리를 유지하려는 것은 성경적 종교와 그리스도인의 믿음에 대한 근본적인 왜곡이다."(James D. G. Dunn and Alan M. Suggate, 31-32). 던의 의(義)는 사회적이고 관계적인 것이어서, 그의 의(義)는 언약적으로 속함의 문제와 직결되며, 인간에게 의(義)는 하나님과 인간 공동체 안에 신실한 관계적 응답인 것이다. 던에게 불의(不義)는 관계적 의미에서 배타성(exclusivism)이다. 그는 이러한 개념을 바울과 유대인 간의 율법과 칭의의 논쟁에 적용한다. 이들에게 칭의는 하나님의 신실성 안에서 공동체 안에 속한다 하시는 하나님의 평결이며, 성도의 의(義)는 신실하게 언약 안에서 응답하는 것이다. 칭의는 이런 식으로 교회론적 의미를 갖게 되고 교회론적이고 관계적이며 공동체적인 의미로 적용된다.

[131] Dunn, "The New Perspective on Paul," 107.

[132] J. D. G. Dunn, *Paul, and the Law: Studies in Mark and Galatians* (Louisville, Ky.: Westminster John Knox Press, 1990), 190, 이한수, "새 관점의 칭의 해석, 어떻게 볼 것인가?", 273에서 재인용.

[133] Dunn, "The New Perspective on Paul," 107.

집착하므로 유대교와 기독교 사이에 의(義)의 문제에 있어 불연속성을 조장하게 되었다고 비평한다. 던에 따르면, 칭의는 정통적 의미와 달리 과거적이고 현재적이고 미래적인 요소를 모두 함축하고 있는 개념이다. 이처럼 던에게 있어 의(義)와 칭의는 이방인과 유대인을 구별하는 민족적 종교적 정체성(identity) 문제요 그로 말미암은 '구별됨'의 문제로 해석된다. 따라서 바울이 공격한 '율법의 행위'에 의한 유대인의 칭의 문제는 매우 유대주의적인 성격을 갖고 있다.

따라서 이러한 사회학적 관점과 이로부터 얻은 통찰을 통해 '율법의 행위'는 '율법 자체'와 구분된 것으로서 경계표(boundary markers), 정체성의 표식(identity markers), 언약 회원권의 표지(badges of covenant membership) 등으로 규정된다. 그리고 이러한 경계표들은 할례, 음식법 그리고 특별한 날들의 규례들로 집약된다.[134] 바울이 공격한 율법의 행위는 "개인의 도덕적 개선"을 위한 노력이 아니라 "존재의 종교적 양식"과 관련된 것이다.[135] 던은 율법의 행위와 경계표로서 의식들의 관계는 1세기 유대주의 정체성의 위협이란 정황 속에서 조망하려 노력한다. 바울이 공격한 핵심은 율법 자체가 아니다. 그것은 "율법의 백성으로서의 그들의 특혜를 받은 지위"에 대한 그들의 배타성과 자랑에 놓여진다. 그것은 "언약 회원권을 증명하는 율법 준수, 언약의 충성된 회원으로서 그들의 의(義)"에 관한 것이다.[136] 던에 따르면, 유대인들의 의(義)는 '집단적,' '언약적,' '하나님의 백성 됨의' 의(義)이다.[137]

던에 의하면, 바울의 유대인 그리스도인에 대한 논쟁과 공격들은 결코 언약적 율법주의와 바울의 종교를 반대적인 것으로 만들지 않는다. 던에게 있어서 언약적 율법주의는 기독교와 다르지 않다. 율법의 행위는 유대인이 유대인으로서 남기 위해 필요한 것이었다. 그러므로 갈라디아서에서 언급된 베드로와 유대인 그리스도인들의

---

134 Thomas R. Schreiner, "'Works of the Law' in Paul," *Novum Testamentum* XXXIII/3 (1991), 222. 토마서 슈라이너(Thomas R. Schreiner)는 명확하지는 않지만 던이 '율법의 행위'를 율법 전체로 여기는 것처럼 보이는 진술을 한다고 주장한다. 슈라이너는, 비록 던이 '율법의 행위'를 세 가지 규례를 넘어 율법 전체로 간주한다 하더라도, 그가 언제나 '율법의 행위'를 '경계표'와 '언약의 표지'에 초점을 맞춤으로 여전히 전통적 개념을 반대한다고 주장한다. Cf. Dunn, *Jesus, Paul and the Law*, 208-13, 237-41; 권연경, 『행위 없는 구원?』 (서울: SFC 출판부, 2006), 197; 권연경, "옛 관점과 새 관점의 충돌: 주석적 평가와 제안", 39.

135 Dunn, "Works of the Law and the Curse of the Law," 126.

136 Dunn, "Works of the Law and the Curse of the Law," 127.

137 Dunn, "Works of the Law and the Curse of the Law," 130.

외식 사건은 유대인들의 정체성에 대한 민감성을 의식한 자연스러운 행동인 것으로 해석된다. 던에 따르면, 바울은 율법의 행위에 의한 칭의 자체를 반대한 것이 아니고 그것이 예수 그리스도를 믿는 믿음을 통하여 칭의 받는 것을 배제할 때만 율법의 행위를 반대한다. 즉 율법의 행위에 의해 의롭게 되는 것은 **제한적 의미에서 반대**된다고 해석될 수 있다.

> 가장 명확한 문법적 의미에서, 이 구절 안에서[갈 2:16] 예수에 대한 믿음은 율법의 행위에 의한 칭의에 대해 조건(qualification)으로 묘사되지, 반립적 대안(antithetical alternative)으로 묘사되지 않는다. 그 당시에 유대인의 기독교의 관점으로부터 볼 때, 가장 명백한 의미는 율법의 행위로부터의 칭의에 대한 유일한 제한은 예수를 메시아로 믿는 믿음이라는 것이다. 즉 언약적 율법주의에 대한 유일한 제한은 그리스도를 믿는 믿음이다. 그러나 이 첫 절에서, 언약적 율법주의 자체가 도전되거나 문제로 불려 지지 않는다.[138]

던에 따르면, 언약적 율법주의 자체가 바울로부터 반대되지는 않는다. 바울의 공격은 제한된, 조건화된(qualified), 더욱 정확히 메시아로서 예수와 관련하여 한정된, 그러나 부인되지 않는 의미 안에서 이루어진다. 즉 제한적 반대인 셈이다. 던에게 있어, "새로운 운동이 요청하는 유일한 변화는 전통적 유대주의적 믿음이 예수를 메시아로 믿는 믿음으로서 더욱 정확하게 제한되는 것이다."[139] 던은, 바울이 베드로와 안디옥에 있는 유대인 신자들에 대해 유대인들의 유대적임(jewishness)과 민족 종교의 표지 그리고 언약적 은혜에 대한 응답으로서 율법의 행위 자체를 문제 삼지 않았다고 주장한다.[140]

결론적으로 이러한 율법의 행위의 사회학적 관점으로부터의 개념 정의는 어떤 결론을 도출해 내는가?

첫째, 언약적 율법주의는 예수 그리스도를 메시아로 믿는 믿음에 의해 제한적 의미 안에 반대되므로 그 자체가 부인되지 않는다. 따라서 유대인이 그리스도를 배척하지 않는다면 유대인이 유대인으로서 남는 것은 문제될 것이 없다. 그러나

---

138 Dunn, "The New Perspective on Paul," 112.
139 Dunn, "The New Perspective on Paul," 112-13.
140 Dunn, "The New Perspective on Paul," 113.

그것이 그리스도를 믿는 믿음을 배제시키거나, 이방인을 이로부터 배제시키는 것으로 기능할 때만 반대된다. 언약적 율법주의로서 유대교와 기독교의 차이는 무엇인가? 던에 의하면, 아무 것도 없다. "그것은 여전히 이방인들이 인정되고 잘 세워진 조건 위에서 받아들여질 수 있는 이스라엘과 맺은 하나님의 언약이다."[141]

둘째, 던이 지적한 것처럼, 샌더스는 율법의 행위와 율법 자체를 구분하지 못하므로 바울의 율법 진술을 비일관된 것으로 만들었지만, 던은 이 둘을 구분하므로 일반적 선행과 믿음 안에서 이웃 사랑과 같은 율법 자체의 성취를 일관되게 요구할 수 있는 길을 만들었다.[142] 즉, 바울은 언약 백성의 경계표로서 율법의 행위를 반대할 뿐, 율법 자체는 반대하지 않는다. 던은, 바울이 부정한 율법의 행위는 '사회적 기능 안에 율법,' '특별한 사회적 정체성에 적합한 것으로 국가적 우월성과 특별한 백성의 회원권에 의한 신적 호의의 가정에 대한 의식을 고무하는"[143] 어떤 것을 반대하는 것이다.

셋째, 예수 그리스도의 오심은 언약적 율법주의와의 결별이나 폐기를 끌어들이지 않는다. 오히려 언약적 율법주의를 확장한다. 아브라함에게 약속된 모든 민족의 칭의는 그리스도의 오심으로 성취되었다. 언약 백성의 경계가 확장된 것이다. 그리스도 안에서 유대인이나 이방인이나 모두 한 공통 경계 아래서 언약 백성이 된다.

따라서 던이 자부하는 자신의 신학적 기여는, 물론 샌더스도 흘끗 보고 지나치긴 했지만, "율법에 대한 사회적 기능의 인식과 유대주의 내부로부터 보여 진 것과 같은 율법의 기능에 대한 요약적 표현으로서 '율법의 행위'"를 인식한 것에 있다. 던은 이러한 관점을 통해 '샌더스와 레이제넨(Räisänen)에게 매우 크게 나타났던 모순들과 긴장들을 제거하고 해결'하였다고 자부하는 것이다.[144] **따라서 던은 언약적 율법주의와 바울의 종교 간에 연속성을 강조하고, 율법에 있어 반대와 긍정을 일관된 방식으로 논증하는 결과를 가져 왔다.** 스스로의 표현을 빌자면, 그는 언약적 율법주의라는 1세기 사회학적 정황 아래서 바울을 해석하는 데 성공한 것이다.

---

[141] Dunn, "The New Perspective on Paul," 113-14.
[142] Dunn, "Works of the Law and the Curse of the Law," 131.
[143] Dunn, "Works of the Law and the Curse of the Law," 131.
[144] Dunn, "Works of the Law and the Curse of the Law," 131.

B. 던의 은혜의 종교와 율법의 관계성 이해

던은 특권적 지위에 집착함을 의미하는 '율법의 행위'와 구분된 '율법 자체'의 요구를 모두 긍정한다. 던은 율법 준수를 최후의 심판을 결정하는 조건으로 이해한다. 던은, "최후의 심판이 율법에 따라 이루어지리라는 것은 당연한 것으로 받아들여질 수 있었다"[145]고 진술한다. 던은 샌더스의 언약적 율법주의가 그러하듯 은혜를 부인하지 않지만 심판이 인간의 율법 준수 혹은 행위에 의해 이루어짐을 부인하지도 않는다. 이러한 류의 진술은 언약적 율법주의를 통해 바울의 종교를 해석하려 했던 던의 관점 때문이다. 그는 "율법에 대한 순종은 지속적으로 생명을 확보하고 계약의 삶을 유지하는 방식이다"고 주장한다.[146] 던의 이러한 진술은 신자가 계명을 지키는 것에 실패할 때, 그 불순종이 처음 얻은 생명을 잃을 수도 있는 것으로 제시된다.[147] 받은 구원이 성도의 행위에 따라 상실될 수도 있다는 던의 진술은, 그가 제시하는 은혜라는 것이 sola(오직)라는 의미와 동떨어진 것임을 보여주는 단서가 된다. 던은 그의 사회학적 관점을 따라, 칭의를 "그의 백성으로서 이스라엘에 대한 승인, 이스라엘과의 그의 언약의 근거 위에 이스라엘을 위한 판결"[148]로 정의한다. 칭의는 처음 언약을 맺는 행위나 누군가를 처음 받아들이는 하나님의 최초의 행위가 아니다. 칭의는, 누군가 이미 언약 안에 있다는 하나님의 인정이다.[149] 그의 칭의 개념에 따르면, 구원은 가능태로 존재한다. 우리는 이러한 구원의 성격을 샌더스에게서 본적이 있다. 던은 구원을 "그리스도로 말미암아 인류가 직면한 가능성들에서 결정적인 변화가"[150] 일어난 사건으로 묘사한다. 던은 이러한 의미에서 칭의와 성화를 구분하지 않는다. 던에게 신자는 "구원받고 있는 자들"이며 "변화되는" 과정에 있는 사람들이다.[151] 그의 전 문맥 속에서 이 진술을 생각할 때, 그의 구원은 상실될 수 있는 구원이며, 미래적

---

145 Dunn, 『바울신학』, 박문재 역 (서울: 크리스챤 다이제스트, 2003), 218.
146 Dunn, 『바울신학』, 239.
147 Dunn, 『바울신학』, 239.
148 Dunn, "The New Perspective on Paul," 107.
149 Dunn, "The New Perspective on Paul," 107.
150 Dunn, 『바울신학』, 447.
151 Dunn, 『바울신학』, 448.

구원이 보장되지 못하는 그런 구원인 것이다. 그의 구원은 끝까지 가 봐야 알 수 있는 그런 구원이다. 실제로 던에게 구원과 칭의는 동의어가 아니다. 그의 칭의는 유효적이지 않다. 칭의는 구원의 시작일 뿐이다. 구원의 가능성 안에서 구원을 향한 여정을 시작하는 것이다. "이 두 절에서 모두 '구원'은 완결된 과정을 가리키고, '칭의'와 '화해'는 이 과정의 시작을 가리키는 역할을 한다."[152] 칭의는 그 자체로 유효한 구원을 의미하지 않는다. 던을 따르면, 칭의를 받았다는 것은 구원을 받았다는 것이 아니라 "하나님의 놀랍고 풍성한 은혜에 눈을 뜨게 되었다"는 것을 의미한다.

엄밀히 말하면 던에게는 시작으로서 칭의, 과정으로서 칭의 그리고 종말론적 칭의가 각각의 과정에서 은혜와 순종이라는 인간의 태도와 협력하여 그 상태를 결정하는 그런 칭의인 것이다. 실제로 던에게 칭의는 시작과 과정 그리고 최종 칭의로서 과정을 지닌다.[153] 던은 "바울의 칭의 신학의 견지에서 보면, 결정적인 시작은 최후의 무죄 평결이 있을 때까지 계속해서 발전되어야'[154] 하는 어떤 것이다. 던의 칭의는 상태이고 과정이다. 던은 신자들의 도덕적 선택이 도덕적 결과를 가져 온다[155]고 말한다. 이러한 진술은 분명 은혜의 종교 안에서 불순종이 영원한 형벌 혹은 영원한 유기로 이어질 수 있다는 의미를 함의한다. 왜냐하면 그가 스스로 신자의 배교의 가능성을 주장하고 있기 때문이다.[156] 던을 따르면, 은혜의 종교 아래 율법에 대한 불순종에 대한 경고는 "한 사람 속에 구원의 역사가 '멸해질' 가능성을 염두에" 둔 경고이며, "회심자들이 '그리스도에게서 끊어지고'" 은혜에서 떨어질 수 있는 류의 경고이다.[157]

이렇듯 샌더스의 비일관된 율법관을 비판하고 일관된 율법관을 제시하려했던 던의 진술 안에서 우리는 반(半)-펠라기우스주의의 망령(亡靈)을 발견한다. 율법의 행위를 민족적 배타성의 문제로 한정하고, 율법 자체의 긍정을 강조한 던은 율법 자체의 준수를 설명함에 있어 공로적 성격을 분명히 가지고 있다고 판단된다. 던이 제시하는 은혜의 종교에 있어 언약의 조건성은 그 보상과 위협에 있어 행위 언약과 같은 성격을

---

152 Dunn, 『바울신학』, 535.
153 Dunn, "The New Perspective on Paul," 107.
154 Dunn, 『바울신학』, 663.
155 Dunn, 『바울신학』, 660.
156 Dunn, 『바울신학』, 668.
157 Dunn, 『바울신학』, 668.

갖는다. 던에 따르면, 성도의 불순종은 그리스도와의 영원한 단절로 이어질 수 있으며, 주어진 구원의 폐기로 귀결될 수 있다. 샌더스와 마찬가지로, 던의 유대교와 바울 역시 *gratia*(은혜)는 제시하지만 *sola*(오직)은 배제한다. 던이 성령의 역할을 강조하면서 은혜를 강조하는 것처럼 보이려 하지만, 성령으로부터 말미암은 행위는 칭의의 도구적 혹은 공로적 원인이 되고 만다. 던 역시 반(半)-펠라기우스주의적 공로신학의 성격을 벗어낼 수 없다.

3. N. T. 라이트의 종교개혁의 칭의론 수정

A. 라이트의 칭의론의 정황들(contexts)

라이트(N. T. Wright)는 샌더스(E. P. Sanders)의 '언약적 율법주의'와 던(James D. G. Dunn)의 '율법의 행위'를 토대로 종교개혁의 칭의론을 재해석한 인물로 소개될 수 있다. 따라서 새 관점에 있어 라이트가 갖는 신학적 기여는 샌더스와 던의 논점들을 칭의론이란 범주 안에서 정교화 한 것에 놓인다. 베네마(Cornelis P. Venema)에 따르면, 라이트는, 샌더스와 던의 신학이 종교개혁의 칭의론의 두 가지 본질적인 특징을 전복시켰다고 확신한다. 그리고 이러한 확신은 라이트로 하여금 두 신학자의 신학을 자신의 칭의론 수정의 토대로 삼게 하였다.

첫째 확신은, 샌더스가 제2 성전기 유대주의가 율법주의라는 종교개혁의 옛 관점을 뒤엎었다는 것이다. 그에 따르면, 바울 시대의 유대주의 안에는 종교개혁이 제시한 그러한 율법주의가 유행하지 않았다. 둘째 확신은 던이 제시한 '율법의 행위'에 관한 것이다. 바울이 반대한 '율법의 행위'는 율법주의와 관련된 것이 아니다. 그것은 비뚤어진 민족적 배타성에 관한 것이다.[158] 이러한 종교개혁에 대한 두 가지 혁명적인 반론들은 종교개혁의 칭의론에 대한 수정을 요구하기에 이른다. 라이트는, 옛 관점의 칭의론이 바울과 유대인의 논쟁 당시의 역사적 정황에 대한 무지와 오해로부터 비롯된 것이라 주장한다. 즉 종교개혁의 관점은 바울의 정황으로서 1세기 유대주의를 간과한

---

[158] Venema, *Getting the Gospel Right*, 36-38.

채, 로마 카톨릭과의 논쟁이라는 정황을 바울에 투영시킨 결과로 비롯된 것이다. 그에 따르면, 바울은 율법주의에 대한 대안으로 '오직 믿음으로 말미암는 칭의'를 주장한 것이 아니다. 그렇다면 '언약적 율법주의'와 '율법의 행위'라는 토대 위에 종교개혁이 오류로 점철된 옛 관점으로 규정될 때, 라이트가 제시하는 옛 관점에 속한 '칭의론에 대한 대안'은 어떤 의미와 형식으로 제시될까? 라이트의 칭의론은 성경신학적 주제들의 캔버스(canvas) 위에 그려진다고 볼 수 있다. 라이트의 칭의론은 창조와 언약, 그리고 그로부터 추론된 하나님의 백성의 의미, 종말론 등의 성경신학적 주제들을 기초하여 정의되고 해설된다. 특별히 칭의론 수정과 관련하여 '언약적 율법 주의'와 '율법의 행위'가 그의 칭의론에 토대로써 여겨졌다면, 창조와 언약(creation and covenant)에 대한 이해 역시 칭의론과 그와 관련된 제반 주제들의 이해에 있어 필수불가결한 주제가 된다. 라이트에게 있어 창조와 언약은 그의 신학을 묘사해 가는 캔버스(canvas)이고 신학을 풀어가는 열쇠(key)와 같다. 그리고 라이트는 이 언약을 1세기 유대주의 정황 안에서 바울을 읽는 방식으로 접근한다. 라이트는 **1세기 유대주의와 바울의 기독교의 관계를 언약적 율법주의의 통일성 안에서 그것의 재해석 으로 보려한다.** 달리 말하면, 라이트는 바울 신학을 1세기 유대주의에 대한 연속성 안에서의 재해석으로 규정하고, 이 전제를 따라 바울의 칭의론을 전개해 나가는 것이다. 이것은 라이트의 신학 방법론(theological methodology)이 어떠한 것인가를 보여준다. 라이트의 방법론적 특징은 신약, 특히 바울과 그의 칭의론을 다룰 때 나타난다. 그리고 이러한 방법론적 특징은 그의 신학 전반에 나타나는 일관된 특징이 기도 하다. 라이트는 신학 주제들을 다룰 때, 신약(특히 예수님과 바울의 사상에 있어)에 나타난 주제의 내용들이, 제2 성전기 유대주의가 연속성 안에서 메시아와 성령을 중심으로 재정의(redefinition or reshaping) 된 것이라고 믿는다.[159] '언약' 개념은 법정 개념과 종말론 개념과 함께 묶여 그의 칭의론의 성격과 정의를 지배한다.

a. 언약 안에 해설된 언약적 신실성으로서 '하나님의 의(義)'

[159] N. T. Wright, *Paul In Fresh Perspective* (Minneapolis: Fortress Press, 2005), 108.

(1) 구약과 1세기 유대주의의 하나님의 의(義)

라이트(N. T. Wright)에게 바울의 칭의를 이해하기 위한 중대한 열쇠는 '언약'이다. 라이트에게 있어 바울은 언약신학자로 규정되고, 그는 신약과 바울을 언약이란 안경을 통해 해석하고자 애쓴다. 라이트의 언약 개념의 특징은 그가 언약과 창조를 종합하려는데 있다. 칭의와 관련된 용어와 정의 등은 모두 창조언약 패턴의 언약 개념으로부터 파생된 것이다. 파이퍼(John Piper)도, 라이트가 그의 신학 작업을 이스라엘과 맺은 하나님의 언약의 전체 목적과 함께 시작한다는 점을 상기시킨다.[160] 따라서 라이트에게 있어 칭의는 언제나 언약적 성격을 갖는다. 달리 말하면, 라이트는 칭의를 '언약적'(covenantal)이란 범주 안에 제한하려 한다고 볼 수 있다.

특별히 우리가 주목할 것은, 라이트의 칭의론 설명에 있어 언약적 관점(angle)이 '하나님의 의(義)'(righteousness of God)에 지대한 영향을 미쳤다는 점이다. 그리고 '하나님의 의(義)'의 새로운 정의는 종교개혁의 칭의론 수정에 결정적인 역할을 한다. 실제로 라이트는 '하나님의 의(義)'에 대한 자신의 재정의 사건을 중대한 경험으로 고백한다.[161] 종교개혁자들이 '하나님의 의(義)'에 대한 재발견으로 인해 로마 카톨릭의 부패한 교리를 전복시킨 것처럼, 라이트는 '하나님의 의(義)'에 대한 자신의 재발견을 통해 종교개혁자들의 오류를 뒤엎었다고 생각한다. 그렇다면 그가 경험한 신학적 자각은 무엇인가? 그것은 '하나님의 언약적 신실성'(the covenant faithfulness of God)이라는 하나님의 의(義)의 정의이다. 그리고 '하나님의 의(義)'는 '전가된 의(義)'와는 달리 '그 백성의 의(義)'와 구분되어 정의되는데, 그것은 '하나님의 언약적 신실성에 보답하는 신실성에 의해 표명된 사람의 언약적 회원권(covenant membership)'을 나타낸다. 즉 '하나님의 의(義)'와 '백성의 의(義)'는 별개의 것이며 하나님으로부터

---

160 Piper, *The Future of Justification*, 44.

161 N. T. Wright, "New Perspectives on Paul," *Justification in Perspective*, ed. Bruce L. McCormack (Grand Rapids, Michigan: BakerAcademic/Rutherford House, 2006), 245. "때때로 내가 루터와 칼빈 사이에서 선택해야 했다면, 율법이든 성만찬에 관한 것이든 간에 항상 칼빈을 취했을 것이다. 그러나 내가 이러한 방식과 투쟁하고 로마서와 갈라디아서의 헬라어 본문을 가지고 투쟁할 때, 나에게 떠올랐다. 나는 1976년 한 다른 해결책이 가능하다는 것을 깨달았다." 1974년 가을에 시작된 로마서와 갈라디아서 연구를 통해 라이트는 율법의 부정과 긍정의 딜레마에 관한 깊은 고민과 신학적 투쟁을 경험한다. 그리고 그는 그 투쟁 속에서 중대한 신학적 통찰에 이르렀는데, 그의 진술에 따르면 그것은 마르틴 루터의 신학적 통찰 혹은 자각에 필적할 만한 것으로 소개된다. 그것은 1976년에 경험되었는데, 로마서의 '하나님의 의(義)'에 관한 연구에서 경험된 것이다.

신자에게 전가되는 의(義)가 아니다. 라이트는 하나님의 의(義)에 대한 재정의를 통해 전가교리와 관련된 하나님의 의(義) 개념을 부정하려 한다.

> 그러나 그들이 소유한 의(義)는 하나님 자신의 의(義)가 아니다. 그것은 전혀 말이 안 된다. 하나님 자신의 의(義)는 그의 언약적 신실성이다. 그것 때문에 그분께서 그녀(이스라엘)를 정당하다고 입증하시고 마치 정당성이 입증되거나 사면된 피고처럼, 그녀(이스라엘)에게 '의로운' 지위를 수여하시기 때문이다. 말하자면 하나님의 의(義)는 하나님 자신의 속성(property)으로 남는다.[162]

라이트에게 있어 의(義)는 이렇듯 두 가지로 구분되면서도 '언약적 신실성'안에서 정의된다. 라이트의 이러한 정의는 '언약'이란 개념 아래 제한적으로 사용된다. 따라서 종교개혁의 도덕적 성격의 의(義)나 전가되는 의(義)의 개념은 '언약적 신실성'에 가려져 배제되고 만다.

라이트의 '하나님의 의(義)'에 대한 이러한 재해석은 칭의의 정의를 수정하게 만든다. 라이트가 내린 칭의의 정의는 "사람이 언약의 가족 내에 있다는 선언으로서의 칭의 교리의 색다른 정의"[163]로 알려져 있다. 즉, 라이트는 복음을 듣고 그것에 믿음으로 반응하는 사람들이 하나님에 의해서 그의 백성이라는 선언을 받게 되며 이는 언약 안에서 '디카이오스'(δίκαιος) 즉 의로운 신분이 주어지는 것을 의미한다고 말한다.[164] 이러한 칭의의 정의는 1세기 유대주의의 정황 아래서 이해된다. 라이트에게 있어, 칭의는 하나님과 어떻게 올바른 관계를 수립할 것인가의 문제가 아니라 종말론적인 의미에서 미래와 현재에 있어 누가 하나님의 백성의 회원인지에 대한 것이다.[165] 이처럼 정의된 라이트의 칭의를 살펴볼 때, 우리는, 그의 칭의론이 세 가지 범주와 그 통합 안에서 정의되고 있음을 발견한다. 그리고 이 세 가지 칭의의 특징들은 '하나님의 의(義)'와 '백성들의 의(義)'에 대한 의미들을 자아내는 역할을

---

162 N. T. Wright, *What Saint Paul Really Said* (Wilkinson House, Jordan Hill Road: A Lion Book, 1997), 99.

163 Piper, *The Future of Justification*, 39.

164 Wright, *Paul In Fresh Perspective*, 122.

165 Wright, *What Saint Paul Really Said*, 119.

82 · 칭의의 복음

한다. 그의 칭의론 안에 함의된 세 가지 성격은 '언약적', '법정적', 그리고 '종말론적' 성격으로 제시될 수 있다. 우리는 이 세 가지 칭의의 성격들에 주목해야 하지만, 이 모든 것을 구축해 가는 신학적 정황 혹은 전제는 라이트의 '언약' 개념임을 주지해야 한다. 따라서 우리는 앞에서 언급한 '하나님의 의(義)'의 새로운 정의 과정에 있어 '언약'이 어떠한 역할을 주도해 가는지 살펴보아야 한다. 우리는 이 목적을 위해 '언약' 자체에 대한 라이트의 이해로 시선을 잠시 돌리도록 하자. '전가된 의(義)'와는 달리 하나님만이 소유하시고 그 자신에게만 속한 것으로서 '하나님의 의(義)'가 '하나님의 언약적 신실성'으로 정의될 때, 이 정의를 지배하는 '언약'에 '신실하시다'는 의미는 무엇일까? 라이트는 언약을 창조와의 연계성 속에서 해설한다. 라이트의 언약은 선하시고 유일하신 하나님의 창조와 타락으로 인해 악에 노출된 창조 세계, 그리고 이러한 문제로부터 비롯된 이스라엘의 선택과 언약, 그리고 이스라엘의 실패, 메시아와 성령을 통한 새 창조 등의 주제와 밀접한 연관성 속에서 전개된다. 라이트의 언약에 대한 대전제는 언약이 창조 내에 발생한 악의 문제로부터 기원되며 그 문제에 대한 대안으로 제시된다는 것이다.[166] 라이트는, 창조와 언약의 결합에서 기원된 언약신학이 바울 사상의 근본적인 구조(fundamental structure)라고 주장한다.[167] 라이트는 그의 창조-언약에 대한 개념의 근거를 1세기 유대주의 문헌과 구약 그리고 바울에게 둔다. 앞에서 언급했듯이, 라이트의 신학 방법론은 언제나 1세기 유대주의의 정황 아래서 바울을 해석하고, 1세기 유대주의 신학적 정황(context)을 메시아와 성령을 중심으로 재정의하는 것이다. 따라서 라이트는 창조-언약의 주제를 구약과 1세기 유대주의 자료의 통일성 안에서 취하고, 이를 신약의 재정의 안에서 해설한다. 그렇다면, 바울을 논하기 전에, 1세기 유대주의 문헌과 구약 본문의 통일성 안에서 제시되는 창조-언약의 결합은 어떻게 전개되는 것일까? 라이트는 창조-언약 개념의 근거로서 구약의 몇 구절을 제시한다. 라이트는 시편 19편과 147편, 시편 74편 등의 구조에 나타나는 병행적인 성격을 제시한다. 이러한 구절들에서 통찰된 창조-언약을 설명하는 실마리들은 다음과 같은 것들이다.

---

166 Wright, *Paul In Fresh Perspective*, 24.
167 Wright, *Paul In Fresh Perspective*, 21.

먼저 라이트는 시편 19편과 147편에서 창조-언약의 개념을 암시하는 병렬 구조를 발견한다. 그 병렬 구조는 창조에 대한 찬양과 여호와(YHWH)의 율법(Torah)에 대한 찬양이다. 이 두 편의 시편에서 모두 창조와 이스라엘의 언약의 증서로서 율법에 대한 찬양의 병렬이 발견되는 것이다. 율법은 이스라엘을 여호와(YHWH)에게 묶고 그들을 하나님의 백성으로 삼기 위해 주신 것이다.[168] 언약과 율법은 이스라엘에게만 주어진 것이며 그들에게는 그것에 따라 살도록 주어진 유일한 소명이 존재한다. 이 언약으로 백성 된 자들의 이스라엘의 소명은 이방에게는 주어지지 않는 것이며, 따라서 이방 민족은 어둠 가운데 방황한다.[169] 여기서 창조는 하나님께서 맺으신 언약과 매우 밀접한 관련성을 가지고 병렬된다.

라이트는 시편 74편을 살핀다. 74편은 이교도의 예루살렘 파괴에 대한 불평으로서, 애가적 성격을 지닌 시편이다. 시편 기자의 불평은 이방인의 파괴 행위 속에서 하나님께서 침묵하고 계시다는 것에 놓인다. 그러나 12절에서 분위기는 반전된다. 강력한 이방의 횡포에도 불구하고 시편 기자는 하나님께 호소하고 간구하기 시작한다. 라이트에 따르면, 소망의 간구는 창조자 하나님의 능력과 그 창조의 능력으로 이스라엘을 이집트에서 해방하신 것에 근거한다. 이러한 시편의 구조가 시사하는 바는 무엇인가? 그것은 라이트의 논점인 창조-언약으로 모아진다. 시편 기자는 언약 백성들의 위기에 있어 그 문제의 대안을 창세기 1장과 출애굽을 통한 창조자의 능력의 현시에서 찾기 때문이다.[170]

라이트는 시편 분석을 통해 창조-언약의 신학을 발견한다. 위의 분석을 통해 추론할 수 있는 요소들은 다음과 같다. 우리는 시편에서 창조에 대한 찬양과 언약의 증서로서 율법에 대한 찬양을 함께 발견하게 된다. 그리고 이 두 찬양과 함께 암시되는 것은 악의 요소이다. 그것은 이방인의 예루살렘 파괴로 표현된다. 그러나 시편 기자의 간구 속에서 우리는 악에 대한 대안을 보게 된다. 그것은 간구의 근거가 되기도 하는데, 하나님께서 창조로서 또한 언약의 하나님으로서 능력과 정의 그리고 책임을 가지시고 악을 다루신다는 것이다.[171] 언약은 창조의 문제를 해결하고 새롭게 하는

---

168 Wright, *Paul. In Fresh Perspective*, 21-22.
169 Wright, *Paul. In Fresh Perspective*, 22.
170 Wright, *Paul. In Fresh Perspective*, 22.

것이다.[171] '하나님의 언약적 신실성'은 바로 이 주제와 연관된 의미로 정의된다. 라이트에 따르면 창조에 발생한 문제의 대안으로 이스라엘을 세상의 빛이 되도록 부르셨지만, 이스라엘은 실패하였고 문제의 부분이 되었다.[173] 그러한 하나님께서는 이스라엘의 실패에도 불구하고 그의 언약적 목적을 이루시는 신실하신 하나님이시다. 따라서 하나님의 의(義) 즉, 그의 신실성은 창조의 문제를 회복하시는 정의이다.[174] 따라서 하나님의 신실성은, 창조하신 하나님께서 창조에 발생한 악에 대하여 신실함으로 대처하신다는 사상으로 귀결된다. '하나님의 의(義)'는 이러한 정황 안에서 언약적으로 정의되는 것이다. 라이트는 이러한 개념이 1세기 유대주의 문헌과 구약 그리고 바울에게서 핵심적인 사상으로 통일성과 일관성을 가지고 발견된다고 주장한다.[175] 이러한 논증 안에서 주목할 사실은, 라이트에게 있어 '하나님의 의(義)'가 하나님의 성품과 관계된 그에게만 속한 그의 신실성으로 제시된다는 것이다.

라이트에게 '하나님의 의(義)'는 더 이상 종교개혁의 *sola gratia*(오직 은혜)를 설명하는 이신칭의(以信稱義)의 근거로서 '전가되는 의(義)'를 의미하지 않는다. '하나님의 의(義)'는 창조-언약을 요약하는 슬로건으로 수정된다.[176] '하나님의 의(義)'에 대한 재정의로 인해 라이트는 '의'(righteousness)를 '정의'(justice)로 사용할 것을 권유한다. '의'(righteousness)는 '언약적 신실성'을 반영하지 못하며 도덕적이고 전가되는 의미의 의(義)를 상상하게 만들기 때문이다. 그러나 라이트는 '정의'(justice)라는 단어를 통해 '고친다'는 의미를 붙들라고 권고한다. 이는 '하나님의 언약적 신실성'이 악을 다루고 고치는 '교정'의 의미를 함의하기 때문이다.[177] 따라서 라이트를 따르면,

---

171 Wright, *Paul In Fresh Perspective*, 22-23.

172 Wright, "New Perspectives on Paul," 250.

173 Wright, *Paul In Fresh Perspective*, 23.

174 N. T. Wright, 『악의 문제와 하나님의 정의』, 노종문 역 (서울: InterVarsity Press, 2008), 72. "하나님의 정의는 단순히 착한 일을 한 사람들에게 상을 주고 악한 일을 한 사람들에게 벌을 주는 것이 아닙니다. 비록 수많은 사람이 중간 어느 곳에 있겠지만, 하나님의 정의는 구원하고, 치유하고, 회복하는 정의입니다. 왜냐하면 정의를 결정하시는 하나님은 창조주 하나님이시고, 아직도 창조의 본래 계획을 완성해 나가고 계시기 때문입니다. 하나님의 정의는 단순히 정상 상태를 벗어난 세상으로 하여금 균형을 회복하도록 만드는 것이 아니라, 하나님이 애초에 만드셨던 생명과 가능성이 넘치는 피조세계를 영광스러운 완성과 결실로 이끌어가는 것입니다. 그리고 이 과업을 당신의 형상을 지닌 인간 피조물을 통해, 더 구체적으로는 아브라함 가족을 통해 완성하시겠다는 하나님의 결심은 아무도 흔들어 놓을 수 없습니다."

175 Wright, *Paul In Fresh Perspective*, 24.

176 Wright, *Paul In Fresh Perspective*, 25.

'정의'(justice)는 "그의 약속들에 신실해야 하시는 언약의 하나님의 의무로부터 발생한 다는 것을 상기[178]시킬 때 설득력을 갖게 된다. 라이트의 이러한 견해는 종교개혁의 '전가된 의(義)' 뿐만 아니라 '하나님의 의(義)'의 공의적 측면, 즉 도덕적 성격을 배제하려는 의도가 서려 있는 것이 분명하다. 물론 '전가된 의(義)'는 '도덕적 의(義)'를 전제로 설명되는 개념으로 이 두 개념 중 한 쪽이 무너지면 칭의론은 수정되고 만다. 그러나 라이트는 이 두 개념을 적극적으로 배제하고 있다.

(2) 메시아를 중심한 하나님의 의(義)에 대한 재정의

바울은 '하나님의 의(義)'를 어떻게 이해했을까? 라이트는 앞에서 살펴 본 창조언약 의 개념을 바울에게 있어 여전히 중심적인 사상이라고 주장한다. 라이트에 따르면, 바울 신학은 창조-언약의 관점 없이 이해할 수 없는 것이다. 라이트는, 샌더스의 "언약이 유대주의 문학의 숨겨진 전제"[179]라는 주장에 동조한다. 라이트에게 바울은 언약신학자이며 언약 개념은 '언약(διαθήκη)이란 용어가 나타나지 않는 곳에서조차 암시된 전제이다.[180] 라이트에 따르면, 언약-창조 개념은 "바울의 시대에 유대인들이 창조자 하나님의 하나의 선택된 백성으로서 스스로에 대하여 생각한 방식을 요약'하기 위한 "가장 편리한 속기 전달법(the most convenient shorthand)"이었다.[181] 따라서 라이트는 바울의 본문들을 구약에서 발견되는 창조와 언약의 신학을 통하여 읽을 것을 강조한다.[182] 라이트의 전제를 요약하자면, 그는 바울 사상을 구약에 기원하고, 제2 성전기 유대주의에서 발전된 창조와 언약의 주제들이 바울에게 전제되어 있었다 고 믿는다.[183] 성경 역사는 창조에서 새 창조로, 언약에서 언약 갱신으로 그리고 창조와 언약이 통합되는 형태로 진행된다는 것이다. 이러한 라이트의 전제요 신학 방법론은 그의 칭의론 이해에 있어 필연적인 관련성을 갖는다. 그는 "이것은, 우리가

---

[177] Wright, *Paul In Fresh Perspective*, 25-26.

[178] Wright, *Paul In Fresh Perspective*, 26.

[179] Wright, *Paul In Fresh Perspective*, 26. Cf. Sanders, *Paul and Palestine Judaism*, 81-107, 236-38, and esp. 420f.

[180] Wright, *Paul In Fresh Perspective*, 26.

[181] Wright, *Paul In Fresh Perspective*, 26.

[182] Wright, *Paul In Fresh Perspective*, 33.

[183] Wright, *Paul In Fresh Perspective*, 34.

칭의와 구원론의 질문들이 일상적인 것보다 이 시각으로부터 더욱 잘 접근되는지를 보여줄 수 있을 것이다"[184]고 단언한다.

그러나 언약-창조에 있어 1세기 유대주의와의 연속성이 존재하지만 어떤 면에서 이 주제에 대한 재정의가 존재한다. 이 재정의는 메시아이신 예수님에 의해 비롯된 것이다. 1세기 유대주의와 바울 신학은 가족적 닮은꼴(family likeness)을 갖지만 메시아를 중심으로 재정의되는 것이다.[185] 라이트는 1세기 유대주의와 바울의 연속성 안에서의 재정의를 골로새서 1:15-20, 고린도 전서 15장, 로마서 1-11장의 주해를 통해 논증한다. 그는 제시된 서신들 안에서 구약에서 인지된 창조와 언약의 결합을 발견한다.[186] 그리고 그 안에서 창조자 하나님께서는 구속하시는 언약의 하나님으로 나타난다.[187] 라이트에 따르면, 서신들 안에서 창조-언약의 병렬 구조가 구약에서처럼 발견된다. 그러나 이 주제에 대한 재정의가 발견된다. 그것은 예수님께서 창조와 언약의 목적이 함께 실현되는 지점이 될 때 그러하다. 이 실현은 십자가의 수치스런 죽음과 부활에서 발생하며 이 사건은 성취와 급진적으로 새로운 어떤 것을 유발한다.[188] 바울은 예수님의 구속 사건을 창조와 아브라함과 연관 지어 설명한다. 특히 라이트의 고린도 전서 15장 주해는 이 점을 강조한다. 이 장에서 예수님의 창조-언약 구조 안에서 구속의 성취는 새 창조를 지향한 것이다. 즉, 창조의 버림이 아니라 창조의 갱신이다.[189] 메시아의 죽음과 부활은 창조계에 발생한 악을 바로 잡는 '하나님의 의(義)' 즉, 언약적 신실성의 표명이다. 악과의 싸움에서 십자가를 통해 메시아는 악을 처리하고 교정한 것이다. 바울 신학 안에서 '하나님의 의(義)'의 정의로서 '하나님의 언약적 신실성'은 이렇게 메시아를 중심으로 재정의 되는 것이다.

이러한 재정의를 통해 '하나님의 의(義)'가 성취한 결과는 무엇인가? 그리고 이스라엘과 창조계에 어떤 일이 일어난 것일까? 메시아를 통한 '하나님의 언약적 신실성을 인한 창조-언약의 성취는 우선적으로 이스라엘과 관련되어 해설된다. 메시아는 일차

---

184 Wright, *Paul In Fresh Perspective*, 34.
185 Wright, *Paul In Fresh Perspective*, 27.
186 Wright, *Paul In Fresh Perspective*, 27.
187 Wright, *Paul In Fresh Perspective*, 27.
188 Wright, *Paul In Fresh Perspective*, 27-28.
189 Wright, *Paul In Fresh Perspective*, 28-29.

적으로 이스라엘의 소명 실패에 대한 대안이었다. 이스라엘은 세상의 빛이 되라고 부르심을 받았지만 문제의 부분이 되었다(롬 2:17-29).[190] 이스라엘의 문제를 더 구체적으로 표현하자면, 그들은 하나님의 백성으로 부름 받은 소명의 목적이 이방을 향한 것임을 망각했다. '하나님의 의(義)'는 언약적 신실성으로서 '언약적 정의'를 실현하는 것이었다. 그것은 악을 다루는 것이었다. 그러나 이스라엘은 이러한 하나님의 언약적 정의(justice)에 무지해서 하나님께서 주신 이스라엘의 언약적 표지(badge)로서 '율법의 행위'-던의 개념과 동일한 '율법의 행위'-를 통해 자신의 지위를 세우려 했다. 바울의 '율법의 행위' 비판은 바로 이러한 유대인의 민족적 배타성을 비판한 것이다. 이러한 실패의 결과는 '추방'이었다. 이 추방은 언약의 약속과 관련하여 약속된 '땅'과 연관된다. 이러한 이스라엘의 추방은 "하나님 자신에 대한 위기"[191]를 만들어 낸다. 메시아의 출현은 이 위기 속에서 하나님께서 언약과 창조에 있어 어떻게 신실하실 수 있는가에 대한 대안이다.[192] 즉 이스라엘의 실패에 대한 대안인 것이다. 이것은 '하나님의 의(義)' 즉 '하나님의 언약적 신실성'에 관련된 문제이다. 따라서 라이트는, 하나님의 δικαιοσύνη를 유대인의 대표로서 메시아가 악을 처리하셔서 유대인과 이방인을 하나님의 새로워진 백성이 되도록 부르시는 하나님의 신실성이라고 정의한다(롬 1:17; 3:21).[193] 메시아를 인하여 이제 이스라엘의 추방은 종결되고, 하나님께서 이스라엘의 소명을 통해 자신에게 이끄시려 했던 이방인들은 하나님의 백성이 되었다. 따라서 약속된 땅으로의 귀환은 메시아와 성령을 중심으로 재정의 된다. 이제 약속된 땅은 이스라엘에 국한 되지 않고, 전 세계에 적용된다. 메시아의 언약 성취를 통해 전 세계가 거룩한 땅이 되었다(롬 10:6-10; 신 30장). 언약 갱신은 창조된 질서의 교정으로 나타나고 전 우주적 새 창조로서 악을 처리했다(시 19편).[194] 이제 메시아 안에서 이스라엘과 이방인이 한 백성이 된 것이다. 즉 언약 회원권의 범위가 메시아를 통해 확장되었고 이러한 성취는 하나님의 신실성을 드러낸다.

---

[190] Wright, *Paul In Fresh Perspective*, 29.

[191] Wright, *Paul In Fresh Perspective*, 29.

[192] Wright, *Paul In Fresh Perspective*, 29.

[193] Wright, *Paul In Fresh Perspective*, 30.

[194] Wright, *Paul In Fresh Perspective*, 32.

b. 언약 안에 해설된 하나님의 백성과 칭의의 관계

(1) 1세기 유대문헌의 하나님의 백성과 칭의의 관계

'하나님의 의(義)'가 '하나님의 언약적 신실성'으로 정의될 때, 하나님의 언약적 신실성은 '하나님의 백성' 개념과 중요한 연관성을 갖고 제시된다. 라이트에 따르면 바울은 구약과 1세기 유대주의 '하나님의 의(義)'에 대한 개념을 메시아를 중심으로 재정의 한다. 따라서 '하나님의 언약적 신실성'이라는 동인으로부터 파생된 이스라엘의 백성 삼으심 또한 재고(再考)되어야 한다. 라이트에 따르면, 이스라엘을 경계로 한정된 하나님의 백성 개념이 메시아를 중심으로 어떻게 재정의 되는가가 중요한 이슈로 제기된다. 무엇보다 이 '하나님 백성'의 주제는 '하나님의 언약적 신실성' 안에서 언약을 맺으시고 갱신하시는 하나님의 사역에 종속된 주제인 것이다. 하나님의 언약창조의 주제는 본질적으로 '하나님의 백성'의 주제로 귀결된다. 그리고 라이트의 칭의론은 이 주제와 필연적인 관련성을 갖고 정의된다. 라이트는 이러한 이유로 칭의론을 '하나님의 백성의 선택과 언약 회원권'이란 범주 안에서 다룬다. 그의 새로운 성경 읽기의 전제대로, 그는 선택의 주제를 1세기 유대주의와 메시아와 성령을 중심한 재정의의 측면 아래서 다룬다.[195]

라이트는 먼저 하나님의 백성에 관한 1세기 유대주의의 견해를 살핀다. 라이트는 1세기 유대주의 안에서 '하나님의 백성'으로서 이스라엘의 지위(status)를 확인한다. 그들은 한 창조자 하나님께서 이스라엘을 부르셨으며, 이스라엘이 살아갈 땅과 그 땅에서 그들이 순종할 율법(Torah)를 주셨다는 믿음을 가졌다.[196] 이스라엘의 선택 이유는 신명기로부터 제시되는 '사랑'이었다.[197] 그리고 그 선택에는 목적이 있었다. 라이트를 따르면, 아브라함의 부르심은 바벨의 문제와 연계된 아담의 문제에 대한 답변이었다.[198] 라이트는, 창세기 3장으로부터 11장이 악의 삼중적인 문제(우상숭배

---

[195] Wright, *Paul In Fresh Perspective*, 108.
[196] Wright, *Paul In Fresh Perspective*, 109.
[197] Wright, *Paul In Fresh Perspective*, 109.
[198] Wright, *Paul In Fresh Perspective*, 109. 그러나 라이트는 아담과 하나님의 관계에 함의된 언약을 가르치지 않는다. 그에게 언약은 타락 후 맺어진 아브라함과의 관계에서만 다루어진다. 그는 행위 언약으로서 아담과의 언약을 구속사에서 다루지 않는다. 엄밀히 말하면 라이트의 언약은 행위 언약과 은혜 언약의

와 그에 따른 비인간화의 악, 악인들이 행하는 행위로서의 악 그리고 사탄이 행하는 악)를 제시하고 그에 대한 해결책으로 12장이 제시된다고 주장한다.[199] 즉 아브라함의 부르심은 창조에 문제를 일으킨 악의 문제에 대한 대안이었던 것이다. 라이트에 따르면, 하나님께서는 하나님의 백성, 이스라엘을 통하여 악의 문제를 다룸으로 자신의 언약적 신실성을 드러내실 목적을 가지셨다. 이스라엘은 하나님의 약속을 맡은 백성이며 열국을 향한 빛이 되라고 부름을 받았다.[200] 이러한 목적 하에 하나님께서는 그들에게 언약 백성으로서 어떻게 살아야 할지를 가리키는 율법(Torah)을 주신 것이다. 이것은 이방 민족과 이스라엘을 구별하는 경계표(boundary marker)이다.[201] 그러나 이스라엘은 문제의 부분이 되었다. 이러한 이스라엘의 소명에 대한 실패는 '추방'으로 귀결된다. 그러나 구약의 본문과 1세기 유대주의 문헌에서는 이방의 침입과 횡포 중에도 끊이지 않는 간구와 소망의 메시지가 담겨져 있다. 우리는 여기서 구약과 1세기 유대주의 칭의론의 윤곽을 예견할 수 있다. 추방 중에 간구와 소망의 메시지는 우리가 살핀 라이트의 '하나님의 언약적 신실성에 근거한 것이다. 구약에 있어 이스라엘의 소망은 이스라엘의 실패에도 불구하고 그들을 향한 언약에 신실하신 하나님께 근거된다.

> …하나님은 아브라함에게 약속을 주셨고 전체 피조세계에 대한 당신의 목적에 신실하셨으므로, 아브라함 가족을 향한 당신의 목적에도 신실하셨습니다…하나님은 비록 이스라엘 자손들이 당신을 향해 신실하지 못했음에도 불구하고 그들을 향한 신실함을 지키셨습니다.[202]

라이트의 이러한 진술은 그의 칭의론 정의를 예측하는데 필수적인 것이다. 왜냐하면 이스라엘의 소명의 실패에도 불구하고, 그들이 대망한 추방으로부터의 귀환이 '하나님의 언약적 신실성'에 토대될 때, 그들이 대망한 기대 안에 라이트의 칭의의

구분이 없는 단일언약(monocovenant)이다.

199 Wright, 『악의 문제와 하나님의 정의』, 49.
200 Wright, 『악의 문제와 하나님의 정의』, 63.
201 Wright, *Paul: In Fresh Perspective*, 109-10.
202 Wright, 『악의 문제와 하나님의 정의』, 63.

정의가 암시되어 있기 때문이다. 라이트는 "선택이 종말론과 밀접한 관련을 맺는다"[203]고 주장한다. 소명의 실패와 추방에도 불구하고 이스라엘은 이미 하나님의 한 백성이었다. 그들은 이방의 압제로부터 추방 중에 있지만, 그들과 언약을 맺으신 하나님께서는 언약에 신실하신 창조의 능력을 가지고 구속하시는 하나님이시다. **이 믿음으로부터 한 종말론적 대망 사상이 발생된다. 그리고 이 종말론적 기대는 라이트의 칭의론의 재정의에 중대한 영향력을 끼친다.** 그리고 이 지점이 그의 칭의론 정의의 한 윤곽이 발견되는 곳이기도 하다. 그의 진술을 살펴보자. "선택은 종말론과 밀접한 관련을 맺는다: 왜냐하면 **이스라엘은 한 창조자의 한 백성이었기 때문이다. 이 하나님께서는 이스라엘을 그의 적들로부터 해방하심에 의해 이스라엘의 정당함을 인정하시는 행위를 하시는 것이다.**"[204] 굵은 글자로 강조된 라이트의 진술을 주목하라! 이 문장에서 추론될 수 있는 말은 '이미 하나님의 백성 된 이스라엘'이다. 그리고 '이미 하나님 백성 된 이스라엘의 지위에 대한 정당성에 대한 인정'이다. 추방된 이스라엘의 종말론적 기대는 '언젠가 **이미 하나님의 백성된 그들이** 하나님의 언약적 신실성에 의해 해방의 날에 **정당한 하나님의 백성들로서 그 지위를 인정**받게 된다'는 말로 요약된다. 이 요약은 라이트의 칭의론 정의와 부합되는 것이다. 이로부터 우리는 라이트의 칭의론 재정의를 다시 들을 수 있다. 라이트에게 칭의는 '하나님의 백성의 언약적 회원권 및 그 지위에 대한 법적 판결 혹은 인정'이다. 칭의는 구원론의 문제도 아니며 어떻게 하나님께 용납되고 받아들여질 것인가의 방법이 아니다. 라이트에게 칭의는 '이미 언약에 들어간 자들에 대한 언약 회원권의 승인'이다. 물론 그에게 칭의는 종말에 있을 칭의의 판결을 예견한 의미에서 현재의 칭의를 포함한다. 이스라엘의 하나님 백성 개념이 언약창조 신학 아래 조명 될 때, 중요한 것은 이 주제가 라이트의 칭의론 정의로 귀결된다는 점이다.

(2) 메시아를 중심한 하나님의 백성과 칭의의 재정의
우리는 위에서 1세기 유대인들이 '하나님의 언약적 신실성에 근거해 그들을 하나님

---

[203] Wright, *Paul: In Fresh Perspective*, 110.
[204] Wright, *Paul: In Fresh Perspective*, 110.

의 백성으로서 인정해주실 종말론적 대망 사상을 가지고 있었음을 확인하였다. 또한 이러한 그들의 사상으로부터 당시 유대인들이 가진 '칭의'의 정의가 추론될 수 있음을 보았다. 그것은 '이미 하나님의 백성에 속한 자들을 향한 언약 백성의 회원권 및 지위에 대한 하나님의 인정하심'이었다. 라이트는 이렇듯 1세기 유대주의의 정황 아래 칭의를 바울과의 통일성 안에서 해설한다. 그러나 1세기 유대주의의 칭의는 메시아를 중심으로 한 재정의로 바울 안에서 제시된다.

라이트는 '믿음에 의한 칭의 교리'가 새로워진 하나님의 백성들의 단일성(unity)을 암시하는 핵심 교리로서 세상에 나타났다고 주장한다.[205] 이 주제로부터 바울의 율법 반대 논쟁이 발생한다. 라이트에 따르면, 이 논쟁은 유대인 기독교인과의 논쟁으로 규정된다. 라이트에게 하나님의 백성에 대한 바울의 논쟁은 어디서 출발되었고 이 논쟁에 대한 바울의 대안은 무엇이냐가 중요한 논점이다. 그에 따르면, 로마서 9:4절을 통해 이스라엘의 선택 즉 이스라엘의 하나님 백성 됨이 재확인 된다. 그들은 여전히 하나님의 백성이다. 여기까지 바울은 1세기 유대주의와 그들의 '하나님의 언약적 신실성'에 근거한 그들의 언약 백성 인정의 종말론적 평결의 기대를 유지한다. 라이트는, 이 확신이 이스라엘을 부르신 하나님께서 그들의 문제에도 불구하고 언약적 신실성을 인해 언약을 이루실 것에 있다고 주장한다.[206] 그들은 추방의 상태에 있지만 창조적 능력과 언약적 신실함으로 그들은 귀환될 것이다. 그러나 그는, 갈라디아서를 통해서 바울이 이러한 이스라엘의 기대를 재정의 한다고 말한다. 어떤 의미에서 이스라엘의 기대가 성취되었음에도 불구하고 또 다른 국면을 갖게 되는가? 이스라엘 의 기대가 헛된 것이 아니지만 어떤 면에서 그들의 기대는 빗나갔는가? 그에 따르면, 갈라디아서 2:11-21절의 안디옥 사건은 이 재정의를 명확히 하는 사건이다. 바울이 제시한 '하나님의 백성'은 유대인들이 기대한 것을 넘어선다. 문제는 거기서 발생한다. 라이트에 따르면, 여기서 논쟁의 초점은 "실제적인 의미에서 하나님의 백성의 회원이 되는 것은 무엇을 의미하는가?"[207]에 관련된 것이다. 이들이 논쟁한 것은 "누가 하나님 의 백성에 속하는가?"에 관련된 것이다. 라이트는 이 본문의 논쟁의 정황을 주시한다.

---

205 Wright, *Paul: In Fresh Perspective*, 113.

206 Wright, 『악의 문제와 하나님의 정의』, 63.

207 Wright, *Paul: In Fresh Perspective*, 111.

바울이 반대한 것은 유대인 선교사들의 견해였다. **바울의 이신칭의(以信稱義)에 대한 첫 진술은 이 정황 안에서 들려진다.**[208] 바울의 대적의 주장은 무엇인가? 바울이 논쟁을 시작하게 된 동기가 무엇인가? 유대인 선교사들은 이방인들에게 입교조건으로 복음에 대한 믿음만이 아니라 '율법의 행위'로서 율법(Torah)을 입교 조건으로 요구하였던 것이다. 그들은 이방인들이 기독교 공동체에 들어오려면 복음을 믿을 뿐만 아니라 한 명의 유대인이 되기를 요구했던 것이다. 유대인 선교사들에게 기독교 공동체의 회원이 되는 것은 믿음의 사람이 되는 것뿐만 아니라 할례라는 '율법의 행위'를 통하여 유대인이 되는 것이다. 라이트가 이해한 유대인 선교사들에게 있어 칭의는 바로 이런 것이었다. 이들의 요구는 믿음과 함께 할례라는 '율법의 행위'를 통해 그들의 언약 회원권 표지(badge)를 보이라는 것이다. 그리고 그들은 이 표지(badge) 즉, 율법(Torah)의 행위를 가질 때 언약 회원권 및 언약 백성의 지위를 인정받는다고 주장했던 것이다.

라이트에 따르면, 바울은 이 지점에서 '하나님의 백성'과 '칭의'의 재정의를 내린다. 그렇다면 라이트의 바울이 생각한 '하나님의 백성'은 어떤 의미를 갖는가? 라이트에 따르면, 일차적으로 이스라엘은 여전히 하나님의 백성이었고, 하나님의 언약적 신실성을 통한 이스라엘의 귀환의 대망은 무효한 것이 아니었다. 왜냐하면 예수님께서는 이스라엘의 메시아, 그들의 대표자로 오셨기 때문이다. 메시아는 이방의 빛이 되라는 소명에 실패한 이스라엘을 대표해 오셨다.[209] 이스라엘의 죄를 지고 악을 처리해 이스라엘은 추방으로부터 귀환하였고 결과적으로 창조계에 갱신이 일어난 것이다. 라이트는 질문한다. 그러나 유대인들의 오해는 어디서 발생하는가? 라이트의 바울은 이스라엘이 추방의 상태에 전락하게 된 이유에 시선을 집중시킨다. 이스라엘의 귀환을 이스라엘이라는 역사적인 한 민족, 한 지리적 '땅'으로 기대한 유대인들의 소망은 왜 오해의 소산으로 전락하는가? 라이트는, 이 질문에 대한 답변이 애초의 이스라엘의 소명으로 우리의 시선을 돌릴 때 얻어진다고 주장한다. 그에 따르면, 처음부터 이스라엘의 부르심은 이방을 향한 것이었다. 이스라엘의 소명은 이스라엘이란 지리적 '땅,'

---

[208] Wright, *Paul: In Fresh Perspective*, 111.
[209] Wright, 『악의 문제와 하나님의 정의』, 98-99. Cf. 그러나 라이트의 속죄론은 대리형벌만족설이 아니라는 점을 상기하라. 이 주제는 이후에 다룰 것이다.

유대인이라는 종족적 '민족'에 국한 된 것이 아니라는 것이다. 메시아의 사명은 이스라엘의 사명과 다른 것이 아니다. 메시아는 이방인들에게 빛이 되어 '하나님의 언약적 신실성'을 드러내는 것이었고, 이스라엘의 소명의 깃발 아래 이방을 모으는 것이었다. 라이트의 전제를 가지고 표현하자면, 언약 성취를 통한 새로운 창조로 만물을 새롭게 하는 것이었다. 언약 갱신의 목적은 창조의 갱신에 있기 때문이다.

따라서 이스라엘의 소명의 본질을 파악할 때, 이스라엘의 대표자로서 메시아의 소명의 성취는 '하나님의 백성'의 재정의로 귀결된다. 메시아를 통한 '하나님의 의(義)'의 성취 위에 기초한 하나님의 백성 공동체는 결과적으로 이방인을 포함하게 된다. 메시아를 중심으로 이러한 변화가 발생한 것이다. 라이트에게 있어 아브라함과 그의 가족들에 대한 언약적 약속들의 성취는 바로 이와 동일한 것이었다. 따라서 라이트에 따르면 언약 회원 안에 이방인의 포함은 바울의 유대인 선교사에 대한 반대를 유발한다. 던(James D. G. Dunn)이 제시한 '율법의 행위'에 대한 바울의 비판의 성격은 라이트의 그것과 동일하다. 이스라엘이 집착한 입교 조건은 이스라엘이 추방당할 수밖에 없는 이유이기도 하다. 바울로 하여금 논쟁하게 만들었던 이스라엘의 '율법의 행위'는 언약적 회원권의 표지(badge)로서 제시된 것이다. 유대인들은 '율법의 행위'를 통해 자기 의(義)를 세우고, 그 민족적 특권과 배타성을 가지고 이방인을 그들로부터 차단하였다. 유대인의 이러한 태도는 세상의 빛이 되라는 소명에 역행된 것이다. 라이트에 따르면, 이들의 실패는 로마서 7장의 탄식을 통해 표현된다. 라이트는 로마서 7장의 '나'(I)를 '이스라엘 백성'과 동일시한다. 로마서 7장은 이스라엘이 율법(Torah) 아래 살려할 때, 일어난 일을 묘사하고 있다.[210] 로마서 8장은 토라에 대한 대안으로 메시아와 성령을 제시한다.[211] 토라가 이스라엘의 연약성을 통해 할 수 없었던 그것을 메시아와 성령께서 이루셨다. 메시아는 '하나님의 언약적 신실성'을 이스라엘을 대신하여 표명하신 것이다. 그런 의미에서 라이트는 πίστις χριστοῦ를 '메시아를 믿는 인간의 믿음 혹은 신뢰'의 의미가 아닌 '하나님의 계획에 대한 메시아의 신실성'으로 해석한다.[212] 메시아의 죽음과 부활은 토라에 의해 정의되는 의미 아래서

210 Wright, *Paul: In Fresh Perspective*, 31.

211 Wright, *Paul: In Fresh Perspective*, 31.

212 Wright, *Paul: In Fresh Perspective*, 112, 119-20.

하나님의 백성들을 끌어내었다. 이제 하나님의 백성은 메시아의 성취에 기초해 하나님의 백성의 언약적 지위(status)를 제공 받는다. 이 새로운 백성의 지위(status)는 더 이상 하나님 자신의 의(義)가 아닌 "하나님으로부터 온 언약적 지위"이다.[213] 이제 새로운 언약 백성의 표지(badge)는 '율법의 행위'가 아니라 '복음을 믿는 믿음'[214] 이다. 결론적으로 라이트의 '하나님의 의(義)'와 '칭의'에 대한 새로운 정의는 전가 사상을 부인하고 칭의를 구원론이 아닌 교회론 즉, 언약 백성에 속함의 문제로 전락시킨다.

c. 언약에 근거한 칭의의 종말론적 성격

라이트(N. T. Wright)에게 칭의는 종말론적 성격을 갖는다. 그에 따르면, 칭의는 "이스라엘의 오랜 동안 마음에 품었던 소망의 최종적 성취"[215]의 의미를 갖는다. 라이트에게 칭의는 "하나님의 백성의 종말론적 정당성 입증(vindication)"[216]으로 정의될 수 있다. 그러나 역사 내에서 성취된 칭의는 최종 심판 때의 최종 칭의를 예견하는 것으로 제시된다. 라이트에 따르면, 1세기 유대주의 정황 안에서 유대인들이 생각한 칭의는 토라(Torah)에 온당한 방식 안에 충실하였던 사람들이 미래에 옹호될 사람들이라는 것을 현재에 보증하는 것이다. 위에서 언급했듯 추방 가운데 놓인 이스라엘 백성들은 하나님의 언약적 신실성에 근거하여 자신들의 언약 백성됨을 인정하실 그 날을 대망하였다. 그리고 하나님의 언약적 신실성에 합당한 응답으로서 토라(Torah)를 소유하고 따르며 자신들의 의(義)를 세워나가려 한 것이다. 토라는 그들에게 언약 백성 회원권의 표지(badge)처럼 여겨졌다. 그는 이러한 개념을 4MMT 라는 이름으로 출판된 쿰란 문서가 지지한다고 주장한다. 그에 따르면, 그 문서 안에는 원시 펠라기우스주의 류의 '행위에 의한 칭의'가 존재하지 않는다.[217] 라이트에

---

213 Wright, *Paul: In Fresh Perspective*, 115-16.

214 라이트의 믿음은 종교개혁과 이질적인 의미로서 믿음이다. 그는 믿음을 언약 회원의 표지(badge)로 정의한다. 이는 차후에 다룰 것이다.

215 Wright, *Paul: In Fresh Perspective*, 118. cf. Wright, *What Saint Paul Really Said*, 30-31.

216 Venema, *Getting the Gospel Right*, 51.

217 Wright, *What Saint Paul Really Said*, 119.

따르면, 1세기 유대교에 있어서 현재 칭의는 마지막이 오기 전에 누가 언약의 공동체에 속해 있는지를 미리 보여주는 것이 전부였다고 한다.

1세기 칭의는 어떻게 어떤 사람이 하나님과 관계를 성립할 것인가에 관한 것이 아니었다. 그것은, 현재와 미래에, 사실, 그의 백성의 한 회원이었던 사람들에 대한 하나님의 종말론적 한정(definition)에 관한 것이었다. 샌더스의 용어를 빌자면, 그것은 입문(getting in) 혹은 정말로 머무름(staying in)에 관한 것이라기보다는 네가 그 안에 있는 사람이라고 어떻게 말할 수 있는가에 관한 것이었다. 표준적인 기독교 신학 용어를 빌리면, 그것은 구원론적이라기 보다는 교회론적인 것이다; 구원에 관한 것이라기보다는 교회에 관한 것이다.[218]

현재에 있어 언약의 회원권은 미래에 있어서 '구원'의 다소간의 보증이었다. 따라서 유대교 내의 분파 중 하나에 속하여 타당한 회원권을 유지하는 일이 중요시 되었다.[219]

이와 같은 주장을 근거하여, 라이트는 칭의를 이중 칭의(dual justification)로 분류한다. 즉, 그는 칭의를 현재 칭의와 미래 칭의로 구분한다. 현재적 칭의는, 하나님께서 언약 백성들을 공동체 회원으로 승인하는 것이다. 현재 칭의는 최후 심판 때, 마지막 칭의(final justification)의 예견이다.[220] 현재 칭의에 있어 우리가 주목할 사실은, 라이트에게 칭의는 옛 관점에서처럼 구원론이 아니라 교회론에 관한 것이라는 점이다. 칭의는 어떻게 한 개인이 하나님께 호의적으로 받아들여질 수 있는가, 혹은 하나님께 받아들여지는 방법이 무엇인가를 다루지 않는다.

칭의의 시점에 있어 라이트는 샌더스(E. P. Sanders)와 차이점을 갖는다. 문제는 들어감(getting in)이나 머무름(staying in) 구조에 모아진다. 라이트를 따르면 칭의 혹은 의(義)의 문제는 샌더스처럼 들어감과 머무름의 차원에서 다루어지지 않는다. 라이트에게 의(義)의 문제는 '이미 들어간 자에 대한 하나님의 판결 혹은 승인'과 같은 것이다. 이는 던(James D. G. Dunn)과도 일치하는 것이다. "그렇다면, 이러한 정황 안에서 칭의는 어떻게 누군가가 하나님의 진정한 백성의 공동체에 들어가는가에 관한 문제가 아니라 네가 어떻게 그러한 공동체에 [이미] 속한 사람이라고 말할

---

218 Wright, *What Saint Paul Really Said*, 119.
219 Eveson, 172.
220 Venema, *Getting the Gospel Right*, 51.

수 있는가에 대한 문제이다."[221] 이렇게 주장될 때, 칭의는 하나님과의 관계를 성립하는 방법과 무관한 것이 된다. 그리고 칭의는 구원론이 아닌 교회론의 범주에서 다루어진다. 라이트는 자신의 칭의론이 법정적 정황과 참여의 개념(participation)의 이원론을 극복하는 유익을 준다고 주장한다. 라이트는 1세기 유대주의 언약의 정황에서 칭의를 다룰 때 이러한 법정적 정황과 참여의 개념의 통합이 나타난다고 주장한다.[222] 그러나 라이트와 던이 샌더스의 들어감(getting in)이나 머무름(staying in) 체계를 버린 것인가? 그렇지 않다. 이들의 불연속성은 칭의와 관련해 의(義)가 무엇을 의미하느냐에 있지 은혜로 언약 안에 들어가 순종을 통해 최종 칭의에 이르는 과정적 칭의관에는 하등의 차이가 없다. 라이트, 던 그리고 샌더스의 논쟁은 공동체적 정황에서 의(義)를 입문의 차원이냐, 머무름의 차원이냐, 혹은 이미 들어간 자들에 대한 것이냐에 관한 것이지 어떤 패턴으로 구원이 시작되고 종결되느냐에 있지 않다. 그들은 의(義)를 얻는 시점에 있어 차이가 나지만 구원을 유효하지 못한 과정으로 보는 것에 있어 일치한다. 라이트의 견해를 요약하자면, 칭의는 '이미 들어간 자들의 평결'이지만(샌더스를 반대하는 의미로), 구원은 은혜로 시작하여 최종적 평결은 행위에 의해 이루어진다.

따라서 최종 칭의(final justification)의 의미는, 라이트의 종말론적 전제와 들어감(getting in)이나 머무름(staying in)의 체계를 따라 다음과 같은 의미로 정의될 수 있다. 현재 칭의는 미래의 평결을 예기하여 이루어지며, 이러한 예기는 예수님을 메시아와 주로서 믿는 믿음을 통해 현재적 실재가 된다. 이 믿음을 통해 하나님의 가족의 회원이 된 것을 인정받는 것이다. 1세기 정황에 근거하여 라이트가 제시한 **최종 칭의는 성령에 이끌린 삶의 전체에 따라서**(according to) **혹은 기초하여**(on the basis of) 있을 것이다.[223] 현재 칭의는 미래 칭의의 예기 혹은 기대와 관련된 확신으로 주어지고, 최후 심판은 행위에 따라 결정 되는 것으로 진술된다. 라이트는 이러한 행위에 따른 최종 칭의의 결정적 근거를 로마서 2:1-16에서 찾는다.[224] 그는

---

221 Wright, *What Saint Paul Really Said*, 119.
222 Wright, *What Saint Paul Really Said*, 119-20.
223 Wright, "New Perspectives on Paul," 253, 260.
224 Wright, "New Perspectives on Paul," 253.

이 본문의 정황을 행위에 따라 심판을 행사하는 최종 심판의 정황으로 해석한다. 본문에서 율법을 범함에 의해 기소당하는 장면들은 실제로 최종 심판 때 행위에 따라 일어나는 사건으로 해석되는 것이다. 그는 행위에 기초한 최종 칭의를 긍정하기 위해 빌립보서의 "너희 안에 착한 일을 시작하신 이가 그리스도 예수의 날에 그것을 완전케 하시리라"를 인용한다.[225] 라이트는 이러한 행위에 따른 최종 칭의가 공로적인 것이 아니라는 것을 강조하기 위해 애쓴다.

> 마지막 날에 그리스도인들이 그것을 따라 옹호되는 "행위"는 자력적인 도덕주의자의 독립적인 행위가 아니다. 그것들은 종족적으로 구분된 유대의 경계표의 수행도 아니다(안식일, 음식법, 할례). 그것들은 오히려 누군가 그리스도 안에 있다는 것을 보여주는 것들이다; 성령의 내주와 수행의 결과로 한 사람의 삶에서 산출되는 것들이다.[226]

유효하지 못한 현재 칭의의 문제에도 불구하고, 그가 행위에 기초한 최종 칭의 개념이 공로주의가 아니라고 주장하는 근거는 무엇인가? 그것은 그리스도의 속죄와 성령론에 대한 강조에 놓인다. 특별히 그에게 성령론적 강조는 중요하게 보인다. 그런 의미에서 라이트는 로마서 2:1-16의 행위에 따른 엄중한 최종 심판에 대한 대안을 로마서 8:1-17에서 찾는다.[227] 라이트는 인간의 '남은 죄'에 대하여 침묵하지만, 성령과의 협력을 통해 성취되는 최종 칭의를 몹시 강조한다. 이는 샌더스와 던에게서 공통적으로 발견되는 점이기도 하다. 라이트는 로마서 8장의 정죄함이 없다는 진술의 근거는 그리스도의 공로에 토대를 둔 '의(義)의 전가'에 있지 않다. 오히려 라이트에게 있어 정죄를 피해가는 근거는 성령께서 신자 안에서 행하심으로 인해 발생한 신자의 행위에 놓인다. 그렇다면 하나님 앞에 용서를 받고 정죄를 피하고 의롭게 되는 이유는 성령과 협력하는 신자의 행위에 놓인다. 달리 표현하면, 라이트에게 성도의 행위는 구원의 도구적 원인(instrumental cause)과 공로적 원인(meritorious cause)의 한 부분을 차지하는 것이다.

---

[225] Wright, "New Perspectives on Paul," 253-54.
[226] Wright, "New Perspectives on Paul," 254.
[227] Wright, "New Perspectives on Paul," 254.

우리는 라이트의 이중 칭의 개념에 대한 몇 가지 문제점을 지적할 수 있다. 라이트에게 있어 현재 칭의는 유효한 것이 아니다. 라이트에 따르면, 현재 칭의는 교회론적 의미에서 이미 들어간 자에 대한 평결을 의미하며, 구원론적으로 보면 현재 칭의는, 한 사람이 '입문'하여 구원 받을 가능성 안에서 구원을 추구할 자격을 얻는 것을 의미한다. 즉 라이트에게 칭의는 구원을 향해 나아갈 공동체의 울타리 안에 들어와 있다는 것을 의미한다. 따라서 현재 그리스도인이 되어(입문) 언약 회원권을 인정(칭의) 받아 구원을 추구하는 공동체의 회원이 되는 것이 현재 칭의의 의미인 것이다. 현재 칭의를 받은 자들은 성령의 도움심을 받지만 이것은 유효한 것이 아니라 머무름 안에서 실패의 여지를 갖는 의미로 제시된다. 따라서 순종을 통해 머물러 칭의를 유지하고, 최종 심판 때, 행위를 근거로 최종 판결을 받아야 하는 것이다. 한 마디로 말하면 라이트의 이중 칭의에 있어 현재 칭의와 성령 받음 그리고 언약 회원으로 인정되는 것은 미래적 구원을 보장하지 못한다. 베네마는 이 점을 통찰한다.

> 칭의의 용어를 통해 말하면, 이것은 하나님의 언약 백성에 속함이 부분적으로 은혜로 인한 것이며 부분적으로 행위에 의한 것이라는 것을 의미한다. 새 관점에 따라, 언약 공동체에 속함이 의미하는, 칭의는 '끝나지 않은 일정'(unfinished business)을 남긴다. 왜냐하면 언약 공동체 안에 지속된 회원권이 율법에 대한 순종 안에서 끈기 있게 노력하도록 그것의 회원들에게 요구하기 때문이다. 따라서 그러한 순종은 오직 유지하도록 할 뿐만 아니라 최종적으로 미래 칭의 혹은 무죄 평결을 위한 근거를 구성할 것이다.[228]

라이트의 칭의에 있어 행위가 갖는 의미는 후에 더 깊이 다룰 것이므로 여기서는 생략하도록 한다. 라이트에 대한 지금까지의 고찰을 통해 우리는 다음과 같은 결론에 이른다. 첫째는 라이트는 하나님의 의(義)를 언약적 성실성에 두고 신자의 얻는 의(義)를 언약의 회원권이란 축소된 언약 개념 아래 제한한다. 그러므로 하나님의 의(義)의 도덕적 의(義)로서의 개념이 부인된다. 둘째, 그는 1세기 유대주의 법정적 정황 아래 '전가된 의(義)'의 개념을 부인한다. 그리고 이러한 노력은 일관되고 광범위하게 주장된다. 셋째, 그는 현재 칭의와 미래 칭의를 구분하고, 믿음에 의한 현재 칭의를 성령에

---

[228] Venema, *The Gospel of Free Acceptance in Christ*, 258.

이끌린 삶, 즉 행위에 따른 최종 칭의를 예견하는 것으로 정의한다. 라이트의 이중 칭의를 분석해 보면, 믿음은 칭의에 있어 교회론적인 범주 안에서 단지 현재적 의미에서만 역할하며, 미래적인 칭의는 행위에 토대를 두고 판결된다. 그의 칭의론은 카톨릭의 의화론(義化論)과 유사한 개념으로 제시된다. 이러한 라이트의 칭의의 성격의 내용들이 숙고될 때, 라이트에 의해 제시된 종교 체계가 은혜의 종교라는 주장은 타당성을 잃는다. '의(義)의 전가'의 부정은 신인협력적 진술들과 맞물려, 그가 언급한 "성령에 이끌린 삶의 행위 전체에 따라(기초해)"라는 표현은 행위를 구원의 원인(cause)로 끌어 들인다.

d. 언약에 근거한 칭의의 법정적 성격

라이트(N. T. Wright)는 칭의의 법정적 성격(law court)을 부인하지 않는다. 그러나 그가 주장하는 칭의의 법정적 성격은 종교개혁의 그것과 이질적인 것으로 제시된다. 이러한 수정은 역시 창조언약이라는 그의 전제로부터 비롯된 것이다. 라이트가 주장하는 칭의 개념은 언약적 정황, 즉 창조의 목적을 위해 죄를 다루시는 하나님의 신실성과 관련되는 의미로서 법정적 개념과 연결된다. 라이트에게 있어서 칭의의 법정적 개념은 이 주제를 포함하는 중요한 비유(metaphor)로 여겨진다. 라이트가 제시한 '의(義)'의 문제와 관련된 칭의의 법정적 개념은 어떤 제한 속에서 제시된다고 볼 수 있다. 그것은 바로 교회론적 제한이다. 라이트가 하나님의 법정적 선언을 언급할 때, 그것은 하나님의 언약적 신실성의 성취를 통해 한 사람이 구원받는 장면을 묘사하지 않는다. 라이트의 '구원의 서정'(ordo salutis)을 살필 때, 라이트에게 비유로 여겨지는 법정적 의미의 칭의는 '부르심'을 통해 이미 구원에 이른 하나님의 백성들에게 회원권을 인정하는 절차일 뿐이다. 그에게 칭의는 한 사람이 언약 백성의 일부분이 되었다는 것을 의미한다. 파이퍼(John Piper)에 따르면, 라이트의 칭의는, 어떤 이들이 "의로운 자들인지를 선언하는 것이며 그들의 죄를 용서받고," "따라서 언약 백성의 참된 구성원, 즉 아브라함에게 속한 백성이 되었다는 선언"이다.229 칭의가 법정적인

---

229 Piper, *The Future of Justification*, 53. Cf. N. T. Wright, *The Shape of Justification*, at

정황 안에서 설명되어야 하는 이유는, 언약 자체가 우선적으로 세상의 죄를 처리하기 위해 먼저 존재한 것이기 때문이다. 죄의 처리는 법정에서 이루어지는 일이다. 법정은 언약의 목적을 성취하는 일, 세상을 올바르게 만들어야 하는 목적을 갖는다.[230] 하나님께서는 마지막 날에 언약적 신실성의 성취로서 어떤 이들을 아브라함에게 약속한 가족의 부분으로 선언하실 것이다. 그리고 그것은 미래적 선언을 예기하는 현재적 선언을 포함한다. 이런 의미에서 칭의는 언약의 목적, "죄인들이 의롭다함을 받고, 용서받은 지위를 받으며, 하나님 앞에서 "올바르게 되고, 그리스도로 말미암아 세상을 변화시키는 가족으로 환영을 받는 목적"[231]에 종속된 한 부분 혹은 수단으로 이해된다. 그러나 여기서 우리가 주목할 점은 법정적 정황이 언약적 범주 안에서 협소해지고 종교개혁의 관점에서 의미와 이질적 성격을 갖게 된다는 것이다.

라이트에게 있어 칭의가 언약의 목적을 따라 죄를 다루는 의미에 있어, '용서'와 관련된다 할지라도, 그 용서 자체가 칭의를 통해 오는 것은 아니다. 칭의는 이미 용서 받고 그리스도인이 된 자들에게 그들이 하나님의 언약 백성 안에 있다는 선언적 의미만을 갖는다. 라이트의 칭의는 법정적 정황 안에서 설명되지만, 심판(judge)의 평결(verdict)이 갖는 의미는 도덕적 올바름에 대한 판결이 아니다. 입슨(Philip Eveson)은, 라이트에게서 칭의가 정죄함의 반대라는 점이 거론되지 않는 것이 의미심장하다고 지적한다.[232] 판결이란 용어의 의미에 있어서만 종교개혁의 의미와 동일할 뿐 그 판결의 내용은 이질적이다. 하나님의 의(義)를 전가 받아 의롭게 여김을 받는 법적 선언에서 '선언'만 남겨지고 '의(義)의 전가' 혹은 '도덕적으로 올바름'에 대한 선언의 내용은 '하나님의 언약 백성 회원의 신분'으로 축소된다. 라이트의 법정적 정황은 종교개혁의 그것과 유사해 보이지만 그 내용에 있어 전혀 이질적인 것이다. 종교개혁의 법정적 의미를 언약 회원권이란 개념 안에 제한하고 종속시킴으로 옛 의미들을 배제시키는 결과를 낳는다. 파이퍼는 이러한 라이트의 새로운 시각을 "자기 마음대로 법정적 언어를 언약적 언어로 '변신'시키고 있는 것"이라고 지적하며, 이러한

http://www.thepaulpage.com/Shape.html
230 Piper, *The Future of Justification*, 53.
231 Piper, *The Future of Justification*, 54.
232 Philip Eveson, p. 214.

변화된 선언의 내용은 "현재와 미래에 나타나고야 말 참된 하나님의 백성이라고 선언하는 것"을 의미한다고 말한다.[233]

그는 1세기 법정적 정황을 근거로 재판관의 '의(義)'가 피고의 무죄 선언과 연관되는 종교개혁의 법정적 정황을 반대한다. 1세기 유대주의 정황 아래서 피고나 원고가 갖는 법적 지위는 "심판관의 '의(義)'와 아무런 관계가 없다."[234] 1세기 유대 법정의 정황 안에서 통찰된 원고 혹은 피고의 '의(義)'는 '도덕적 의(義)'와 무관하다. 단지 재판관이 한 쪽의 편을 들어 줄때 편들어준 사람이 소유하게 되는 법적 지위일 뿐이다. 그런 의미에서 '하나님의 의(義)'와 '그리스도의 의(義)'는 그 백성의 '의(義)'가 될 수 없는 것이다. 라이트에 따르면, '하나님의 의(義)'는 '하나님의 언약적 성실성'이고 그 백성의 '의(義)'는 '그들의 언약적 회원권에 대한 하나님의 승인 혹은 인정으로 인한 그들의 법적 지위'를 의미할 뿐이다. 전자와 후자의 '의(義)'는 동일한 것이 아니다. 그것은 전가된 의(義) 류의 것이 아니다. 라이트는, 칭의가 종교개혁과 같은 일종의 법적 허구가 아니라고 주장한다. '의(義)'는 전가될 수 있는 어떤 것이 아니다.

> 우리가 법정의 언어를 사용한다면, 그것은 재판관이 원고나 피고든지 간에 그들에게 그의 의(義)를 전가하거나(impute), 나누어 주거나, 유언으로 증여하거나, 전달하거나 혹은 달리 말하면 옮긴다고(transfer) 말하는 어떤 것이든지 전혀 상식에 맞지 않는다. '의'는 법정을 가로지를 수 있는 한 객체(object), 물질(substance) 혹은 가스가 아니다.[235]

> 그러나 그 핵심은 법정의 전문 용어 내에서, '의로운'(righteous)이 의미하는 것이 이 두 사람에 대하여, 법정이 그들에게 유리하게 판결할 때, 그들이 갖는 그러한 지위(신분, status)를 의미한다. 그 이상도 그 이하도 아니다.[236]

라이트는 '의(義)의 전가'를 법정적 정황에서 사용하는 것을 **범주적 오류**(a category mistake)라고 주장한다.[237] 왜냐하면 그는 1세기 정황에서 그리고 그에게 있어 상식적

233 Piper, *The Future of Justification*, 54.
234 Wright, "New Perspectives on Paul," 252.
235 Wright, *What Saint Paul Really Said*, 98.
236 Wright, *What Saint Paul Really Said*, 98.
237 Wright, *What Saint Paul Really Said*, 98.

인 법정적 정황 안에서 '의(義)의 전가'는 상식 밖의 개념이라고 생각하기 때문이다. 라이트가 주장하는 칭의라는 법정적 사건은 법정적 비유와 하나님의 의(義)의 언약적 의미를 통합한 개념이다.[238] 라이트는 이 주장을 1세기 정황 아래서 해설한다. 하나님 께서는 재판관이시다. '하나님의 의(義)'는 하나님의 고유한 것으로 남게 되고, '백성의 의(義)'는 이방인 앞에서 신실하신 하나님의 선언으로 인해 얻은 '지위'(status) 안에 한정된다. 따라서 전자와 후자는 별개의 것이며 구별되는 두 가지 의(義)이다. 이 판결 혹은 선언의 과정에 있어 '의(義)'가 전가되는 것은 존재하지 않는다. 선언에서 남겨지는 것은 이미 하나님의 백성들에게 '너는 하나님의 백성이다'라는 선언의 사실과 그로부터 얻어진 지위(status)일뿐이다. 1세기 정황의 법정적 개념 안에서 '의(義)의 전가'는 엉뚱한 주장일 뿐이라는 것이다.

이렇듯 라이트의 칭의론의 법정적 성격은 언약적 정황 내에서 설명된다. 전자는 후자와 독립하여 존재하지 못하다.[239] 다시 강조하지만, 라이트의 칭의론은 언제나 '언약적'이라는 의미 안에 제한되고 축소된다. 후에 비평할 문제이지만, 라이트의 칭의의 가장 큰 문제점은 칭의를 '언약적'이라는 스스로 협소화시킨 의미 안에 제한하 는 데 있다. 라이트의 축소된 언약적 의미 안에 칭의론을 가둘 때, 칭의의 도덕적 성격과 전가되는 의(義) 개념은 부정되고 복음의 중요한 주제로서 칭의는 구원론으로 부터 배제되는 심각한 결과를 낳게 된다.

B. 라이트의 구원의 서정과 칭의 수정의 관계

a. 복음으로부터 배제된 라이트의 칭의

① 라이트의 복음 이해

라이트는 복음으로부터 칭의를 배제시키면서 복음 안에 있는 언약의 우주적 범주의 목적을 드러내고자 애쓴다. 그에게 언약 갱신은 창조된 질서의 교정으로 나타나고

---

[238] Wright, *What Saint Paul Really Said*, 98.
[239] Wright, *What Saint Paul Really Said*, 117.

전 우주적 새 창조로서 악을 처리하는 것이다.[240] 복음은 구원의 방법과 무관하게 십자가의 죽음과 부활하신 메시아이신 그리스도의 참되고 유일한 세상의 주되심을 선언하는 것이다.[241] 라이트의 복음은 그의 왕권 선언에 핵심이 놓여진다. 라이트에게 있어 복음의 중심은 십자가와 부활 사건이다. 왜냐하면 하나님께서는 십자가와 부활 사건 안에서 확고하게 악을 처리하셨기 때문이다.[242] 라이트는 개인적 악을 포함한 우주적인 악에 강조점을 둔다.[243] 라이트의 "복음의 거대한 주제는 예수님의 주되심과 생명과 세계를 변화시키는 취지의 이러한 메시지이다."[244] 복음은 구원의 방법이 아니며 복음이 단지 언약의 목적을 이루신 메시아의 우주적 왕과 주되심의 선포가 될 때, 복음의 개인적 구원의 측면이 축소되는 위험성이 있다.

그러나 나는, 진정한 요점이 비록 그러한 인간들을 위한 극히 중요하기는 해도, 인간 존재의 구원은 더 큰 목적의 부분이라고 믿는다. 그와의 교제에 있어 우리가 팔짱을 끼고 발을 올린 채 쉬도록 할 수 있기 위해서가 아니라 우리가 세상을 고치기 위한 그의 계획의 부분이 될 수 있도록 하기 위해, 하나님께서는 우리를 세상의 난파로부터 구조하시고 계시다. 우리는 하나님과 그의 목적의 주변의 궤도 안에 있지 그 반대에 있지 않다.[245]

라이트의 발언 중 "인간 존재의 구원은 더 큰 목적의 부분"이란 표현을 주목하라. 개인 구원은 그것 자체로 복음의 본질을 점하지 못한다. 라이트에게 개인 구원은 우주적인 "세상을 고치기 위한 그의 계획의 부분"일 뿐이다. 라이트의 가장 큰 문제는 복음의 우주적 측면을 주장하는데 있지 않고 개인의 구속을 복음의 본질로부터 배제시키려 하는데 있다. 따라서 복음이 '그리스도의 주되심에 대한 선포'가 될 때, 이러한 복음의 정의는 다음과 같은 의미를 함축하는 것이다.

---

[240] Wright, *Paul. In Fresh Perspective*, 32.
[241] N. T. Wright, "Paul in Different Perspectives: Lecture 1: Starting Points and Opening Reflections." at the Pastors Conference of Auburn Avenue Presbyterian Church, Monroe, Louisiana(January 3, 2005), http://ntwrightpage.com/Wright_Auburn_Paul.htm
[242] Wright, *What Saint Paul Really Said*, 52.
[243] Wright, 『악의 문제와 하나님의 정의』, 87.
[244] Venema, *Getting the Gospel Right*, 41.
[245] Wright, *Justification: God's Plan and Paul's Vision*, 24.

신약의 메시지를 논평하면서, 라이트는 그런 다음 창조된 질서가 또한 하나님의 구속 계획과 목적의 부분이라는 사실의 상실된 시아에 대해 현대 그리스도인들을 비평하는 데로 눈길을 돌린다. 라이트는 창조의 다시 고침이 복음의 중심에 있다고 주장한다. "새 창조"는 "하나님의 계획"의 정점이며 복음은 이러한 약속의 선언이어서 예수 그리스도의 죽음으로부터의 부활 안에서 계시된다. 복음 전도는 하나님의 왕국과 새 창조의 약속의 발표로서 재인식되어야 한다. **발생된 주되고 중심된 것은 새로운 그리스도인이 하나님과 혹은 그리스도와의 개인적 관계 안으로 들어갔다는 것이라는 어떤 주장은 피해져야 한다.**[246]

"새로운 그리스도인이 하나님과 혹은 그리스도와의 개인적 관계 안으로 들어갔다는 것이라는 어떤 주장은 피해져야 한다"는 라이트의 발언을 주시하라! 실제로 라이트는 이러한 복음관 아래 칭의의 주제를 복음으로터 배제시킨다. 라이트의 복음 이해는 복음, 성령, 믿음, 칭의의 상관관계를 분석할 때 파악될 수 있다. 라이트의 강조는, 복음이 "'믿음에 의한 칭의'를 말하지 않는다는 것이다."[247] 즉 칭의는 복음으로부터 배제된 주제라는 것이다. 라이트는 로마서 1:3-4을 복음의 내용 요약으로 보고 로마서 1:16-17을 복음의 결과(effect)로 해석한다.[248] 이러한 해석이 갖는 함의는 무엇인가? 1:16-17을 복음의 내용으로 보는 종교개혁의 관점과 달리 라이트의 관점은 로마서 1:3-4의 "예수 그리스도의 주되심"에 강조점이 있다. 그리고 1:16-17은 라이트의 칭의관으로서 모든 민족에게 차별이 없는 '언약 백성의 회원권 승인'의 내용으로 전락된다. 라이트는 복음으로부터 중요한 주제로서 칭의라는 주제가 배제된다. 그에 의하면, 복음은 "구원의 체계를 언급하고 있지 않다."[249]

또한 그는 모든 사람들에게 열려있는 구원의 방법이 지금 있다는 좋은 소식을 언급하고 있지 않고 나사렛의 십자가에 못 박히신 예수께서 죽은 자들로부터 일어나셨고 그것에 의해 이스라엘의 메시아요 세상의 진정한 주가 되셨다는 선포를 언급한다.[250]

---

246 Albert Mohler, "*Rethinking the Gospel?* ," *Ligonier ministries the teaching fellowship of R. C. Sproul*, http://www.ligonier.org/learn/articles/rethinking-gospel/, 2010년 7월 16일 검색.

247 Wright, *What Saint Paul Really Said*, 125-26.

248 Wright, *What Saint Paul Really Said*, 126.

249 Wright, "New Perspectives on Paul," 248.

250 Wright, "New Perspectives on Paul," 248-49.

라이트에게 있어, 복음은 구원받는 방법을 지시하지 않는다. 복음은 "예수 그리스도께서 주시라는 선포"일 뿐이다.[251] 라이트에 따르면, 복음은 "내 자신에 관한 어떤 진리가 아니라, 나의 구원에 대한 것조차 아니라, 메시아 자신이 바울의 복음의 중심"[252]이라는 것을 의미한다. 이러한 라이트의 복음관을 숙고해 볼 때, 앞에서 살폈듯이 칭의는 구원론에 관한 문제가 아니라 교회론에 관한 문제로서 구원론으로부터 배제된다. 그렇다면 복음은 구원에 있어 어떤 의미를 가지며, 어떤 의미로 칭의를 그것으로부터 배제시키는 것인가?

② 라이트의 구원의 서정 이해

라이트가 복음으로부터 칭의를 배제시키는 의미를 정확히 이해하기 위해서 우리는 라이트의 ordo salutis(구원의 서정)[253]를 살펴볼 필요가 있다. 칭의를 배제하는 라이트의 복음관은 그의 구원의 서정 해설에서 뚜렷이 표현된다. 그렇다면, 라이트는 그리스도인이 되는 문제를 어떻게 이해하고 있을까? 라이트에게 그리스도인이 되는 것은 칭의의 문제가 아니다. 파이퍼(John Piper)는 이점을 지적한다. "이에 대한 대답은 라이트의 칭의 교리 이해에 있어 칭의가 하나님의 회심 사역의 일부분이거나 또는 사람을 언약 백성의 일부분으로 만드시는 하나님의 행위가 아니라고 여긴다는 것이다."[254] 라이트는 파이퍼가 지적한 그 점을 강조한다. 그리고 그가 구원의 서정 문제에 있어 믿음을 다룰 때 논증하고자 애쓰는 것은 '회심'과 '칭의'를 공통 경계 안에서 분리시키는 것이다. 그는 회심과 칭의의 직접적인 관련성의 고리를 끊어내려 한다. 개혁신학은 회심과 칭의를 구분하지만, 회심 안에 믿음이 포함되고, 믿음은 용서와 용납의 칭의를 받는 도구적 원인으로 제시된다. 따라서 회심은 칭의와 끊을

---

251 Wright, *Paul in Different Perspectives*: Lecture 1.

252 Wright, *Paul in Different Perspectives*: Lecture 1.

253 라이트(N. T. Wright)는 구원의 서정을 시간적 순서로 이해하는 것으로 보인다. "나는 구원의 서정을 연대기적(chronological) 순서 안에서의, 인간 존재가 우상 숭배에 빠져 결과적으로 죄에 빠져 하나님의 백성의 공동체 밖에 있는 때로부터 이러한 동일한 이전의 죄인이 완전히 최종적으로 구원받는 때까지를 통하여 일어난 사건들의 한 줄로 늘어놓음을 언급한다고 이해한다."(Wright, "New Perspectives on Paul," 255.) 그러나 만일 라이트가 종교개혁이나 개혁주의 전통 안에 구원의 서정이 연대기적인 것이라고 이해했다면, 그의 구원의 서정 이해에 문제가 있다. 구원의 서정은, 객관적 구속이 개인에게 주관적으로 적용되는 논리적 순서이기 때문이다.

254 Piper, *The Future of Justification*, 93.

수 없는 구원론적 고리를 형성한다. 파이퍼에 따르면, 라이트는 "너무 긴밀하게 연결되어 한시적으로도 구별되지 않는 사건들로 구성"된 순서를 "예리 하게 구분하려" 한다.[255] 그러나 라이트에게 이 구원론적 고리가 회심과 칭의 사이에 부재하다.

이 점에 있어서 나는 함축적으로 적어도 16세기 이래로, "회심"과 "칭의"를 다소 공통 경계로 만드는 일반적인 경향과의 대화중에 있다. "회심"이 "하나님과의 인격적 관계의 성립"으로서 이해되고 칭의는 구약 성경에서처럼, 언약 안에 회원권에 관한 의미가 아니라 믿는 자와 하나님 사이에 이러한 인격적 관계의 의미를 가진, "관계적" 의미 안에서 이해될 때, 그것의 길로 가게 되는 하나의 경향이다.
나는 이미, 바울이 주로서 예수님의 복음이 공포되고 사람들이 그것을 믿고 그것의 요구에 순종하는 순간을 어떻게 이해했는지 묘사하였다. 바울은 이 순간에 대한 통상의 전문적인 용어를 가진다. 그리고 그것이 "칭의"도 아니고 "회심"도 아니다(비록 그가 때때로 후자를 차용할 수 있을 지라도). 문제의 단어는 "부르신다"(call)이다.[256]

그렇다면 이러한 분리 작업이 어떤 근거 위에 전개되는 것일까? 라이트는 그리스 도인이 되는 문제를 '믿음'의 문제에서 '부르심'(calling)의 문제로 전환한다. 라이트는 부르심과 복음 그리고 성령의 사역의 역학관계를 설명한다. 라이트에 따르면, 복음의 선포와 성령의 사역이 인간의 마음에 영향을 미칠 때, 이미 인간은 변화되어 믿음으로 반응한다. 그러나 이 믿음은 회심의 결과로 그리스도인이 이미 되었음을 나타내는 언약의 표지(badge)로 역할 한다.

요점은 칭의라는 단어가 그 자체로 그것에 의해 혹은 그것 안에서 사람이 불신, 우상 숭배 그리고 죄로부터 은혜에 의해 믿음, 진정한 예배 그리고 생명의 부활로 옮겨가는 과정이나 사건을 나타내지 않는다. 바울은 명확히 그리고 모호하지 않게 그것을 위하여 다른 단어, 부름심이라는 단어를 사용한다. 기독교의 오용의 세기들에도 불구하고, 그 단어는 바울에 의해 '부르심'(call) 이후에 즉각적으로(immediately) 발생하는 것을 나타내기 위해 사용 된다: "부르신 그들을 또한 의롭다 하시고"(롬

---

[255] Piper, *The Future of Justification*, 95.
[256] Wright, "New Perspectives on Paul," 255-56.

8:30). 달리 말하면 복음을 듣고 믿음 안에서 그것에 반응한 사람들은 그리고 나서 그의 백성, 그의 선택, 할례, 유대인, 하나님의 이스라엘이 된 것으로 하나님에 의해 선언된다. 그들은 δίκαιος, 즉, 언약 내에서 '의로운'의 지위를 받는다.[257]

믿음은 그리스도인이 되기 위해 칭의 받는 도구가 아니다. 부르심과 함께 각성된 믿음이 발생하며, 칭의는 이미 회심된 자에 대한 언약 회원 인정 즉, 속함의 선언일 뿐이다. 믿음은 용서와 용납을 받는, 즉 칭의를 받는 구원의 수단이 아니다. 예지에 기초한 하나님의 주도권을 성령께서 수행하시므로 선포된 말씀은 효과적인 작인(agent)이다. 따라서 복음에 대한 믿음, 즉 예수님을 부활하신 주님으로 믿는 복종은 직접적인 결과(a direct result)이다."[258] 이와 같이 믿음은 부르심을 통해 회심된 결과로서 나타난다. 라이트에게 은혜의 수단은 성령의 매개물로서 주시는 복음 선포일 뿐이다. 칭의가 구원의 방법의 문제가 아닐 때, 믿음은 더 이상 칭의를 받기 위한 구원의 도구적 원인이 아니다. 라이트의 체계에서 현재의 칭의는 종말의 칭의와 하나인 진정한 의미에서 유효한 것이 아니기에, 실상 회심이란 것은 구원의 가능성과 기회를 확보하는 의미에서 제시된다. 그리고 믿음은 구원의 가능성을 향해 나아갈 기회를 제공한다. 달리 말하면, 믿음은 공동체 울타리 안에 속한 자인 것을 표시하는 언약 회원권 표지의 의미로 전락된다. 믿음은 이미 언약 회원이 되었으니 하나님께 순종하며 살라는 요구에 대한 반응이기도 하다. 그런 의미에서 라이트는 백성들의 의(義)를 하나님의 의(義)와 구별하며, 그것을 백성들이 하나님을 향해 갖는 신실성으로 해석한다. 이러한 진술들은, 라이트가 종교개혁의 세례가 담당하는 역할을 믿음과 동일시하고 있음을 증거 한다. 라이트가 믿음의 용어를 사용할 때, 신뢰를 의미하는 믿음(faith)을 사용하지 않고, 신실성 안에서 순종이라는 포괄적인 행위를 함의하는 믿음(belief)을 사용하는 것은 이러한 이유에서 이다. 그에게 믿음은 언약 안에 들어 온 자들이 신실하게 하나님께 응답하는 순종적 신실함을 의미한다.

---

[257] Wright, *Paul: in Fresh Perspective*, 121-22.
[258] Wright, "New Perspectives on Paul," 257. Cf. Wright, "New Perspectives on Paul," 249.

그것은 구원에 이르는 방법에 대한 제안을 받아들이느냐 받아들이지 않느냐에 관한 것조차 아니다. 그것은 순복하고 순종하고 충성하라는 충성된 요구이다. 그리고 이러한 복종과 순종적 순복이 취하는 형식(the form)이 믿음이다. 이것은 바울이 믿음의 순종에 의해 의미한 것이다.[259]

라이트에 따르면, 믿음은 구원을 얻는 방법 혹은 도구가 아니라 복음 자체, 예수 그리스도의 주되심의 선포에 대한 순복이다. 즉 복음에 순복이 취하는 형식이 믿음인 것이다. 믿음은 예수님께서 주(主)이시며 하나님께서 그를 죽음으로부터 살리셨다는 것에 대한 믿음으로서 성령의 사역의 산물이다. 그것은 선포를 통해 나타나는 인과적 결과이다.[260] 라이트가 고린도 전서 12:3절의 "예수를 주시라"는 어구에 집착할 때, 한 사람이 그리스도인이 되는 것에 있어 믿음과 칭의의 역할이 복음으로부터 단절된다.[261] 즉 칭의는 "내가 어떻게 구원받는가"에 대한 것이 아니라 "내가 어떻게 하나님의 백성의 구성원으로 선언되는가"에 관한 것이 된다.[262] 달리 말하면, 칭의는 '이미 그리스도인이 된 자들'에 관한 선언이지 그리스도인을 만드는 개념이 아니다. 칭의는 라이트의 구원의 시간적 순서에 있어, 회심 이후에 일어나는 그 이전의 어떤 단계로부터 파생된 부분일 뿐이다. 이것을 보면, 왜 던(Dunn)이나 라이트가 '믿음'을 '언약 백성의 회원권 표지'(badges)로 정의하는지 이해하기 쉽다.

우리가 살펴 본 바에 대한 파이퍼(John Piper)의 평가는 다음과 같다.

...그렇다면, 라이트가 말하고 있듯이 칭의는 "부르심 이후에 즉시 발생하는 것이다." "하나님께서는 즉시 이것을 선언하신다."

이것이 그리스도인이 되게 만드는 사건에서 칭의 교리를 제거하려는 라이트의 열심을 더욱 현저하게 만든다. "칭의는 어떤 사람이 어떻게 그리스도인이 되는가에 대한 것"이 아니라는 말이다. 인과적으로 그리고 한시적으로 결코 분리될 수 없는 하나님의 부르심/믿음/칭의 사건을 날카롭게 구분하려는 라이트의 독특한 섬세함의 원인은 무엇인가? 매우 포괄적인 요점에 있어, 라이트는 이러한 미묘한 구별에 있어 그다지 사려 깊지 못하다. 여기에는 무언가 이상한 것이 걸려 있는 듯해 보인다.[263]

---

259 Wright, "New Perspectives on Paul," 249.
260 Wright, "New Perspectives on Paul," 249.
261 Wright, *Paul in Different Perspectives.* Lecture 1.
262 Wright, *Paul: In Fresh Perspective,* 122.

파이퍼가 위 인용문에서 지적하고자 하는 라이트의 '구원의 서정'의 문제점은 이것이다. 라이트는 구원의 서정에 대한 설명에 있어 칭의와 회심을 너무나 간소화하여 동일시하는 옛 관점을 반대 한다. 이것을 오용이라고 생각한다.[264] 라이트의 지적을 숙고할 때, 칭의와 회심이 구분되는 개념이기는 하지만, 라이트가 생각하는 것처럼 서로를 배제하는 개념이 아니라는 것을 명심해야 한다. 개혁신학에 있어 부르심에 의해 각성된 믿음은 용서와 용납을 통해 그리스도인이 되게 하는 칭의의 은혜와 불가 분리한 구원론적 범주 안에 관계성을 갖는다. **라이트가 가한 수정의 의도는 본질적으로 복음으로부터 칭의의 주제를 배제시켜 칭의를 구원론으로부터 분리시키려는 것이다.** 그의 견해를 따르면, 더 이상 복음은 칭의의 복음이 아니며 복음은 구원의 방법도 아니다. 칭의는 더 이상 용서와 용납을 받는 문제가 아니다.

이러한 라이트의 구원의 서정 구조는 또한 다음과 같은 문제를 일으킨다. 라이트의 입장에서 회원권 인정의 판결로서 칭의는 그것이 현재적인 것이든 미래적인 것이든 '변화'에 근거하게 된다. 라이트 따르면, 자신의 구원의 서정 구조로 인해 행위가 구원의 도구적 혹은 공로적 원인에 끼어들게 된다. 무엇보다 라이트의 믿음은 그 내부에 순종을 내포한 믿음이다.[265] 왜냐하면 그의 칭의는 이미 회심하고 그리스도인 된 자들의 믿음의 표지를 인해 의롭다 하시는 것이기 때문이다. 라이트에게 칭의와 성화라는 이중 은총의 구분은 사라지고, 구원은 오직 변화에 집중된다. 즉 라이트의 체계 안에서 칭의와 성화는 병합된다. 복음의 선포와 성령의 역사로 믿음이 발생할 때, 이미 누군가 그리스도인이 된다. 칭의는 회심 이후 속함(교회론)의 문제로 제기된다. 라이트의 칭의는 이미 의롭게 된 자를 의롭다 하시는 것이다.[266] 그의 칭의는 중생에 기초한다. 그의 칭의는 인간의 내재적 변화에 기초한다. 입슨(Philip H. Eveson)은 "라이트가 주장하는 것처럼 하나님께서 사람 내부에서 발생하는 변화의 증거를 보시기 때문에 사람을 의롭게 하신다는 것이 아니라는 사실을 강조하는 것은 대단히 중대한 일이다"라고 지적한다.[267] 라이트에 따르면, **칭의는**

---

263 Piper, *The Future of Justification,* 95.

264 Piper, *The Future of Justification,* 94.

265 Wright, *What Saint Paul Really Said,* 160.

266 Eveson, 218.

구원 사건이 아니라 구원 이후에 즉시 발생하는 차후의 과정이다.

b. 이스라엘의 추방으로부터 귀환을 위한 속죄

이장의 핵심은, 라이트가 그의 속죄론을 통해 어떻게 칭의에서 결정적인 역할을 하는 전가된 의(義)를 부인해 가는지를 이해하는 데 있다. 그리고 이 주제와 관련해 우리가 물어야 할 질문은 "라이트(N. T. Wright)가 제시한 속죄의 개념이 '오직 은혜'라는 슬로건에 부합하는가?"이다. 이를 위해 우리는 그의 속죄론이 대리 형벌 만족설(vicarious penal satisfaction theory)과 비교될 때, 어떤 의미를 갖는지 살펴야 하며, 특별히 '의(義)의 전가'와 관련된 그리스도의 능동적 순종과 수동적 순종을 인정하는지 혹은 그것을 부인하는지 살펴보아야 할 것이다. 요약하자면, 우리는, 그의 속죄론 안에 제시된 그리스도의 사역이 '오직 은혜'와 관련해 충족성을 가진 '공로적 원인'(meritorious cause)으로 제시되는가를 물어야 한다.

라이트는 세상 죄의 용서, 하나님의 진노의 화목, 우리 죄의 속죄가 그리스도의 죽음에 토대된다는 것을 인정한다. 그리고 그는 이 죄 용서의 기초를 로마서 3:25-26절에서 찾는다.[268] 라이트는 자신이 형벌 대리설을 부인한다는 비난에 대하여 이의를 제기하면서, 자신이 형벌 대리설을 지지한다는 증거를 제시하려 노력한다.[269] 그러나 그 내용을 살피면 그가 대리 형벌이라는 용어를 사용할 지라도 그가 주장하는 것이 대리 형벌 만족설인지 많은 의심이 든다. 그의 속죄론의 형태와 문제점은 다음과 같이 묘사될 수 있다.

첫째, 라이트의 속죄는 개개인의 죄에 대한 속죄라기보다는 그 강조점이 우주적 악에 놓여 있다. 라이트가 죄와 구속에 관한 개인적 차원을 부인하지는 않지만, 그에게 구속의 본질은 우주적이며 개인적 차원은 부차적인 것이다.[270] 이러한 라이트의 주장은 복음에 대한 설교와 사회적 정의 사이의 이분법적인 기독교에 대한 그의

---

267 Eveson, 218.

268 Piper, *The Future of Justification*, 46-47.

269 Wright, *Paul in Different Perspectives*, Lecture 1.

270 Wright, *Justification: God's Plan and Paul's Vision*, 24.

탄식이 반영되어있다.[271] 그는 복음의 전 지구적이며 사회적, 정치적 특징을 제기하기를 원한다. 그렇다면 이러한 라이트의 진술에 있어 무엇이 문제가 될까? 우리는 개인적인 차원의 구원을 라이트가 온당히 다루고 있는지 물어야 한다. 어떤 의미에서는 개인적인 차원의 구원의 의미들이 우주적 차원의 개념 아래 파묻혀 그 명확한 의미를 드러내지 못하고 가려지는 문제가 라이트에게서 발견된다. 파이퍼(John Piper)는 라이트가 우주적이고 정치적인 복음의 측면을 다룰 때, 그가 개인에 관한 죄 용서를 부정하지 않는다는 점을 인정한다. 그리고 분명히 라이트는 예수님의 주되심과 그의 죽음과 부활이 그 백성들의 구원과 연관됨을 인정한다. 그러나 문제는 개인적 구원이나 개인이 그리스도인으로 만들어지는 것이 복음의 내용이 아니라 단지 복음의 부차적인 결과들 가운데 하나로 구분된다는 데 있다. 복음 자체가 개인적 구원을 포함할 때, 복음은 진정한 복음이 되는 것이다.[272] 혼란은 여기에 있다. 라이트에게 있어 죽으시고 부활하신 그리스도께서 주님이시고 우리의 왕으로 통치하신다는 복음의 선언은, 왜 그리스도의 죽음과 부활이 한 죄인을 멸망에 이르지 않게 하는지에 대한 좋은 소식을 배제한다. 그런 의미에서 언제나 그는, 복음이 예수의 주되심에 대한 선포이지 개인이 구원받는 방법에 대한 소식이 아니라고 강조한다. 라이트의 관점에서 죄 용서의 이유는 구원의 방법으로서 제시되는 칭의의 복음 안에서가 아니라 우주적 악을 처리하는 언약의 목적 안에서 설명된다.

둘째, 라이트가 예수님께서 "죄를 정죄"하셨다고 주장한 것은 무엇을 의미하는 것일까? 우리는 그의 설명이 일반적 의미에서 "대리 형벌"을 의미하는 듯하지만, 정작 라이트의 진술을 살필 때, 그의 변명에도 불구하고 그의 속죄는 "대리 형벌"이 아니다. 오히려 라이트는 그리스도를 속죄를 위한 만인의 '대리자'로 표현하기 보다는 이스라엘의 소명을 완수할 이스라엘의 "대표자"[273]로 표현한다. 예수 그리스도께서는 아브라함과 맺은 언약의 성취를 위해, 언약적 소명에 실패하고 추방된 이스라엘을 대표하여 언약의 성취를 이루셨다. 선택받은 이스라엘의 소명은 세상의 빛과 산 위의 도시가 되어야 하는 것이었다.[274] 그러나 그들은 그들의 소명을 저버렸다. '대표

---

[271] Wright, 『악의 문제와 하나님의 정의』, 87.

[272] Piper, *The Future of Justification*, 46.

[273] Wright, 『악의 문제와 하나님의 정의』, 109.

자라고 할 때, 예수님께서는 일차적으로 소명에 실패한 이스라엘의 대표자인 것이다. 이방인의 언약적 축복은 이스라엘의 소명을 대표해 성취하신 그리스도로부터 흘러나온다. 이런 의미에서 그리스도께서 대표하심으로 해결하려 하셨던 것은 개인적인 차원의 '죄'가 아니라 이스라엘의 '추방'이었다. 더 넓은 의미로 이스라엘이 소명을 통해 해결했어야 할 피조 세계의 문제들 혹은 우주적인 악의 문제를 짊어지신 것이다.[275] 라이트는 "그들의 죄 때문에 죽으셨습니다"라는 의미를 "예수님께서 정치적 영역과 신학적 영역에서 이스라엘의 실패와 죄의 직접적인 결과들을 떠 안으셨습니다"[276]라는 말로 표현한다. 따라서 라이트에 따르면, 예수께서는 하나님의 백성이 소명을 이루는 데 실패한 직접적인 결과를 몸소 당하셨던 것이다.[277]

그렇다면 이와 같은 문맥 속에서 우리가 질문한 "죄를 정죄"함의 의미는 무엇인가? 제시된 속죄가 '대리 형벌'이기 위해서 우리는 두 가지를 전제해야 한다. 첫째는 인류의 죄가 그리스도에게 전가됨이 전제되어야 한다. 둘째, 전가 된 죄를 인해 무죄하신 예수 그리스도께서 실제적으로 하나님의 형벌을 담당하셔야 한다. 그러나 라이트의 속죄 안에서 우리는 이러한 개념을 발견할 수 없다. 라이트에게 있어 "죄를 정죄"했다는 표현이나 형벌적 요소가 존재한다는 말[278]의 의미는 개혁신학의 그것과 다르다. 라이트가 "하나님께서 예수님의 죽음 안에서 죄를 정죄했다"는 의미는 예수님을 정죄했다는 의미가 아니다. 라이트의 표현에는 의미의 큰 차이가 존재한다. 하나님께서 예수님 안에서 정죄한 것은 예수님 자신이 아니라 죄 자체이다.[279] 하나님께서는 죄를 정죄한 것이지 예수님께서 우리를 위해 대신하여 실제적 형벌을 받으신 것이 아니다. 그렇다면, 라이트에게 있어 하나님께서 예수님의 죽음 안에서 "죄를 정죄"하였다는 말은 무슨 의미를 갖는 것일까? 그것은 예수님의 형벌 당하심이 아니다. 그것은 악에 대한 하나님의 거부(No)이다.

---

274 Wright, 『악의 문제와 하나님의 정의』, 97.
275 Wright, 『악의 문제와 하나님의 정의』, 107.
276 Wright, 『악의 문제와 하나님의 정의』, 98.
277 Wright, 『악의 문제와 하나님의 정의』, 99.
278 Wright, 『악의 문제와 하나님의 정의』, 109.
279 Wright, 『악의 문제와 하나님의 정의』, 101. Cf. Wright, *Paul in Different Perspectives* Lecture 1; *What Saint Paul Really Said*, 174. "그것은 하나님의 정죄가 죄 자체에(upon sin itself) 집행되는 순간이다."

로마서 7:1-8:11에 기록된 극적인 진술에서 드러나듯이, 바울은 하나님이 예수님의 죽음 안에서 죄에 대해 유죄를 선언하셨고, 형벌을 선고하시고 집행하셨음을(8:3) 보았습니다. 이스라엘의 메시아로서 이스라엘을-그러므로 또한 온 세상을-대표할 수 있었고 또 실제로 대표하였던 예수님의 인격 안에서, 악에 대한 하나님의 철저한 거부(No)가 행동으로 나타난 것입니다.[280]

이미 우리가 주지하였듯이, 라이트에게 있어, 언약의 목적은 죄 혹은 악을 처리하는 것과 밀접한 관련을 갖고 있다. 따라서 그리스도의 속죄는 언약의 목적에 따라 심판과 약속이라는 양면성을 함께 포함한다. 그렇다면 심판은 무엇이고 약속은 무엇인가? 심판은 '악에 대한 철저한 거부'로 나타난다. 이 철저한 거부는 악에 대한 정죄와 악의 소진으로 귀결된다. 부활은 이러한 속죄의 즉각적인 결과로 나타난다.[281] 라이트 가 스스로 고백하듯이, 자신이 주장하는 속죄는 지금까지 알려진 속죄관 중에 구스타 프 아울렌(Gustaf Aulen)의 '승리자 그리스도'에 가장 가까운 것이다.[282] "죄를 정죄" 함 곧 죄를 철저히 거부함은 승리의 원인이 된다. 라이트의 속죄론을 신중히 검토한다 면, 어떻게 속죄의 유익들이 성취되었는가를 이해할 수 있다. 그가 말하는 속죄의 성격을 이해하게 되는 것이다. 십자가 사건은 악과의 전면 대결을 의미한다.[283] 예수님 의 죽음은 모든 형태의 악이 집결되는 장소였다. 복음서의 그리스도의 수난 사건들은 정치적인 권력 투쟁의 모습으로 그리고 그것 배후에 창조 세계를 파괴하려 계속 시도하는 힘들을 통해 채워진다. 라이트의 표현을 빌자면, 십자가 사건 안에서 악이 바닥을 치는 것이다.[284]

그렇다면 이렇게 바닥을 치는 악이 예수님의 죽음의 사건 안에 집결할 때, 그리스 도께서 이루신 승리의 방법 그리고 그 의미는 무엇인가? 그것은 사랑과 용서라는 말로 요약된다. 그리스도의 승리는 사랑과 용서를 통한 것이었다. 즉, 그리스도께서 는 악을 짊어지시고 자신에게 집결하는 정치적 악과 그 배후의 어두운 능력들에

---

280 Wright, 『악의 문제와 하나님의 정의』, 101.
281 Wright, 『악의 문제와 하나님의 정의』, 101.
282 Wright, 『악의 문제와 하나님의 정의』, 109.
283 Wright, 『악의 문제와 하나님의 정의』, 102.
284 Wright, 『악의 문제와 하나님의 정의』, 93-94.

대해 동일한 형태로 맞서지 않으셨다. 예수께 가해지는 모든 악의 공격들을 사랑과 용서로 대처하셨다. 이러한 진술들은 매우 정치적인 관점에서 다루어지고 있다. 승리는 하늘에서 불을 내려 압제자들과 핍박자들과 죄인들을 심판하시는 것에 있지 않고, "아버지여, 저들을 용서하시옵소서"(눅 23:34)라는 기도에 연결된다.[285] 이러한 악에 대한 승리는 이스라엘의 소명이 목표한 그것을 성취한 것이다. 죄의 용서는 이러한 악의 세력의 소진으로 말미암은 해방의 의미에서 제시된다.

이제까지 살핀 바대로, 우리는 라이트의 속죄가 대리 형벌 만족설과는 이질적인 개념임을 이해하게 되었다. 라이트의 속죄에 있어 '대리 형벌'은 의미 없는 단어가 되고, '의(義)의 전가'는 설 자리를 잃는다. 이러한 결론을 통해 우리가 우려하는 것은 라이트의 속죄가 받아들여 질 때, 칭의의 근거로서 속죄에 대한 심각한 수정이 가해지며, 종교개혁의 칭의와 속죄의 관계는 거의 자취를 감추게 된다는 것이다.

c. 라이트의 칭의에 있어 행위의 역할

(1) 행위에 기초한 최종 칭의

우리가 앞에서 살펴본 칭의의 정의와 성격 그리고 칭의의 근거로서 속죄와 믿음의 의미들은 라이트의 칭의론에 있어 그 행위가 갖는 위치와 역할을 파악하는 데 필수적인 배경이 된다. 이제 우리는 칭의론에 관한 그의 신학적 배경에 근거해 그가 주장하는 '행위'가 조건성(conditionality)에 있어 어떤 성격으로 제시되는지를 살펴보아야 할 것이다. 그렇다면 라이트는 칭의의 근거를 어떻게 이해하였으며, 또 이 주제와 관련해 행위를 어떤 방향에서 제시하고 있는가?

앞에서 보았듯이 라이트에게 있어 칭의는 이중 칭의(dual justification)로서 제시된다. 즉 미래의 마지막 법정의 장면에서 재판장이신 하나님께서는 우리가 행한 행위, 즉 우리가 성령에 이끌리어 살아왔던 **삶을 '따라서'** 혹은 '**기초로**' 우리에게 유리한 판정을 행하실 것이다. 그리고 현재의 평결은 미래와의 관계성을 가지고 전개된다. 즉, 현재 칭의는 예수님을 믿는 **믿음을 '따라서'** 혹은 '**기초로**' 미래의 평결을 내다보는

---

285 Wright, 『악의 문제와 하나님의 정의』, 113.

식으로 선언된다. 현재 칭의는 미래 칭의의 예견 안에 선언되는 것이다.

우리가 주목할 것은 삶을 '기초로'와 믿음을 '기초로'이다. 앞에서 본 것처럼, 라이트는 로마서 2장을 행위에 기초한 최후 심판으로 해석한다.[286] 라이트는 그의 최종 심판의 공로성 문제가 제기될 때, 그는, 성령론의 강조를 통해 그의 구원관이 공로신학적이라는 혐의를 벗어내려 한다. 라이트에 의하면, 신자의 행위는 율법주의를 의미하지 않고 "믿음을 통해 성령으로 말미암아 생산된 우리 삶의 순종을 의미하는 것"[287]이다(롬 2:13; 8:3-4). 그 순종은 1세기 유대주의 언어로 표현하자면, "마지막 날에 변호를 받을 사람들이 그 마음과 삶에 하나님의 율법과 토라를 새겨 넣게 될 사람들"[288]에 속한 다는 의미이다. 그러나 라이트가 공로신학의 혐의를 벗어내기 위해서는 더 많은 설명을 해야 할 것이다.

무엇보다 결정적인 표현의 모호함이 '기초로'와 '따라서'라는 표현에서 발견된다. 위에서 언급한 칭의의 정의에 있어 '행위에 따른(according to)' 혹은 '행위에 기초한(on the basis of)'에 주의를 집중할 필요가 있다. 왜냐하면 라이트는 '따라서'(according to)를 때때로 '기초하여'(on the basis of)와 동의어로 사용하기 때문이다. 파이퍼(John Piper)도 이 점을 지적한다. 파이퍼는 이러한 결정적 단서를 로마서 2:13절에 대한 라이트의 언급에서 발견한다. 그는 이 본문에서 다른 곳에서의 표현과는 달리 '행위에 따른'이란 표현을 사용하고 있기 때문이다.[289] 그는, 그것이 행위에 **따른**(according to) 것이라고 표현한다. 또한 그는 다른 곳에서 '행위에 기초한'을 사용하고 있다.[290] 그러나 '기초한'이란 말은 '토대'라는 표현으로 해석될 수 있기 때문에 문제가 된다. 라이트는 '기초한'과 '따른' 사이에 존재하는 중대하고 미묘한 차이에 대해서 어떤 설명이나 해명 없이 상호 교환할 수 있는 단어처럼 사용하고 있다.[291] 우리는 '행위에 따른'이란 표현이 칭의의 근거나 토대가 아닌 "우리 믿음의

---

[286] Wright, "New Perspectives on Paul," 253, 260.

[287] Piper, *The Future of Justification*, 104.

[288] Wright, *What Saint Paul Really Said*, 126-27.

[289] Piper, *The Future Justification*, 117.

[290] Wright, "New Perspectives on Paul," 260. "It occurs in the future, as we have seen, *on the basis of* the entire life a person has led in the power of the Spirit-that is, It occurs *on basis of 'works'* in Paul's redefined sense."

[291] Piper, *The Future Justification*, 118.

증거와 확증으로서 순종의 필요성"[292]을 나타내는 것이라면 그것을 수용할 수 있다. 파이퍼는 이러한 의미의 행위의 필요성을 그리고 그것과 최종 심판의 관련성을 역사적 신앙 고백들과 개혁주의 신앙 고백들 안에서 확인한다.[293] 그러나 문제는 그것이 '근거'와 '토대'로 고백될 때 문제가 되는 것이다. 그렇다면, '행위에 기초한'이란 라이트의 진술이 공로신학적 차원에서 사용된 것이라고 확신하게 만드는 근거들은 무엇일까? 그것은 '속죄'는 인정하지만, '전가되는 의(義)'를 부인하는 라이트의 견해에 있고, 전가의 공석(空席)을 메우는 성령과 협력하는 인간의 행위와의 역학 관계에 있다.

(2) 전가되는 의(義)에 대한 라이트의 부정

라이트(N. T. Wright)가 우리를 혼돈하게 만드는 것은, 그가 때때로 '행위에 기초한,' '행위에 따른'을 '믿음의 진정성 표'의 의미처럼 제시한다는 것에 있다. 라이트에게 마지막 칭의가 은혜로운 것처럼 보이는 두 가지 토대가 제시되기 때문이다. 그 두 가지 토대는 예수님 안에서 '죄의 정죄'와 '성령의 역사하심'이다. 그는 속죄를 언급하고 성령의 역사를 강조한다. 이것은 신자에게 죄 정죄함이 없는 이유가 되고 토대가 된다(롬 8:1). 그러나 마지막 칭의에서 이 두 토대가 어떻게 역할 하는지에 대해 그의 설명은 모호하다.[294]

그의 속죄론 해설은 '의(義)의 전가 교리'와 거리가 멀다. 그의 속죄는 '대리 형벌 만족설'과 매우 이질적인 것이다. 우리는 라이트가 '의(義)의 전가'에 대하여 어떻게 진술하는지 주목해야 한다. 파이퍼(John Piper)는 라이트가 마치 똑같은 대상을 다른 방식으로 말하고 있는 것처럼 논증해 간다고 지적한다. 전가 교리에 있어 라이트는 최대한 공통적인 근거를 찾으려 노력한다는 것이다.[295]

여기에서 우리는 복음의 위대한 진리들 가운데 하나에 이른다. 그것은 예수 그리스도의 성취가 '그 안에 있는 모든 사람들에게 간주된다는 것이다. 이것은 '전가된 의(義)'를 통하여

---

[292] Piper, *The Future Justification*, 110-11.
[293] Piper, *The Future Justification*, 111-15.
[294] Piper, *The Future Justification*, 121.
[295] Piper, *The Future Justification*, 121.

개혁주의 전통 내에서 표현된 진리이다. 그것은 종종 도덕법을 성취하시고 그래서 그의 모든 백성과 공유될 수 있는 '의로운' 지위를 획득하신 예수 그리스도를 인해 제시된다...나는 이것을 본질적으로 잘못된 방식으로 올바른 것을 이야기하는 것으로 간주한다.[296]

어떤 면에서 그는 '전가되는 의(義)'를 인정하는 것처럼 말한다. 라이트는 개혁주의 전가 교리가 동일한 대상을 말하고 있으면서도 잘못된 방식으로 설명하고 있다고 비평한다. 라이트에 따르면, 첫째 실수는, 종교개혁이 그리스도 안에서 우리의 것으로 간주된다는 의미를 포괄적 의미에서 iustitia의 범주에 너무 강조적으로 연결시켰다는 점이다. 둘째 실수는 바울에게서 반복되는 메시아의 죽음과 부활에의 참여라는 주제에 대한 과소평가이다. 마지막은 전 창조에 대한 하나님의 계획에 관한 더 큰 지도 위에서 바울의 구원론 자체를 위치시키는 데 실패한 것이다. 라이트에 따르면, 이러한 실수들은 '하나님의 의(義)'를 하나님 자신의 의(義)로 보아야 한다는 강조를 놓친 것에 기인한다. 라이트는 하나님의 의(義)를 하나님 자신의 것으로 돌리므로 모든 것을 올바로 위치시킬 수 있다고 생각한다.[297] 그런 의미에서 라이트에게 '하나님의 의(義)'는 하나님의 의(義)일 뿐이며, 예수 그리스도 안에서 성취되어 우리의 것으로 여겨지는 것은 '언약 백성의 회원권'일 뿐이다. 그는 '우리의 것으로 간주되는 것'이 '하나님의 의(義)'와 동일한, 즉 전가되는 것임을 철저히 부인한다. 하나님의 의(義)와 백성의 의(義)는 철저히 다른 것이다.

라이트에게 있어 '전가되는 의(義)'가 부인될 때, 그가 말하는 '예수 안에서 우리의 것으로 간주되는 것'은 그리스도와의 연합에 대한 강조 안에서 주어진다. 그리스도에게 연합할 때 '우리의 것'이 된다는 의미는 무엇인가?

하나님께서 그에게 약속하신 아브라함의 진정한 가족, 유일한 '씨'는, 메시아 안에서 요약된다. 정확하게 그의 메시아로서 역할은 특히 하나님의 백성 전체의 정체성을 결합시켜서 그에게 진실인 것이 그들에게도 진실이 되게 하는 것이다. 그리고 그 반대도 그러하다. 여기서 우리는 복음의 위대한 진리들 가운데 하나에 이른다. 그것은 예수 그리스도의

---

[296] Wright, *Paul in Different Perspectives*. Lecture 1.
[297] Wright, *Paul in Different Perspectives*. Lecture 1.

성취는 '그 안에' 있는 모든 사람들에게 간주된다는 것이다. 이것은 '전가된 의(義)'를 통하여 개혁주의 전통 내에서 표현된 진리이다.[298]

그러나 이 정도의 설명으로 개혁주의와 라이트가 공통적인 근거를 갖는다고 말하기에는 부족함이 있다. 더 설명이 필요하다. 라이트에게 백성들의 의(義)는 언약 회원권 지위를 의미할 뿐이다. 이 신분은 믿음을 통한 그리스도의 연합으로 인해 전가되는 의(義)에 토대하지 않는다. 이 신분은 평결 자체에 강조점을 둔다. 파이퍼는 전가에 관한 라이트의 개념을 개혁주의의 그것과 비교한다. 개혁주의는 (1) 한 사람은 오직 믿음으로 그리스도와 연합 안에 있다. 이러한 연합 안에서 (2) 신자는 진노를 받아낸 죽음, 성부에 대한 그의 완전한 순종 그리고 그의 옹호를 확보하는 부활 안에서 그리스도와 동일시된다. 이 모든 것들은 그리스도 안에서 신자에게 간주, 즉, 전가된다. 이러한 기초 위에서, (3) '죽은,' '의로운,' '부활한' 신자들이 용납되고 마지막 변호를 확신케 되며 하나님과 영원한 교제를 누리게 된다.[299] 그렇다면 라이트와 파이퍼가 제시한 개혁주의의 차이는 무엇인가? 파이퍼는 라이트의 체계에서 "성부에 대한 그의 완전한 순종"이 "행방불명"되었다고 지적한다.[300] 라이트는 속죄에 있어 과거의 죄를 다루고 그것에 대한 용서까지는 다룬다. 물론 개혁주의의 그것과 다른 의미에서 그렇게 한다. 이것을 제쳐 두고서라도 라이트에게 가장 큰 문제점은, 도덕적 통치의 원리 안에서 하나님의 주권이 행사될 때 요구되는 율법의 요구의 성취가 그의 속죄론에서 배제된다는 것이다. 이러한 배제는 그리스도의 완전한 순종 혹은 능동적 순종에 대한 "행방불명"으로 나타난다. 옛 신학자 뷰케넌(James Buchanan)은 이 주제가 갖는 중요성을 언급한다.

> 만일 칭의가 단순히 과거의 죄의 형벌을 받지 않게 해 주는 보상의 행위였다면, 그리고 하나님의 정의의 만족과 그의 의로운 율법의 요구와 관계없이 선포되어진 것이라면, 칭의는 아마도 하나님의 도덕적 통치의 원리들을 뛰어넘는 자비의 주권적인 행사로 간주되어질 것이다.[301]

---

[298] Wright, *Paul in Different Perspectives*. Lecture 1.
[299] Piper, *The Future Justification*, 124-25.
[300] Piper, *The Future Justification*, 125.

언제나 구원은 죄에 대한 형벌만 아니라 율법의 요구에 대한 성취를 전제한다. 그것은 은혜 언약에 있어서도 동일하다. 다만 그것이 하나님의 의(義)냐 나의 것이냐가 중요할 뿐이다. 우리가 구원받는 것은 예수님께서 완전한 순종으로 이루신 '그리스도의 의(義)'를 전가 받음으로 가능해진 것이다. 하나님의 속죄와 대속은 오직 은혜 안에서도 그 도덕적 정당성의 중요성을 절하하지 않는다. 이와 같이 율법의 요구에 대한 성취로서 자신의 의(義)를 신자에게 전가하시는 하나님의 의(義) 개념은 하나님의 도덕적 통치 원리에 있어 중요할 뿐만 아니라 그것이 오직 은혜로 칭의 받는 데 있어 은혜의 유효성의 근거를 형성한다는 데 있어서도 중요하다.

그리스도의 능동적 순종이 칭의의 근거에서 배제될 때, "새로운 지위의 전가"는 "새로운 본성의 분배와 병합"되게 된다.[302] 율법의 요구를 성취하심으로 의롭게 됨의 근거를 마련하신 그리스도의 사역의 빈자리를 무엇이 대체할지 우리는 주목해야 한다. 최종 칭의에 있어 성령에 이끌린 삶 전체에 따른 혹은 기초한 판결에 있어 그것이 '전가된 의(義)'를 배제한다면, 최종 칭의에서 긍정적 판결의 근거는 무엇인가? 분명 라이트는 율법의 요구에 대한 도덕적 성취로서 그리스도의 '의(義)'의 전가하심을 부인한다. 그렇다면 최종 칭의의 근거로서 남는 것은 '성령의 역사'와 '신자의 삶'이다. 결국 최종 칭의는 성령을 따라 일어난 신자의 행위의 질에 따라 판결되는 것이 된다. 이렇게 되면, 최종 칭의는 신자의 변화에 기초한 판결이 된다. 이 지점에서 칭의와 성화는 병합되고, '남은 죄'로 인해 불완전한 성도의 선행이 구원의 도구적 원인과 공로적 원인이 되고 만다.

라이트가 신자의 삶을 '그리스도 안에 있는 증거' 혹은 '표지'로서 말하며 정죄함 없음의 근거를 그리스도의 죽음과 성령에 이끌린 우리의 삶 전체에 따른 것이라 주장할 지라도, 그 안에 전가된 의(義)가 부인될 때, 최종적 구원의 원인은 행위에 놓이게 된다. 그리스도와의 연합은 이중 은총을 제공하지만 개혁주의는 칭의의 근거로서 성화의 열매, 즉 성도의 행위를 철저히 배제한다. 파이퍼도 이 점을 지적한다.

---

[301] James Buchanan, 『칭의 교리의 진수』, 신호섭 역 (서울: 지평서원, 2002), 256-57.
[302] Piper, *The Future Justification*, 126.

우리의 칭의를 위한 이러한 실제적인 완전한 순종으로서의 근거의 부재는 성령의 도우심을 받지만 여전히 불완전한 우리의 순종이 예수의 속죄적 죽음과 함께 토대 혹은 근거 또는 기초의 부분으로 채워져야 하는 것처럼 보이는 진공상태로 귀결된다.[303]

이중 칭의 안에서 의(義)의 전가를 부인하며 성도의 행위를 구원의 원인으로 끌어들이는 라이트의 구원관은 로마 카톨릭과 유사해 보인다. 양자 모두가 본질적으로 성도가 은혜와 협력하여 최종 칭의에 이른다는 점에서 닮아 있기 때문이다.[304] 양자 모두가 *gratia*(은혜)는 말하지만 *sola gratia*(오직 은혜)에 대해서는 침묵한다.

(3) 성화에서 간과된 성도의 남은 죄

개혁신학에 있어 죄인으로서 인간에 대한 지식이 칭의의 전제임을 보게 된다. 칭의는 정죄라는 법정적 문제에 대한 해결책이다. 복음은 이러한 법정적 측면의 구원을 제시한다. 그러나 라이트(N. T. Wright)는 이러한 인간론을 결여한 듯 보인다. 죄에 대한 인식은 칭의의 은혜를 더욱 필연적인 것으로 만든다. 그러나 칭의를 다룸에 있어, 라이트는 중생자 안에 '남은 죄'의 문제를 심각하게 다루지 않는다. 입슨(Philip Eveson)은, 라이트와 던(James Dunn)이, "바울이 그리스도에 대한 신앙 이전에 율법 아래에서 고뇌하던 양심으로 살았다는 사실을 거부"하는 스텐달(Krister Stendahl)을 따르고 있다고 지적한다.[305] 스텐달은 1963년에 발표된 논문에서, 종교개혁, 특히 루터의 신학에 있어 죄와 칭의의 관계를 논박하였다. 그는, 루터의 죄의식이 성경의 개념이 아니라, "죄 의식적 양심이라는 서방 교회의 선입관을 바울에게 거꾸로 삽입한 것"이라 비평한다.[306] 라이트가 스텐달의 견해를 따를 때 어떤 일이 벌어지는가? 그들은 구원론에 있어 법정적 칭의의 필요성의 이유인 '정죄'를 제거하려 한다. 다시 말하지만, 칭의는 정죄에 대한 대안이다. 의롭게 여김을 받을 필요는 정죄 때문에 일어난다. 칭의는 용서와 용납의 은혜를 지칭하며, 칭의는 철저히 공의를

---

[303] Piper, *The Future Justification,* 128.

[304] *Justification, Report of the Committee to Study the Doctrine of Justification,* by the Seventy-third General Assembly of the Orthodoxy Presbyterian Church, 53.

[305] Eveson, 203.

[306] Eveson, 203-204.

만족시킨 그리스도의 속죄를 통해 마련된 것이다. 불의를 저지른 우리에게 의(義)가 필요하다. 타락한 인간은 스스로 의(義)를 얻지 못하므로 그리스도의 의(義)를 전가 받아 의롭게 된다. 그러나 이러한 칭의가 부인되는 데는 두 가지 이유가 있다. 그것은 죄를 가벼이 여기거나 하나님의 공의의 성품을 간과할 때 발생한다.

실제로 라이트는 성경의 속죄의 필요성을 '이스라엘의 추방'에 한정하고, 속죄를 필요로 하는 이스라엘의 소명 실패를 '민족적 특권 의식'으로 제한한다. 그들의 죄는 도덕적 문제가 아니라 민족성 배타성으로 이해된다. 속죄는 이스라엘의 추방으로부터 복귀를 의미한다. 더욱이 그의 속죄가 우주적 차원의 구속에 너무 치중할 때, 개인적이고 도덕적인 죄의 심각성은 그만큼 경감되는 것이다. 그는 개인적 죄의 심각성에 대해 침묵하면서, 행위에 토대한 칭의가 성령의 사역에 대한 강조로 인해 공로주의를 벗어날 수 있다고 생각한다. 그는 성령론에 대한 강조 안에서 신자의 불완전성을 간과한다. 은혜와 협력하여 구원에 이를 만큼 낙관적인 신자의 상태, 이것이 그의 신학의 기저(基底)에 깔려있다.[307]

라이트의 로마서 2장 해석에 따른 최종 심판의 엄중성과 로마서 8장에서의 매우 낙관적인 인간론은 모호한 확신으로 독자들을 이끄는 것 같다. 라이트의 신학 체계를 고려할 때, 사실 이 둘은 모순된 것이다. 하나는 협력에 실패하여 하나님 백성으로부터 영원히 추방 받을 수 있다는 엄중한 경고와 다른 하나는 협력에 성공하여 최종적인 인정과 판결을 받는다는 소망이다. 구원이 인간 협력의 성공과 실패의 가능성에 열려 있을 때, 구원에 대한 확신이나 낙관은 모순적인 것이다. 라이트의 최종 칭의가 신인협력설이 분명하다면, 구원은 가보아야 아는 것이 되고, 미래는 몹시도 불안한 어떤 것이 된다. 그러나 라이트에게 성도의 미래는 심판에 따른 것이면서 동시에 어떤 낙관(樂觀)의 여지를 남긴다.

> 나는 그들의 종교개혁의 유산을 가장 많이 의식하는 어떤 사람들이 행위에 따른 미래 심판에 대한 바울의 명확한 언급을 피하려는 방식에 의해 유혹을 받는다. 데살로니가 서신과 빌립보서 안에서 그는 그리스도의 공로와 죽음에 기초하거나 그가 단순히 그 자신을 심판관의

---

[307] 우리는, 슈라이너(Thomas Schreiner)가 인간의 율법 성취에 대한 무능성을 가르친 사실을 주시할 필요가 있다. cf. Thomas R. Schreiner, "Paul and Perfect Obedience to the Law: An Evaluation of the View of E. P. Sanders," 279.

자비에 내 던지었기 때문이 아니라 그의 사도적 사역에 기초하여 심판의 다가오는 날을 향해 앞서 내다보며 호의적인 판결을 바라보았다는 점이 종종 충분히 주목되지 않는다.[308]

라이트에게 도래할 엄중한 행위 심판의 실재에도 불구하고, 낙관할 수 있는 근거는 '성령'의 이끄심에 있다.[309] 최종 심판의 가능성을 상쇄시키는 것은 성령론에 대한 강조이며 성도의 협력에 대한 낙관적인 견해이다. 라이트에 따르면, 인간의 행위는 성령의 이끄심으로 인해 낙관적이다. 심지어 심판을 피할 수 있을 만큼 말이다.

> 그는, 도덕적이며 육체적 노력에 의해 현재 그가 행한 것들이 마지막 날에 그의 명예로 계수될 것이다. 그것은 정확히 그것들이, 살아계신 그리스도의 성령께서 그 안에 일하시고 계신다는 유효적 표지(effective sign)이기 때문이다.[310]

그러나 이와 같은 이중적인 진술 사이에 존재하는 긴장에 대한 라이트의 해결책은 정당해 보이지 않는다. 라이트의 진술 안에 '남은 죄'에 대한 영향력은 그리 심각하게 다루어지지 않는 듯하다. 성령의 이끄심이 존재하기에 인간의 협력은 최종 칭의의 원인이 될 수 있다고 라이트는 생각하는 것이다. 라이트에게 타락은 개혁신학의 입장보다 좀 더 긍정적인 것으로 보인다. 최종 심판을 다룸에 있어, 성령과의 협력에 실패할 수 있는 가능성과 성령의 이끄심으로 인한 인간 협력의 낙관적 기대 사이에 '남은 죄'의 문제에 대한 심각한 성찰이 라이트에게서 보이지 않는다. '남은 죄'의 문제를 간과한 채 '성령에 이끌린 삶에 기초한 최종 칭의' 개념은 성도의 행위를 구원의 원인으로 끌어들이는 공로신학의 혐의를 벗어 낼 수 없다.

결론적 요약

이 장을 통하여 언약적 율법주의를 태동시킨 샌더스와 이를 비평적으로 수용한

---

308 Wright, "New Perspectives on Paul," 254.
309 Wright, "New Perspectives on Paul," 254.
310 Wright, "New Perspectives on Paul," 254.

던과 라이트를 살펴보았다. 이들은 바울과 유대주의 간의 연속성에 관하여 다소 차이점을 보이지만, 신자가 믿음으로 들어가 율법 준수를 통해 언약 회원권을 유지하고 구원에 이르는 구원 체계는 동일하다. 던과 라이트는 '율법의 행위'와 '하나님의 의(義)'를 재정의하여 바울과 유대인 간에 불연속성을 제거하였다. 그리고 이들은 이중 칭의 안에서 행위에 토대한 최종 칭의를 제시하기에 이른다. 이들은, 바울이 유대주의의 율법주의와 논쟁하였다는 전제 아래 이신칭의(以信稱義)를 주장한 종교개혁을 반대하고, 율법에 대한 순종으로 머물며 최종 구원에 이르는 반(半)-펠라기우스주의적인 언약적 율법주의를 은혜의 종교로 간주한다. 따라서 그들이 은혜의 종교로 주장한 언약적 율법주의는 엄밀히 넓은 의미의 율법주의인 것이다. 이 체계 안에서 그들은 *gratia*(은혜)는 주장하지만, 분명 *sola gratia*(오직 은혜)는 부정한다. 그러므로 언약적 율법주의는 종교개혁자들과 논쟁했던 로마 카톨릭과 동일한 반(半)-펠라기우스주의적 율법주의인 것이다.

제3장
은혜언약의 조건성과
은혜의 유효성에 대한 교리적 진술

앞에서 우리는, 세 명의 새 관점 학자들의 조건성(conditionality)이 반(半)-펠라기우스주의적 율법주의 성향을 지녔음을 확인하였다. 따라서 이제 이들의 신학에 함축된 조건성(conditionality)의 성격이 개혁주의 진영의 진술들과 비교될 필요가 있다. 이 장에서 다루고자 하는 주제는 바로 이와 관련된 것으로, 개혁신학이 은혜 언약의 조건성을 어떻게 다루었는지에 관한 것이다. 그러므로 이 장에서 우리는, 은혜 언약의 조건성, 조건성과 '오직 은혜'의 관계, 조건성과 구원의 서정에 있어 칭의론의 관계 등을 살펴 볼 것이다.

1. 은혜 언약의 조건성에 관한 연속성 이슈

새 관점과 개혁주의 입장의 비교를 위해 이 논문의 논지와 관련하여 우리는 역사신학적 접근을 시도할 필요가 있다. 우리가 주목할 사실은, 라이트(N. T. Wright)에게 있어 언약이란 것이 그의 칭의론을 지배하는 정황과 전제가 되듯이, 개혁주의 안에 언약신학이 그들의 신학체계에 있어 중대한 역할을 감당한다는 것이다. 라이트가 언약을 강조하듯, 개혁신학 또한 언약을 강조한다. 골딩(Peter Golding)은 그의 책, *Covenant Theology: The Key of Theology in Reformed Thought and Tradition*에서 언약신학의 중요성을 강조한다. 그에 따르면, 언약은 "신학의 열쇠"이다. 언약이란 용어 자체가 성경적인 것이며, 특별히 우리는 구원의 신적 계획(provision)을 언약적 형태 안에서 파악한다.[1] 구원론은 언약구조를 통해 더욱 풍요롭고 정확하게 해석된다. 따라서 패커(J.I. Packer)는 "언약신학은...오늘날 해석학으로 불러지는 것이다"[2]고 주장한다. 그리고 언약신학은 구원의 계획의 근본적인 통일성을 나타내는 방법으로 사용된다. 골딩이 언약의 중요성과 구원 역사에서의 역할을 논하며 주장하고자 했던 바는, 바로 이러한 언약 사상이 성경의 중대한 개념이며 이 개념이 개혁주의 토양 아래 발전했다는 것이다.[3] 이런 의미로 게할더스 보스(Geerhardus Vos)는, 개혁신학 은 "언약신학"이라고까지 언급한다.[4]

이렇듯 양 진영이 언약을 신학의 열쇠와 틀로서 취급하기 때문에, 언약 이해의 비교 안에서 조건성 개념과 칭의의 관계를 살피는 것은 의미 있는 일이다. 그런데 라이트와 개혁주의 언약신학이 비교되려면, 개혁주의 언약신학이라는 것이 연속성과 일관성을 지닌 신학이어야 할 것이다. 개혁주의 언약신학이 공통된 신학 줄기와 뿌리를 성경과 역사신학 안에 둘 수 없는 임의적인 견해에 불과하다면 라이트와의 비교 자체가 불가능하게 될 것이다. 물론 개혁주의 신학 안에 일관된 신학적 연속성은 발전의 개념을 배제하지는 않는다. 또한 필자는 언약신학의 다양성은 발전의 개념 안에서 고려되어야 한다고 생각한다. 따라서 라이트와 개혁주의 언약신학을 비교하기 위하여 우리는 언약신학과 칼빈(John Calvin)의 관계성 안에서 언약의 연속성 문제를 두고 제기된 신학 이슈를 살펴볼 필요성을 느낀다. 이 이슈는 이 논문의 논지를 벗어나지 않는 선에서 언약의 조건성과 은혜의 유효성 주제를 중심으로 대략적으로 다루어질 것이다.

언약신학의 연속성 문제는 언약신학과 칼빈(John Calvin)의 관계성과 칼빈과 계승 자 간의 관계성 그리고 칼빈과 쮜리히의 신학자, 특히 불링거와의 관계성에 관해서 제기된다. 이와 같은 관심은 신학계에 있어 '언약신학의 연속성'과 '언약신학의 기원'이

---

[1] Peter Golding, *Covenant Theology: The Key of Theology in Reformed Thought and Tradition* (Geanies House, Ross-shire: the Mentor imprint by Christian Focus Publications, 2004), 9.

[2] Golding, 11.

[3] Golding, 10.

[4] Geerhardus Vos, "The Doctrine of the Covenant in Reformed Theology," *Redemptive History and Biblical Interpretation*. ed., Richard Gaffin, Jr. (Phillipsburg. NJ: Presbyterian Reformed Pub. Co., 1980), 234.

란 주제로 논쟁되어왔다. 먼저 칼빈과 언약신학의 관계에 관한 논쟁에 있어 신학자들이 내놓은 주장들을 요약해보면, 다음과 같은 세 가지 입장으로 분류될 수 있다. 첫째, 칼빈과 언약신학과의 관계를 원천적으로 부정하는 입장이며, 둘째, 칼빈과 언약신학과의 관계를 부분적으로 인정하는 입장이고, 셋째, 칼빈과 언약신학과의 관계를 연속성 안에서 긍정하는 입장이다. 이와 같은 세 가지 입장은 좀 더 세분화될 수 있다. 이 세 입장이 좀 더 강한 어조나 좀 더 온건한 어조로 주장될 수 있다.

또한 연속성 문제는 칼빈과 후대 계승자들의 관계에 관련되는데, 우리는 이 주제에 집중할 필요가 있다. 칼빈과 이후의 언약신학자들 간의 연속성의 문제에 대한 이견들을 소개해 본다면 다음과 같이 정리될 수 있다.

첫째, 칼빈에게 언약신학의 개념이 없다는 주장이다. 이 입장은 칼빈의 신학과 언약신학 사이에 근본적인 반대가 존재한다고 주장하는 것이다. 이러한 입장에 서 있는 신학자는 밀러(Perry Miller), 링콘(Fred Lincoln), 롤스톤 III(Holmes Rolston III), 그리고 라이리(Charles Ryrie) 등이 있다.[6] 좀 더 자세히 살펴보면 다음과 같다. 먼저 페리 밀러는 17세기 뉴잉글랜드 청교도들이 알미니안주의(Arminianism)와 율법폐기론(Antinomianism)의 문제를 제압하기 위해 그들의 신학에 은혜 언약 개념을 첨가 했고 결과적으로 그들의 신학은 제네바의 칼빈의 신학과 전적으로 다른 류가 되었다고 주장한다.[7] 그는, 칼빈의 신학체계에서 은혜 언약은 강조된 바 없다고 주장한다.[8] 세대주의자인 라이리는 언약신학을 초대교회로부터 종교개혁에 이르기까지 결코 체계화된 적이 없던 개념으로 여긴다.[9] 이들은 언약신학의 기원을 행위 언약을 최초로 가르쳤다고 생각하는 에임즈(Ames)와 엄격한 예정론에 역작용으로 요하네스 코케이

5 언약신학의 연속성에 대한 신학자들 간의 입장의 범주는 필자가 정리한 것보다 더욱 세분될 수 있다. 릴백의 분류는 더욱 세분화되어있다. 그러나 여기서 필자가 주로 다루고자 하는 것은 칼빈과 쮜리히의 종교개혁자와 *Westminster Confession of Faith* 그리고 New England Puritan 사이의 대립을 조장하는 입장에 대한 반대를 목표로 하기에, 연속성에 대한 입장의 분류 역시 이러한 시각에 맞추어 소개하였다. 따라서 더욱 세밀한 분류를 참고하려면 릴백의 *The Binding of God: Calvin's Role in the Development of Covenant Theology*의 13-26 페이지를 참조하라.

6 Peter A. Lillback, *The Binding of God: Calvin's Role in the Development of Covenant Theology* (Grand Rapids, Michigan: Baker Book House, 2001), 13.

7 Lillback, *The Binding of God*, 13-14.

8 김인환, "칼빈과 언약", 『총신대 논총』 제19집 (2000): 51.

9 김인환, 50.

우스(Johannes Cocceius)에게 둔다. 롤스톤 III는 칼빈과 웨스트민스터 신앙 고백(Westminster Confession of Faith) 사이의 불연속성을 주장한다. 그는 칼빈이 언약신학에 대하여 아무 것도 몰랐으며, 언약신학의 새로운 내용들은 모두 후계자들의 업적이라고 주장한다.[10] 헤페(Heinrich Heppe), 맥코이(Charles McCoy), 트린터루드(L. J. Trinterud) 그리고 오르(James Orr) 등은 이 주제에 대한 칼빈의 침묵을 이유로 칼빈을 언약신학자로부터 제외시키는 주장에 동의한다.

둘째, 칼빈에게서 언약신학의 개념은 인정하지만 행위 언약을 부정하는 주장이다. 이들은 칼빈과 은혜 언약의 관계성은 인정하지만 칼빈과 행위 언약과의 관계는 부정하는 입장들이다. 이에 속한 학자들은 게할더스 보스(Geerhardus Vos), 머레이(John Murray), 후크마(Anthony A. Hoekema) 그리고 위어(David A. Weir) 등이 있다. 게할더스 보스는 칼빈에게는 "오로지 은혜 언약"[11]만 존재한다는 주장들에 동의한다. 그리고 머레이는 칼빈에게서 타락 전 언약의 특별한 개념이 발견되지 못한다고 주장한다.[12] 후크마도 은혜 언약의 17세기 화란의 코케이우스와 청교도들에게서 기원했다는 설을 부인하지만 행위 언약을 칼빈에게서 인정하려 하지 않는다.[13] 위어는 1984년 그의 박사학위 논문에서 비슷한 주장을 하는데, 칼빈이 하나님과 아담의 에덴 동산에서의 관계가 언약적인 것으로 간주한 것을 인정하지만, 그렇다하여도 행위 언약과 칼빈은 무관한 것이라 주장한다.[14] 그는 칼빈 사후 80년 뒤 채택된 웨스트민스터 신앙고백에서 언급되는 행위 언약 개념의 뿌리를 자카리아스 우르시누스(Zacharias Ursinus)와 그의 동료들에게 돌린다. 그리고 1590년 이후로 이 언약신학(Federal Theology)이 전 유럽을 석권하며 만개했다고 주장한다.[15]

셋째, 칼빈에게서 언약신학의 개념을 인정하며 그 발전에 있어 중요성도 인정하는 주장이다. 이들은 앞의 두 입장을 모두 반대한다. 이러한 입장은 칼베르그(M. W. Karlberg)와 릴백(Peter A. Lillback) 등이 있다. 이들은 칼빈이 어떠한 역사적 배경

---

10 김인환, 50.
11 Vos, "The Doctrine of the Covenant in Reformed Theology," 237.
12 김인환, 52.
13 김인환, 52-53.
14 김인환, 53.
15 김인환, 53.

안에서 언약신학을 어떻게 인식하였는지를 연구하였다.[16] 이들에 따르면 언약에 관한 교리는 이레니우스(Iranaeus)와 어거스틴(Augustine) 때부터 이미 다루어지기 시작 하였다고 주장한다.[17] 특히 릴백은 칼빈이 어거스틴의 신학에 매우 의존하였는데, 어거스틴에게서 행위 언약 개념이 발견된다고 말한다. 그에게 의존하던 칼빈이 이를 놓쳤을 리 없다는 것이다.[18] 릴백은 칼빈 당시 성경의 언약 개념 이해를 연구하며 다음과 같은 네 가지 결론을 내린다. 첫째, 언약 개념은 후기 중세 시대의 사화·정치적 신학적 영역에서 매우 잘 알려진 개념이었다. 둘째, 개혁신학의 전통은 급진주의 개혁자들과의 갈등으로 말미암아 그 시초부터 언약이라는 개념과 더불어 발달하였다. 셋째, 개혁신학자들 사이에 이루어졌던 성경 연구에 대한 새로운 열정은 구약과 신약에 있는 언약의 현저한 역할을 새롭게 발견하였다. 넷째, 언약에 관한 성경에 근거한 광범위한 질문들은 이미 칼빈이 종교개혁 역사의 무대에 등장하기 이전에 제기되고 있었다.[19] 릴백은 역사적 배경 안에서 그의 신학을 조망할 때, 이러한 인식이 칼빈에게서 필연적이었다는 것을 주장하려 한다. 뿐만 아니라 그는 언약과 관련된 용어의 사용 빈도를 칼빈의 1559년 최종판 『기독교 강요』에서 분석하였다. 삼위일 체가 26회인 반면 언약 관련 용어는 적어도 273회나 나타난다는 것이다.[20] 이러한 접근을 통해 이들이 주장하고자 하는 바는, 언약이란 주제가 단지 한 주제 혹은 단일한 분명한 주제라는 개념으로, 즉 그런 좁은 의미로 사용되지 않았다. 칼빈에게 언약이라는 술어는 그의 전 역작을 총괄하는 광범위한 주제로 사용되었다.[21] 따라서 언약은 칼빈에게 매우 중대한 요소로서 관계했다고 주장할 수 있다.

마지막으로, 칼빈과 쥐리히의 신학자들을 조건성에 있어 분리하려는 주장이다. 이 입장은 언약신학의 기원을 제네바와 취히리로 대별한다. 즉, 이 입장은 편무적 언약을 주장한 칼빈(Calvin)과 쌍무적 조건적 언약을 체계화한 쥐리히의 신학자들로 서 쯔빙글리(Zwingli)와 불링거(Henry Bullinger)를 분리시킨다. 이들은 쥐리히 신

---

16 김인환, 54.
17 김인환, 54.
18 김인환, 54.
19 김인환, 55.
20 Lillback, *The Binding of God*, 126-27.
21 Lillback, *The Binding of God*, 127.

학자들의 조건적 언약 개념과 칼빈의 예정론주의를 대비시킨다. 이와 같은 주장은 트린터루드(Leonard J. Trinterud), 베이커(J. Wayne Baker), 맥코이(Charles S. McCoy) 그리고 맥러랜드(Joseph C. McLelland)에게서 볼 수 있다. 이들은 칼빈이 엄한 이중 예정주의(dual predestination)로서 은혜 언약 안에서 인간의 응답의 개념을 반대한다고 주장하며, 쮜리히의 신학자들은 하나님과 인간의 상호 언약 사상에 그 자체를 적용시킨 예정의 더욱 온화한 형식 즉, 단일 예정(single predestination)의 형식 안에서 발견된다고 주장한다.[22] 베이커는 쯔빙글리 안에서 편무성을 좀 더 많이 보는 것을 제외하고는 트린터루드와 거의 같은 입장이라 할 수 있다.[23]

칼빈과 관계된 언약의 연속성에 대한 입장들을 분류하고 간략히 정리할 때, 불연속성을 주장하는 입장에 대한 세 가지 결론들을 발견한다. 첫째, 칼빈과 쮜리히의 신학자들을 대립시키는 구도, 둘째, 칼빈과 뉴잉글랜드 청교도를 대립시키는 구도, 셋째, 칼빈과 웨스트민스터 신앙고백을 대립시키는 구도 등으로 분류될 수 있다. 앞의 구도는 언약신학의 구도를 쌍무적 조건적 언약과 편무적 언약 개념의 두 기원으로 언약신학을 전개하게 되고, 뒤의 두 가지 구도는 칼빈을 언약신학에서 제외시키거나 행위 언약 개념을 칼빈에게서 제거 내지 축소시킴으로 인해 칼빈과 후기 계승자들 간의 불연속성을 야기 시킨다. 이러한 시도들은 칼빈 신학에 대한 오해이며 왜곡이라 생각된다.

라이트의 언약신학과 비교의 대상으로서 개혁주의 언약신학을 소개하고 분석할 때, 필자는 개혁주의 내에 칼빈으로부터 기원과 발전을 갖는 후기 개혁주의 언약신학이 연속성 안에서 존재한다는 것을 전제할 것이다. 이 논문의 논지는 개혁주의 언약신학의 조건성의 성격에 관한 것이므로, 연속성 문제가 주된 관심사는 아니지만, 논증에 있어 전제되어야 하는 중요한 사안으로 여겨진다. 이 논문의 논지의 범주 안에서 개혁신학자들의 언약신학이 다루어질 때, 우리가 전제한 언약신학자들 안에 연속성이 더욱 분명히 드러날 것이다. 물론 이곳에서 논증하고자 하는 바는 소개될 개혁주의 언약신학자들 안에 조건성이 존재하며, 그 조건성은 *sola gratia*(오

---

[22] Lillback, *The Binding of God*, 19.

[23] Peter A. Lillback, "The Continuing Conundrum: Calvin and the Conditionality of the Covenant," *Calvin Theological Journal* 29/1 (1994): 48.

직 은혜)라는 슬로건과 조화된 모습으로 제기된다는 것이다.

2. 은혜 언약의 조건성과 은혜의 유효성에 대한 교리적 진술들

A. 헨리 불링거(Henry Bullinger)

a. 신구약의 통일성과 은혜 언약의 조건성

쥐리히 신학에서 쯔빙글리(Ulrich Zwingli)가 재세례파와의 논쟁적 정황에서 언약신학을 제기하기 시작했다면, 불링거는 이를 조직화한 학자로 여겨질 수 있다. 불링거(Henry Bullinger)의 언약신학을 이해하기 위해 우리는 먼저 그의 *De Testamento*로 시선을 돌려야 한다. 이 책은 칼빈의 『기독교 강요』(Institutes of the Christian Religion) 첫 판이 나오기 2년 전인 1534년 10월에 출판되었다.[24] 비록 불링거가 쯔빙글리의 계승자였을지라도, 그는 쯔빙글리의 언약신학의 논쟁적 정황을 제거하려 노력하였다.[25] 그의 *De Testamento*는 성경 전체를 해석하는 원칙으로 언약의 주제를 사용하기 위한 첫 개혁주의 논문으로 손꼽힌다.[26] 불링거의 언약신학의 가치는, 그가 언약의 주제를 최초로 '종교의 주요 요점'으로 제시하고 그러한 위치에서 언약을 조망하려 시도한 첫 인물이었다는 것에 있다.[27]

불링거의 언약 연구에 있어 창세기 17장은 몹시 중요한 장이 된다. 불링거에게 창세기 17장은 하나님과 인간 사이의 언약에 대한 공공의 기록으로 여겨지며 언약의 가장 단순한 상태를 표현하는 장으로 간주된다.[28] 창세기 17장에서 불링거가 발견한 언약 개념이 전 성경의 중심사상으로 제시될 수 있는 것은 신구약의 통일성이란 사상을 전제할 때만 가능해진다. 그의 언약에 있어 옛 언약과 새 언약의 통일성은

---

[24] Lillback, *The Binding of God*, 110.

[25] Lillback, *The Binding of God*, 110.

[26] David Wai-Sing Wong, "The Covenant Theology of John Owen" (Ph. D. dissertation, Westminster Theological Seminary, 1998), 55.

[27] Lillback, *The Binding of God*, 110.

[28] Lillback, *The Binding of God*, 111.

쯔빙글리에 의해 먼저 개진되었고, 불링거의 언약신학에 있어 필히 이해되어야 하는 중대한 개념이라 할 수 있다. 불링거의 언약들의 통일성(unity)과 아브라함 언약의 탁월성과 같은 근본적인 주제들은 쯔빙글리의 그것과 동일하며 연속성 안에 있다.[29]

불링거에게 신약과 구약은 모두 복음이었다. 물론 '새 언약의 탁월성[30]이 인정됨에도 불구하고 본질(essence)에 있어 옛 언약과 새 언약은 다른 것이 아니다. 은혜 언약에 있어 다양성은 시행(administration)의 방식과만 관련된다. 본질적이고 주요한 점들에서 어떤 것도 바뀐 것이 없다. 옛 언약과 새 언약의 차이점은 언약의 약속에 첨가된 구약의 외적인 것들에만 속한다.[31] 이러한 언약의 통일성 안에서 불링거는 창세기 17장의 아브라함의 언약 속에서 전 성경의 중심 주제를 통찰할 수 있었다. "아브라함 언약에서, 하나님께서는 구원을 위하여 그가 전적으로 하나님을 믿고 그 앞에서 걸으며 올바르게 남는 것을 조건으로 하여 아브라함과 언약을 맺으시는 것으로 보여 진다."[32] 불링거에게 있어 창세기 17장[33]과 나아가 신구약의 중심 주제는 일관되게 선택과 은혜로 말미암는 믿음이라는 구원의 수단과 구원받은 자의 은혜에 대한 응답이었다. 믿음은 구약에서든 신약에서든 복음의 축복이 전유(專有)되는 유일한 수단이다. 그리고 거듭난 자들은 은혜의 선물과 열매로서 선행의 삶을 추구하며 하나님께 언약적인 응답을 나타낸다. 불링거를 따르면, 새 언약의 조건성에 있어 율법의 연속성은 본질적으로 구약 즉, 옛 언약과 동일한 것이다.[34] 율법은 여전히

---

[29] Wong, 55.

[30] 불링거는 새 언약의 탁월성을 세 가지로 제시한다. 첫째, 의식으로부터 벗어남, 둘째, 복음의 빛과 그리스도의 오심에 의해 예표적 그림자들이 성취됨, 셋째, 성령의 더욱 풍부하게 보편적인 범위로 전 세계에 임하심. Cf. Lillback, *The Binding of God*, 125.

[31] Lyle D. Bierma, *German Calvinism in the Confessional Age: The Covenant Theology of Caspar Olevianus* (Grand Rapids, Michigan: BakerBooks, 1996), 36-37.

[32] Wong, 55.

[33] 불링거는 창세기 17장을 15장에서 시작된 언약의 완성으로 본다. 17장의 할례 의식은 언약의 표요 충성의 표이기도 하지만 그리스도의 죽음과 대속을 내다보는 것이기도 하다. 즉, 창세기 17장의 할례 의식 안에는 은혜와 조건성이 조화되어 제시되고 있다(Lillback, *The Binding of God*, 118-19.).

[34] Henry Bullinger, "A Brief Exposition of the One and Eternal Testament or Covenant of God" in *Fountainhead of Federalism*, trans. Charles S. McCoy and J. Wayne Baker (Louisville, Kentucky: Westminster/John Knox Press, 1991), 125-26. 예를 들면, 마태복음 5장의 율법과 관련된 예수님의 말씀들은 율법 자체나 선지자들의 정신을 비판하려는 것이 아니라 바리새인들을 향한 것이었다. 그들의 오류를 바로 잡으심으로 율법의 진정한 본질을 가르치려 하신 것이다. 예수님께서는 율법을 폐하러 오신 것이 아니라 성취하기 위하여 오셨다.

언약의 두 번째 부분인 요구와 조건에 있어 하나님의 의지와 뜻을 계시하는 언약의 법이었던 것이다. 불링거에 따르면, 고린도 후서 3장의 바울의 율법에 대한 부정적 진술은 율법주의에 관한 것이었다. 바울의 반대는 율법의 폐지된 부분이었지 전 율법에 대한 것이 아니었다.[35] 릴백의 표현을 빌자면, 창세기 17장은 불링거에게 율법이 아니라 복음이었다.[36] 이는 신구약의 통일성 안에서 언약을 해석하는 그의 관점으로부터 비롯된 것이다. 결론적으로 불링거가 창세기 17장을 통해 전체 성경의 중심 주제를 제시할 수 있게 만든 것은 신구약의 통일성이라는 성경 해석학적 틀이었다. 그는 이 통일성 개념 안에서 제시된 두 중심 주제, 즉 언약에 있어 하나님의 주권(sovereignty of God)과 조건성(conditionality)을 조화시켜 나간다.

b. '전 성경이 겨냥한 표적'으로서 오직 은혜 안에 있는 칭의와 성화

불링거(Henry Bullinger)는 언약에 해당하는 히브리어와 헬라어의 의미들을 '유언'(testament), '언약'(covenant), '거래'(bargain), '동의'(agreement) 그리고 '약속'(promise) 등으로 분석한다. 이러한 언약의 의미들은 창세기 15장과 17장의 언약을 의미하는 것들이다.[37] 창세기 15장과 17장에서 모세는 언약을 그러한 의미들로 사용했다. 하나의 언약은 전쟁을 끝낼 때 적과 적 사이에 맺어지는 것으로 묘사된다. 즉 언약은 전쟁의 승자와 패자 사이에 맺어지게 된다. 이 언약은 이처럼 대상자가 제시되고, 엄숙하고 특별한 의식, 조건, 후대에 전할 기록들을 요소로 하여 맺어진다.[38] 하나님과 아브라함의 언약 사이에는 당사자, 조건, 의식, 문서들의 언약의 요소가 모두 갖추어져 있으며 이것은 인간의 종주권 언약과 일치하는 그림으로 묘사된다. 하나님과 아브라함의 언약의 그림이 왜 인간의 그것과 유사한 것일까? 불링거는 이를 하나님의 황송한 자기 낮추심으로 여긴다. 하나님께서는 언약을 체결하심으로 인간의 본성과 연약함에 자신을 적응시키신 것이다.[39] 불링거는 말한다.

---

[35] Bullinger, *A Brief Exposition of the One and Eternal Testament or Covenant of God*, 126.
[36] Lillback, *The Binding of God*, 120.
[37] Bullinger, *A Brief Exposition of the One and Eternal Testament or Covenant of God*, 103.
[38] Bullinger, *A Brief Exposition of the One and Eternal Testament or Covenant of God*, 103.

...핵심은 황송하옵게도 이것을 인간의 표현에 의해 창조주와의 연합과 교제의 신비로 은혜롭게 불러주신 바로 그 하나님께서 동시에 우리의 본성의 연약함 때문에, 언약 (covenant)을 맺으시거나 유언을 체결하심에 있어 인간의 관습을 따르셨다는 것이다.[40]

이렇듯 인간의 관습(human custom)을 따라 우리와 언약을 맺으신 하나님의 언약 속에는 세상의 관습이 그러하듯 조건(condition)이 존재한다. 하나님께서는 자신과 아브라함을 조건들을 따라 서로 묶으셨다. 아브라함의 언약 속에는 조건성이 분명히 제시된다. 따라서 하나님께서는 언약 안에서 아브라함에게 말씀하신다. "...너는 내 앞에서 행하여 완전하라"(Walk before me and be upright)(창 17:2). 이 구절은, 불링거가 언약 안에서 조건이 제시됨을 주장하는 결정적인 구절이다. 그러나 제시된 조건성은 공로적이지 않다. 그는 몇 가지 점에서 언약 자체와 그 조건성이 은혜로운 것임을 강조한다.

첫째, 언약이 공로적인 방식이 아닌 이유는, 언약의 주도권과 기원이 하나님께 있기 때문이다. 불링거는 "인간의 공로로 인한 방식으로가 아니라 오히려 하나님의 성품인 순수한 선하심으로부터 이러한 언약을 제공하신다는 것에 있어 그러하다"[41]고 진술한다. 타락한 인간의 상태를 생각할 때, 하나님과 그의 자비와 주권만이 종교의 기원이며 주안점이 될 수 있다. 인간은 오직 하나님의 선하심과 긍휼을 통해서만 구원된다.[42]

둘째, 불링거는 언약의 조건을 지킬 수 없는 유아들을 아브라함의 후손에 포함시킨다는 점에서 그러하다. 언약 안에서 유아들의 구원을 부인하는 자들은 불링거에 있어 언약의 조건들만 고려하고 실제로 하나님의 은혜와 약속을 무시하는 자들로 여겨졌다. 불링거에게 있어 언약의 조건성에 대한 의무는 이성의 나이에 이른 자들에게 적용되는 것이다. "...그들의 자손, 즉 자녀들은 결코 언약으로부터 배제되지 않는다. 그러나 그들이 이성의 나이에 이르러 언약의 조건들을 무시한다면, 그들은 배제된다."[43] 유아를 언약의 후손으로 인정하는 불링거의 견해는 예정론과 유아세례 사이의

---

[39] Bierma, *German Calvinism in the Confessional Age: The Covenant Theology of Caspar Olevianus*, 36.

[40] Bullinger, *A Brief Exposition of the One and Eternal Testament or Covenant of God*, 103.

[41] Bullinger, *A Brief Exposition of the One and Eternal Testament or Covenant of God*, 104-105.

[42] Bullinger, *A Brief Exposition of the One and Eternal Testament or Covenant of God*, 105.

관계를 설명하려 했던 쯔빙글리(Ulrich Zwingli)의 견해들과 관련 된다 볼 수 있다. 분명 유아기 때 사망한 자녀들의 구원과 언약 백성으로서의 인정은 하나님의 선택과 무관한 것이 아니다. 그러나 쯔빙글리의 적수들은 다음과 같이 그의 견해에 도전하였다. 반박자들은 이스라엘의 유아들이 하나님의 백성이 될 수 있는가라는 질문에 있어, 야곱과 에서의 대조를 통해 쯔빙글리의 모순을 주장한다. 에서는 이스라엘의 혈통 속에 있었으나 그는 백성으로 간주되지 못했다는 것이다(롬 9:11-13). 쯔빙글리는 이러한 반론에 대해 구약과 신약의 통일성과 예정을 연결하여 설명하는 것으로 응수한다.[44] 쯔빙글리는 믿음이 예정으로부터 싹트며, 예정이 믿음을 확실하게 만든다고 주장한다. 믿음은 하나님의 선택과 예정 혹은 부르심을 위해 사용된다.[45] 예정은 믿음을 앞선다. 그러나 예정과 믿음은 한 *ordo salutis*(구원의 서정) 안에 존재한다. **구원의 논리적 순서들은 큰 한 구원을 여러 측면에서 설명할 뿐이다.** 그러므로 예정은 믿음과 구분하여 독자적으로 사용할 수 있는 용어이지만, 그러나 믿음을 배제하지 않는다. 예정된 자들은 믿음을 가질 것이고 믿음은 선택되었기에 나타나는 선택의 표이다. 이러한 논리에 따르면, 선택이 믿음을 앞서므로 실제로 **아직 믿음을 갖지 않은 선택된 백성이** 있을 수 있다는 의미가 된다. 이런 의미에서 언약적 유아세례는 가능해진다. 그 일례가 야곱이다. 그러나 성인과 유아의 백성 유무의 식별의 기준은 다르다. 성인들은 그들의 신앙고백과 열매를 드러내기에 적합한 상태에 있으므로 이를 통해 식별한다. 이런 표를 보이지 않는다면 그는 유기자로 의심될 것이다. 믿음과 신앙고백이 가시적인 열매이기 때문에, 언약의 정황 안에서 성숙에 이른 성인의 선택만이 인지 될 수 있다.[46]

쯔빙글리는 유아와 관련하여 선택의 표를 드러내기 전까지 하나님의 법을 조심스럽게 따라야 한다고 주장한다. 그에 따르면 언약 아래 있는 모든 유아는 의심의 여지없이 언약의 법에 의해 선택 가운데 있다고 여겨져야 한다.[47] 그러나 이 견해에 대한

---

43 Bullinger, *A Brief Exposition of the One and Eternal Testament or Covenant of God*, 106.
44 Lillback, "The Continuing Conundrum," 54.
45 Lillback, "The Continuing Conundrum," 55.
46 Lillback, "The Continuing Conundrum," 56.
47 Lillback, "The Continuing Conundrum," 56.

재세례파의 반박이 있다. 이들은 에서의 예를 통해 반박한다. 에서는 할례 받은 백성이었지만 그는 유기자였다. 쯔빙글리는 이에 대해 어떤 사람에 대한 우리의 판단은 불확실하지만 하나님의 법에 관련하여서는 확실하다. 그러므로 우리는 법을 따라야 한다고 말한다.[48] 그는 에서를 통한 반박을 물리치기 위해, 언약에 예정을 끌어들인다. 즉 유아기에 죽은 유아는 모두 선택된 자들이란 것이다. 왜냐하면 유아들은 할례를 통해 혹은 유아세례를 통해 하나님의 법을 따라 언약 안에 있고, 만일 이들이 유아기 때 죽었다면 그들은 유기의 표로서 불신을 드러내지 않았기 때문이다. 그들은 정죄의 이유를 갖지 못한다.[49] 그러나 에서는 어떠한가? 그는 언약의 축복에 대한 거부를 드러내었고 불신을 나타내었다. 그러므로 정죄 받아 마땅하다.

재세례파는 다시 반문한다. "그렇다면 만일 에서가 유아기 때 죽었다면, 그도 구원받을 수 있었다는 말인가?" 여기서 쯔빙글리는 *하나님의 주권적 섭리*를 제시한다. 에서는 할례를 받은 자였지만 그는 불신을 드러내었다. 그러나 그가 유아기 때 죽었다면 그는 택자였을 것 아니냐는 질문은 불가능하다. 왜냐하면 에서가 유아기 때 죽지 않고 성인이 되어 불신을 드러낸 것은 우연이 아니라 하나님의 주권적 섭리 하에 이루어진 일이기 때문이다. 에서는 불택자가 분명하다. 그가 유아기 때 죽지 않고 불신을 드러낸 것은 하나님의 섭리에 의한 것이다.[50] 따라서 쯔빙글리에 따르면, 유아로 죽은 자녀들은 성경의 통일성에 입각하여 예정과 섭리의 전제 하에 구원받았다고 믿어야 한다. 사망한 유아들의 구원에 관한 불링거의 주장 역시 쯔빙글리의 전제들을 떠나 주장하는 것은 어려운 일로 보인다. 불링거는 분명 그의 언약사상에 있어 하나님의 주권을 인정하고 있는 것이다. 하나님의 언약 백성의 구성은 성인들이 이루어야할 조건성을 넘어선다. 유아의 구원이 언급되기 때문이다. 조건성은 하나님의 선택과 자비로 인한 유아의 구원 개념을 통해 은혜와 하나님의 주권성 안에 종속된다.

릴백(Peter A. Lillback)은, 쯔빙글리와 불링거 그리고 칼빈이 **언약의 조건과 예정론을 조화**시키는 언약 체계를 발전시켰다고 주장한다. 쯔빙글리의 유아 세례 논증은

---

[48] Lillback, "The Continuing Conundrum," 56-57.
[49] Lillback, "The Continuing Conundrum," 57.
[50] Lillback, "The Continuing Conundrum," 57-58.

신구약의 통일성 안에서 유아의 구원을 하나님의 선택과 섭리의 차원에서 긍정하였고, 성인된 자들의 조건성 요구를 또한 간과하지 않았다. 이점에 있어서 쯔빙글리와 불링거는 일치한다. 다만 차이가 있다면 동일한 내용을 쯔빙글리는 논쟁적으로 다루었고 불링거는 논쟁을 피하는 방식으로 다루었을 뿐이다.[51] 실제로 *De Testamento*에서 절제된 혹은 생략된 표현들은 다른 문헌에서 표현되고 있다. 이러한 표현들은 *the Second Helvetic Confession*의 제10장의 *Of Predestination of God the Election of the Saints*에 언급되어 있다.[52] 전자에 있어 "믿음은 그의 택자들에게 주시는 하나님의 순전한 선물이다"[53]라는 구절을 상기해 볼 만하다. 불링거에게서도 언약과 예정의 통합은 보여 진다. 다만 불링거는 논쟁을 피하는 방법으로[54] 예정을 암시적으로 나타낼 뿐이다. 분명 불링거에게 있어 언약의 조건성이라는 것은 자유로이 주어진 은혜에 답하는 개인의 순종이었다. 그러나 불링거의 은혜 언약의 주도권은 언제나 하나님께서 쥐고 계신다. 그분은 먼저 자신을 우리에게 보이시고 신성을 표현하신 후, 그에 대한 보답으로 우리에게 속한 의무를 보이신다. 언약의 조건성 제시는 언제나 하나님께서 먼저 은혜를 베푸시고 우리를 자신에게 묶으신 연후에 발생한다. 하나님께서는 언약 안에서 순종을 요구하시지만 그분은 언제나 능력을 제공하신다. 히브리어 *Shaddai*(שַׁדַּי)는 바로 이런 의미로 그 백성들의 입에서 불려졌다.[55] 하나님의 이 명칭은 그런 의미에서 언약적인 것이다. 불링거는, 하나님의 존재와 완전성에 대한 믿음은 언약적 관계의 적용 안에서 이해되어야 하고, 그를 모든 사람의 보수자 하나님으로서(히 11장) 믿는데 까지 이르러야 한다고 권면한다.[56]

불링거는 언약의 통일성(the unity of the covenant) 안에서 아브라함과 예수 그리스도를 연결시킨다. 아브라함에게 가나안 땅이 육체적으로 약속되었지만, 그럼에도 불구하고 이 약속은 영원한 유산, 특별히 하늘에서의 생명을 상징하고 있다.[57]

---

51 Lillback, "The Continuing Conundrum," 58.
52 Lillback, "The Continuing Conundrum," 49-50.
53 Philip Schaff, ed., *The Creeds of Christendom*, vol. 3 (New York: Harper & Brothers, 1878), 268.
54 Lillback, "The Continuing Conundrum" 51-52.
55 Bullinger, *A Brief Exposition of the One and Eternal Testament or Covenant of God*, 109.
56 Bullinger, *A Brief Exposition of the One and Eternal Testament or Covenant of God*, 109.
57 Bullinger, *A Brief Exposition of the One and Eternal Testament or Covenant of God*, 109.

아브라함의 언약 안에 약속과 조건들은 물질적일 뿐만 아니라 영적이기도 하다. 예수님께서는 아브라함에게도 하나이며 영원한 하나님의 언약을 신뢰하는 사람들에게 유증되는 유산 자체이시다.[58] 따라서 하나님의 언약 안에는 조건이 주어지지만 언제나 그 조건의 요구는 하나님의 능력 공급하심을 전제로 주어진 것이 된다. 언약의 대상들에게 하나님께서는 언제나 El Shaddai(אל שַׁדַּי)이신 것이다. 하나님께서는 그분의 주권과 은혜를 전제로 "...너는 내 앞에서 행하여 완전하라"(Walk before me and be upright)(창 17:1)고 요구하신다. 불링거에게 언약의 조건은 하나님의 뜻과 기뻐하심을 따라(according to my[God's] will and pleasure) 사는 것(to live)이다. 그리고 '완전하라'(and be upright!)는 삶의 결백과 순결함을 가진 믿음의 견고함과 성실성을 의미한다.[59] 이것이 성도의 정도(正道)인 것이다.[60]

결론적으로 조건성의 강조에도 불구하고 불링거는, 이 언약의 조건 성취의 모든 원인이 하나님께 있음을 강조한다. 불링거는 이러한 언약의 조건성과 은혜성의 체계를 "전 성경이 겨냥한 표적으로서 언약"(The Covenant as a Target at Which All Scripture Aims)이란 타이틀로 소개하고 있다.[61] 명령은 약속 없이 주어지지 않는다. 불링거는 두 가지 성경의 중심 주제를 십계명 서문에서도 발견한다. 십계명 서문에는 율법이 주어지는 정황으로서 은혜를 말씀하고 계신다. "나는 너를 애굽 땅, 종 되었던 집에서 인도하여 낸 네 하나님 여호와니라"(출 20:2). 그분은 먼저 구원하시고, 은혜를 주시고, 약속 안에서 요구하셨다. 계명이 은혜를 앞서지 않는 것이다.[62] 성경이 겨냥한 가르침의 중심으로서 언약의 두 부분으로서 은혜의 주권적 역사와 조건성은 신구약의 통일성 안에서 일관된 것이다. 이로써 우리는 불링거의 언약이 조건성을 지니며 그 조건성이 sola gratia(오직 은혜)와 조화되고 있음을 확인하였다.

c. 은혜 언약의 조건성에 대한 구원론적 이해

---

[58] Bullinger, A Brief Exposition of the One and Eternal Testament or Covenant of God, 110.
[59] Bullinger, A Brief Exposition of the One and Eternal Testament or Covenant of God, 111.
[60] Bullinger, A Brief Exposition of the One and Eternal Testament or Covenant of God, 111.
[61] Bullinger, A Brief Exposition of the One and Eternal Testament or Covenant of God, 112.
[62] Bullinger, A Brief Exposition of the One and Eternal Testament or Covenant of God, 113.

*De Testamento*를 분석하는 과정을 통해 우리는, 불링거(Henry Bullinger)가 은혜의 유효성과 조건성이 조화된 은혜 언약을 제시하고 있음을 확인하였다. 그러나 이 주제에 대한 구원론적 분석은 불링거의 신학을 더욱 명료하게 조명할 것이다. 따라서 조건성 주제는 그의 설교집, *The Decades of Henry Bullinger*[63]에 기재된 설교를 참조할 것이고, 조건성과 예정론의 관계는 *the Second Helvetic Confession*과 *The Decades of Henry Bullinger*를 통하여 다룰 것이다. 이러한 작업은 불링거의 언약의 두 부분을 좀 더 확실하게 이해하는 보충적 작업으로 진행될 것이다.

불링거는 선행과 공로의 관계성 주제를 그의 설교에서 다룬 바 있다. 그는 이 주제를 그리스도인의 자유(christian liberty)의 범주 아래 다루었다. 불링거는 그리스도인들 안에 나타나는 그리스도인의 자유에 대한 무지와 그리스도인의 자유의 남용을 시정하기 위해 설교한다.[64] 그는 그리스도인의 자유가 방탕함이 아니라고 권고한다. 하나님의 아들로 입양된 자들은 경건과 덕을 추구함에 있어 전 삶을 바쳐야 한다. 그는 하나님의 율법을 선행의 법칙과 교리로 이해하고, 선행을 권면한다. 그러나 선행이 제기 될 때 발생하는 질문으로서 '공로'에 대한 설명을 놓치지 않는다.[65] 그는 선행을 중시했지만, 선행의 공로를 인간에게 돌리지 않았다. 선행과 공로의 관계는 그의 선행의 정의 안에 잘 나타나 있다. "선행은 하나님의 성령에 의해, 믿음을 통하여, 하나님의 말씀에 따라, 하나님의 영광, 삶의 정직 그리고 우리 이웃의 유익을 지향하여 거듭난 자들에 관해 만들어진 행동과 행위들이다."[66] 불링거는 선행의 기원을 인간에게 두지 않았다. 선행의 기원은 오직 하나님의 은혜에 있다. "나는 증거에 의해 모든 선한 것들의 창시자이신 하나님 자신 외에 그것으로부터 선행이 흘러나오는 다른 어떤 원천이 존재하지 않는다는 것을 보여 줄 것이다."[67] 그는 마태복음 19장 17절을 주해하면서 다시 한 번 이 점을 강조한다.

---

63 Geerhardus Vos는 *The Decades*가 "완전하게 언약 사상으로 조직되었다"고 말한다. Cf. Vos, "The Doctrine of the Covenant in Reformed Theology," 236.

64 Henry Bullinger, *The Decades of Henry Bullinger*, ed. Thomas Harding (Grand Rapids, Michigan: Reformation Heritage Books, 2004), vol. II. 3. 9(300-301). 이후 Bullinger, *Decades*, 권. 장. 절(페이지)로 표시한다.

65 Bullinger, *Decades*, II. 3. 9(320).

66 Bullinger, *Decades*, II. 3. 9(321-22).

67 Bullinger, *Decades*, II. 3. 9(322).

그러므로 선행은 그것의 시작을 인간에 관하여 갖지 않는다. 사람은 거짓되며 타락했다. 그러나 그들선행의 기원은 하나님께 속한다. 그분은 모든 선의 원천이시다. 그리고 하나님께서 성령에 의해 행하시고 예수 그리스도 안에서 믿음에 의해 모든 인간들을 새롭게 하신다. 그래서 한 번 거듭나면, 그들은 더 이상 그들 자신의 것을 행하지 않는다. 즉 육체의 행위들을 행하지 않고 성령의 행위들, 은혜의 행위들, 하나님 자신의 행위들을 행한다. 거듭난 자들의 행위들은 그들 안에 내주하시는 하나님의 선한 성령에 의해 성장한다; 열매를 맺는 나무에 힘을 공급하는 수액처럼, 성령께서 동일한 방식으로 갖가지 덕들로 우리 사람들로부터 발아(發芽)하게 하시고 가지를 뻗게 하신다.[68]

언제나 거듭난 자들의 행위는 하나님 자신으로부터 기원된 것으로 여겨진다. 선행의 원천이 되시는 하나님께서는 성령과 믿음에 의해 거듭난 자들 안에서 사역하심으로 말미암는 선물인 것이다.[69] 그가 선행의 공로를 하나님께 돌리려 할 때, 그는 분명히 'only,' 즉 sola(오직)의 표현을 쓰기를 마다하지 않는다. 이에 대한 증거는, 그가 "그러므로 하나님께서 홀로 여전히 모든 선행의 유일한 원천으로 남겨진다(고후 3:5)"[70]고 진술할 때 입증된다. 불링거에 따르면 선행을 자신의 것처럼 자랑하는 것은 하나님을 향한 배은망덕이다.[71] 선행이 인간의 것이라 할 때, 그 의미는 은혜를 통해 인간은 도구적 의미로 선행을 이룬다. 따라서 선행은 인간의 것이 아니라 인간의 것인 것처럼 여겨지는 것이다. 따라서 불링거는 인간의 선행을 하나님의 주권과 상대적 가치를 갖는 그러한 것으로 여기지 않는다. 불링거는 어거스틴의 *Lib. de Gratia et libero arb*의 6장을 인용하여 은혜 언약의 조건성이 철저히 은혜성을 전제로 제시됨을 공고히 한다. 어거스틴에 따르면, 성도의 선행이 인간의 자유의지에 달린 것이 아니다. 만일 은혜가 제거된다면 인간은 타락하고 만다. 누군가 선행을 시작하게 될 때, 그것을 자신의 공적으로 돌려서는 안 된다. 어거스틴은 시편을 인용하여 하나님께 버림을 받을 때, 그의 선행도 사라진다.[72] 불링거에게 은혜 언약의 조건성은 언제나 sola gratia(오직 은혜)와 조화된다.

---

68 Bullinger, *Decades*, II. 3. 9(322).
69 Bullinger, *Decades*, II. 3. 9(323).
70 Bullinger, *Decades*, II. 3. 9(323-24).
71 Bullinger, *Decades*, II. 3. 9(324).
72 Bullinger, *Decades*, II. 3. 9(325).

d. 칭의와 성화의 구분

불링거가 선행과 공로성의 관계를 설교할 때, 그는 이 문제를 칭의의 문제와 결부하여 통찰한다. 불링거는 성도의 선행이 은혜에 원인을 두는 복음적인 것이라 할지라도, 그러한 전제 속에서조차 그것은 칭의의 원인이 될 수 없음을 명확히 한다. 달리 말해, **불링거는 칭의와 성화를 분리하지 않지만 철저히 구분하고 있는 것이다.** 그리고 이러한 관점에서 그는 성도의 선행을 분석한다. 불링거는 칭의를 복음적이고 사도적인 교리의 특별한 요점이며 근본적인 것으로 여긴다. 그는, 하나님의 칭의가 행위가 아닌 믿음에 의한 것이라는 것을 다시 한 번 강조한다.[73] 성도에게 선행의 열매가 있지만, 언제나 칭의는 이 선행의 열매를 앞지른다.[74] 따라서 불링거에게 있어 선행은 칭의의 교리의 전제 아래서 적절한 위치를 찾아야 한다.

> 그러나 오직 의롭게 하는 믿음의 이러한 설교와 교리에 의해, 우리는 선행을 정죄하지도 않을뿐더러 그것들을 필요 이상으로 생각하지도 않는다. 우리는 그것들이 선하지 않다고 말하지 않는다; 그러나 선행의 남용과 선행의 부패한 교리들을 향해 절규한다. 그것은 바리새인들의 누룩으로 더럽혀진 것이다.[75]

즉 불링거는 선행이 성도의 삶에 있어 정죄되거나 무시되는 것을 경계할 뿐만 아니라 반대로 선행의 가치가 이신칭의(以信稱義)의 교리를 넘어 남용되는 것도 경계하고 있는 것이다. 이러한 선행의 경시와 남용은 칭의와 성화의 구분을 온전히 이해할 때 물리칠 수 있다. 불링거의 표현을 빌자면, 그리스도인은 선행을 행하도록 가르치지만 그것을 가지고 흥정하지는 않는다.[76] 여기서 흥정은 칭의의 조건 혹은 공로적 원인으로 선행을 제시하는 것을 의미한다.

그러나 칭의와 선행의 관계에 있어 이런 반론이 제기 될 수 있다. 성경은 선행을 칭의의 근거로 제시하는 것 같은 구절들을 포함하고 있지 않은가? 예를 들자면 야고보

---

[73] Bullinger, *Decades*, II. 3. 9(325).
[74] Bullinger, *Decades*, II. 3. 9(326).
[75] Bullinger, *Decades*, II. 3. 9(327).
[76] Bullinger, *Decades*, II. 3. 9(327).

서는 행위를 칭의의 원인이라 말하고 있지 않은가? 불링거는 칭의와 선행의 주제에 있어 예민한 문제를 해설해 나간다. 불링거는 은혜와 인간의 공로를 함께 제시하려는 사람들을 논박하기 위해 반론자들의 주장과 그에 대한 반론을 제시한다. 오직 은혜로 말미암는 칭의에 대한 반론자들은, "우리는 의롭게 된다. 그리고 영생을 은혜에 의해 얻는다. 선행은 하나님의 은혜에 속한다. 그러므로 선행은 우리를 의롭게 한다"는 논리를 제시한다.[77] 이들은 은혜를 인정하면서도 행위를 칭의의 조건내지 공로로 제시하려고 하는 자들이다. 그러나 불링거는 이러한 반론을 성경에서 허용할 수 없는 주장이라고 일축한다. 불링거는, 칭의가 은혜로 말미암으면서도 행위에 의해 의롭게 될 수 있다는 이중의 명제를 허용하지 않는다. 이 두 명제는 한 명제가 한 명제를 부인하도록 되어있다.[78] 믿음에 의한 것이든지 행위에 의한 칭의가 되어야 한다. 불링거는 로마서 11장 6절을 인용한다. "만일 은혜로 된 것이면 행위로 말미암지 않음이니 그렇지 않으면 은혜가 은혜 되지 못하느니라." 이 구절 자체가 제시하는 '은혜'가 '오직 은혜'임을 증거 하는 것이다. 선행이 하나님께로부터 온 은혜의 선물이기에 선행은 의롭게 한다는 식의 입장의 모순성을 불링거는 이렇게 풍자한다.

… 한 사람이 본다; 한 손이 한 사람에게 속한다: 그러므로 거기서 한 손이 본다고 추론한다. 그러나 누가 그렇게 헛된 결론을 받아들이려 하겠는가? 모든 사람들이, 사람은 각각의 지체들로 구성되어 있고 모든 지체는 그 효과(effects)와 직무(offices)를 갖는다는 것을 안다.[79]

불링거는 은혜와 행위 의(義)를 동시에 주장하려는 자들의 모순을 이와 같이 묘사한 것이다. 행위가 칭의와 무관하지 않지만, 그러나 그것은 의롭게 하는 원인이 될 수 없는 것이다. 칭의는 성화와 구분되어야 한다. 선행은 성화의 열매이지만 칭의의 원인이 될 수 없다. 의롭게 됨이 선행을 앞지르는 것이다. 그리고 언제나 의롭게 되는 것은 은혜와 믿음에 의한 그리스도의 의(義)의 전가[80]로 말미암은 선물일 뿐이다.

---

[77] Bullinger, *Decades*, II. 3. 9(329).
[78] Bullinger, *Decades*, II. 3. 9(329).
[79] Bullinger, *Decades*, II. 3. 9(329).
[80] Bullinger, *Decades*, II. 3. 9(330).

그리고 선행은 의롭게 된 자들 안에 발생하는 것이다. 즉 선행은 칭의를 근거로 칭의를 뒤 따른다.[81] 불링거가 의롭게 하는 칭의의 은혜와 선행을 유발시키는 성화의 은혜를 구분하고 있다는 사실을 주목하라! 이는 칼빈(John Calvin)의 이중 은총(dual grace)과 다를 바가 없는 것이다.

의롭게 된 자로부터 선행이 나타날지라도, 선행 자체가 의롭게 하는 요인이 될 수 없는 이유는 인간에게 속한 선행의 불완전성 때문이다.[82] 비록 선행이 하나님의 선물이지만, 선행의 불완전성 때문에 선행이 하나님께 수용됨은 또 하나의 은혜인 것이다. 불링거는 어떠한 선행도 하나님의 기뻐하시는 수준을 충족시킬 수 없음을 강조한다.[83] 불링거에게 있어 은혜와 선행을 교묘히 혼합하는 행위는 믿음에 대한 잘못된 이해로부터 비롯된다. 이들은 우리와 다른 믿음관을 갖는다. 이들은 믿음이 선행에 의해서 완전해져야 하는 어떤 것으로 여긴다. 달리 표현하자면 믿음이 일부 부족해 하는 곳에서 선행은 그 부족에 대한 미봉책(彌縫策) 역할을 하는 것이다.[84] 바로 믿음의 충분성(sufficiency), 충족성이 부인되는 것이다. 그러나 믿음의 충족성은 부인되어서는 안 된다. 믿음이 칭의와 구원에 있어 충분한 도구인 것은, 그것이 구원의 공로적 원인이신 그리스도 자신을 바라보는 유일한 도구이기 때문이다. 구원은 철저히 그리스도를 의존하는 것이며, 그 의존이 곧 믿음이기 때문이다.

> 우리가 믿음이라 부를 때, 우리는 우리의 마음속에 있는 믿는 것의 품성만을 단순히 명명하지 않고, 우리가 그의 의(義)와 하늘의 선물을 가지신 우리 주 그리스도 자신을 바라본다; 우리의 믿음은, 기초와 확실한 토대와 마찬가지로, 오직 그리스도에게만 의존하고 확고히 선다. 그러나 그리스도 예수 안에 있는 어떤 것의 결핍을 공급하기 위해 동분서주(東奔西走)하는 것은 단지 하나님의 아들을 불명예스럽게 하는 악마적인 신성모독에 속하는 것이다.[85]

불링거에 따르면, 구원과 칭의에 있어 그리스도는 공로적 원인(meritorial cause)으

---

81 Bullinger, *Decades*, II. 3. 9(330).
82 Bullinger, *Decades*, II. 3. 9(330).
83 Bullinger, *Decades*, II. 3. 9(331).
84 Bullinger, *Decades*, II. 3. 9(333).
85 Bullinger, *Decades*, II. 3. 9(333).

로 충분하신 것이고 믿음은 도구적 원인(instrummental cause)으로서 충분한 것이다. 이것 외에 어떤 것을 더하는 것은 하나님과 그분이 정하신 구원의 방법을 모독하는 것과 다를 바 없다.

따라서 불링거에게 선행은 다음과 같은 이유로 중시된다. 선행은 구원의 원인으로서 중요한 것이 아니라 믿음의 진정성(眞正性)의 증거로서 중요하다.[86] 이런 의미에서 불링거는 행위 의(義)를 주장하거나 믿음을 남용하여 방종한 삶을 사는 자들을 경계한다. 따라서 야고보서의 행위 강조는 믿음의 진정성의 차원에서 해석되어야 한다(약 1:22). 우리는 이러한 맥락 안에서 '사랑으로 역사하는 믿음'을 수용할 수 있다. 칭의와 성화는 분리되지 않지만 구분되는 이중적 은혜로 말미암아 불링거는 믿음을 '의롭게 하는 믿음'(로마서 5:1, 2)과 '순종하게 만드는 믿음'(로마서 6:16)의 두 부류로 구분한다.[87] 따라서 칭의는 그리스도 예수를 통해 화해시키는 의(義)에 돌려지지만 순종하게 하는 의(義)에 부당하게 돌려지지 않는다.[88] 불링거를 따르면, 진정한 믿음은 선한 행위를 배제하지 않지만, 믿음은 언제나 행위 없이 성도를 의롭게 한다. 믿음은 칭의의 유일한 도구적 원인(instrumental cause)이다. 왜냐하면 믿음은 오직 구원의 원천인, 공로적 원인(meritorial cause)이 되시는 그리스도를 신뢰의 의미에서 바라보는 것이요 쳐다보는 것을 의미하기 때문이다.[89] 칭의와 성화는 이처럼 분리되지 않지만 구분되며, 성화의 열매는 칭의의 원인으로부터 배제된다.

e. 은혜 언약 안에 수행되는 보상과 위협

불링거의 은혜 언약이 쌍무적이고 조건적인 것으로 여겨질 때, 순종과 불순종에 대한 보상과 위협에 관련된 주제가 제기된다. 불링거의 은혜 언약 안에 보상과 위협의 요소가 발견된다. 불링거는 은혜 언약 안에서 선행에 대한 보수(hire)와 보상(reward)이라는 표현을 사용하지만, 이 주제에 있어 공로(merit)라는 용어를 선행과 관련하여

---

[86] Bullinger, *Decades*, II. 3. 9(333).

[87] Bullinger, *Decades*, II. 3. 9(336).

[88] Bullinger, *Decades*, II. 3. 9(336).

[89] Bullinger, *Decades*, II. 3. 9(339).

사용하는 것을 그는 철저히 반대한다. 만일 이 용어를 용인한다면, 하나님께서는 마치 빚을 진자가 마땅히 갚아야 할 의무 이행으로서 생명과 은혜를 제공하는 분처럼 이해될 것이다.[90] 이렇게 되면 은혜는 진정한 은혜가 아니라 인간에 대한 채무(債務) 이행으로 전락되고 말 것이다. 그러나 불링거가 공로신학을 철저히 배격한다하여 은혜 언약 안에 존재하는 보상의 약속을 배제시키지는 않는다. 보상은 하나님의 약속에 근거한 것이다. 하나님께서는 선행에 있어 보상을 약속하셨고, 불의와 회개하지 않는 행위를 벌로서 위협하신다.[91] 그러나 보상의 약속은 공로라는 이름으로 남용되어선 안 됨을 분명히 강조한다.[92]

불링거는 마태복음 25:34절과 같은 심판에 있어 행위를 언급하는 구절을 해설한다. 마치 이 구절들을 살펴보면 심판은 믿음이 아닌 행위를 근거로 이루어지는 듯 보인다. 그러나 불링거는 바울과 야고보 사도를 조화시키듯, 믿음의 진정성(眞正性)의 차원에서 이 심판의 묘사를 해석한다.[93] 심판의 근거처럼 제시된 행위들의 성격은 그들의 믿음이 참된 믿음이라는 것을 드러내는 진정성의 표로 다루어진 것이다. 따라서 불링거는 믿음에 '기초한(the basis of) 칭의 혹은 심판'과 구분되는 선행에 '따른 (according to) 심판' 개념을 소개한다. 불링거는 '선행에 기초하는' 것과 '선행에 따른'을 구분하고 있다. 전자를 칭의에 적용한다면 그것은 선행에 원인과 토대로서의 지위를 부여하는 것으로서 반대되지만, 후자는 단지 선행이 믿음의 진정성을 표하는 의미로서 사용됨으로 인정된다. 불링거에게 보상은 '선행을 따라' 주어질 수 있지만, '선행을 근거해, 기초해, 토대로 해' 주어질 수 없는 것이다.

불링거에 따르면, 보상 자체가 자비와 은혜의 한 측면이다.

> 그러므로 하나님께서 우리의 행위를 그 자신의 호의적인 자비를 따라 시험하시지 율법의 극단성과 엄격함으로 하시지 않으신다; 그리고 그것들이 그리스도의 믿음으로부터 나오기 때문에, 비록 우리 안에 거하는 죄 때문에, 그것들이 불결하고 공로적인 것이 없을지라도, 무한한 유익으로 그들을 보상하신다.[94]

---

[90] Bullinger, *Decades*, II. 3. 9(342).
[91] Bullinger, *Decades*, II. 3. 9(343).
[92] Bullinger, *Decades*, II. 3. 9(345-46).
[93] Bullinger, *Decades*, II. 3. 9(346).

불링거에게 분명 성도의 선행은 보상을 받아 마땅한 대가로서 주어지는 것이 아니다. 은혜에 의지해 선행하며 남은 죄를 가진 성도에게 선행의 보상은 은혜일뿐이다. 그리고 불완전한 행위에 대한 과분한 보상은 교육적 목적으로 사용된다. 즉, 보상은 하나님께서 자녀들을 아버지같은 자애로 "더 큰 덕들로 자극"시키시는 도구이다. 이러한 보상은 유언과 호의로서 여겨져야 한다.[95]

f. 예정과 칭의

이제 우리는 앞에서 다룬 언약 신학의 연속성 문제에 있어 예정론 주제를 좀 더 자세히 다룰 것이다. 이 주제를 다룸을 통해 불링거를 단일 예정론자로 취급하며 칼빈과의 불연속성을 주장한 사람들의 의견[96]은 신빙성을 잃게 될 것이다. 블링거를 단일 예정론자로 취급하는 것은[97] 반박되어야 한다. 이제 우리의 논지로 돌아가 불링거의 예정론을 살핌으로 불링거의 은혜 언약 안에 조건성은 (절대 혹은 이중) 예정론 개념을 통해 공로적인 것이 될 수 없음을 살펴보도록 하자. 이를 논증하기 위해 불링거의 예정에 관한 설교 한편과 the Second Helvetic Confession를 살펴보도록 하자.

불링거는 the Second Helvetic Confession에서 예정을 인간과 무관한 하나님의 은혜로부터 비롯된 하나님의 선택으로 정의한다.

> 하나님께서는 태초부터 자유롭고 그의 순수한 은혜로, 인간과 관계없이, 성도들을 예정하시고 선택하셨는데, 그분[하나님]께서는 그리스도 안에서 그들[성도들]을 구원하실 것이다. 사도의 말씀을 따르면, [그는] "곧 창세 전에 그리스도 안에서 우리를 택하사 우리로 사랑 안에서 그 앞에 거룩하고 흠이 없게 하시려고"(엡1:4) [말했다.] 그리고 다시 [그는 "하나님이 우리를 구원하사 거룩하신 부르심으로 부르심은 우리의 행위대로 하심이 아니요 오직

---

94 Bullinger, *Decades*, II. 3. 9(346-47).

95 Bullinger, *Decades*, II. 3. 9(347).

96 원종천, "청교도 언약사상: 개혁운동의 힘" (한국학술진흥재단 연구논문: 한국학술진흥재단, 1998), 10.

97 J. Wayne Baker, *Heinrich Bullinger and the Covenant: the Other Reformed Tradition* (Athen, Ohio University Press, 1980), 53. 원종천, 11에서 재인용.

자기 뜻과 영원한 때 전부터 그리스도 예수 안에서 우리에게 주신 은혜대로 하심이라"(딤후 1:9) [말했다.]⁹⁸

이 신앙고백을 분석해보면, 분명 성도의 선택과 구원이 하나님의 예정에서 비롯되는 것임을 명시하고 있다. 그의 예정은 자유로운 하나님의 작정이며, 구원과 선택은 인간에게 속한 공로에 의한 것이 전혀 아니다. 그러나 이 신앙 고백서에서 유기와 하나님의 주권의 관련성은 세세히 설명하고 있지 않은 것처럼 비춰진다. 그 이유는 불링거의 *the Second Helvetic Confession*의 분위기가 매우 목회적이기 때문이다. 이 문서의 강조점은 유기가 아니라 성도의 격려와 위로에 있다. 오히려 하나님의 예정으로부터 비롯된 불신자의 멸망은 구원으로부터의 선택에 의해 추론될 수 있는 것이다. 믿음과 부르심이 예정의 후험적 증거요, 택한 자에게 필연적으로 믿음이 주어진다면, 믿음을 갖지 못하는 멸망자의 상태와 믿음을 주시지 않는 하나님의 행위는 인과(因果)의 고리 안에 있는 것이다. 이 신앙 고백서에서 믿음을 가지고 그리스도께 연합되지 못한 자들을 가리켜 거절 되었다고 표현하고 있다. "이는 믿음에 의해서 그리스도에게 접붙여진 자들이 또한 선택된 것이며, 그리스도가 없는 자들은 거절된 것이다."⁹⁹ '믿음 없음'은 '하나님의 거절'(to reject)과 동의어이다. 분명 불링거가 '거절하셨다'(rejected)를 작정에 있어 유기를 두고 사용하고 있음이 분명하다.

불링거가 이중 예정을 주장했다는 증거는 그의 설교들을 통해 입증된다. 불링거의 설교에서 그는 불신자의 멸망이 하나님의 예정에 의한 것임을 분명히 밝히기 때문이다. 불링거는 구원과 멸망이 하나님의 작정에서 비롯됨을 분명한 어조로 명시하고 있다.

그리고 하나님의 예정은 하나님의 영원한 작정이다. 그것에 의해 그분은 사람을 구원하시거나 멸망시키시기로 정하셨다. 그러므로 죽음과 생명의 가장 확실한 종말이 그들에게 정해졌다. 그러므로 그 밖에 다른 곳에서 그것은 미리 정하심(fore-appointment)로 불려진다.¹⁰⁰

---

⁹⁸ Joel R. Beeke and Sinclair B. Ferguson, ed., *Reformed Confessions Harmonized* (Grand Rapids, Michigan: Baker Books, 1999)에 기재된 *The Second Helvetic Confession*, X. 1. 이후 모든 신앙고백들은 신앙고백서 명칭과 장절만 표기.

⁹⁹ *The Second Helvetic Confession*, X. 2.

더욱이 그의 영원하고 변할 수 없는 경륜에 의해 하나님께서는 구원받을 자들과 정죄될 자들을 미리 정하셨다.[101]

"멸망시키시기로 정하셨다"와 "구원받을 자들과 정죄될 자들을 미리 정하셨다"는 분명한 표현을 주시하라! 이렇게 명확한 진술은, 불링거가 단일 예정주의자라는 의혹을 불식시킨다. 모든 사람들의 종말이 하나님의 예정에 달려있다면, "누가 구원과 멸망에 각각 속하는지 어떻게 알 수 있는가"라는 질문이 제기된다. 불링거는 이러한 질문을 예견하여 답한다. 불링거에게 예정의 중심이시며, 구원의 반석이신 '그리스도 안에' 있는 사실 자체가 예정의 증거이다. 불링거는 예정에 대한 성도의 확신을 후험적(a posteriori) 증거에 두었다. 불링거는, 예정의 원인이 영원 자체로부터 접근되어서는 안 된다고 주장한다. 그렇게 되면 측량할 수 없는 하나님의 지혜의 미궁에 빠져 길을 잃고 말 것이기 때문이다. 따라서 불링거는 그리스도와 연합(union with Christ)과 교제(communion with Christ)의 도구와 증거로서 믿음이란 후험적 증거에 예정의 확신을 두었다. 그리스도 안에 있다면, 그들은 누구든지 불문하고 예정된 자들인 것이다.[102] 그리스도와의 연합과 교제의 증거인 믿음은 예정의 증거로 기능한다.

그러므로 우리의 어떤 공로 때문이 아닐지라도, 수단 없이 된 것이 아니고 하나님께서는 그리스도 안에서 그리고 그리스도를 위해서 우리를 선택하셨다. 이는 믿음에 의해서 그리스도에게 접붙여진 자들이 또한 선택된 것이며, 그리스도가 없는 자들은 거절된 것이다...[103]

그러므로 만일 당신이 나에게 당신이 생명으로 혹은 죽음으로 선택되었는지를 묻는다면; 즉, 당신이 정죄되어야 하는 자들의 수에 있는지 구원될 자들의 수에 있는지를 묻는다면; 나는 단순히 전도자들과 사도들의 성경으로부터 답한다: 만일 당신이 그리스도와 연합과 친교를 갖는다면 당신은 생명으로 예정되고 당신은 선택자들과 택함받은 사람들의 수에

---

100 Bullinger, *Decades*, II. 4. 4(185): "And the predestination of God is the eternal decree of God, whereby he hath ordained either to save or destroy men; a most certain end of life and death being appointed unto them."

101 Bullinger, *Decades*, II. 4. 4(186): "Furthermore, God by his eternal and unchangeable counsel hath fore-appointed who are to be saved, and who are to be condemned."

102 Bullinger, *Decades*, II. 4. 4(186).

103 *The Second Helvetic Confession*, X. 2.

속한다. 그러나 만일 당신이 그리스도로부터 외인이라면, 아무리 당신이 덕에 있어서 무성해 보이더라도, 당신은 죽음으로 예정된 것이고 정죄로 예지된 것이다.[104]

칼빈과 불링거를 대치시키려는 신학자들의 주장은 여기서 일축된다. 불링거가 은혜 언약의 조건성을 강조하기 위하여 예정론에 있어 어떤 타협을 하거나 이중 예정 안에 함의된 하나님의 주권을 언약과 구원에 있어 축소시키는 모습은 그의 예정론 해설에서 발견되지 않는다. 은혜 언약의 조건성과 예정론의 조화 작업에 있어 예정론의 온건화(조건성을 강조하기 위해 이중 예정을 포기하는 것)는 발견되지 않는다. 불링거에게 "믿음은 당신이 선택된 가장 확실한 징표(sign)"로 여겨진다.[105] 왜냐하면 그리스도와 연합과 교제를 가능하게 하는 유일한 도구적 원인(instrumental casuse)이 *sola fide*(오직 믿음)이기 때문이다. 그에게 믿음은 예정된 것에 대한 확증의 표이고 믿음은 그런 의미에서 하나님의 부르심과 이끄심 없이 받을 수 없는 선물인 것이다.[106] 불링거에게 예정은 오직 그리스도와 은혜에 관련된 것이다. 그는 "생명으로 구원을 받을 자들은 하나님께서 미리 내다보시는 공로 혹은 선행 때문에 하나님에 의해 예정된다고 생각하는"[107] 예지 예정론과 공로사상을 철저히 배격한다.

결론적으로 불링거의 은혜 언약 안에 제시된 '조건성'의 성격은 그의 예정 개념에 의해 '오직 은혜'와 조화되게 된다.

불링거에 의하여 주창되는 언약은, 그가 언약(covenant)을 계약(pactum)으로 강조할 때, 성격에 있어서 '쌍무적'(bilateral)이고 '조건적'(conditional)인 것 같아 보인다. 그럼에도 불구하고 불링거의 쌍무적 언약은 그의 선택의 교리와의 연관성 안에서 이해되어야 한다.[108]

불링거에게 있어, 믿음과 순종은 선택의 자연스러운 결과이며 선택의 증거로서 기여한다. 하나님의 언약 안에서 믿음과 순종이 없다면, 그것은 전혀 하나님의 선택이

104 Bullinger, *Decades*, II. 4. 4(187).
105 Bullinger, *Decades*, II. 4. 4(187).
106 Bullinger, *Decades*, II. 4. 4(189-90). Cf. 딤전 6; 행 9; 롬 10; 마 13, 25; 고후 3, 6; 딤후 1; 빌 2.
107 Bullinger, *Decades*, II. 4. 4(188).
108 Wong, 57.

아니다.[109] 이로써 불링거의 은혜 언약의 조건성과 절대 예정론은 조화된다.

B. 존 칼빈(John Calvin)

a. 신구약의 통일성과 은혜 언약의 조건성

(1) 신구약의 통일성 주제의 중요성
신구약의 통일성 문제는 이미 알려진 바와 같이 재세례파와의 유아세례 논쟁으로부터 개혁신학에 있어 중요한 주제가 되었다. 피터 릴백(Peter Lillback)은, 칼빈이 신구약 통일성에 관한 재세례파의 입장에 대한 부정적 감정을 격렬한 욕설로 표현한 사실을 주목한다.[110]

… 참으로 저 훌륭한 불량배 세르베투스와 재세례파의 일부 미친 사람들이 이스라엘 백성은 돼지 무리에 불과했다고 하기 때문에, 어찌되었든 우리에게 매우 유익했을 일이 꼭 필요한 일로 되었다. 그들은, 이스라엘이 주님에 의해 천상의 불사의 생명의 소망 없이 지상에서 살찌워졌다고 지껄이기 때문에, 그렇다면, 경건한 마음으로부터 이러한 악취 나는 오류를 격려하기 위하여 그리고 동시에 신구약 사이에 차이가 언급될 때 일상적으로 즉시 일어나는 모든 곤란들을 제거하기 위하여, 그리스도 강림 전에 주께서 이스라엘 백성과 맺으신 언약과 그리스도 출현 후에 우리들과 맺으신 언약이 얼마나 서로 같으며 또 다른가를 잠깐 보기로 하겠다.[111]

우리는 위에 제시된 인용문을 통해 몇 가지 사실을 상기할 필요가 있다.
첫째, 우리는 칼빈이 신구약의 통일성 주제에 큰 비중을 두고 있다는 사실과 그 이유를 직시해야 한다. 칼빈의 격한 감정은, 그가 이 주제를 몹시 중요시 하였다는 사실을 암시한다. 릴백은 말한다.

---

109 Wong, 58-59.
110 Lillback, *The Binding of God*, 147.
111 Calvin, *Institutes*, II. x. 1. Cf. Calvin, *Institutes*, IV. xvi. 10.

우리는 이제 유아세례를 거부하는 재세례파에 대한 칼빈의 격렬한 공격의 동기를 이해할 수 있다. 이러한 거부는 옛 언약이 물질적이고 육적인 언약과 할례가 비(非)영적인 상징임을 요구하였다. 결과적으로 언약과 관련된 여러 중요한 교리들이 심각하게 상처를 받았다.[112]

따라서 유아세례 문제는 단지 유아세례 부인 자체만으로 중대한 사안인 것이 아니라 그것의 부정으로부터 파생되는 문제들 때문에 중대한 사안이 된다.

둘째로 숙고할 사항은 첫째 사항과 관련된 것이다. 칼빈이 심히 근심한 재세례파의 문제가 "옛 언약이 물질적이고 육적인 언약과 할례가 비(非)영적인 상징임을 요구하"는 데 있었으며, "결과적으로 언약과 관련된 여러 중요한 교리들이 심각하게 상처를" 받는 데 있었다면, 신구약 통일성 문제가 철저하게 언약신학에 관한 것임을 인식할 수 있다. "그의 주석에서 칼빈은 또한 언약을 구원 또는 영생과 연결하였다. 시편 67편 2절에서 그는 언약을 '구원의 근원과 원천'이라고 부른다. 스가랴 12장 1절에서 그는 '구원의 소망은 언약 위에 기초하고 있다'고 말한다."[113] 후크마도 이점을 통찰한다. "언약의 교리가 칼빈의 가르침에 근본적인 세 번째 측면을 제안하고 싶어 해야 한다. 은혜 언약은 그에게 구원의 역사에 대한 열쇠이다."[114] 유아세례 문제뿐만 아니라 유아세례 부정으로부터 파생될 모든 문제의 핵심에는 구원론과 연관된 언약의 주제가 놓여 있다. 유아세례 주제가 중대한 것은, 그것이 은혜 언약의 영적인 의미들을 담고 있기 때문이다. 따라서 신구약의 통일성이 은혜 언약이라는 사실은 몹시 중요한 것이다.[115] 그렇다면 유아세례와 관련된 신구약의 통일성의 부정에 대한 칼빈의 염려는 구원론에 관련된 것으로 추론된다. 재세례파가 옛 언약에서 제거한 것들은, 구약과 신약의 구원론의 통일성을 훼손한다. 언약사상은 구약과 신약의 구원 역사를 은혜 언약 안에서 함께 묶어낸다.

하나님께서 그의 백성을 구원적으로 다루시는 방식으로 은혜 언약의 중요성에 대한 주장은

---

112 Lillback, *The Binding of God*, 150.

113 Lillback, *The Binding of God*, 149.

114 Anthony A. Hoekema, "The Covenant of Grace in Calvin's Teaching," *Calvin Theological Journal* 2/2 (1967): 138.

115 Hoekema, "The Covenant of Grace in Calvin's Teaching," 136.

그가 성경을 단지 무시간적인 진리들로 보는 것을 막아주었다. 그리고 그가 역사적 사건들 안에서 성경의 메시지를 정박시키도록 도왔다. 칼빈에게 있어 언약 사상은 구원 역사를 함께 묶어내는 실이다. 하나님께서는 비록 그것이 여러 역사적 구절을 관통한다할지라도, 근본적으로 하나인 은혜 언약의 수단에 의해 그의 백성을 구원하신다. 그러한 언약은 그리스도 안에 근거한다. 그러므로 그분은 역사의 중심이시다.[116]

칼빈에게 있어 신구약 통일성 문제와 유아세례 논증은 구원론적 주제들과 무관할 수 없다. 특별히 신구약 통일성을 근거로 창세기 17장을 해석하고, 그로부터 은혜 언약의 조건성과 은혜의 유효성 개념을 끌어낸 불링거(Henry Bullinger)의 통찰은 칼빈에게서도 동일하다. 불링거가 은혜와 능력을 공급하심으로 택자를 구원하시는 *El Shaddai*(אֵל שַׁדַּי) 하나님의 자비를 전제로 그 앞에서 완전히 행하라는 은혜 언약의 조건성을 제시한 것처럼, 이 두 가지 성경 전체의 중심 주제가 신구약의 통일성 안에서 칼빈에 의해 표명되고 있다.

신구약의 통일성 문제는 유아세례뿐만 아니라 그것이 함의하는 연관된 은혜 언약의 본질적 내용들과 연계된다. 신구약의 통일성 주제는 구원의 주체, 구원의 복들, 구원의 서정과 관련된 율법의 의미 등을 신약과 구약의 관계성 안에서 다루는 주제로서 중요성을 갖는다. 신구약의 통일성이 정립되지 못했다면 불링거와 칼빈의 창세기 17장에 대한 은혜 언약적 해석은 불가능하였을 것이다.

(2) 신구약의 통일성

신구약의 통일성에 대한 칼빈의 해설은, 구약이 그리스도와 그 은총을 배제하지 않으며, 신약이 율법의 언약적 의미를 배제하지 않는 방식으로 전개된다. 은혜 언약은 시행에 있어 다양성을 갖지만 본질에 있어 동일한 것으로 제시된다. 내용을 살펴보도록 하자.

신구약의 첫 번째 통일성은 "태초 이후로 하나님이 그의 백성들로 양자 삼으신 모든 사람들은 오늘날 우리에게 적용되는 동일한 율법과 동일한 진리의 끈으로 그분의 언약에 귀속되었다"는 것이다.[117] 릴백(Peter A. Lillback)은, "칼빈의 근본적인 제안

---

[116] Hoekema, "The Covenant of Grace in Calvin's Teaching," 139.

은 하나님께서 항상 자신의 백성을 동일한 율법과 교리로 자신과 언약하셨다는 것이다'라고 주장한다.[118] 칼빈에게 있어서 구약의 족장들과 맺어진 언약은 시대적 양식(mode of dispensation)에 있어 차이가 존재하지만, 본질과 실재(substance and reality)에 있어 언약적 차이를 갖지 않는다.[119] 즉, 옛 언약이나 새 언약이나 본질에 있어 동일하며 다만 시행에 있어 차이가 있다는 것이다. 따라서 신약과 모세는 본질에 있어 다른 것이 아니다. 모세는 "아브라함의 종족에게 약속된 축복을 지워 버리는 율법 제공자"가 아니라 그는 오히려 "거져 주어진" 아브라함과의 "언약을 계속적으로 기억하게" 하며 "언약을 갱신하도록" 보내신 것이다.[120] 칼빈에게 아브라함의 언약과 모세의 언약 그리고 신약은 하나의 영원한 언약으로 이해된다.

둘째, 구약의 성도들은 모두 "중보자이신 그리스도를 알았고, 그리스도를 통해서 하나님과 연결되며 하나님의 약속에 참여하리라 믿었다."[121]

셋째, 옛 언약의 성도들도 "하나님이 거져 주시는 은총을 토대로 세워졌고 그리스도의 중보에 의해 확립되었다."[122] 자기 의(義)와 무관하게 하나님의 은혜로 의롭게 되는 칭의의 은혜가 그리스도 안에 요약되기 때문에, 구약이 그리스도를 포함한다면 옛 언약 하에 성도들은 칭의의 은혜를 누린 것이다.[123] 즉 구약에 있어 그리스도에 의한 이신칭의(以信稱義)는 신약과 본질적으로 동일하다.

네 번째, "언약의 표징들"(signs of the covenant)이 본질에 있어 동일하다.[124] 칼빈에 따르면 "주께서는 그들에게 우리와 같은 은혜를 베푸셨을 뿐 아니라, 은총을 나타내실 때에 같은 상징들을"[125] 쓰셨다(고전 10:1-6, 11).

다섯 번째, "조상들에게는 말씀이 있었다. 그러므로 그들도 또한 영생을 가졌다."[126]

---

[117] Calvin, *Institutes*, II. x. 1.
[118] Lillback, *The Binding of God*, 147.
[119] Calvin, *Institutes*, II. x. 2.
[120] Calvin, *Institutes*, II. vii. 1.
[121] Calvin, *Institutes*, II. x. 2.
[122] Calvin, *Institutes*, II. x. 4.
[123] Calvin, *Institutes*, II. x. 4.
[124] Calvin, *Institutes*, II. x. 5.
[125] Calvin, *Institutes*, II. x. 5.
[126] Lillback, *The Binding of God*, 148.

족장들에게 언약과 언약적 축복은 본질적으로는 영적인 것이었다.[127] 하나님께서는 옛 언약에 속한 유대인들도 "신성한 결속으로"(by this sacred bond) 묶으셨기 때문에 그들은 영생의 소망으로 구분되었다.[128]

여섯째, 구약에서도 하나님과 그 백성의 결합이 있음으로 영생이 보장된다. 릴백의 표현을 빌자면, "구약 성도가 소유했던 바로 그 '언약의 공식'(formula of the covenant) 때문에, 이 성도들은 당연히 영생의 소유자이어야 한다고 칼빈은 생각했다."[129] 칼빈에게 하나님과의 언약적 결합은 하나님과의 결합을 의미한다. 하나님과의 결합이 있는 곳에 영원한 구원이 동반되는 것이다.[130] 즉, 하나님과의 연합 안에 생명은 확실하고 당연한 결과인 것이다. '언약의 공식'은 "나는 너희 하나님이 되고 너희는 나의 백성이 되리라"(레 26:12)는 약속의 말씀과 영생의 상관성에 놓인다.

우리는 칼빈의 신구약의 통일성 논증 목록을 살피며 중요한 요소들을 발견하게 된다. 그리고 우리는, 신구약의 통일성 주제가 은혜 언약의 조건성과 은혜의 유효성이란 주제와 밀접한 상관성을 갖게 됨을 이해하게 된다. 왜냐하면 신구약의 통일성이란 주제 안에서 칼빈은 언약과 구원, 언약과 율법(조건성)을 긴밀히 연결시켜 나가기 때문이다. **칼빈은 이 주제 안에서 구약에서도 복음을 그리고 신약에서도 율법의 연속성[131]을 말할 수 있는 해석적 틀을 제공한다.** 은혜 언약에 있어 조건성과 은혜의 유효성의 조화(창세기 17장)는 신구약의 통일성이란 해석적 툴(tool) 없이 불가능한 것이다.

(3) 신구약의 차이점: 율법과 복음, 문자와 성령의 대조

칼빈은 신구약의 통일성을 설명한 후, 이어 신구약의 차이점을 설명한다. 칼빈에게

---

127 Calvin, *Institutes*, II. x. 7.

128 Calvin, *Institutes*, II. x. 7.

129 Lillback, *The Binding of God*, 149.

130 Calvin, *Institutes*, II. x. 8.

131 R. Scott Clark, "Letter and Spirit: Law and Gospel in Reformed Preaching," *Covenant, Justification, And Pastoral Ministry*, ed. R. Scott Clark (Phillipsburg, New Jersey: P&R Publishing, 2007), 340. 신약에 있어 율법의 연속성에 대해 어떤 이들은 릴백이 율법과 복음의 대조를 영과 문자의 대조로 대체하였다고 주장하지만, 릴백은 율법의 제3용도가 구원의 원인으로 제시될 때 이를 반대하며 율법과 복음의 대조를 유지한다.

있어 신구약의 차이점은 신구약의 통일성과 동일한 수준으로 제시되지 않는다. 즉 신구약의 차이점이 신구약의 통일성을 훼손하지 않는다는 것이다. 신구약의 통일성은 본질에 놓이지만, 신구약의 차이점은 언약의 비본질적 요소 혹은 외적 요소에 관계된 것으로 제시된다.

> 칼빈은, 두 언약 사이에 이러한 다섯 가지 수행의 차이점에 관하여 그가 옛 언약과 새 언약의 본질적인 통일성이 결코 감소되지 않았음을 보여주었다고 믿는다. 각각의 차이점들은 두 언약의 우유성(偶有性)과 외적인 요소들을 다룬다. 두 언약 사이에 바로 그러한 실재적인 차이점에도 불구하고, 칼빈은 오직 하나의 영원한 하나님의 약속(testament) 혹은 언약(covenant)가 존재한다는 불링거와 의견을 일치한다.[132]

따라서 칼빈의 신구약의 차이점에 관한 해설은 차이점보다는 통일성에 더욱 비중을 두고 설명된다고 보아야 할 것이다. 그리고 신구약의 불연속성 해설은, 칼빈의 대적들에게 칼빈의 신구약의 통일성 해설이 그 차이점에 대한 무지와 오해로부터 비롯되었다는 비난에 미리 대처하는 차원에서 진술되기도 한다.[133] 이러한 칼빈의 의도를 살필 때, 칼빈의 신구약 차이점 해설은 그 차이점을 말하지 않음으로 발생할 통일성 해설에 대한 공격을 예상한 것이라 할 수 있다. 결론적으로 말하자면, 칼빈에게 비중은 신구약의 통일성에 놓이는 것이다.

그렇다면 이제 신구약의 차이점을 살펴보도록 하자. 특별히 이 주제를 고찰 할 때, 율법과 복음의 관계가 신구약의 통일성과 차이점 안에서 어떻게 연관되어 설명되는지를 주시할 필요가 있다. 통일성과 차이점을 함께 갖는 율법의 문제가 어떻게 일관된 방식으로 해설되는지 살피는 것은 이 논문의 논지와 관련하여 중요한 통찰이 될 것이다.

첫째, 칼빈은 신구약 안에 복의 양식에 대한 차이점을 해설한다. 즉, 옛 언약 하에서는 하늘의 유산(heavenly heritage)을 지상의 혜택들(earthly benefits) 아래서 보이셨다는 것이다.[134] 그러나 새 언약 하에서는 복음 안에 내세의 은총이 더욱

---

132 Lillback, *The Binding of God,* 158.
133 Calvin, *Institutes,* II. xi. 1.
134 Calvin, *Institutes,* II. xi. 1.

명백하고 분명하게 계시되며, 하나님의 조명으로 지상의 혜택들 없이 직접 명상하게 된다.[135] 구약에서 현세의 혜택과 신체적 형벌은 모두 영적 행복과 종말론적 형벌을 상징하는 예표(豫表, types)였다.[136]

둘째 차이점은 복음과 율법의 차이에 속한다. 복음과 율법의 차이는 네 번째 차이까지 포함된다. 두 번째 신구약의 차이점이면서 복음과 율법의 첫 번째 차이점은, 상징과 실재(實在) 혹은 실체(實體)에 관련된 것이다. 칼빈에 따르면 구약에는 실재가 없기 때문에 실재 및 실체에 대한 형상과 그림자만 보인다. 그러나 신약은 진상의 실체 그 자체를 현재 있는 것으로 계시한다.[137] 칼빈은 이러한 차이점을 약속과 성취의 관계에서 조망한다.[138] 그러나 이러한 차이점이 신구약의 통일성을 훼손하지는 않는다. 구약의 상징과 예표(types)로서 그림자와 같은 율법들이 본질에 있어서는 동일한 언약으로 불리 운다.[139]

세 번째 차이는 복음과 율법의 두 번째 차이로 문자와 성령의 대조에 관한 것이다. 칼빈은 이 세 번째 논증을 통해 복음과 율법이 어떤 의미에서 대조되면서도 상호 연관성을 맺게 되는지를 설명한다. 예레미야 31:31-34을 근거로 사도는 율법과 복음을 대조한다. 율법은 문자적 교훈이고, 복음은 영적 교훈이며, 전자는 돌판에 새겼고 후자는 사람의 마음에 새겼으며, 전자는 죽음을, 후자는 생명을 전파하며, 전자는 정죄를, 후자는 의를 전파하며, 전자는 무효하게 될 것이요 후자는 길이 있을 것으로 대조된다(고후 3:6-11).[140]

> 율법은 "문자"이다. 왜냐하면 그 자체로 그것은 오직 죄악 된 인간에게 무엇을 행할지를 말할 수 있을 뿐이기 때문이다. 그러므로 그것은 그들의 죄를 지적하기는 하지만 그들로 그들의 악을 이겨낼 수 있도록 하지는 못하기 때문이다. 그러나 복음은 인간들로 거룩하게 되고 율법이 요구한 것을 행하기 시작하도록 할 수 있으신 성령을 가진다. 그러므로 그들의 모든 죄가 용서되고 그리스도의 구속적 행위에 의해 용서된다.[141]

---

135 Calvin, *Institutes*, II. xi. 1.
136 Calvin, *Institutes*, II. xi. 3.
137 Calvin, *Institutes*, II. xi. 4.
138 Calvin, *Institutes*, II. xi. 4.
139 Calvin, *Institutes*, II. xi. 5. Cf. Lillback, *The Binding of God*, 153.
140 Calvin, *Institutes*, II. xi. 7.

그러나 율법의 문자적 측면과 율법의 영적 측면 사이의 차이는 옛 언약과 새 언약에 있어 율법의 연속성을 제거하지 않는다. 율법이 영적 교훈이 될 수 있느냐는 그리스도와 성령이 함께 하시는가 그렇지 않은가의 여부에 달려 있기 때문이다. 따라서 칼빈은 율법을 두 가지로 구분한다.

> 예를 들면, 율법은 여기저기에서 자비의 약속을 포함한다[광의의 의미]. 그러나 그것들은 다른 곳으로부터 차용되었기 때문에, 율법의 본성만이 논의 아래 놓일 때[협의의 의미], 그것들은 율법의 부분들로 여겨지지 않는다. 그들은 그것에 오직 이 기능만을 돌린다. 즉, 바른 일을 명령하는 하고 사악한 것을 금하는 것이다. 그리고 의(義)를 지키는 자에게 보상을 약속하는 하며 형벌로 범죄를 위협하는 것이다. 그러나 동시에 본성적으로 모든 사람에게 내재해 있는 심령의 부패를 변화하거나 수정하지 않는 것이다.[142]

"율법은 여기저기서 자비의 약속을 포함하지만, 그것은 다른 곳으로부터 빌려온 것이기 때문에, 단지 율법의 본성만이 논의 될 때, 그것들[자비의 약속들]은 율법의 일부로 간주되지 않는다."[143] 즉 칼빈은 율법을 논할 때, 율법의 본성만을 이야기 하면 율법은 명령하고 악한 일을 금지하며, 의(義)에 대해 보상을 약속하고 범죄자에게 처벌로 위협하지만, 부패한 본성을 고치지 못한다. 이러한 좁은 의미의 율법은 언약과 관련하여 율법 언약으로 불리며, "공로적 선행의 바울적 의미로 모세 시대를 묘사하기 위해 사용"[144]된다 이것이 옛 언약의 율법의 문자적 교훈이라 할 수 있다. 우리는 이처럼 은혜가 배제된 채 율법의 본성으로 요구하는 율법을 **좁은 의미의 율법**이라 부른다. 그러나 새 언약의 관점에서 율법은 그리스도와 성령과 결합된다. 우리는 이것을 **넓은 의미의 율법**이라 부른다. 이것은 "하나님의 은혜로운 힘주심과 메시아의 용서하심과 메시아의 죄 사함이 동반되는 잘 살기 위한 규칙"[145]으로 묘사될 수 있다. 따라서 좁은 의미에서 율법과 복음은 철저히 대조되지만, 넓은 의미에서 율법과 복음은 조화된다. 이러한 율법은 새 언약에 기여하는 방식으로 기능한다. "그 이유는

---

141 Lillback, *The Binding of God*, 154.
142 Calvin, *Institutes*, II. xi. 7.
143 Calvin, *Institutes*, II. xi. 7.
144 Lillback, *The Binding of God*, 158.
145 Lillback, *The Binding of God*, 158.

성령이 그리스도의 용서와 함께 율법에 첨가되었기 때문이다."[146] 따라서 좁은 의미는 율법의 본성만을 의미하는 것이며 넓은 의미는 동일한 율법에 은혜와 자비가 더하여 진 것이다. 은혜 언약 안에 견고히 서지 않는다면, 율법은 좁은 의미로 적용되어 죄인을 속박하고 위협할 뿐이다. 성경에서 바울이 반대한 율법은 좁은 의미의 율법의 오용에 관한 것이다.

이것이 예레미야 31:31-34의 예언에 나타난 영적 교훈이다. 칼빈은 이런 식으로 옛 언약과 새 언약의 차이점을 제시하면서도 그 통일성을 지켜 나간다. 구약과 신약 모두에서 율법과 은혜가 배제되지 않는다. 구약과 신약 모두에 있어 영적 교훈은 존재하였다. 그러나 신약과 구약의 가장 큰 대조는 영적 교훈의 유무(有無)에 관한 것이 아니라 상대적인 정도(程度)에 관한 것이다.[147] 구약에는 영적 교훈을 받은 자가 많지 않고 신약은 비교적 많다.[148] 그러나 옛 언약과 새 언약 하에서 그리스도와 성령의 역사는 존재했다. 따라서 구약의 율법에도 자비의 목록이 첨부되었던 것이다. 따라서 바울이 고린도 후서 3장에서 율법을 부정적으로 표현한 것은 그들의 율법주의적 성향을 교정하고자 성령과 그리스도가 배제된 율법의 본성을 드러내는 데 초점이 맞추어져 있었다.[149] 또한 문자와 영의 대조는 실체가 이르면 상징으로서 폐기되고 말 의식법적 측면에서 대조되기도 한다. 율법은 그리스도를 포함할 수 있고 성령과 그리스도를 전제할 때 복음과 대조적이지 않다.

네 번째 신구약의 차이점은 속박(bondage)과 자유(freedom)의 대조로 나타난다. 이것은 복음과 율법의 세 번째 차이점이기도 하다. "그것은[구약은] 사람의 마음에 공포심을 일으키기 때문에 성경은 구약을 '속박'의 언약이라고 부른다. 그러나 신약은 신뢰와 확신을 고양시키기 때문에, '자유'의 언약이라 부른다."[150] 칼빈에게 있어 "구약은 양심에 공포심과 전율을 불어넣지만, 신약의 은혜로 양심은 해방과 기쁨을 얻는다."[151] 그러나 칼빈에 따르면 "구약의 거룩한 족장들은 율법에 의해 노예와 같은 압박을

---

146 Lillback, *The Binding of God*, 158.
147 Calvin, *Institutes*, II. xi. 8.
148 Calvin, *Institutes*, II. xi. 8.
149 Calvin, *Institutes*, II. xi. 8.
150 Calvin, *Institutes*, II. xi. 9.
151 Calvin, *Institutes*, II. xi. 9.

받고 양심의 불안으로 지친것을 느꼈을 때 복음에 피해 피난처를 구했다."[152] 그렇다면 무엇이 다른가? 칼빈에게 있어 양 언약의 차이점은, 신구약에 모두 복음의 피난처가 존재했지만, "그들은 여전히 일반 백성과 같이 의식 준수의 속박을 받으며 짐을 지고"[153] 있었다는 것이다. 이러한 의식법 준수의 부담과 속박으로부터의 자유는 "신약의 특별한 결실"[154] 이었다.

다섯째 차이점은 옛 언약 하에 한 민족에게 국한되었던 것이 새 언약 하에서 모든 민족에게 확장되었다는 데 있다(행 14:16).[155] 물론 구약에서도 이방인의 부르심이 있었지만, 그들은 매우 극소수이다. 따라서 정도에 있어 큰 탁월함이 신약에 나타났다.

이제 은혜언약이란 본질 안에 있는 신구약의 통일성 안에서 칼빈이 은혜의 유효성과 조건성에 관련된 창세기 17장을 어떻게 해석했으며, 구원론 안에서 칭의와 행위의 관계성을 어떻게 제시하였는지를 살피도록 하자.

b. 칼빈에게서도 발견되는 '전 성경이 겨냥한 표적'

불링거(Henry Bullinger)는 창세기 17장의 하나님과 아브라함의 언약 체결을 "전 성경이 겨냥한 표적으로서 언약"(The Covenant as a Target at Which All Scripture Aims)[156]이라 부르며 성경 해석의 중심된 열쇠로 이 주제를 취급하였다. 불링거에게 있어 "겨냥된 표적"은 *El Shaddai*(אל שַׁדַּי)(창17:1) 하나님의 은혜와 능력의 공급을 전제한 "너는 내 앞에서 행하여 완전하라"(Walk before me and be upright)(창 17:2)라는 말씀에 모아진다. 따라서 불링거는 쌍무적 언약(bilateral covenant)을 주장하고 있으며, 그의 언약에 조건성이 존재한다. 칼빈은 이 주제에 있어 불링거와 일치한다.

---

152 Calvin, *Institutes*, II. xi. 9.
153 Calvin, *Institutes*, II. xi. 9.
154 Calvin, *Institutes*, II. xi. 9.
155 Calvin, *Institutes*, II. xi. 11. Cf. Calvin, *Institutes*, II. xi. 12.
156 Bullinger, *A Brief Exposition of the One and Eternal Testament or Covenant of God*, 112.

우선 우리는 창세기 17:1절의 *El Shaddai*(אל שׁדי)에 주목할 필요가 있다. 칼빈은 *El Shaddai*라는 단어를 불링거와 유사하게 해설한다.

능력이라는 말에서 기원된 히브리어 명사 *El*(אל)은 여기서 하나님을 위해 사용된다. 마치 하나님께서 아브라함을 보호하기 위한 충분한 능력을 가지셨다고 선포하시는 것처럼, 그와 동일한 언급이 동반되는 단어 *Shaddai*(שׁדי)에 적용된다. 왜냐하면 하나님의 보호만이 우리들에게 충분하다는 사실을 우리가 확실히 확인할 때에만 굳게 설 수가 있으며 우리의 구원에 반대하고 있는 이 세상의 모든 것들을 진정으로 무시할 수 있기 때문이다.[157]

불링거와 마찬가지로, 칼빈에게도 언약의 주도권은 하나님께 있다. *El Shaddai* (אל שׁדי)라는 하나님의 명칭 안에는 하나님의 언약적 주도권과 언약을 이루어 가시는 그의 능력이 함축되어있다고 볼 수 있다. 칼빈은 언약에 있어 하나님의 주도권을 창세기 17:4절에서 발견한다. 칼빈은 "내가 너와 언약을 세우니"에서 '나'(하나님)에 집중한다.

우리의 신앙이 그의 영원한 진실성 외에 다른 토대 위에 의존할 수 없기 때문에, 무엇보다도 우리가 우리에게 제안된 것이 그분의 거룩한 입에서 나온 것임을 확인할 필요가 있다. 그러므로 대명사 '나'는 나머지 것들에 대한 서론으로서 별도로 이해되어야 한다. 그것은 아브라함이 침착한 마음을 갖게 하며 전혀 주저하지 않고 제안된 언약에 전념하도록 하신 것이다. 이 사실로부터 유용한 원칙이 연역되는데, 믿음은 필연적으로 하나님과 관계된다는 것이다. 왜냐하면 모든 천사들과 사람들이 우리에게 말할지라도, 절대로 그들의 권위가 우리의 마음에 확신을 줄 만큼 충분한 것이 될 수 없기 때문이다. 그리고 하늘로부터 하나님이 '나다'하시는 음성이 들리기까지 우리는 때때로 비틀될 수밖에 없다…그러나 우리는 '나'(하나님)라는 이 단어 외에 우리의 신앙이 근거할 것이 절대로 없다는 사실을 명심하자.[158]

본문을 살필 때, 우리의 언약과 신앙은 철저히 하나님께 의존된다. 하나님과 그분의 능력만이 언약의 토대이다. 그렇다면 칼빈은 언약에 있어 하나님의 역할과

---

[157] John Calvin, *Commentaries on the First Book of Moses called Genesis*, trans. John King (Grand Rapids, Michigan: Baker Books, 2009), vol. 1. Genesis. 17:1. 이후로는 Calvin, *Comm.* 장:절로 표기한다.
[158] Calvin, *Comm.* on Genesis. 17:4.

주권만을 제시하는 것일까? 그렇지 않다. 이제 이어질 칼빈의 진술들은, 칼빈의 언약관이 트렌테루드와 베이커의 입장을 넘어선다는 것을 증명한다. 왜냐하면 칼빈은 너무도 명확한 언약의 쌍방성(bilaterality)과 조건성(conditionality)을 제시하기 때문이다. 칼빈은 불링거와 마찬가지로 "너는 내 앞에서 행하여 완전하라"(Walk before me and be upright)(창 17:1)는 구절을 주시한다. "이 표현의 위력은 우리가 이 밖에 다른 곳에서 이미 설명하였다. 언약을 체결하시면서 하나님께서는 그분의 종의 입장에서 순종을 조건으로 약정을 맺고 계신다."[159] 안토니 후크마(Anthony Hoekema)와 릴백(Peter Lillback)은 칼빈 안에서 하나님의 주권 안에서 인간의 의무를 강조하는 상호언약(mutual covenant)을 인식한다.

> 칼빈의 언약에 대한 가르침에서, 하나님의 주권적인 은혜와 인간의 중대한 책임은 날카롭고 명확한 초점으로 모아진다. 어떤 곳에서도 이러한 보완적인 두 진리들이 언약의 교리 안에서 만큼 그렇게 의미 있게 교차하지 않는다.[160]

> 칼빈은 하나님께서 당신의 언약 안에서 자신을 인간에게 묶으셨다고 믿는다. 또한 인간이 하나님께 묶여진다는 것도 사실이다. "그러나 우리는 누구든지 하나님께 더 많이 묶여질수록 하나님께 더욱 감사해야 한다. 우리의 은사는 우리 자신의 것이 아니고, 하나님께서 우리를 당신에게 묶으시는 유익이기 때문이다." 언약이란 하나님이 인간에게 묶임만이 아니라 인간이 하나님께 대한 묶임이기도 하다. 칼빈은 이것을 여러 차례 언급한다.[161]

칼빈의 직접적인 진술들을 통해, 후크마와 릴백의 통찰이 정확하였다는 사실을 우리는 인식하게 된다.

> 참으로 그의 자비의 언약 안에서 주께서는 그의 종들에게 생활의 올바름과 거룩함을 보답으로 요구하신다. 그의 선하심이 조롱되거나 어떤 자가 그 때문에 헛된 기쁨을 가지고 교만하여져서 그 자신의 영혼을 축복하여 그 자신의 악한 생각대로 행하는 일이 없도록 하시려는 것이다(신 29:10). 결과적으로 이러한 식으로 그분은 그들의 의무 안에서 언약의 교제에

---

159 Calvin, *Comm.* on Genesis. 17:1.
160 Hoekema, "The Covenant of Grace in Calvin's Teaching," 140. Cf. Hoekema, "The Covenant of Grace in Calvin's Teaching," 134.
161 Lillback, *The Binding of God*, 166.

허락되도록 하신다.162

하나님께서 우리에게 자유를 주시기 때문에, 우리는 적어도 상호적으로 그에게 묶여야 한다. 그리고 그분은, 우리가 그의 백성이 될 것이라는 약속을 하셨다…우리가 더 이상 우리 자신의 욕정에 따라 살지 않고, 그에 의해 통치된다고 약속을 하셨다. 우리 사이에 상호적인 결속(mutual bond)이 존재해야 한다. 하나님께서 그 자신을 그렇게 우리에게 묶으셨기 때문에, 우리는 또한 우리 스스로 전적으로 그에게 오고 복종해야 한다.163

그러나 칼빈의 언약이 쌍무적인 성격을 갖더라도, 그것은 공로주의를 의미하지 않는다.

그러나 그분 자신이 '전능하신 하나님'이라고 선언하신 것과 그분의 능력으로 그분 자신의 백성들을 도와주신다는 선포도 헛되게 하신 것이 아니다…아무도 자신을 하나님에게로 나아가게 할 수가 없으며 오직 피조물들을 그들 본래의 장소에다 유지시키고 계시는 하나님만 바라보는 자만이 자신을 하나님을 하나님께로 나아가게 할 것이다. 정말로 하나님의 권능이 인정된 곳에서는 우리로 하여금 감탄으로 황홀케 하시며 우리의 마음이 그분을 경외하는 마음으로 가득하게 하실 것임에 틀림없다. 그리고 그 어떠한 것도 우리가 그를 경배하는 것을 방해하지 못할 것이다.164

마치 하나님께서 "내가 얼마나 친절하게도 너를 기쁘게 하고 있는자를 보아라. 나는 정당하게 그렇게 할 수도 있지만, 나는 단지 나의 권위 때문에만 너에게 성실성을 요구하지 않는다. 내가 너에게 빚진 것이 전혀 없을 지라도, 나는 은혜롭게 내려와 상호 언약(mutual covenant)을 체결한 것이다"라고 말씀하시는 듯하다.165

그러므로 하나의 그리고 동일한 믿음의 결속(bond) 안에서 우리의 구원이 놓이는 무상의 입양이 새로운 생활(newness of life)과 결합되어야 한다는 사실을 기억하자.166

---

162 Calvin, *Institutes*, III. xvii. 5.

163 *Corpus Reformatorum* XXVI, 525, Hoekema, "The Covenant of Grace in Calvin's Teaching," 145에서 재인용. 이후로는 Calvin, *CR*로 표기한다.

164 Calvin, *Comm* on Genesis. 17:1.

165 Calvin, *Comm* on Genesis. 17:2.

166 Calvin, *Comm* on Genesis 17:3.

칼빈에게 있어 순종의 가능성은 인간의 본성에 달려있지 않다. 그것은 "전능하신 하나님"께 토대와 기원을 둔다. 조건성에 관련된 열매는 모두 천상의 선물로서 여겨진다.[167] 순종이 선물인 것은 순종 자체가 연합으로부터 비롯된 이중 은총 중 하나이기 때문이다. 그러므로 연합의 도구로서 믿음 없이 선행은 없는 것이며, 더 엄밀히 그리스도를 바라보고 그에게 묶이지 않는 한 선행은 존재하지 않는다.

> 그들은, 그의[아브라함의] 믿음을 따르는 사람들 외에 어느 누구도 "아브라함의 자손"(요 8:33)에 속하는 것으로 여겨질 수 없다는 것과 언약의 하나님께서 믿음이 없이는 구원을 획득하는 것에 있어 그 어떤 도움도 주시지 않는다는 사실을 고려하지 못했다.[168]

> 우리가 우리의 거룩함으로 인해 그분과의 친교로 들어가기 때문은 아니다. 오히려, 우리는 먼저 그에게 굳게 결합되고 그의 거룩함이 주입되어야 우리는 그가 부르시는 곳으로 따라갈 수 있게 된다.[169]

칼빈은 순종의 삶을 하나님의 주권을 나타내는 예정과 조화시킨다.

> 이제 이 말씀으로부터, 우리는 그 자신을 위하여 한 교회를 모으신 그 목적을 배운다. 즉, 그분이 부르신 그들이 거룩하게 되도록 하는 것이다. 정말로 하나님의 신적 소명의 토대는 무상의 약속이다. 그러나 그 다음에는 즉시 다음과 같이 그분이 선택하여 그분의 특이한 백성으로 삼으신 그들은 하나님의 의(righteousness of God)에 자신을 완전히 헌신해야 한다는 것이다. 왜냐하면 이 조건에 의하여(on this condition) 하나님께서는 자녀들을 그분 자신의 양자로 삼으신 것이며 그렇게 하여 그 대신에 아버지의 지위와 영예를 받으시려는 것이다. 그리고 그분이 거짓말을 할 수 없으신 것처럼 그분의 자녀들로부터 상호 충성(mutual fidelity)을 정당하게 요구하신다.[170]

이처럼 칼빈에게 있어 은혜 언약은 하나님의 능력과 은혜에 기원되고 토대된 순종을 요구하고 있다. 불링거와 마찬가지로 칼빈의 은혜 언약은 "전체 성경이 겨냥한

---

167 Calvin, *Comm.* on Matthew 3:2.
168 Calvin, *Comm.* on Matthew 3:9.
169 Calvin, *Comm.* on Matthew 3:9.
170 Calvin, *Comm.* on Genesis. 17:1.

표적으로서 언약'의 두 주제를 모두 담고 있다.

하나님은 이제 전에 약간 암시하였던 것을 더 충분하고 풍족하게 설명하기 시작한다. 우리는 하나님과 맺은 아브라함의 언약은 두 부분이 있다고 말하였다. 그 첫째 부분은 무상의 사랑의 선언이었고 그 약속에 행복한 삶의 약속이 첨가되었다. 그러나 다른 한 부분은 정직한 생활(uprightness)을 양성하기 위해 진정한 노력을 기울이라고 격려하고 있는 내용이다. 그 이유는 하나님께서 단지 한 마디 말씀으로 그분의 은혜를 맛보게 하셨기 때문이다. 그리고 나서 곧 그분의 소명의 계획으로 내려가고 있다. 즉, 아브라함은 반드시 정직한 삶을 살아야 한다. 그리고 하나님께서는 거기에다 그분의 은혜에 대한 보다 큰 선언을 지금 첨가시키신다. 그것은 아브람이 하나님을 향하여 경건하며 정직한 삶을 양성하는 데에 더욱 기꺼이 자기의 마음과 생활을 형성하기 하도록 하기 위한 것이었다.[171]

하나님께서 선행을 요구하심은 그분께서 은혜에 풍성하시기 때문이며, 그분께서 은혜를 베푸신 이유는 우리를 우리의 죄에서 되돌리시려는 것이다.[172] 칼빈 안에 이러한 은혜 언약의 조건성과 은혜의 유효성의 조화가 발견된다.

결론적으로 칼빈의 은혜 언약의 특징을 요약하면 다음과 같다. 첫째, 칼빈의 은혜 언약 안에는 "하나님의 주권과 인간의 책임이 교차"하는 "사상적 균형"[173]이 존재한다. 둘째, 칼빈은 은혜 언약의 조건으로 믿음과 순종의 반응을 요구한다.[174] 셋째, 그러나 믿음과 순종이라는 은혜 언약의 조건은 하나님의 주권으로부터 흘러나온다.[175] 순종의 요구는 칭의와 성화의 이중 은총에 근거한다. 죄를 용서받아 하나님과 연합하고, 성화의 은혜를 주입받아 거룩을 추구할 수 있다. 넷째, 그러나 성화의 열매조차 남은 죄 때문에 불완전하다. 따라서 성화의 열매는 칭의의 근거가 될 수 없다. 거룩의 받아들여짐은 하나님의 복음적 관대하심 때문이다.[176]

---

[171] Calvin, *Comm.* on Genesis. 17:2.

[172] Calvin, *CR* XXV, 694. Hoekema, "The Covenant of Grace in Calvin's Teaching," 145에서 재인용.

[173] Hoekema, "The Covenant of Grace in Calvin's Teaching," 144.

[174] Hoekema, "The Covenant of Grace in Calvin's Teaching," 144.

[175] Hoekema, "The Covenant of Grace in Calvin's Teaching," 144.

[176] Calvin, *CR* XXVIII, 308-309. Hoekema, "The Covenant of Grace in Calvin's Teaching," 147에서 재인용.

c. 은혜 언약의 조건성에 대한 구원론적 이해

칼빈에게 있어 언약이 구원의 근원이고 원천이며 구원의 소망이 언약에 기초한다는 사실을 피터 릴백(Peter A. Lillback)은 논증한다. 따라서 "칼빈이 그의 구원론 안에서 언약을 광범위하게 사용하고 있다면 놀라지 말아야 한다"[177]고 그는 진술한다. 따라서 언약의 관점에서 칼빈의 구원론을 다루고, 칼빈의 구원론 안에서 언약적 함의를 고찰하는 것이 가능해진다. 그러므로 이 논문의 논지에 따라 '그리스도와의 연합 안에 이중 은총'을 다룰 때, 우리는, 칼빈의 언약관과 그리스도와의 연합 안에 이중 은총이라는 주제가 매우 밀접하게 연관된다는 사실을 주시해야 한다.

첫째, 언약과 그리스도의 관계를 생각할 때, 칼빈에게 있어 언약은 언제나 그리스도 중심적이었다.[178] 안토니 후크마(Anthony Hoekema)도 "언약 사상은 구원 역사를 함께 묶어 내는 실"[179]이며 하나님께서는 언제나 "근본적으로 하나인 은혜 언약의 수단에 의해 그의 백성을 구원 하신다"[180]고 주장하며 그러한 언약은 "그리스도 안에 근거한다"[181]고 주장한다. 그렇다면 칼빈의 증거들을 살펴보도록 하자. 칼빈의 이사야 주석 안에서 그가 언약의 기초를 그리스도에게 둔다는 증거가 발견된다.

> 나는 아브라함과 그의 후손과 맺어진 언약은 그것의 기초를 그리스도 안에 갖는다고 답한다. 왜냐하면 언약에 관한 말씀이 이러하기 때문이다. "네 씨로 말미암아 천하 만민이 복을 얻으리니(창 22:18)." 그리고 언약은 아브라함의 씨 즉, 그리스도 안에, 그의 오심에 의한 것 외에 어떤 다른 방식으로 재가 되지 않았다. 그것이 비록 이전에 맺어진 것일지라도, 그것은 확증되었고 실제로 승인되었다. 그러므로 또한 바울은 하나님의 약속이 그리스도 안에서 '예'와 '아멘'이 된다고 말한다.[182]

칼빈에게 있어 아브라함과의 언약은 그리스도를 기초로 제공된 것이다. "네 씨"의

---

177 Lillback, *The Binding of God*, 176.

178 Lillback, *The Binding of God*, 176.

179 Hoekema, "The Covenant of Grace in Calvin's Teaching," 139.

180 Hoekema, "The Covenant of Grace in Calvin's Teaching," 139.

181 Hoekema, "The Covenant of Grace in Calvin's Teaching," 139.

182 Calvin, *Comm.* Isaiah on 42:6.

오심과 "네 씨" 안에서 언약은 재가(裁可) 된다. 그리스도는 언약의 기초이며 언약의 성취자이시다. "그러면 그분께서[하나님께서] 이미 제정하신 영원하고 결코 소멸하지 않는 것으로서 언약을 설명하도록 하자. 언약의 성취는 그리스도 이신 데 이것[성취]으로 인하여 그것[언약]은 최종적으로 확인되며 인준된다."[183] 이처럼 구약의 성도들도 그리스도의 중보를 통하여, 하나님과 연결되고 그분의 약속에 대한 참여를 바라고 믿었다.[184] 그리고 두 언약이 모두 그리스도를 언약의 기초로 삼기 때문에, "성경 안에 신적 계시의 연속성과 점진성 모두를 그리스도로 하여금 볼 수 있게 하는 것은 언약적 지향성"[185]이다. 언약과 구속의 역사 속에 점진적인 계시의 빛은 새 언약의 성취자이신 그리스도에게서 절정에 달했다.[186] 칼빈의 언약사상과 그리스도의 언약의 중심과 기초되심의 가르침은 이중 은총을 다룸에 있어 그리스도와의 연합 사상과 연관된다.

둘째, 칼빈의 구원의 유익과 언약의 관계를 이해하는 것은 중요하다. 피터 릴백은 "그리스도가 언약에 중추적인 만큼, 칼빈은 언약의 논리적 우선성을 인식한다. 언약이 우선하지 않는다면, 그리스도의 속죄는 적용될 수 없다"[187]고 진술한다. 그리고 그는 칼빈의 고린도전서 11:23-26절에 대한 설교를 인용한다.

> 그러므로 언약 없이는 우리 주 예수 그리스도의 피가 우리를 위해 어떤 것에도 적용될 수 없으며, 주 예수 그리스도의 피의 덕이 우리에게 오지 못한다는 것도 확실하다. 그것이 계속적으로 선포되지 않는다면 그것은 모호해 질 것이다. 성경 안에 언약(covenant) 또는 약속(testament)이란 이 단어는 하나님께서 우리를 양자 삼으셨을 때, 하나님께서 우리와 만드셨던 동의를 의미한다.[188]

칼빈의 언약은 구원과 구원의 유익을 함께 포함한다. 그러므로 구원과 그 유익은 언약적 해설을 함의한다고 볼 수 있다. 릴백은 칼빈에게 있어 언약이 "타락의 치유"이

---

183 Calvin, *Institutes*, II. xi. 4.
184 Calvin, *Institutes*, II. x. 2. Cf. Calvin, *Institutes*, II. x. 23.
185 Hoekema, "The Covenant of Grace in Calvin's Teaching," 139.
186 Calvin, *Institutes*, II. x. 20.
187 Lillback, *The Binding of God*, 178.
188 Calvin, *CR* XLIX, 796-97. Lillback, *The Binding of God*, 178에서 재인용.

며 "구원을 회복하는 것"으로서 이해한다.[189] 구원과 구원의 유익이 언약에 포함될 때, 이 논문의 논지와 관련된 '그리스도와의 연합 안에 이중 은총' 주제 안에서 은혜 언약의 조건성과 은혜의 유효성 관계를 살피는 것은 유익한 작업이 될 것이다. 즉 언약의 조건성 성격에 대한 칼빈의 함의를 이중적 구원의 유익에 대한 풍성한 언약적 해설 안에서 얻어내고 추론해 낼 수 있게 되는 것이다.

(1) 그리스도와의 연합 안에 이중 은총의 구분

칼빈의 그리스도와의 연합으로부터 흘러나오는 칭의(justification)와 성화(sanctification)의 이중 은총 개념은, 은혜 언약이 조건성을 갖지만 그 조건성이 언제나 공로적인 개념을 배제하며, 은혜가 언제나 유효적인 것임을 논증하는 데 있어 중요한 주제임에 틀림없다. 칼빈에게 있어 칭의론 논쟁의 정황은 성화에 근거한 은혜 언약의 조건성이 공로적인 것인가 그렇지 않은가에 관련된다.

칼빈이 칭의론을 해설하던 시대적 정황은 로마 카톨릭과의 논쟁에 직접적으로 놓인다.[190] 로마 카톨릭과의 첨예한 논쟁 상황을 고려하면서 『기독교 강요』의 성화와 칭의론을 살필 때, 많은 사람들이 의문을 제기한다. 의문은 칼빈이 성화(중생[191])와 칭의에 각각 할애한 비교될 만한 분량에 놓인다. 칼빈은 논쟁의 핵심인 칭의를 성화에 관한 방대한 분량의 설명 중간에 배치시키고 칭의를 비교적 적은 양으로 다룬다.[192] 또한 설명에 있어 순서적으로도 성화가 칭의를 앞선다. 내용적으로도 칼빈은 믿음이 선행을 배제하지 않는 사실을 길게 강조하여 설명하고 칭의에 대한 설명 이전에 구원하는 믿음의 성격을 분명히 하려 한다.[193] 윌리엄 에드가

---

[189] Lillback, *The Binding of God*, 178.

[190] Richard B. Gaffin Jr., "칭의와 그리스도와의 연합", 『칼빈의 기독교 강요 신학』, David W. Hall, Peter A. Lillback 편, 나용화 외 역 (서울: 기독교문서선교회, 2009), 326. "사실 전체적으로 볼 때 칭의에 관한 칼빈의 논의는 칭의가 세례 받은 성도의 공로로 간주 되는 바 은혜가 선행하는 행위(grace-assisted works)에 근접한 근원과 기초를 두고 있다고 가르치는 카톨릭의 가르침에 반하는 것으로서 상당히 논쟁을 부추기는 것이었다. 이 중세 후기의 공로적 칭의 교리는 1547년 트렌트 공의회(Tridentine)에서 공식화되었으며, 칼빈과 항상 수평적이어서 직접적으로 부딪히거나 암시적으로 대립적이었다."

[191] 칼빈은 성화를 종종 중생과 교호적으로 사용한다.

[192] Edgar, "윤리: 칼빈에 따른 그리스도인의 생활과 선행", 『칼빈의 기독교 강요 신학』, 412.

[193] Gaffin, "칭의와 그리스도와의 연합," 330.

(Willam Edgar)는 이에 대한 답변을 두 가지로 제시한다. 첫째는, 로마 카톨릭이 칼빈의 칭의론을 가리켜 '반율법주의'(antinomianism)로 매도하는 것과 관련된다.[194] 칼빈은 이러한 로마 카톨릭의 오해를 의식하여 성화에 대한 설명을 앞세웠던 것이다. 즉 칼빈은 카톨릭의 부당한 비난으로부터 칭의론을 지켜 내기 위해 자신이 설명하는 믿음이 거룩함을 지향하고 있음을 논증하려 했다. 둘째, 많은 사람들이 의아해 하는 칼빈의 칭의와 성화의 진술 방식은 칼빈 자신의 신학적 견해를 반영한 것으로 볼 수도 있다.

> 칼빈의 이러한 배치는 두 주제, 곧 칭의와 성화를 서로 분리할 수 없으며 이 둘이 그리스도와의 연합이라는 더 큰 주제의 일부분이 된다는 그의 견해를 반영한 것으로 볼 수 있다. 『기독교 강요』 제3권 3장 1절에서 칼빈은 그리스도를 믿는 믿음의 결과들, 곧 우리에게 주어진 새 생활(성화)과 값없는 화목(칭의) 이 둘에 대해 논의할 것이라고 밝히고 있다. 이 둘은 분리될 수 없다. 칼빈은 칭의를 소극적으로 다루고 있는 것이 아니라 그 참된 가치를 전체 맥락 속에서 보여주고자 하였다. 칭의의 중요성을 흐리게 하지 않기 위해 칼빈은 먼저 회개를 논함으로 "인간이 어떻게 믿음으로 말미암아 의롭다 함을 얻는지를 더 잘 보여줄 것이다"라고 밝히고 있다. 삶의 거룩함은 값없이 의롭다 함을 얻는 것과 분리될 수 없다.[195]

이 두 가지 이유는 받아들일 만한 것으로 보인다. 두 가지 이유가 종합될 때, 칼빈은 첫 번째 이유를 동기로 하여 은혜 언약의 조건성의 성격을 연합으로부터의 이중 은총의 구분을 통해 해설하고 있는 것이다. 로마 카톨릭에 맞서서 칼빈은 자신의 신학이 거룩한 삶으로써 은혜 언약의 조건성을 배제하지 않으면서도 그것이 결단코 공로신학으로 넘어갈 수 없음을 피력(披瀝)하고 있다. 이제 칼빈이 구원의 이중적 유익을 통하여 은혜 언약의 조건성 개념을 어떻게 제시하는지 살펴보도록 하자.

칼빈은 은혜 언약 안에 조건성을 그리스도와의 연합 안에 이중 은총(a double

---

194 Edgar, "윤리: 칼빈에 따른 그리스도인의 생활과 선행", 412. Cf. Gaffin, "칭의와 그리스도와의 연합", 330. "칼빈이 그와 같이 말한 이유는 무엇인가? 한 가지 생각할 수 있는 것은 칼빈이 카톨릭과의 논쟁의 문맥에서 그렇게 발언했다는 것이다. 당시 (그리고 이후에도) 로마 카톨릭으로부터 끊임없이 메아리치는 비난은 개신교의 칭의 교리, 곧 은혜로 전가된 의롭다함을 오직 믿음으로 받는다는 칭의 교리는 영적으로 나태하게 하고, 거룩한 생활에 무관심하게 만든다는 것이다."

195 Edgar, "윤리: 칼빈에 따른 그리스도인의 생활과 선행", 413.

grace)에 두고, 이중 은총의 동시성과 구분성을 함께 제시한다. 칼빈의 연합 안에 이중 은총은 구원의 단일성 안에서 이중 은혜의 구분을 균형 있게 제시한다.

> …성령으로 인해서 믿음을 통해서 믿는 자들은 그리스도와 연합되어지며, 의로움과 거룩함을 그리스도 안에서 얻는다. 따라서 이런 은총들은 구별은 되지만, 분리시킬 수 없으며 전적으로 그리스도 안에서만 주어진다. 칼빈은 이런 은총들이 한꺼번에 동시적으로 주어진다는 것을 강조하였다. 선행을 수단으로 해서 의롭다하심을 받게 된다는 것이 아니다. 그리고 의롭다하심을 얻은 자라고 한다면 그리스도의 거룩하심과 분리되어서는 안 된다.[196]

먼저 칼빈에게 이중 은총으로서 칭의와 성화의 은총은 그리스도와의 연합으로부터 기원한다. "구원의 적용에 있어서 이 연합이 중심이고 최고점이다."[197]

> 나는 그리스도께서 우리 안에 들어와 계실 때까지 우리는 이 비할 데 없는 선을 가질 수 없다는 것을 고백한다. 그러므로 머리와 지체들과의 결합 즉 우리 마음속에 그리스도가 내주하심을 간단히 말하면, 신비로운 연합을 우리는 최고로 중요시한다.[198]

그리스도와의 신비로운 연합은 성령의 역사에 기원한 믿음과 밀접한 관련성을 갖는다. 칼빈은 성령의 사역을 가리켜 "우리를 그리스도와 연합시켜 주시는 띠"라고 표현하였다. 따라서 칼빈은 그리스도와의 연합과 성령께서 역사하시는 믿음과의 연관성을 해설한다.

> 이는 이미 말한 바와 같이, 우리가 그와 한 몸이 되기까지는 그가 가지신 것이, 우리와 아무 상관이 없기 때문이다. 우리가 이것을 믿음에 의해 얻는다는 것은 사실이다. 그러나 우리가 복음을 통해서 제공된 그리스도와의 친교를 모든 사람들이 무차별하게 받아들이지 않는다는 것을 알기 때문에, 그 이유 자체가 우리가 성령의 비밀한 능력을 더 높은 견지에서 검토하도록 가르친다. 그분 성령의 능력에 의하여 우리는 그리스도와 그의 모든 유익을

---

[196] 김재성, "현대 칭의론과 칼빈의 구원론", 346.
[197] Gaffin, "칭의와 그리스도와의 연합", 334. Cf. 칼빈은 칭의론을 그리스도와의 연합으로부터 시작한다.
[198] Calvin, *Institutes*, III. xi. 10.

누리게 된다.[199]

성령께서는 물과 피로 임하시는 그리스도를 증거 하시는 사역을 하신다(요일 5:6-7).[200] 성령은 택자의 마음속에 역사하셔서 믿음을 갖게 하신다. 우리는 이것을 '유효적 부르심'(efficacious calling)이라고 부른다. 이것이 없이는 죄인이 믿음을 가질 수 없다. 성령은 믿음을 통해 우리를 그리스도와 연합하게 하신다. 칼빈은 이 연합이 이중 은총과 갖는 상관성을 이렇게 요약한다.

> 같은 이유로, 또한 바울은 깨끗이 씻은 것과 의롭다하시는 것에 대해서 언급할 때, 우리가 이 두 가지 모두를 "예수 그리스도의 이름과 우리 하나님의 성령 안에서" 소유하게 된다고 말한다.(고전 6:11). 요약하자면, 성령께서는 그리스도께서 효과적으로 그 자신을 우리에게 연합시키시는 띠시다.[201]

개핀에 따르면, "성령이 역사하는 믿음에 의한 그리스도와의 연합은 칼빈이 말하는 구원의 서정의 핵심이다."[202] 이러한 그리스도의 연합으로부터 이중 은혜가 흘러 나온다.[203] 칭의와 성화는 그리스도를 믿음으로 붙잡고 소유하는 것으로부터 발생된다. 위에서 언급했듯이, 칼빈은 로마 카톨릭의 공로신학과 반율법주의에 대한 해독제(Antidote)로서 칭의와 성화의 관계성을 설명해 간다. 그의 논증은 연합, 칭의, 성화의 구도 안에서 진행된다.[204] 『기독교 강요』의 구조를 따르자면, 칼빈은 이중 은혜의 둘째 은혜인 성화를 앞뒤로 길게 논한 후 그 사이에서 칭의를 다룬 셈이다. 그는 칭의에 대한 설명을 시작함에 있어 긴 성화의 논의를 칭의와 관련하여 이렇게 진술한다.

> 신앙 안에서 우리에 의해 붙잡힌바 되고 소유되도록 하기 위해, 관대하신 하나님에 의해

---

199 Calvin, *Institutes*, III. i. 1.
200 Calvin, *Institutes*, III. i. 1.
201 Calvin, *Institutes*, III. i. 1.
202 Gaffin, "칭의와 그리스도와의 연합", 335.
203 Calvin, *Institutes*, III. xi. 1.
204 Gaffin, "칭의와 그리스도와의 연합", 327.

그리스도께서 우리에게 주어지셨다. 그리스도와 함께 함에 의해, 우리는 주로 이중의 은혜를 받는다. 즉, 첫째는, 무죄하신 그리스도를 통하여 하나님과 화해함으로 인해, 우리는 하늘의 심판자 대신에 은혜로우신 아버지를 소유할 수 있다. 그리고 둘째로 그리스도의 영에 의해 성화됨으로 인해, 우리는 성화됨으로 흠 없는 삶의 순결을 양성할 수 있다. 이 두 가지 선물 중의 둘째, 중생에 대해서는, 나는 충분하다고 할 만큼 말했다. 그러므로 칭의의 주제는 보다 가볍게 다루었다. 왜냐하면 먼저 믿음은 선행을 결하고 있지 않다는 것을 이해하는 것이 더욱 중요했기 때문이다. 그러나 우리는 다만 믿음을 통해서 하나님의 자비로 자유로운 의(義)를 얻는다. 그리고 이 문제가 부분적으로 관련된 선행의 문제를-성도들의 선행의 성격이 무엇인가를-이해하는 것이 더욱 중요했기 때문이다. 그러므로 이 문제들을 더욱 철저히 논의해야 한다. 그리고 이 토의를 진행할 때에, 이것이 종교 생활의 요점이라는 것을 염두에 두고, 이 문제에 더 많은 주의를 기울이도록 해야 한다. 그것은 우리와 하나님과의 관계가 어떤 것인지를 그리고 우리에 대한 하나님의 심판의 성격을 우선 이해하지 못한다면, 우리의 구원을 세울 토대가 없으며, 하나님께 대한 경건을 수립할 기초도 없기 때문이다. 이 일을 알아야 할 필요성은 그것에 대한 지식에서 더 잘 나타날 것이다.[205]

이 인용문을 통해 우리는 칼빈의 연합, 칭의, 성화의 구도의 설명이 어떤 목적과 의미를 갖는지 이해할 수 있다. 첫째, 칼빈은 "믿음이 선행을 결여하고 있지 않다"는 것을 가르치려 한다. 따라서 로마 카톨릭의 비난을 물리치고, 율법폐기론을 경계하는 방어벽으로 성화는 제시된다. 둘째, 그러나 믿음을 통한 구원의 공로적 원인은 오로지 전가되는 그리스도의 의(義)에 있다. 셋째, 이 두 개념의 긴장에 대한 해결만이 구원의 토대와 경건 생활의 기초를 세우는 일이 된다. 따라서 우리는 칼빈의 성화론에서 제기된 조건성이 무엇인지를 파악하고, 조건성이 존재할지라도 그것이 오직 은혜와 의(義)의 전가로 인한 칭의와 어떤 상관성 속에서 조화되는지를 밝힐 것이다. 이를 통해 필자는 구원의 토대로서 은혜를 정립하고, 또한 조건성이 공로적인 경향을 배제하면서 권고될 수 있는 칼빈의 신학 체계를 소개할 것이다. 칼빈에게 성화에 대한 진술 안에서 창세기 17장의 "너는 내 앞에서 행하여 완전하라"는(Walk before me and be upright)(창 17:2) 은혜 언약의 조건성이 메아리친다. 칼빈에게 믿음은 선행을 결여하지 않는다. 칼빈을 따르면 전체 복음은 죄의 용서(칭의)와 회개(성화)의

---

205 Calvin, *Institutes*, III. xi. 1.

두 부분으로 구분된다.[206] 이제 우리는 성화가 그리스도와의 연합으로부터 흘러나온 은혜라는 진리를 확고히 하며 칭의와 성화의 관계를 규명하는 데로 좀 더 나아가도록 하자.

(2) 성화에 표명된 조건성의 무공로적 성격

이제까지 우리는 칭의와 성화가 그리스도와의 연합으로부터 비롯된 은총임을 확인하였다. 그러나 성화가 은혜에 기인한다고 주장하는 것만으로 로마 카톨릭의 공로사상을 막아 낼 수 없다. 칼빈은 공로사상의 온전한 해독제(Antidote)를 마련하기 위해 이중 은총의 상관관계를 제시한다. 만일 우리가 로마 카톨릭의 구원론 체계를 이해하게 되면, 칭의와 성화의 상관관계를 어떻게 규정하는가가 몹시 중요한 사안임을 이해하게 될 것이다. 따라서 칼빈과 논쟁적 관계에 있는 트렌트 공의회(Tridentine)에 표명된 로마 카톨릭의 구원론 체계를 살펴보는 것이 유익할 것이다. 트렌트 공의회 교리강령 7장과 8장을 살필 때, 로마 카톨릭에 있어 '의롭게 됨'의 원인은 반(半)-펠라기우스주의적이다. 즉, 로마 카톨릭에서 칭의는 의(義)의 전가로 의롭게 간주되는 것을 의미하지 않고 성령과의 협력 안에서 실제로 의롭게 되는 것을 의미한다. 즉 **트렌트 공의회는 칭의와 성화를 혼동 내지 혼합하였던 것이다.** 칼빈이 이중 은총으로 표현한 칭의와 성화의 관계가 왜 중요한 지가 바로 이 지점에서 발견된다. 트렌트 공의회 교리강령 8장은 다음과 같이 진술한다.

> 유일한 형상적 원인(formal cause)은 하나님의 의(義)이다. 그것에 의해 그 자신이 의롭다는 것이 아니라, 그것에 의해 그는 우리를 의롭게 하신다는 것이다. 그것에 의해 그분은 우리에게 그것을 제공하신다. 우리는 우리의 마음의 영 안에서 새로워진다. 그리고 우리는 거절 되지 않을 뿐만 아니라 진정으로 부름받고 의롭게 된다. 우리 각 사람은 그가 기뻐하시는 대로 각 사람에게 나누어주시는 분량을 따라 그리고 온당한 경향(disposition)과 협력(cooperation)을 따라 자신 안에 그의 의(義)를 받는다."[207]

---

[206] Calvin, *Comm.* on Matthew 3:2.

[207] John Calvin, *Acts of the Council of Trent: With the Antidote,* 6. ed and trans. Henry Beveridge (1851), in *Selected Works of John Calvin. Tracts and Letters,* ed. Henry Beveridge and Jules Bonnet, vol. 4 (Eugene, Oregon: Wipf and Stock Publishers, 2002), 3: 96.

이렇게 될 때, 트렌트 공의회에서 의롭게 됨의 원인은 인간 안에 "주입된(infused) 의(義)" 혹은 "내재적(inherent) 의(義)"에 돌려진다. 이러한 구조 안에서 의롭게 됨의 원인 안에 인간적 공로 개념이 끼어들게 된다. 따라서 트렌트 공의회는 의롭게 됨의 "유일한 도구인"으로서 "오직 믿음"의 주장을 정죄한다. 그렇다면, 로마 카톨릭에 있어 믿음의 위치는 어떤 것일까? 그들은 믿음을 "칭의의 시작"이라 표현한다. 이러한 발언은, 믿음이 도구적 원인으로서 칭의의 원인임을 부인하는 것이다. 물론 그들의 후기 칭의의 개념에 근거해 협력을 인한 최종적 의롭게 됨이 고려될 때, 믿음은 그리스도께서 성취하신 완전한 구원을 획득하는 도구의 역할을 하지 못한다. 트렌트 공의회 교리강령 15장은, 믿음이 의롭게 됨의 유일한 도구라는 것을 부인한다.

> 어떤 사람들의 간교함에 반대하여, 그것에 의해 믿음 자체가 상실되는 데, 불신에 의해서만 아니라, 어떤 다른 죽음에 이르는 죄에 의해서, 비록 믿음이 상실되지 않을 지라도, 의롭게 됨 안에서 받은바 은혜는 상실된다고 주장해야 한다. 그래서 불신자뿐만 아니라 신자 중에서도 "음란한 자나 우상 숭배하는 자나 간음하는 자나 탐색하는 자나 남색 하는 자나 도적이나 탐람하는 자나 술 취하는 자나 후욕하는 자나 토색하는 자"와 사죄를 범하는 다른 모든 자들을 하나님의 나라에서 배제하는 하나님의 율법의 가르침을 옹호해야 한다. 이들은 하나님의 은혜로 도움을 얻어 이런 죄를 억제할 수 있거나, 이런 죄 때문에 그리스도의 은혜에서 끊어진다.[208]

로마 카톨릭에 있어 칭의의 은혜는 성화의 결과에 따라 상실될 수 있는 어떤 것이다. 이들을 따르면 누군가 참된 믿음을 소유하면서도 의롭게 됨을 갖지 못할 수 있다. 참된 믿음이 칭의를 배제할 수 있다는 논리다. 그러므로 믿음은 칭의의 유일한 수단이 될 수 없다. 따라서 이들은, 선행은총과 인간이 협력하여 주입된 은혜를 얻고, 다시 협력하여 더 큰 의(義)를 주입받아 의롭게 됨을 유지 혹은 증대하여 완성에 이르게 됨을 주장하는 것이다. 이들에게 칭의는 하나의 갱신적 과정이다. 칼빈은, 트렌트 공의회 교리강령 9장에 대한 해독제(Antidote)에서, 트렌트 공의회가 자신들의 교령과 성경 교리의 모순됨을 은폐하기 위해 의롭게 됨에 있어 믿음을

---

208 Calvin, *Acts of the Council of Trent*, 101-102.

논하고 있음을 지적한다. 그들은 믿음을 구원의 시작이며 칭의의 토대로 제시한다. 그들은 이러한 진술을 해결책 삼아 즉시 다른 문제로 옮겨 간다. 그들은, 사도가, 믿음이든 행위이든 칭의 보다 앞서는 모든 것은 칭의를 얻을 만한 공로가 없기 때문에 우리가 무상으로 의롭다 하심을 얻으며, 믿음은 칭의를 시작하게 하므로 의롭게 한다고 가르친다.[209] 이러한 진술은 믿음이 단지 칭의의 '시작'에 불과하다는 것을 의미한다. 그리고 이러한 주장은 단번의 칭의의 '유효성'을 부인하는 것이다. 이러한 구원론적 체계의 시작과 끝을 도식화 하면 다음과 같이 묘사될 수 있다. 로마 카톨릭은, 선행은총에 신자가 '동의'하고 '협력'하면(assentire et cooperare) 그리스도의 의(義)의 주입을 받아 의롭게 된다고 주장한다. 트렌트 공의회 교리 강령 6장은 '선행 은총과 협력'의 관련성을 논한다.

> 공의회는 성인에게 있어 이러한 의롭게 됨의 시작(시초)가 그리스도를 통한 하나님의 선행하는 은혜(prevenient grace of God, a Dei per Christum Iesum gratia praeveniente)로부터 비롯된다고 선언한다. 즉 그의 부르심으로부터, 그것에 의해 그들은 존재하는 그들 자신의 공로 없이 부름을 받는다. 그래서 죄에 의해 하나님으로부터 소원하였던 사람들이 그의 자극하시며 도우시는 은혜(by his exciting and assisting grace)에 의해, 동일한 은혜에 자유롭게 동의(assenting freely)하고 그것에 협력(cooperating) 하므로 해서 그들 자신의 의롭게 됨을 위해 돌이킬 마음이 생기게 된다.[210]

트렌트 공의회 제6차 회기 교리 강령 7장과 법령 11항에서는 위에서 이미 언급한 의화 교리의 관점을 요약적으로 볼 수 있다. 이들의 문서를 살 필 때, 다음과 같은 '의롭게 됨'의 양식을 발견할 수 있다. 트렌트 공의회의 주장 중 숙고할 사항이 있는데, 첫째, 그들은 의롭게 됨의 정의는 '죄의 용서' 뿐만 아니라 '속사람이 실제로 새롭게 됨'을 포함한다. 즉 칭의와 성화를 구별하지 않는다. 둘째 그들은 '전가된 의(義)'(imputed righteousness)를 정죄하고 '주입된 의(義)'(infused righteousness)를 주장한다. 셋째, 그들은 '칭의의 준비'와 '협력'을 주장하므로 '오직 은혜'와 '오직 믿음'이란 종교개혁의 원리와 대치된다. 이들에게 의롭게 되는 것은 은혜와 협력하여

---

[209] Calvin, *Acts of the Council of Trent*, 97.
[210] Calvin, *Acts of the Council of Trent*, 94.

의(義)를 보존하고 증대시키는 '과정'을 의미한다. 따라서 그들에게 있어 인간의 협력하는 행위는 공로적 성격을 갖게 된다. 따라서 인간의 협력이 '의(義)의 증가'와 '보존' 그리고 '후기 칭의'에 있어 필요조건이 되는 것이다. 이러한 구원론적 체계를 도식화해보면 아래와 같다.

은혜 + 그리스도의 공로 + 선한 행위 → 공로 → 칭의 + 증가된 은혜 + [협력] → 영생[최종 칭의][211]

이들의 구원론 체계는 공로적 원인으로서 그리스도의 대속과 도구적 원인으로서 믿음의 충족성을 부정한다. 이러한 형태의 구원론은 근본적으로 칭의와 성화를 혼동하고 혼합하는 데서부터 비롯된다.

로마 카톨릭과 대조적으로 칼빈은 칭의와 성화가 분리되지(separated) 않지만 구분된다(distinct)는 진리를 인식한다.[212] 칼빈을 따르면 칭의는 죄의 용서와 의(義)의 전가로 인한 법정적 용납의 문제이다.[213] 즉, 칼빈에게 있어 칭의는 '전가'에 의해 '의롭게 여겨짐' 즉, 의로운 것으로 '간주됨'을 의미한다. 칼빈에게 있어 '의롭게 하다' 혹은 '의로운 것으로 간주'한다는 말의 뜻은 법정적인 것이다.

그러므로 "의롭게 하다"는 고소를 당한 사람에 대하여, 마치 그의 무죄가 확정된 것과 같이, 그 죄책이 없다고 무죄 석방을 선고하는 것과 다를 바가 없다. 그러므로 하나님께서 그리스도의 중재에 의해 우리를 의롭다하시므로, 그분은 우리를 우리 자신의 무죄함의 확증에 의해서가 아니라 의(義)의 전가에 의해 사면하신다. 그래서 원래 의롭지 않은 우리가 그리스도 안에서 의로운 것으로 간주된다(reckoned).[214]

그러나 성화는 갱신적 성격을 가진 은총이다. 따라서 개핀에 의하면, 칼빈은 그의 구원론을 *unio-duplex gratia*(단일한 이중 은혜)로 보았다. 칭의와 성화는 은혜에

---

[211] *Sproul, Faith Alone,* 158. Cf. '[]' 안에 설명은 필자가 덧붙인 것이다.
[212] Calvin, *Institutes,* III. xi. 11.
[213] Calvin, *Institutes,* III. xi. 2.
[214] Calvin, *Institutes,* III. xi. 3.

하나이면서 동시에 두 측면을 갖는다. 즉 참여적 연합(*unio*)에 서로 혼동되거나 섞이지 않는 두 개의 구별된 측면, 또는 두 차원(*duplex*)이 있다는 것이다. 한 측면은 칭의라는 법정적 측면이며, 다른 한 측면은 성화라는 갱신과 같은 비법정적 측면이다.[215] 따라서 칭의는 성령의 비법정적인 요소를 갖지 않는 순수한 법정적 개념이다. 성령의 비법정적 요소를 칭의에 끌어들이는 것은, 칭의가 100% 은혜 즉 *sola gratia*(오직 은혜)라는 칭의의 안정성을 해치는 데로 이끌린다.[216]

개핀에 따르면, 칼빈에게 있어 전가는 "비영적(nonpneumatic, 즉 성령이 역사하는 실제적 의(義)로 여기게 되는 것이 아니라는 의미)이며 순전히 법정적이다."[217] 우리가 주목할 것은 의(義)는 '우리 안에 있지 않고 그리스도 안에'[218]있는 것이다. 이것은 "칼빈의 칭의론의 핵심을 잘 드러내는 공식과 같다."[219] 그 의(義)는 오직 그리스도 안에 참여할 때 소유하게 된다. 이 말은 "연합의 토대적 성격과 규제적 성격"을 강조하는 말인 것이다. 그러나 그리스도 안에 참여한 자들이 받는 의(義)는 참여한 "그들 밖에 있는 의(義)"이므로 그 "자신 안에 의(義)의 결핍"을 의미한다.[220] 따라서 전가는 "성령과 하나 되어 그것에 참여함이라는 측면"과 아무런 관계가 없다. 따라서 죄인에게 유일한 율법의 성취는 어떠한 성령의 역사도 배제하며 의(義)의 전가를 통해서만 얻을 수 있는 것이다(롬 8:3-4).[221] 즉 전가의 개념은 인간 안에 성령의 역사, 즉 의(義)의 주입을 통해 내재적인 의(義)를 형성하는 성령의 개념을 전혀 허용하지 않는다. 개핀의 논증을 살펴볼 때, **칭의와 성화는 참여적 성격의 연합으로부터 흘러나오는 은혜라는 점에서 하나이자 동시성을 갖지만, 칭의와 성화라는 이중 은혜의 구별 안에서 철저히 구별된다.** 이 둘은 혼동될 수 없고 혼합될 수 없다. 칭의는 법정적인 것으로 의(義)의 전가를 통해 의롭다 간주되는 죄 용서와 용납의 문제이다.

---

215 Gaffin, "칭의와 그리스도와의 연합", 338-39.
216 Gaffin, "칭의와 그리스도와의 연합", 339.
217 Gaffin, "칭의와 그리스도와의 연합", 339-40.
218 Gaffin, "칭의와 그리스도와의 연합", 339.
219 Gaffin, "칭의와 그리스도와의 연합", 340.
220 Gaffin, "칭의와 그리스도와의 연합", 340.
221 Gaffin, "칭의와 그리스도와의 연합", 340.

이러한 이중 은총에 대한 사상은 칼빈으로 하여금 오시안더(Osiander)[222]를 격렬히 비평하게 만들었다. 오시안더의 가장 큰 문제는 칭의와 성화를 혼동하며, 이 둘을 혼합하였다는 점에 있다.[223] 이러한 혼동과 혼합은 칭의를 "의롭다함"의 개념에서 "의롭게 만든다"는 개념으로 변질시켰다. 오시안더는 "본질적 의(義)"[224]라는 개념을 창안해 내었다. 오시안더에게 있어 그리스도와의 연합은 하나님의 본질이 사람 속에 주입되는 것이다. 이러한 생각은 마니교적 발상이다. 그리고 이러한 의(義)는 그리스도의 신성에만 관련된 것으로 그려진다. 이러한 발상은 하나님의 본질과 인간의 본질이 혼합되는 개념으로 하나님의 본질과 속성이 인간 안에 주입되는 것이다. 오시안더를 따르면 이러한 본질의 연합은 인간을 실제로 의롭게 만든다.[225] 오시안더에 대한 칼빈의 반론 안에는 칭의에 대한 그의 사상과 강조점들이 잘 반영되어있다. 오시안더의 사상의 문제점은 그리스도와의 연합을 곡해하고, 칭의와 성화의 구별을 무시하는데 있다. 오시안더의 사상은 '다른 옷을 입은 로마 카톨릭의 교리'였다.

이러한 오시안더의 입장에 대해 칼빈은 연합과 칭의와 성화의 구분의 개념을 공교히 한다. 칼빈은 연합사상이 그리스도와 신자의 인격적 구별을 유지하는 것이라 주장하며, 그리스도의 연합은 그가 이루신 바를 죄인에게 전가하여 그들의 것으로 간주하는 칭의 개념을 보증하는 연합이라고 주장한다. 오시안더와의 논쟁에서 표명된 칼빈의 진술들을 정리해 보면 이러하다. 칼빈은 칭의와 성화의 혼동과 혼합을 반대한다.[226] 칼빈은 두 가지 은혜를 혼동하는 오시안더의 불합리성을 지적하며 다시 한 번 한 연합 안에 두 은총의 혼합될 수 없는 구별을 강조한다. 그 구별의 핵심은, 칭의가 전가에 의해 의롭다 인정받는 것이며, 성화는 주입에 의해 거룩과 관련된 점진적 갱신이라는 것에 놓인다. 칼빈에게 "의롭다고 인정받는 것"과 "새로운 피조물"

---

[222] 개편은 『기독교 강요』 최종판에서 카톨릭이 아닌 루터파 내에 논쟁을 일으켰던 오시안더(Osiander)를 논적으로 삼았던 이유를 제4판 『기독교 강요』가 1550년 초반에 발행된 반면 발행 이후 1550년 후반에 루터파 내에 이 논쟁이 점화되어 칼빈은 최종판에서 이 논쟁을 다룰 최초의 기회를 갖게 되었다 주장한다. 오시안더의 주장은 로마 카톨릭과의 논쟁에서 발견된 문제와 유사성이 있으며, 정황상 긴급한 반론을 필요로 했기 때문에, 칼빈은 오시안더의 연합, 칭의, 전가에 대한 주제를 집중적으로 다루게 되었다. Cf. Gaffin, "칭의와 그리스도와의 연합", 342-43.

[223] Calvin, *Institutes*, III. xi. 6.

[224] Calvin, *Institutes*, III. xi. 5.

[225] Calvin, *Institutes*, III. xi. 5.

[226] Calvin, *Institutes*, III. xi. 6.

이 되는 것이 다르며, "의롭다함"과 "의롭게 만드는 것"이 다르다.[227] 그렇다면 "의롭다함"에서 믿음의 역할은 무엇인가? 칼빈에게 믿음은 그리스도의 의(義)를 전가 받기 위해 그리스도를 받아들이는 도구(instrument)이다. 믿음 자체에 가치가 있거나 믿음이 의(義)를 만들지 못한다. 믿음 자체가 항상 연약하고 불완전하기 때문이다.[228] 의(義)는 오직 그리스도로 인한 것이며 그분 안에서 발견된다.

칼빈은 성화가 연합으로부터의 이중 은총 중 하나라는 것을 강조하지만, 그럼에도 불구하고 성화의 열매는 구원의 원인이 될 수 없다. 그것은 성화를 통해 발생한 거룩의 불완전성과 중생자 안에 '남겨 진 죄' 때문이다. 칼빈은 "의인에게도 **죄의 흔적**이 항상 남아 있다"[229]고 말한다. 칭의와 생활의 변화가 구분되어야 하는 이유는 여기에 있는 것이다. '죄의 흔적'을 지닌 인간은 거룩을 나타낼 수는 있지만, 남은 죄로 인해 그것이 완전할 수는 없다. 그러나 칭의는 그리스도의 의(義)를 전가 받는 것으로서 그리스도의 의(義)에 근거하여 '의롭다함'을 받을 수 있고 '의롭게 간주'될 수 있다.[230] 칼빈은 행위로 칭의를 받으려는 사람들에게 로마서 7:24절의 "오호라 나는 곤고한 사람이로다 이 사망의 몸에서 누가 나를 건져내랴'라는 바울의 절규를 들려준다.[231] 이러한 절규는 오직 하나님의 자비만을 근거로 한 의(義)로 시선을 돌리고 피난처를 삼게 한다(롬 8:33).[232] 우리 안에서 구원의 원인을 찾을 수 없기에 칼빈은 칭의가 우리 밖에 있는 의(義)에 원인을 둔다고 단언한다.[233]

따라서 칼빈은 '행위의 의(義)'와 '믿음에 의한 의(義)'를 구분한다. 칼빈에게 있어 이 둘은 공존할 수 없는 의(義)이다. 칼빈은, 이 둘이 "한쪽을 세우면 다른 쪽은 넘겨져야 할 정도로 다르다"고 말한다.[234] 행위에 의한 의(義)를 인정하는 것은 인간에게 남은 죄의 흔적을 부인하는 것이요, 인간의 상태를 완전한 것으로 여기는 행위이다. 따라서 믿음은 모든 자랑을 배제시키며, 행위 의(義)는 믿음의 의(義)와 무관하다(롬

---

227 Calvin, *Institutes,* III. xi. 6.
228 Calvin, *Institutes,* III. xi. 7.
229 Calvin, *Institutes,* III. xi. 11.
230 Calvin, *Institutes,* III. xi. 11.
231 Calvin, *Institutes,* III. xi. 11.
232 Calvin, *Institutes,* III. xi. 11.
233 Calvin, *Institutes,* III. xi. 11.
234 Calvin, *Institutes,* III. xi. 13.

3:27).[235] 칼빈은 믿음과 은혜를 말하면서도 반(半)-펠라기우스주의적 공로사상을 주장하는 로마 카톨릭의 문제를 분석하고 비평한다. 성화에 의해 의롭게 되려는 것은 오직 믿음에 의한 칭의를 붕괴시키는 것과 같으며, 이러한 발상은 인간론에 대한 몰이해로부터 비롯된다. 칼빈은 "중생한 사람의 행위도 칭의를 얻지 못한다"[236]고 단호히 선포한다. 칼빈에게 있어 '행위의 의(義)'는 단지 불신자들이 그리스도의 은혜 없이 자신의 의지와 노력으로 율법적인 문자에 따라 행하는 행위만을 말하지 않는다. 분명 행위의 의(義)는 중생자가 성화의 은혜와 성령의 역사로 행하는 거룩한 생활로 칭의를 얻으려할 때의 경우도 포함한다. 성화의 행위에 믿음도 은혜도 성령의 역사도 있지만, 칼빈은 결코 성화의 행위가 칭의의 원인으로 제시될 수 없다고 가르친다.[237] 칼빈은, 칭의가 하나님의 자비와 그리스도의 완전성에만 그 토대를 두고 있다는 점을 강조한다.[238] 칼빈에게 있어 바울은 복음에서 제시되는 의(義)를 오직 믿음으로 받아들인다고 진술하며, 칭의에 있어 행위에 대한 고려를 일체 배제한다(롬 10:5, 6, 9; 갈 3:18).[239] 즉, 칼빈에게 "믿음은 복음이 말해주는 의(義)"를 받는 것인데, "복음이 율법과 다른 점은 의(義)를 행위에 연결시키지 않고 오직 하나님의 자비에만 맡기는 것이다(롬 4:4-5, 16; 롬 3:21)."[240]

칼빈은 성경에 믿음으로 의롭게 된다는 말이 너무 명확히 나오기 때문에, 로마 카톨릭이 이를 부정하지는 않는다는 점을 지적한다. 그러나 그들은 sola(오직)가 성경에 직접 언급되지 않는다는 이유로, sola(오직)를 배제시키려 한다. 그러나 성경 본문의 문맥은 sola(오직)를 함축한다. "그러나 그것[의(義)]이 자유로운 것이 아니라면, 의(義)가 믿음에 관한 것일 수 없다고 그가 주장하는 바울의 이러한 말씀들에 그들은 무엇이라 답할 것인가?(롬 4:2 이하) 자유로운 선물과 행위가 어떻게 일치할 수 있는가?"[241] 왜 '믿음'과 '은혜' 그리고 '그리스도'는 sola(오직)에 의해 수식되어야

---

[235] Calvin, *Institutes,* III. xi. 13.
[236] Calvin, *Institutes,* III. xi. 14.
[237] Calvin, *Institutes,* III. xi. 14.
[238] Calvin, *Institutes,* III. xi. 16.
[239] Calvin, *Institutes,* III. xi. 17.
[240] Calvin, *Institutes,* III. xi. 18.
[241] Calvin, *Institutes,* III. xi. 19. Cf. 이 밖에도 칼빈은 본절에서 롬 1:17; 3:21, 24, 28 등을 논증을 위해 인용한다.

하는가? 칼빈은, 우리가 칭의를 생각할 때, 하나님의 공의와 심판대를 상기해야 한다고 권고한다.[242] 칭의에 있어 *sola gratia*(오직 은혜)의 필요성과 절대성은 인간의 비참과 하나님의 심판대의 엄중함에 연계된다. 왜 인간 법정과 하늘 법정이 다른가? 우리가 하나님의 심판을 만족시킬 만한 행위에 대한 요구의 정도를 바로 이해할 때, 하늘 법정에서 칭의의 선언이 왜 그리스도의 의(義)만을 근거로 하는지 이해하게 된다. 하늘 법정의 공의의 척도는 인간 법정의 척도와 거리가 멀다. 뿐만 아니라 불완전하고 죄가 내주하는 인간의 능력으로는 하늘 법정의 척도를 만족시킬 수 없다. 이러한 정황은 그리스도의 의(義)의 필요성을 제기시킨다. 칼빈은 하나님의 심판대의 엄중성을 상기시킨다.[243] 칼빈에게 있어 하나님의 공의를 직시하지 못하면 그것을 존중하지 못할 뿐만 아니라 하나님의 공의를 인간의 수준으로 경감시켜서, 인간의 의(義)와 다른 의(義)로서 그리스도의 의(義)를 붙들지 못하게 되는 것이다. 따라서 칭의 교리는 하나님의 엄중한 공의와 심판에 기초한다. 칭의는 이 엄중한 척도를 만족시킴으로 얻게 되는 것이다. 그러나 인간의 무능성으로 인해 이것은 불가능하다. 그러나 하나님께서는 그리스도의 희생과 순종을 통해 이 요구를 만족시키셨다. 인간이 하나님의 엄중한 심판과 인간의 죄성을 인식할 때, 그는 내재적 의(義)를 내려놓고 그리스도께 시선을 돌리게 된다.

따라서 율법주의나 율법폐기론을 피하려는 사람은 그리스도와의 연합으로부터 비롯되는 분리되지 않지만 구분되는 이중 은총을 온전히 이해해야만 한다. 그리고 이러한 이해 속에는 언제나 하나님의 엄중한 심판대와 인간의 비참에 대한 인식이 전제된다.

(3) 불완전한 선행의 수용성

칼빈은 불신자 및 교회 안에 위선자의 선행과 성도의 선행을 구분한다. 칼빈은 그리스도에 대한 믿음 없이 진정한 거룩이 존재할 수 없음을 강조한다.[244] 따라서 살아있는 참 믿음이 선행의 참 기초(first foundation)가 된다. 성도의 선행은 분명

---

[242] Calvin, *Institutes*, III. xii. 1.
[243] Calvin, *Institutes*, III. xii. 1.
[244] Calvin, *Institutes*, III. xiv. 4.

은혜를 통해 발생하며[245] 중생(regeneration)으로부터 오는 것이다(딤후 1:9; 딛 3:4-5, 7절).[246] 따라서 칼빈은 성도의 선행의 가치를 불신자의 그것과 구별할 뿐만 아니라 성도에게 거룩한 삶이 요구됨을 강조한다. 그러나 칼빈은 여전히 선행이 의롭게 됨의 토대와 원인이 될 수 없다고 주장한다. 그는 행위 의(義)가 의롭게 하는데 어떤 도움을 준다면, 은혜로 의롭게 된다는 것은 거짓말이 될 것이라고 주장한다. 행위의 도움이 있는 은혜는 이미 은혜가 아닌 것이다.[247] 칼빈을 따르면 선행이 칭의의 토대가 될 수없는 이유는 두 가지로 나타난다. 그 첫 번째 이유는, '남은 죄'로 인한 '선행의 불완전성'에 있으며, 둘째 이유는, 불완전한 선행에 대한 '율법의 엄중성'에 놓인다.

첫째 이유로서 '남은 죄'로 인한 '선행의 불완전성'에 대해 살펴보자. 성화의 은혜는 우리에게 거룩한 삶을 제공하며 이러한 삶은 중생의 은혜로 주어지지만 그것은 하나의 경향성(inclination)으로 나타나지 완전함으로 나타나지 않는다. 우리의 육을 벗어 버리기까지 우리에게 완전(perfection)은 없다. 따라서 칼빈은 말한다. "우리의 불완전함(imperfection)의 자취는 여전히 남아 있어서...가장 훌륭한 행위도 여전히 항상 어떤 육의 불결(impurity)로 얼룩지고 부패된다고 말한다. 말하자면, 어떤 찌꺼기가 그것[선행]에 섞인다는 것이다."[248] 또한 칼빈은, 하나님의 거룩한 종들에게 조차 "육의 부패한 냄새'가 나며 성자들의 행위조차 치욕의 보상으로 나타날 것밖에 없다고 말한다.[249] 따라서 성화의 열매는 엄중한 하나님의 공의의 요구를 만족시킬 수 없다.

성도의 선행이 칭의의 원인이 될 수 없는 둘째 이유는 '율법의 엄중성'이다. 물론 만일 우리에게 '남은 죄'가 없다면 둘째 사항은 문제가 되지 않을 것이다. 그러나 엄중한 율법 앞에 인간은 불완전할 뿐이다. '율법의 엄중성'은 무엇인가? 율법은 불완전한 인간에게 완전을 요구한다. 야고보는 "누구든지... 그 하나에 거치면 모두 범한 자가 되나니"라고 가르친다(약 2:10).[250] 과거 생활의 용서를 받은 자조차 이후에

---

245 Calvin, *Institutes*, III. xiv. 5.
246 Calvin, *Institutes*, III. xiv. 5.
247 Calvin, *Institutes*, III. xiv. 5.
248 Calvin, *Institutes*, III. xiv. 9.
249 Calvin, *Institutes*, III. xiv. 9. Cf. Calvin, *Comm.* on Exodus 1:18.
250 Calvin, *Institutes*, III. xiv. 9.

의(義)를 율법에서 찾을 수 없다.[251] 야고보서 2:10절에 따르면, 뒤를 잇는 죄악들로 인해 앞에서 행한 선행은 부패하고 만다. 힘겹게 쌓은 '공든 탑'도 하나의 죄악으로 말미암아 무너지게 되는 것이다. 인간의 불완전함을 향한 율법의 엄중함은 철저하다. 죄가 섞여 있는 불완전한 인간의 선행에 율법의 엄중성이 제시될 때, 선행에 남는 것은 고소와 정죄뿐이다.[252]

그렇다면 성경은 왜 이처럼 불완전한 선행이 하나님께 받아들여진다고 말하는 것인가? 받아들여지지 않는 선행을 하나님께서 단지 요구하시는 것인가? 그렇지 않다. 선행은 은혜 언약 안에서 하나님으로부터 요구될 뿐만 아니라 하나님께 수용된다. 칼빈이 선행의 수용성에 대한 논증을 할 때, 그는 늘 로마 카톨릭의 선행의 수용성을 염두에 둔다. 따라서 우리는 칼빈과 로마 카톨릭의 견해를 비교할 필요성을 느낀다. 로마 카톨릭은 선행의 수용성에 대해 어떤 견해를 가졌을까? 선행의 수용성에 대한 로마 카톨릭의 견해를 이해하기 위해 양진영의 칭의론 체계를 살펴야 한다. 우리는 양진영의 차이를 단순히 '믿음에 의한 칭의'와 '행위에 의한 칭의' 식으로 단순히 평가할 수 없다. 왜냐하면 종교개혁에 있어 믿음은 행위와 무관한 것이 아니며, 로마 카톨릭 역시 그들이 말하는 행위가 믿음과 무관한 것이 아니기 때문이다. **로마 카톨릭은 은혜를 부인하거나 믿음을 부인하지 않는다. 다만 그것으로부터 *sola*(오직) 만을 배제시킨다.** 트렌트 공의회에 반영된 로마 카톨릭의 선행관을 살펴보면, 이 사실을 확인할 수 있다. 로마 카톨릭 교회도 늘 믿음과 은혜를 이야기 한다. 그들은 주입된 의(義)를 신자 안에 이루어져야 할 실재적인 의(義)라고 말한다. 그런데 "주입된 의(義)"는 인간과 협력하여 칭의를 얻어낸다. 로마 카톨릭은 은혜 자체를 부인하는 것이 아니라, 그들은 의롭게 됨에 있어 "오직 믿음"이란 유일한 칭의의 도구적 원인(instrumental cause)을 부인하고, 인간의 협력을 그 안에 개입시킨다. 따라서 종교개혁은 '선행'을 반대한 것이 아니라, '선행'이 구원에 기여하는 도구적 원인으로 끼어드는 것을 반대한다. 트렌트 공의회 교리 법령 24, 26, 32장에 이러한 의미들이 표명되고 있다.

---

251 Calvin, *Institutes*, III. xiv. 9.
252 Calvin, *Institutes*, III. xiv. 10.

만일 누가 받아들여진 의(義)는 보존되거나 하나님 앞에서 선행을 통해 증진되는 것이 아니라고 말하고 오히려 선행들이 단지 얻어진 칭의의 열매요 표지라고 하면서 이것이 증진의 원인이 되지 않는다고 말하면 파문하라(교리 법령 24).[253]

누구든지, 만일 그가 끝까지 선행과 신적 계명을 지키는 것 안에서 인내하면서, 하나님 안에서 행해질 수 있는 선행에 대해 그의 자비와 예수님의 공로를 통해 하나님으로부터의 영원한 보상을 의인들이 기대하거나 소망해서는 안 된다고 말한다면, 그를 파문하라(교리 법령 26).[254]

만일 누가 의롭게 된 자의 선행이 하나님의 은사로서 그를 의롭게 함에 도움이 되지 않는다고 말하거나 혹은 하나님의 은혜와 그리스도의 공로에 의해 수행한 선행에 의해 의롭게 된, 그리스도의 지체된 자의 선행이 은혜와 영생과 영생의 몫을 증진하지 않는다고 말한다면, 만일 그러하다면, 이는 은혜와 영광의 증진으로부터 떠난 것이므로 그를 파문하라 (교리 법령 32).[255]

이로 보건데, 트렌트의 선행은 구원을 이루는데 있어 필요조건으로 작용하는 것으로 보여 진다. 이들에게 선행은 구원의 도구적 원인과 공로적 원인으로 작용하는 것이다. 로마 카톨릭 교회는 칭의를 초기 칭의와 후기 칭의로 나누었다. 따라서 선행은 세례를 통한 초기 칭의 이후 의롭게 됨을 보존하고 증진하는데 있어 그리고 더 나아가 의롭게 됨의 완성에 있어서 구원의 원인이 된다(교리 법령 24).

이렇듯 은혜에 협력하는 행위가 주장될 때, 이것을 가리켜 공로라 부를 수 있을까? 로마 카톨릭의 입장에서 보면, 이것은 '실제적인 은혜로운 공로'[256]로 볼 수 있다. 왜냐하면 로마 카톨릭은 늘 **인간의 공로**를 이야기 하면서도 항상 **이 공로가 은혜에 뿌리 내리고 있다**고 말하기 때문이다. 이것은 역설이면서 로마 카톨릭이 가지고 있는 모순이기도 하다. 그들은 공로를 적정공로(*meritum de condigno*)와 재량공로 (*meritum de congruo*)로 나누어 생각했다.

---

[253] Calvin, *Acts of the Council of Trent With the Antidote*, 3:106.
[254] Calvin, *Acts of the Council of Trent With the Antidote*, 3:106.
[255] Calvin, *Acts of the Council of Trent With the Antidote*, 107.
[256] *Sproul, Faith Alone*, 150.

제3장 은혜언약의 조건성과 은혜의 유효성에 대한 교리적 서술 · 183

인간관계에서 타인의 이익을 위하여 이행한 행위에 대하여 보답을 요구할 수 있는 권리. 이는 정의의 관념에 기인한 적정공로(適正功勞, *meritum de condigno*)와 자유재량에 근거한 재량공로(*merium de congruo*)로 구분된다… 이 공의회[트렌트]에 의하면, 인간은 의화에 의하여 본질적으로 변화되며 의화된 자는 하느님 눈에 가치 있는 행위를 할 수 있고 따라서 공로를 쌓을 수 있다. 인간은 성화은총에 의하여 하느님의 상대자가 되기 때문이다. 이처럼 의화 된 자의 행위가치를 적정공로라 한다. 이는 의화 되지 않는 자의 자연적 행위가치를 의미하는 재량공로와 구별된다. 공의회에 의하면 공로는 먼저 은총과 선물로, 다음으로 선행에 대한 보답으로 이해되어야 한다고 하면서, 인간은 혼자 힘으로써가 아니라 그리스도의 구속공로에 참여함으로써 공로 있는 행위를 할 수 있다고 강조한다… 인간 공로를 이해할 때 염두에 두어야 할 것은 앞에서 언급했듯이 하느님 앞에 인간 공로가 불가능한 영역과, 피조물의 공로는 유비적인 의미에서 공로라 칭할 수 있다는 점이다. 인간이 하느님 앞에 공로를 얻을 수 있는 근거는 인간이 하느님의 모상이며, 성화은총에 의하여 인간이 동등하지 못한 수준에서 유비적으로나마 하느님의 진정한 상대 자라는 점에 있다. 물론 상대자가 된 것은 인간의 독립된 지위 때문이 아니고 하느님의 부르심에 의해서이다. 이로써 공로의 교리는 구속된 인간의 본질적인 가치를 긍정하는 셈이며 인간이 하느님의 도움으로 자신의 존재를 완성시킬 수 있음을 의미한다.[257]

"적정공로는 상급을 위한 법적 의무를 부가"한다. 그러나 "재량공로는 그렇게 하지 않는다." "재량공로는 획득한 공로가 비록 적정 공로의 수준에 도달하지 못할 지라도, 하나님이 그것을 보상하시는 것을 "적합하게," "어울리게" 만들기에 충분할 정도로 공로가 있다.[258] 즉 로마 카톨릭은 의화 되기 전 자연적 행위의 가치가 은혜로 수용되는 '재량공로'와 의화 된 후 신자는 선행을 할 수 있기에 선행적 가치를 통해 공로를 세우는 '적정공로'를 구분한다. 이들에 따르면, 하나님께서는 시초에 아직 의화에 이르지 못한 자에게 은혜를 베푸시고 불완전한 협력을 공로로 받아주신다. 우리는 이것을 재량공로라 부른다. 그러나 의화 된 후에는 선행을 행할 수 있는 능력이 있기에 하나님께서 더욱 적정한 기준으로 행위를 판단하셔서 공로를 인정하시고

---

257 카톨릭대사전, GoodNews 카톨릭 정보, http://info.catholic.or.kr/dictionary/dic_view asp?ctxtIdNum=4260, 2010년 5월 1일 검색. *meritum de condigno*와 *meritum de congruo*의 번역은 '당연한 공로,' '절대적 공로,' '완전한 공로'(*meritum de condigno*)와 '합당한 공로,' '상대적 공로,' '불충분한 공로'(*meritum de congruo*) 등으로 번역하지만, 필자는, 카톨릭 측에서 번역한 '적정 공로'(*meritum de condigno*)와 '재량 공 로'(*meritum de congruo*)를 차용하도록 할 것이다.

258 *Sproul, Faith Alone,* 147.

이를 칭의 하신다. 우리는 이것을 적정공로라 부른다. 이처럼 로마 카톨릭은 칭의와 성화를 혼합하여 의화의 개념으로 이해하고, 의화 된 자는 선행을 할 수 있으며, 이 선행을 통한 공로로 후기 칭의를 얻어 낼 수 있다고 믿는 것이다. 그런 의미에서 로마 카톨릭은 은혜 자체를 부인하는 펠라기우스주의와 구별된다. 이들은 은혜를 주장하지만 *sola gratia*(오직 은혜)를 부정하고 신인협력설(synergism)의 의미에서 공로를 인정하는 반(半)-펠라기우스주의에 속한다. 칼빈에 따르면, 로마 카톨릭은 선행의 불완전성을 분명히 이해했기 때문에, '받아들이시는 은혜(accepting grace)'를 인식하고 있었지만, 그들은 행위를 '잉여 업적'으로 공로화 했다.[259] 즉 그들은 "행위에 다소의 공로가 있다"고 하는 구절들을 인용하여 "칭의를 위해서 행위는 결코 충분한 것이 아니지만, 하나님의 은혜를 받을 가치는 있지 않은가"[260]라고 잘못된 질문을 던진다. 결국 이들이 말하는 '받아들이시는 은혜'라는 것은 선행이 불완전할지라도, 그 선행 안에는 받아들일 만한 가치가 존재한다는 의미를 함의하고 있다. 달리 표현하자면, 선행에는 공로적 요소가 존재하며, 받아들일만한 가치 때문에 하나님께서 그것을 받아들이신다는 것이다. 로마 카톨릭의 문제는 은혜와 협력하는 행위를 함께 칭의의 원인으로 여기는데 있다. 요약하자면, 로마 카톨릭은 죄의 용서가 필요하다고 생각하지만 잉여 공로를 통해 불완전한 은혜를 보충하려 한다.

그러나 칼빈은 확고히 선행을 통해 의(義)를 충족시키려면 율법의 엄중한 요구에 따라 완전한 행위를 제공해야만 함을 강조한다. 부분적으로 선행에 공로를 인정하는 것은 선행에 의해 의롭다함을 얻는다는 말로 환언되는 것이다.[261] 칼빈에 따르면, 성도의 선행은 **수용될 내부적 가치를 소유하지 않는다**. 성경은 어떤 개개의 행위에 따라 보상이 이루어지는 것을 가르치지 않는다. 즉 부분적인 선행의 가치로 보상이 이루어지는 것이 아니다. 왜냐하면 보상은 모든 율법을 완전히 지킬 때에만 가능한 것이다(레 18:5). 모든 일을 완벽히 행하지 않는 자에게는 저주가 내려진다(신 27:26; 갈 3:10). "율법을 완전히 준수하는 것 이외의 의(義)"를 하나님께서 허용하시지 않으신다.[262] 따라서 "사람들의 모든 의(義)를 한데 뭉치더라도 죄 하나를 갚지"

---

259 Calvin, *Institutes*, III. xiv. 12.
260 Calvin, *Institutes*, III. xv. 1.
261 Calvin, *Institutes*, III. xiv. 13.

못하며, "한 번의 범법 한 것으로 버림을" 받으며, "구원을 회복할 능력도 완전히 잃어버린"다(창 3:17).263

칼빈은 선행을 통한 칭의의 불가능성을 인식한다. 따라서 그는 행위에 주어지는 칭의의 은혜를 제시한다. 선행의 수용성(불완전한 선행이 하나님께 받아들여지는 것)은 칭의와 관련된다.

첫째, 선행의 수용 즉 선행을 '받아들이시는 은혜(accepting grace)는 죄 용서를 근거한다.

> 그러므로 주께서 우리의 어떤 행위를 인정하시기 전에, 먼저 우리의 죄가 가려지고 용서되어야 한다. 이로부터 죄의 용서는 자유로운 것이며 어떤 보속(satisfactions)을 밀어 넣는 사람들은 그것(은혜)를 사악하게 모독한다.264

> 이런 점에서 우리가 우리의 마음으로부터 특별히 떨쳐버려야 할 두 가지 역병(疫病)이 있다. 즉 우리는 행위 의(義)에 어떤 확신을 두어서도 안 되며 또한 우리는 행위에 어떤 영광도 돌려서는 안 된다...
> ... 그것들[행위들]이 그분의 자비로운 용서로 지탱되지 않는다면, 행위들은 오직 그분의 복수를 일으킬 뿐이다.265

인간의 행위가 받아들여지는 것은 오직 "그리스도의 의(義)를 입고 하나님을 기쁘시게 하며 죄의 용서를 받는 때만" 가능하다.266 따라서 안토니 후크마(Anthony A. Hoekema)는 "우리의 봉사의 수용성(용인성)은...그리스도의 공로에 근거된다"267고 옳게 지적한다. 칼빈은 언제나 죄의 용서가 선행의 수용을 앞선다고 주장한다. "믿음만을 토대로 한 칭의와 죄의 용서가 선행되지 않으면 선행도 죄의 용서를 받음으로써 오점을 깨끗이 씻지 않으면 약속의 조건을 만족시키지 못한다. 따라서 신자들의 행위

---

262 Calvin, *Institutes*, III. xiv. 13. Cf. 하나님께서는 이러한 엄중한 율법요구의 만족을 죄인에게만 요구하시는 것이 아니라 하나님 자신의 구속 사역에 있어서도 이 원칙을 철저히 적용하신다. 그리스도의 의(義)는 율법의 엄중한 요구와 형벌을 그리스도께서 만족시키신 결과이다.

263 Calvin, *Institutes*, III. xiv. 13.

264 Calvin, *Institutes*, III. xiv. 13.

265 Calvin, *Institutes*, III. xiv. 16.

266 Calvin, *Institutes*, III. xiv. 13.

267 Hoekema, "The Covenant of Grace in Calvin's Teaching," 160.

가 받으실 만한 것이 되게 하는 것은 하나님의 관대하심(liberality)"[268]이다. 그 불완전성에도 불구하고 그 안에 있는 죄가 그리스도의 피로 덮이고 용서될 때만이 은혜언약 안에서 선행은 수용된다.

둘째, 칭의는 그리스도의 의(義)를 통해 한 사람을 의롭다 간주할 뿐만 아니라 불완전한 선행까지 의롭다 간주한다. 다시 말해 칭의는 선행의 수용성에서 중요한 역할을 한다. 그런 의미에서 성도의 선행은 '값없는 은혜와 그리스도의 의(義)를 통해 칭의 받은 행위'라 부를 수 있을 것이다. 그런 의미에서 선행의 수용은 칭의의 은혜에 종속된다(subordinated)고 볼 수 있다. 칼빈은 칭의의 의롭게 간주함의 대상이 선행에까지 미치고 있음을 인식한다. 칼빈은 "믿음만을 토대(foundation)로 한 칭의와 죄의 용서가"[269] 행위에 선행한다고 명시한다. 심지어 칼빈은 선행에 '간주'의 의미를 적용한다.

> 죄의 용서가 보여 진 후에, 즉시 뒤따르는 선행은 그 자체의 공로와는 다른 면에서 평가된다. 그것들[선행들] 안에 불완전한 모든 것들은 그리스도의 완전으로 덮이고, 모든 흠 혹은 오점은 신적인 심판에 있어 문제가 되지 않도록 그그리스도의 순결로 씻겨 낸다. 그러므로 사람이 하나님을 기쁘시게 하는 일을 할 수 없게 만드는 모든 허물의 죄책이 도말되고, **선행까지도** 항상 더럽히는 허물의 불완전이 묻혀 버린 후에, 신자들에 의해 행해지는 **선행은 의로운 것으로 간주되거나(accounted) 달리 말하면, 의(義)로 여겨진다** (reckoned).[270]

> ...용서를 받을 때만이 행위가 받아들여지기 시작한다... 따라서 우리는, 오직 믿음으로만 **우리 자신뿐만 아니라 우리의 행위까지 의롭다함을 받는다**고 마땅히 말할 수 있다.[271]

인용된 본문에서 칼빈은 칭의에 사용하는 '의롭게 간주'라는 용어를 선행의 수용에 명시적으로 적용하고 있다. 이는, 칼빈이 사람뿐만 아니라 그 행위에 까지 칭의를 연관시키고 있다는 증거가 될 것이다. 그는 또렷이 말하고 있다. 우리 자신뿐만

---

268 Calvin, *Institutes,* III. xvii. 3.
269 Calvin, *Institutes,* III. xvii. 3.
270 Calvin, *Institutes,* III. xvii. 8.
271 Calvin, *Institutes,* III. xvii. 10.

아니라 우리의 "선행까지도" 의롭다함을 받는다. 칼빈은 확실히 선행에 칭의의 개념을 연결시키고 있다. 칭의는 선행의 수용에 토대가 된다.[272] 칭의와 선행이 그리스도와의 연합 안에 구분된 이중 은총이지만, 선행이 발생했을 때, 선행의 수용성(acceptability)은 칭의에 종속되고 의존된다. 칼빈은 선행의 수용이 칭의에 의존한다고 명시적으로 표현한다. "만일 행위에 의한 의(義)는 그 성격이 최종적으로 어떻게 인정되든지 간에 **이신칭의**에 의존한다면, 이신칭의는 이 관계로 인해서 약화되지 않을 뿐만 아니라, 사실은 더욱 강화되며, 그 힘은 더욱 강력하게 빛나게 된다."[273] 이처럼 칭의가 선행의 불결을 처리하기 위하여 그것에 선행하며, 그것을 의롭다 간주하지 않는다면, 성도가 선행을 하나님께 드릴 때, 다만 "행위의 불결이 폭로"[274]되고 말 것이다. 칭의가 없는 곳에 선행의 수용도 존재하지 않는 것이다. 칭의가 없이 불결한 선행으로만 하나님 앞에 드려진다면, 율법의 엄중성에 의해 그 행위가 정죄되고 말 것이다. 그러나 불완전한 성도의 선행은 칭의를 의존하여 하나님께 받아들여지는 것이다. 성도의 행위는 칭의에 의해 **"자체의 가치 이상으로 의롭다는 인정"**[275]을 받는 것이다.

결론적으로 칼빈에게 있어 은혜 언약의 조건성인 성도의 선행은 전혀 공로적인 신학이 끼어들 여지를 주지 않는다. 언제나 의(義)의 문제는 이신칭의의 몫이다. 칼빈은, 성도의 행위의 완전성이 종말에 가서야 주어질 것이기에 혹시 [이생에서] 그런 말을 사용하려 한다면, 오직 다음과 같은 완전성만 존재할 것이라고 주장한다. 즉, "이 완전성에는 성실하고 겸손하게 불완전함을 인정하는 것도 포함 된다"[276]고 그는 말한다. 성도의 선행의 수용에는 언제나 그것의 불결과 부족함을 인식하고 의(義)를 얻기 위해 그리스도의 의(義)에 의존하는 태도가 전제되어야 한다.

(4) 믿음의 진정성의 표지(sign)로서 선행

---

272 성도의 선행의 수용이 칭의를 토대로 할 때, 칼빈이 칭의를 구원만이 아니라 '경건'의 토대라고도 말한 것은 의미심장하다.

273 Calvin, *Institutes*, III. xvii. 9.

274 Calvin, *Institutes*, III. xvii. 9.

275 Calvin, *Institutes*, III. xvii. 9.

276 Calvin, *Institutes*, III. xvii. 15.

칼빈은 행위가 은혜와 협력하여 구원을 이룬다는 로마 카톨릭의 주장을 철저히 반대한다.[277] 칼빈에 따르면, 선행은 구원에 있어 결코 원인으로서 작용하지 못한다. 성도들은 구원의 기초를 오직 하나님의 선에만 놓는다. 이들에게 하나님의 선은 복의 완성이다.[278] 칼빈은, 구원의 기초로서 하나님의 은혜가 유효적 성격을 가진 완전한 것이라고 가르친다. 하나님의 은혜는 구원을 시작하여 행위에 바통을 넘겨주지 않는다.

> 에베소 신자들에게 보낸 편지에서 바울은 우리가 은혜에서 구원을 받기 시작했다고 말하지 않고, 은혜를 통하여 이미 구원을 받았다고 하며, "행위에서 난 것이 아니니 이는 누구든지 자랑치 못하게 함이니라"고 한다(엡 2:8-9).[279]

> 그리스도는 어떤 터인가? 그는 우리의 구원의 시초였고 완성은 우리가 해야 되는 것인가? 그는 길을 열어주셨을 뿐이고, 그 길을 걸어가는 것은 우리의 힘으로 해야 하는가? 물론 그렇지 않다... 이미 영생에 참가 했으며 소망에 의해서 천국에 들어갔다고 할 수 있다...[280]

칼빈에 따르면, 구원에 있어 은혜의 역할은 유효적인 것으로 나타난다. 시작과 완성이 하나의 구원으로 여겨진다. 여기에 선행이 원인적 역할을 하는 것은 불가능하다. 그렇다면 칼빈에게 선행은 무가치한 것인가? 그렇지 않다. 선행은 나름대로의 역할이 있다. 칼빈에게 선행은 은혜의 결과요 열매로서 나타난다. 선행은 구원에 이르는 '믿음의 진정성을 나타내는 표지'로서 역할 한다. 이러한 믿음과 구원의 진정성이 성도의 삶에 나타날 때, 선행은 믿음의 확신을 강화하는 역할을 한다. 성화의 열매는 우리의 선택과 소명 그리고 진정한 믿음으로부터 나온 결과이기 때문에, 우리는 선행을 보고 우리의 선택과 소명 그리고 믿음이 진정한 것임을 더욱 확신하게

---

277 Calvin, *Institutes*, III. xiv. 17. 그는 구원의 4 가지 원인을 제시한다. 첫째 구원의 원인은 동력인 (efficient cause)으로서 성부와 그의 거저 주시는 사랑이다. 둘째는 질료인(material cause)으로서 그리스도 시다. 우리는 이 원인을 공로적 원인(meritorious cause)라고 부른다. 셋째는 형상인(formal cause) 혹은 도구적 원인(instrumental cause)으로서 믿음이다. 그리고 마지막으로 목적인(final cause)은 하나님의 공의와 그의 인애를 찬양하는 것이다. 이는 우리가 구원받은 목적을 나타내는 것이다. 이와 같이 칼빈에게 있어 구원과 구원의 유익들은 철저히 하나님의 은혜에 원인을 두고 있다.

278 Calvin, *Institutes*, III. xiv. 18.

279 Calvin, *Institutes*, III. xiv. 11.

280 Calvin, *Institutes*, III. xv. 5.

된다. 그런 의미에서 칼빈은 선행을 "은혜의 표징"[281]으로 부르기도 한다. 우리의 선행은 불완전한 것이지만 그것은 우리의 확신을 강화하는 선택의 후험적(*posteriori*) 증거이다.

칼빈은 선행과 영생을 연관 짓는 성경 구절들을 해석한다. 칼빈은, 하나님께서 예정하신 사람들을 영생으로 인도하실 때, 주의 일반적 경륜을 따라 선행을 수단으로 삼으신다고 주장한다. 그런 의미에서 영생이 행위에서 나온다는 표현을 쓰기도 하지만, 그것은 영생이 행위의 결과라는 것을 의미하지 않는다.[282] 하나님께서 선택하신 자들을 영화롭게 하시기 위해 의롭다하시기 때문에, 앞에 온 은혜를 다음에 온 은혜의 원인으로 만드신다. 칼빈은 이러한 의미의 선행에 '종속적 원인'(inferior cause)[283]이란 말을 사용하였다. 그러나 진정한 의미의 원인을 지적할 때는 하나님의 자비만이 이에 속한다.[284] 이러한 칼빈의 통찰을 주의 깊게 이해하면, 야고보서와 로마서의 긴장은 해결된다. 칼빈은 야고보서와 로마서에 나타난 긴장이 이행칭의(以行稱義)와 이신칭의(以信稱義)의 긴장이 아닌 것임을 증명한다. 로마서는 의(義)의 전가를 논증하는 말씀이며, 야고보서는 이신칭의(以信稱義)를 부인하는 것이 아니라, "의(義)를 공표하는 문제에 대해서 말하는 것"[285]일 뿐이다. 칼빈은 선행이 믿음의 진정성에 관한 문제임을 명시적으로 가르친다. "... 진정한 믿음에 의해서 의롭다함을 얻는 사람들은 순종과 선행으로 그 의(義)를 증명한다."[286] 로마서가 선행을 구원의 원인으로 여기는 것에 대한 반론이라면, 야고보서는 믿음의 진정성의 표로서 선행을 결여한 "속이 빈 믿음의 가면"[287]을 반대하고 있는 것이다. 모순된 듯 보이는, 바울과 야고보의 진술은 실상 그리스도와의 연합 안에 이중 은총의 상관성을 각각 설명하고 있을 뿐이다.

칼빈은, 어떻게 믿음의 원인이 아닌 믿음의 진정성을 증명하는 표지로서 선행에

---

281 Calvin, *Institutes*, III. xiv. 18. Cf. Calvin, *Institutes*, III. xiv. 19.
282 Calvin, *Institutes*, III. xiv. 21.
283 칼빈이 '*inferior*'라고 사용한 용어를 'subordinated'로 사용 한다 해도 무리는 없을 것이다.
284 Calvin, *Institutes*, III. xiv. 21.
285 Calvin, *Institutes*, III. xvi. 12.
286 Calvin, *Institutes*, III. xvi. 12.
287 Calvin, *Institutes*, III. xvi. 12.

보상이 주어질 수 있는지를 논증한다. 칼빈은, 행위에 대한 보상과 위협이 원인과 결과의 문제를 다루는 것이 아니라 일의 순서를 가리킨다고 주장한다.[288] 칼빈은 구원의 서정을 논한다. 칼빈은 예정, 부르심, 칭의, 성화, 영화의 순서를 제시한다(롬 8:30). 생명 안에 받아들여진 성도들은 선행의 경주를 통해 그것을 소유한다. 그런 의미에서 생명의 면류관은 행위에 토대한 것은 아니지만 '행위에 따라서'[289] (according to) 주어진다 말할 수 있다.[290] 그러나 모든 과정의 유효성은 하나님께 있다. 시작하신 이만이 완성하신다(빌 1:6).[291] 선행은 믿음의 진정성을 나타내는 열매로서 하나님의 구원 경륜의 수단이다. **그런 의미에서 '선행에 기초한 혹은 토대한 구원'이 아니라 '선행에 따른 구원'이다.**

그렇다면 왜 은혜로 주어진 선행에 보상이 따를까? 칼빈에게 있어 선행에 따르는 보상은 공로에 대한 보상이 아니다. 칼빈에게 선행에 따르는 보상은 연약한 우리를 선행으로 유도하는 하나님의 훈련적 수단으로 사용된다. 하나님께서는, 보상을 통해 우리가 복을 소유하고 그것을 즐거워하게 하신다.[292] 우리는 연약하여 이러한 격려의 수단이 필요하다.[293] 보상은 불완전한 선행을 받아주시는 하나님의 관대하심에 근거한다. 그리고 엄밀히 말하면, 보상은 하나님의 의무도 아니다. 우리의 순종이 당연할지라도, 하나님께서는 순종에 보상을 약속하셨다. 언제나 우리 편에서의 보상 요구는 있을 수 없는 일이다.

결론적으로 선행은 오로지 은혜를 원인으로 한다. 선행은 믿음의 진정성을 나타내는 표지 역할을 한다. 그리고 우리의 확신과 믿음을 강화한다. 선행은 하나님의 은혜의 원인들에 종속된 원인으로서 불릴 수 있지만, 진정한 원인은 아니다. 따라서 이러한 선행에 약속된 보상마저도 은혜 일 뿐이다. 선행과 관련된 어떤 주제도 선행의 토대가 될 수 없다. 선행은 후험적으로 나타나는 결과일 뿐이다. 선행과 은혜의

---

288 Calvin, *Institutes*, III. xviii. 1.
289 라이트는 '칭의의 토대'(foundation or basis)로서 선행이란 말과 '선행에 따른 칭의'(according to)를 교호적으로 사용한다.
290 Calvin, *Institutes*, III. xviii. 1.
291 Calvin, *Institutes*, III. xviii. 1.
292 Calvin, *Institutes*, III. xviii. 3.
293 Calvin, *Institutes*, III. xviii. 4.

관계에 있어 언제나 은혜는 *sola gratia*(오직 은혜)이다.

d. 예정과 칭의

릴백(Peter A. Lillback)은 『기독교 강요』를 분석하면서 칼빈의 예정이 언약을 설명하기 위해 제시되었다고 주장한다. 먼저 릴백은, 1559년 최종판 이전에 함께 다루던 예정과 섭리가 왜 최종판에서는 분리되는지에 대해 주목한다.[294] 『기독교 강요』 제1권 6장 3절과 제1권 10장 1절을 보면, 칼빈은 제1권에서 섭리를 창조주 하나님에 대한 지식 안에서 다룬다. 이유는 "하나님께서 아브라함의 아들들을 자신에게 양자 삼으신 언약'[295] 즉 '특별한 언약'[296]이 그리스도에게 근거하기 때문에 이 주제는 구속적인 주제 하에 다루어질 문제였던 것이다.[297] 따라서 구속적인 성격을 배제하지는 않지만 반드시 구속적이지 않은 섭리의 문제를 칼빈은 분리하여 다룬 것이다. 따라서 릴백에 따르면, 칼빈은 "『기독교 강요』 제2권에서 구속사를 통하여 언약에서의 구원의 통일성을 발전시키고" 제3권에서 언약의 두 유익인 칭의와 성화라는 구원의 적용 주제를 다룬 후 제3권 끝부분에 가서야 예정을 다룬다. 그리고 예정의 첫 표현을 '생명의 언약(the covenant of life)으로 시작한다.[298] 칼빈은 여기서 예정을 해설하는 진술 목적을 제시하고 있다. 그것은 왜 생명의 언약의 선포가 모든 사람들에게 수용되지 않는지에 대한 답변이다.[299] 칼빈에게 예정은 언약이 언급되지 않은 상태에서 논의될 수 없는 주제였다. 따라서 릴백을 따르면 칼빈의 "예정은 바로 언약이 왜 그렇게 작용하는지에 대한 설명"이며 그의 "예정은 언약을 더욱 분명히 하기 위해 소개"된 것이다.[300] 그렇다면 왜 생명의 언약이 동일한 정도로 수용되지 못하는 것일까? 이 질문에 대한 답변은 은혜 언약과 선택의 범위가 다르기 때문이다.

---

[294] Lillback, *The Binding of God*, 211.

[295] Calvin, *Institutes*, I. vi. 1.

[296] Calvin, *Institutes*, I. x. 1.

[297] Lillback, *The Binding of God*, 211.

[298] Lillback, *The Binding of God*, 211-12.

[299] Calvin, *Institutes*, III. xxi. 1.

[300] Lillback, *The Binding of God*, 212.

즉 은혜 언약 안에 선택자와 불택자가 공존한다. 달리 말하면, 언약의 범위가 선택의 범위보다 넓다.

먼저 왜 생명의 언약에 대한 상이한 반응이 나타나는 지에 대한 칼빈의 답변은 선택의 구분으로 제시된다. 후크마(Anthony A. Hoekema)에 따르면 선택에는 넓은 개념과 구분된 개념을 나타내기 위해 '특별한 선택'[301] 이라는 용어를 칼빈이 사용하고 있음을 지적한다.[302] 칼빈에게 있어 은혜 언약과 선택의 범위는 동일하지 않다. 은혜 언약의 회원권의 범위는 예정의 범위보다 크다. 왜냐하면 칼빈은 선택을 이스라엘의 국가적 선택, 이스라엘 백성 가운데 개인적인 선택 그리고 실질적인 선택으로서 개인의 선택을 구분하였기 때문이다. 첫째, 이스라엘의 선택은 민족적인 것이었다.[303] 하나님께서는 "거저 주시는 사랑 때문"[304]에 이스라엘을 선택하셨다. 그러나 이스라엘의 선택은 개인의 구원의 선택과는 달리 직무에 관련된 것으로 볼 수 있다. 예를 들면 이스마엘 같은 경우 그는 선택된 민족에 회원이었지만, 개인적 선택이 없어 언약을 파기하고 구원에 참여하지 못했다.[305] 후크마는 민족적 선택을 이렇게 표현하였다. "여기서 일반적인 신학적 의미에서 선택이 아니라, 하나님의 특별한 계시의 수령인과 그의 특별한 보살핌의 대상이 될 국가의 선택으로서, 더 넓은 의미에서 선택을 의미한다."[306]

둘째, 칼빈은 민족적이고 집단적 선택과 구별된 개인에 대한 선택과 유기를 가르친다. 이 선택에는 '선택의 더욱 제한적인 정도'(more limited degree of election)가 추가된다.[307] 그리고 여기서 '더욱 특별한 은혜'(more special grace)가 나타난다.[308] 에서는 민족적 선택에서는 이삭과 동등했지만, 구원에서 제외되었다. 칼빈은 에서가 제외된 이유를 그가 언약의 조건성을 파기했기 때문이라고 말한다.[309] 그러나 그는,

---

301 Calvin, *Institutes,* I. x. 1.

301 Calvin, *Institutes,* I. x. 1.
302 Hoekema, "The Covenant of Grace in Calvin's Teaching," 148.
303 Calvin, *Institutes,* III. xxi. 5.
304 Calvin, *Institutes,* III. xxi. 5.
305 F. H. Klooster, 『칼빈의 예정론』, 신복윤 역 (서울: 성광문화사, 1995), 43.
306 Hoekema, "The Covenant of Grace in Calvin's Teaching," 148-49.
307 Calvin, *Institutes,* III. xxi. 6.
308 Calvin, *Institutes,* III. xxi. 6.
309 Calvin, *Institutes,* III. xxi. 6.

에서가 받지 못한 특별한 은혜가 이삭을 붙들고 있었음을 생략하지 않는다. 칼빈은 언약 파기가 에서에게 책임이 있지만, 동시에 에서의 언약 파기는 특별한 은혜의 부재로 인한 것이기도 하다.[310] 따라서 칼빈은 예정을 다룸에 있어서도 은혜 언약의 조건성을 부인하지 않는다. 다만 은혜 언약 안에 제시되는 언약의 요구들에 있어 특별한 은혜를 부여받은 자들과 그렇지 못한 자들의 엇갈린 반응이 큰 민족적 언약 안에서 상이하게 나타나는 것이다. 에서와 야곱은 민족적 선택 혹은 집단적 선택을 통해 언약 회원권을 동일하게 가졌고 언약의 조건이 요구되었다. 그러나 특별한 은혜가 은혜 언약의 조건 요구에 서로 다른 반응을 불러일으킨 것이다. 민족적 선택 안에서 개개인의 선택에 있어 특별한 은혜의 분배는 평등하지 않다.[311]

따라서 칼빈의 은혜 언약과 예정의 관계는 다음과 같은 요소들의 상관관계 안에서 설명된다. 그것들은 민족적 언약과 이스라엘 개인에게 적용되는 특별한 은혜와 비밀한 선택, 그리고 이들에게 동일하게 요구되는 언약의 요구와 조건, 그리고 특별한 은혜의 분배를 통해 나타나는 대조적인 조건에 대한 반응과 그 결과들과 같은 것들이다. 그렇다면, 개인적 선택과 그들에게 주어지는 특별한 은혜가 유효적인 것이라면, 개인적 선택 안에 있음을 확신했던 칼빈이 언약 파기의 가능성을 자신에게도 열어 놓았던 이유는 무엇 때문일까? 릴백은, 칼빈이 언약 파기에 대한 경고를 택자에게도 적용했다고 지적한다.[312] 그렇다면 택자도 은혜 언약에 대한 불이행으로 구원에서 떨어져 나갈 수 있다는 말인가? 구원을 시작과 과정 그리고 최종 상태란 과정으로 보지 않는 이상, 선택과 유기는 그 처음과 시작이 동일할 수밖에 없다. 그렇다면 칼빈은 왜 이 경고로 택자들을 위협하는 것일까? 칼빈에 따르면, 이러한 언약 파기에 대한 경고를 택자에게 적용하는 것은 '교육적 차원'에서 이루어진다고 볼 수 있다. 언약 파기의 경고는 여전히 연약성을 가진 성도들이 각성하여 순종해야겠다는 마음을 만드는 것이다. 성도에게 있어 악행에 대한 위협은 두려움을 낳고, 경건한 두려움은 삶을 교정하고 바르게 만드는 역할을 한다. 이러한 위협 아래서 영적 궁핍이 성도를 각성케 만드는 것이다.

---

310 Calvin, *Institutes,* III. xxi. 6.

311 Calvin, *Institutes,* III. xxi. 6.

312 Lillback, *The Binding of God,* 222.

이제 우리는 어떤 의미에서 바울이, 그가 이미 하나님의 선택을 통한 생명의 소망으로 접붙여졌다고 언급한 그들[그리스도인들]을 파문(破門)으로 위협하는지를 이해한다. 첫째, 비록 이것[파문]이 선택된 사람들에게 발생할 수 없지만, 그러나 그들은 육의 자만을 복종시키기 위해 그러한 경고의 필요성을 갖는다. 이것은 그들의 구원에 반대가 되기에 그들은 심판의 공포로 마땅히 두려워해야 한다. 그리스도인이 믿음에 의해 조명되는 한, 그들의 확신을 위해 그들은 하나님의 부르심이 회개 없이 이루어진다는 것을 안다. 그러나 그들이 방자하게 하나님의 은혜를 저항하는 육신을 가지고 있는 한, 그들은 이 경고로 겸손을 배운다. "너희가 찍히지 않도록 주의하라."[313]

칼빈은 은혜 언약 안에서 분명히 조건성과 언약 파기의 가능성을 인정한다. 심지어 그는 중생자들도 언약을 파기할 수 있다고 말한다. 중생한 그리스도인들도 남은 죄를 인해 하나님의 언약에 대한 조건에 불순종하는 일이 존재하며, 끝없이 이런 유혹이 다가옴으로 불순종의 위험에 처해 있다. 또한 그것이 신자들에게 실제적인 현실이기도 하다. 그런 의미에서 인간 편에서 하나님을 향한 불순종이 실재하고, 언약에 대한 파기 행위가 나타나기도 한다. 그러나 인간 편에서 언약을 파기할 지라도, 하나님께서는 언약을 영원히 파기하지 않으신다. 하나님께서는 회개의 수단을 통해 택함 받은 불순종자들을 회복시키신다. 그러나 이 회개마저도 하나님의 은혜에 속한 것이다. 이런 의미에서 택자에게 언약 파기의 가능성은 존재하지만 견인의 은혜를 인해 파문(破門)에 이르지 않는다. 이러한 위협은 택자들을 유기가 아닌 각성과 회개 그리고 절제의 열매로 유도한다. 그러나 하나님의 부르심이 회개에 근거한 것은 아니라는 점을 칼빈은 지적한다. 왜냐하면 하나님의 견인의 은혜가 선택으로부터 흘러나오기 때문이다.[314] 하나님의 선택하심은 처음과 과정 그리고 그 종말에 이르기까지 하나의 은혜, 하나의 구원으로 언제나 유효한(efficacious) 것이다. 따라서 파문은 선택의 은혜 없이 단지 이스라엘이나 혹은 교회라는 집단에 속한 외식자들에게만 적용되는 것이다. 그러나 택자들의 악행에 대한 하나님의 위협은 영원한 형벌이 아니라 부성애적 징계(discipline)이다.

이처럼 언약의 범위는 예정의 범위를 넘어선다. 은혜 언약의 회원수가 예정되어

---

313 Calvin, *Comm.* on Romans 11:22.
314 Calvin, *Comm.* on Romans 11:22.

구원받는 회원수와 일치하지 않는다. 이런 의미에서 후크마(Anthony A. Hoekema)는 칼빈이 언약을 일종의 '중간 방식 류'(a kind of middle way, *medium quiddam*)로 부른다는 것을 주지시킨다.[315] 후크마는 또한 이 '중간 방식 류' 개념으로부터 선택과 은혜 언약의 조건성의 관계를 발견한다.[316] 왜 그런가? 칼빈의 은혜 언약이 '중간 방식 류'인 것이기에 은혜 언약 안에 있는 자들은, 그들이 특별한 선택을 받았다는 표지를 드러내야 할 책임성을 가진다. 내가 예정되었다는 것을 무엇으로 확신할 것인가? 그것이 믿음이다. 그리고 진정한 믿음으로부터 발생하는 선행이다. 믿음은 예정의 후험적 증거요, 선행은 믿음의 진정성을 드러내는 표지인 것이다.[317]

칼빈은 예정에 대한 확신을 영원의 과거로부터 접근하지 않았다. 즉 영원으로 거슬러 올라가 하나님께서 나를 선택하셨는가라고 묻지 않는다. 칼빈은 그리스도에 대한 믿음 안에 있는 현재로부터 예정을 뒤돌아본다. 칼빈의 예정의 확신에 대한 접근 방법은 프란시스 튜레틴(Francis Turretin)의 그것과 동일한 것이다. 그에 따르면, 선택의 확신은 선험적(*a priori*)이 아니라 후험적(*a posteriori*)으로 고려되어야 한다. 원인으로부터가 아니라 결과로부터 거슬러 올라가며 다루어져야 한다.[318] 만일 우리가 예정을 영원 자체로부터 접근한다면, 우리는 극심한 혼란과 불안으로 인도될 것이다.[319] 따라서 우리는 우리의 선택을 '효과적인 부르심'(efficacious calling)과 '그리스도를 향한 믿음'으로부터 확신해야 한다.

결론적으로 예정은 은혜 언약 안에 있는 조건성으로서 믿음과 선행을 배제하지 않는다. 은혜 언약의 '중간 방식 류'의 성격 때문에, 칼빈은, 은혜 언약의 회원들에게 택함 받은 표지를 요구한다. 그것이 믿음과 선행이다. 그리고 믿음과 선행의 표지를 드러낼 때, 예정의 확신이 주어진다. 따라서 예정과 은혜 언약은 조건성을 배제하지도 않으며, 그 조건성이 공로적인 것으로 제시되지도 않는다. 실제로 성경은 예정의

---

[315] Hoekema, "The Covenant of Grace in Calvin's Teaching," 150.

[316] Hoekema, "The Covenant of Grace in Calvin's Teaching," 150.

[317] Calvin, *CR* XXVII, 45-46. Hoekema, "The Covenant of Grace in Calvin's Teaching," 145에서 재인용.

[318] Francis Turretin, *Institutes of Elenctic Theology*, trans. George Musgrave Giger, ed. James T. Dennision, Jr., vol. 1 (New Jersey: Presbyterian and Reformed Publishing Company, 1992), 330-31.

[319] Calvin, *Institutes*, III. xxi. 1.

목적을 명백히 밝히고 있다. 바울은 우리가 선택된 목적에 대해서, 그것은 우리가 거룩한 생활을 하도록 하려는 것이라고 명확한 이유를 제시한다(엡 1:4).[320] 따라서 예정과 믿음이 함께 하며, 믿음과 선행이 함께 한다. 이들은 서로를 배제하지 않으면서, 믿음이나 선행을 구원의 원인으로 제시하지도 않는다. 따라서 칼빈의 언약은 쌍무적 성격과 편무적 성격을 함께 갖는다. 칼빈의 예정론 안에는 은혜 언약의 조건성과 은혜의 유효성의 조화가 존재한다.

3. 개혁주의 신앙고백 안에 표명된 은혜 언약의 조건성과 은혜의 유효성

이제 우리는 불링거와 칼빈에게서 발견된 주제들을 개혁주의 신조들에서 재확인하려 한다. 이 목적을 위해 세 가지 대표적인 신조들을 선별하여 고찰하려 한다. 여기에는 벨직 신앙고백(The Belgic Confession), 하이델베르그 요리문답(The Heidelberg Catechism), 웨스트민스터 신앙고백(The Westminster Confession of Faith) 등이 포함된다. 이 신조들이 스위스, 네델란드, 독일, 영국 등 개혁주의가 발전했던 지역들을 모두 아우르는 신조들이라는 사실에서, 이를 살펴보는 것은 의미 있는 일이라 하겠다.

A. 벨직 신앙고백(1561)

벨직 신앙고백(Belgic Confession)은 칼빈의 주요 신조 중에 하나로 꼽히며, 화란 개혁교회가 사용하는 세 가지 표준문서 가운데 하나이다. 화란은 하이델베르그 요리문답, 도르트 신경 그리고 벨직 신앙고백을 표준문서로 사용해왔다.[321]

---

320 Calvin, *Institutes,* III. xxi. 6.
321 "벨기에 신앙고백", 『교회사 대사전』 vol. I (서울: 기독지혜사, 1994), 1017. Cf. 이 신앙고백서의 좀 더 자세한 배경은 "벨기에 신앙고백", 『교회사 대사전 』vol. I, 1017; Schaff, ed., *The Creeds of Christendom* vol. 1, 502-505을 참조하라.

a. 은혜 언약의 조건성에 대한 구원론적 이해

벨직 신앙고백서 제14절은 타락 전 아담의 상태와 대조된 타락 후 인간의 의지의 속박(bondage of will)을 소개한다. "인간은 단지 죄에 대한 노예가 되어, 하늘로부터 주어지지 않는다면, 아무 것도 소유하지"[322] 못한다. 은혜 언약의 혜택은 오직 그리스도께서 이루신 것으로부터 비롯된다. 구속은 철저히 하나님 주권적이다. 철저한 무능력 안에서 죄의 노예가 된 인간들의 구속은 하나님의 예정으로부터 기원한다.[323] 이 영원한 작정에 따른 은혜 언약 안에 혜택들은 하나님의 자비와 공의의 두 성품을 모두 만족시키는 방법으로 주어진다. 은혜 언약 안에서 하나님께서 타락한 인간에게 원시복음(창 3:15)의 약속을 주셨다.[324] 주의 자비와 공의의 만족은 그리스도의 성육신과 속죄를 통해 성취된다.

이와 같이 주어진 구속의 은혜의 유익은 칭의와 성화로 나타난다. 벨직 신앙고백도 칭의와 선행을 불가분리에 있는 관계로 규정하지만[325], 칭의와 성화의 구분을 철저히 강조한다. 이러한 칭의와 성화의 불가분리성 안에서 구분됨은 제24항에 잘 묘사되어 있다.[326] 이 조항을 통해 우리는 벨직 신앙고백이 "칭의와 성화가 분리될 수 없지만 구분 된다"는 원칙을 철저히 고수하고 있음을 발견한다. 이 신앙고백은 칭의를 '의롭게 됨'의 문제로 그리고 성화를 거룩함의 문제로 여긴다. 성화는 성령의 중생 사역을 통해 이루어지지만, 칭의는 믿음에 의한 그리스도의 의(義)의 전가를 통해서만 이루어지는 죄 용서와 의롭게 여기심의 은혜이다.[327] 본 항은 칭의가 성화와 무관하지 않음을 강조한다. 믿음은 홀로 있지 않다. 믿음은 사랑으로 역사하는 믿음이다. 그러나 믿음은 열매가 아니라 선행의 뿌리요 나무이다. 믿음으로 의롭게 됨은 선행을 하기도 전에 나타난 사건이다.

또한 제24 항에서 주목할 사실은 심지어 선행은 의롭게 되는 데 있어서 아무런

---

[322] *Belgic Confession*, article 14.

[323] *Belgic Confession*, article 16.

[324] *Belgic Confession*, article 17.

[325] *Belgic Confession*, article 24.

[326] *Belgic Confession*, article 24.

[327] *Belgic·Confession*, article 22.

의미가 없기까지 하다. 칭의는 철저히 의롭게 됨의 문제이며, 의롭게 됨의 문제에 성화의 은혜와 선행은 원인이 될 수 없다. 왜 그런가? 벨직 신앙고백은, 개혁신학의 일치를 따라 그것이 인간의 '남은 죄'로 인한 '무능력' 때문이라고 답한다. 벨직 신앙고백서는 원죄마저도 세례에 의해 폐지되거나 제거되지 않는다고 말한다.[328] 따라서 우리의 칭의와 하나님께서 선행을 수용하시는 것에 있어서도 언제나 그 토대는 그리스도의 구속 사역에 놓인다. 칭의의 근거는 언제나 그리스도의 능동적 순종과 수동적 순종으로 이루신 의(義)의 전가에 있다. 우리의 칭의는 그리스도의 순종만을 의존하며 이를 토대(foundation)로 삼는다.[329] 따라서 벨직 신앙고백은 그리스도의 의(義)의 전가의 충분성을 강조한다.[330] 칭의의 공로에 있어 믿음조차 배제된다. 따라서 진정한 믿음의 증거인 선행은 중생자에게 나타나지 않을 수 없는 것이기는 하지만 그 불완전성으로 인해 칭의의 원인이 될 수 없는 것이다. 선행의 수용마저도 "구세주의 고난과 죽음이라는 공로"[331]에 의존한다. 이런 면에서 벨직 신앙고백은, **성화의 열매인 선행의 수용이 칭의를 토대로 한다는 개혁신학의 원리**를 충실히 따르고 있으며, 그 안에서 초기 개혁신학자들의 목소리를 재생하고 있다고 볼 수 있다.

B. 하이델베르그 요리문답(1563)

우리가 살펴려하는 하이델베르그 요리문답은 16세기 언약주의자들(federalists) 가운데 가장 두드러진 인물로 평가받는 자카라이스 우르시누스(Zacharias Ursinus, 1534-83)와 캐스퍼 올레비아누스(Caspar Olevianus, 1536-87)에 의해 저술되었다.[332] 16세기 마지막 20년 동안은 언약신학이 발전하고 더욱 명확하게 조직화되었다. 하이델베르그 대학에서 우르시누스와 올레비아누스의 시기는 언약 도식에 있어 가장 완전한 구성을 제공한 시기로 여겨진다.[333] 이들의 신학은 제네바(Geneva)와 쮜리히

---

328 *Belgic Confession*, article 15.
329 *Belgic Confession*, article 23.
330 *Belgic Confession*, article 22.
331 *Belgic Confession*, article 24.
332 Golding, 26.
333 Golding, 26.

(Zurich)에 밀접한 관련을 가지고 형성되었다. 먼저 우르시누스는 멜랑히톤 (Melanchthon)에게 7년 간(1550-57) 교수 받았으며, 쮜리히의 불링거(Henry Bullinger)와 피터 마터(Peter Martyr), 제네바의 칼빈(John Calvin)과 베자 등과 접촉하였다. 이러한 교제 속에서 칼빈은 그에게 자신의 책을 선물하기도 하였다.[334] 그리고 올레비아누스의 신학사상 또한 제네바와 쮜리히에 많은 빚을 지고 있다. 그는 칼빈의 저작들과 종교개혁 신학을 광범위하게 연구하였고, 순교자 피터 버미글리 (Peter Martyr Vermigli)와 불링거(Henry Bullinger)와 쮜리히에서 신학을 연구했 다.[335]

a. 은혜 언약의 조건성

하이델베르그 요리문답에 제시된 은혜 언약은 쌍무적(bilateral) 성격을 지닌 상호 언약(mutual covenant)이면서도 칼빈과 불링거와 마찬가지로 하나님의 은혜와 주권 을 전제한다. 우르시누스(Zacharias Ursinus)는 그의 하이델베르그 요리문답 해설에 서 은혜 언약을 중보자 그리스도와의 관계 안에서 설명한다. 그에 따르면, 죄로 단절된 하나님과의 관계가 그리스도의 중보로 화해되는데 이것을 [은혜] '언약'이라 부른다.[336] 중보자 개념을 통해 언급되기 시작한 우르시누스의 은혜 언약은 쌍방적이 다. 우르시누스는 말한다. "일반적으로 언약은 두 당사자들 사이에 상호적인 약정 (mutual contract)이거나 계약(agreement)이다. 그 안에서 한 당사자가 다른 당사자 에게 무엇인가를 주거나 받는다는 어떤 조건으로 어떤 일을 성취하기로 계약을 맺는 다."[337] 이러한 쌍무적이고 상호적 언약은 하나님의 주권과 인간에게 부여된 조건성을 함께 제시한다. 하나님께서는 그리스도 안에서 자비를 베푸심으로 새로운 의(義)와

Schaff, ed., *The Creeds of Christendom*, vol.1, 533.

[335] Jeong Koo Jeon, *Covenant Theology: John Murray's and Meredith G. Kline's Response to the Historical Development of Federal Theology in Reformed Thought* (Lanham, Boulder, New York, Toronto, Oxford: University Press of America, 1999), 29.

[336] Zacharias Ursinus, *The Commentary of Dr. Zacharias Ursinus*, trans., G. W. Williard (Pillipsburg, New Jersey: Presbyterian and Reformed Publishing Company, 1852), 96.

[337] Ursinus, *The Commentary of Dr. Zacharias Ursinus*, 97.

성령 그리고 영생을 주신다. 이 은혜를 전제로 인간은 회개와 믿음으로 응답한다. 그리고 진정한 믿음의 증거로서 순종의 열매를 맺으며 하나님께 감사를 표한다.[338] 언약의 조건성에도 불구하고 우르시누스는 다시 한 번 은혜 언약에 있어 하나님의 주권과 은혜의 주도성을 강조한다. "이 언약은 오로지 중보자에 의해서만 맺어질 수 있다. 당사자들 중에 한 당사자로서 우리가 그의 호의를 회복하기 위하여 하나님을 만족시킬 능력이 없었다는 사실로부터 그것이 추론될 수 있다."[339] 오로지 은혜 언약 체결은 중보자 되신 그리스도를 중심으로 하며 그분을 근거와 원인으로 삼는다.

우르시누스도 칼빈과 개혁주의 전통을 따라 은혜 언약의 통일성을 강조한다. 은혜 언약은 시행에 있어 옛 언약과 새 언약으로 구분되지만, 본질에 있어 이 두 언약은 하나이다. 은혜 언약의 본질은 그리스도와 그에 대한 믿음이다. 따라서 율법으로 불리 우는 옛 언약에서도 복음 아래서의 새 언약과 마찬 가지로 동일한 방도로 구원을 받았다.[340] 우르시누스에게 옛 언약과 새 언약의 통일성은 그리스도라는 언약의 중심과 본질에 기초한다. 은혜 언약의 통일성 진술 중에 우르시누스가 창세기 17:1절을 인용하여 은혜에 기초한 은혜 언약의 조건성을 설명하는 모습은 매우 의미심장하다.

> 우리 자신에 관련된 조건에서. 각 언약에서 하나님께서는 인간으로부터 믿음과 순종을 요구하신다. "너는 내 앞에서 행하여 완전하라"(창 17:1)... 그러므로 새 언약은 하나님 편에서나 사람 편에서나 주요 조건들에 있어서 옛 언약과 일치한다.[341]

우르시누스의 진술을 살필 때, 은혜 언약의 통일성 안에서 창세기 17장에 대한 해석은 칼빈의 그것과 일치되는 것으로 보인다. 우르시누스에게 있어서도 은혜 언약의 두 가지 중심 주제는 하나님의 주권적이고 유효적인 은혜와 함께 제시되는 인간 편의 조건성이다.

b. 은혜 언약의 조건성에 대한 구원론적 이해

---

[338] Ursinus, *The Commentary of Dr. Zacharias Ursinus*, 97.
[339] Ursinus, *The Commentary of Dr. Zacharias Ursinus*, 98.
[340] Ursinus, *The Commentary of Dr. Zacharias Ursinus*, 98-99.
[341] Ursinus, *The Commentary of Dr. Zacharias Ursinus*, 99

(1) 칭의와 성화의 구분

하이델베르그 요리문답에서도 은혜 언약의 조건성은 성화, 율법, 선행과의 관련성 안에서 제기된다. 그러나 이 요리문답은 은혜 언약의 조건성이 절대로 칭의의 원인이 될 수 없음을 강조한다. 이 문서에 있어서도 칭의의 은혜는 성화의 은혜와 분리되지 않지만 철저히 구분된다. 칭의는 그리스도의 의(義)의 전가(imputation)를 통해 주시는 죄 사함의 은혜와 동일하며 의롭게 됨의 문제이지만[342], 성화는 은혜의 주입 (infusion)을 통한 중생과 관련된 거룩함의 문제이다.[343]

하이델베르그 요리문답 q. & a. 60에 대한 해설에서 우르시누스는 '의'(義)에 대한 분석으로부터 칭의에 접근한다.

60문. 당신은 어떻게 하나님 앞에서 의롭게 되는가?

답. 오직 예수 그리스도를 믿는 진정한 믿음에 의해서이다. 즉, 내가 전적으로 하나님의 모든 계명을 범하였고 그것들 중 어느 것도 지키지 않았으며, 여전히 모든 악으로 향하는 성향이 있다고 나의 양심이 나를 고소할지라도, 그럼에도 불구하고 하나님께서는 나의 어떤 공로가 전혀 없이, 오직 은혜로, 나에게 그리스도의 완전한 만족, 의 그리고 거룩을 주시고 전가하셔서, 마치 내가 결코 어떤 죄도 전혀 범한 적이 없고, 마치 내가 그리스도께서 나를 위해 성취하신 그 모든 순종을 완전히 성취한 것처럼 여기신다. 내가 믿는 마음으로 그러한 유익들을 받아들이는 한 말이다.[344]

우르시누스는 전가를 인한 믿음의 칭의를 율법적 성격의 '의'(義) 개념과 관련하여 설명한다. 우르시누스는 '의(義)'를 법적 의미에서 해설한다. '의(義)'는 법의 성취요 또한 법에 순응하는 의미로 해설된다. 그에게 '의롭게 됨'은 '율법의 성취'를 통해서만 이루어진다.[345] 우르시누스는 하나님의 내재적 의(義)인 창조되지 않은 의(uncreated righteousness)와 피조물에게 속하는 창조된 의(created righteousness)를 구분한다. 다시 창조된 의(義)는 율법적 의(義)와 복음적 의(義)로 나뉘는데, 율법적 의(legal

---

[342] Ursinus, *The Commentary of Dr. Zacharias Ursinus*, 326-27.

[343] Ursinus, *The Commentary of Dr. Zacharias Ursinus*, 465.

[344] *Heidelberg Catechism*, q. & a. 60.

[345] Ursinus, *The Commentary of Dr. Zacharias Ursinus*, 325.

righteousness)는 한 사람이 율법을 완전히 성취하여 의롭다고 선언되는 것을 의미한다. 그러나 복음적 의(evangelical righteousness)는 우리를 대신한 분이 율법을 성취하고 그것을 믿음으로 전가하여 의롭다고 선언되는 것을 의미한다. 따라서 율법적 의(義)이든지 복음적 의(義)이든지 모두가 율법에 대한 성취를 통해 주어지는 것이다.[346] 따라서 칭의는 의(義)나 의(義)의 특질을 주입시키는 것이 아니라 그리스도의 의(義)를 전가시켜 죄를 용서하시며 의롭다 여기시는 은혜인 것이다. 분명 칭의는 값싼 은혜가 아니다. 율법의 엄중한 요구가 그리스도의 능동적 순종과 수동적 순종을 통해 모두 성취되었기 때문에, 의(義)가 전가 될 수 있는 것이다.

칭의의 원인이 인간에게 있을 수 없다. 칭의를 받기 전에도 칭의를 받은 후에도 인간의 행위는 불완전하기 때문이다. 내세의 영화 상태에서도 과거의 죄를 보상할 수 없기에 우리는, 인간의 행위로 말미암는 칭의가 불가능한 것이라 단언할 수 있다.[347] 우르시누스는 칭의의 원인을 해설한다. 그리스도의 의(義)의 전가와 그 적용이 예정에 근거한 것이기에 하나님의 긍휼은 '근원적 원인'이다. 그에 따르면 칭의의 원인에 인간의 행위는 끼어들 여지가 없다.[348] 따라서 하이델베르그 요리문답 q. & a. 61은 믿음 자체의 가치가 아니라 믿음이라는 수단을 통해 그리스도의 보상과 의(義)가 전가를 통해 나의 의(義)로 여겨져 의롭게 된다고 고백한다. 언제나 "믿음 때문에"(on account of faith)가 아니라 "믿음으로 말미암아"(through faith) 혹은 "믿음에 의해"(by faith) 칭의를 받는 것이다.[349] 이처럼 하이델베르그 요리문답과 우르시누스의 해설은 칭의의 원인이 인간에게 있을 수 없음을 분명히 하고 있다. 칭의의 원인으로서 전가 된 의(義)는 언제나 우리 밖에 있다. 그것은 내재적이거나 우리 안에 있는 의(義)가 아니다.

(2) 불완전한 선행의 수용성

이 주제와 관련하여 하이델베르그 요리문답에서 우리는 칼빈의 목소리를 다시

---

[346] Ursinus, *The Commentary of Dr. Zacharias Ursinus*, 325.
[347] Ursinus, *The Commentary of Dr. Zacharias Ursinus*, 328.
[348] Ursinus, *The Commentary of Dr. Zacharias Ursinus*, 110.
[349] Ursinus, *The Commentary of Dr. Zacharias Ursinus*, 332.

들을 수 있다. 전체적인 논증 내용과 구조가 거의 일맥상통하다 하겠다. 성화와 율법의 제3용도는 연관된 주제이다. 그리스도와 연합한 중생자는 이중 은총으로 분리되지 않지만 구분되는 칭의와 성화의 은혜를 받는다. 은혜 언약의 조건성으로서 믿음의 증거인 선행은 성화의 은혜를 통해 나타난다. 성화의 열매로서 선행은 율법과 일치하며 믿음의 선한 동기로부터 행해져야 하므로 율법과 연관성을 갖고 해설된다.[350] 이 두 요소가 결여될 때 인간의 어떤 행위도 선행으로 불려 질 수 없다. 하이델베르그 요리문답은 선행을 중생의 은혜만 아니라 항구적인 성령의 끊임없는 영향력과 지도하심에 둔다.[351] 그러나 성화의 열매는 칭의의 원인이 될 수 없다.

> 62문. 그러나 왜 우리의 선행이 하나님 앞에서 우리의 의(義)나 그것의 일부가 될 수 없는 것인가?

> 답. 하나님의 심판대 앞에 인정될 수 있는 의인들은 절대적으로 완전하고 그리고 하나님의 율법에 모든 측면에서 일치해야만 하는데, 이생에서 우리의 가장 훌륭한 행위도 불완전하고 죄로 더러워져 있기 때문이다.[352]

문제는 성도들의 '남은 죄'에 있다. 성화의 열매는 성령께서 주시는 은혜이지만, 선행에 죄가 섞여있다. 따라서 우르시누스는 인간의 불완전성 안에서 행해지는 부족한 선행을 감안할 때, 로마 카톨릭 교회의 '잉여 행위'(work of supererogation)를 거부한다.[353] 이러한 신학은 하나님의 율법의 엄중성과 인간의 무능성 혹은 불완전성을 간과한 까닭이다.

그렇다면 선행이 불완전하므로 선행은 무용한가? 그렇지 않다. 칼빈과 마찬가지로 우르시누스는 선행의 수용을 칭의와 연관 짓는다. 선행은 불완전하지만, 그리스도의 공로와 의(義)의 전가를 근거로 하나님께서 불완전한 선행을 완전한 것처럼 여기시고 받아주신다.

---

[350] Ursinus, *The Commentary of Dr. Zacharias Ursinus*, 476. Cf. *Heidelberg Catechism*, q. & a. 91.
[351] Ursinus, *The Commentary of Dr. Zacharias Ursinus*, 479.
[352] *Heidelberg Catechism*, q. & a. 62.
[353] Ursinus, *The Commentary of Dr. Zacharias Ursinus*, 481.

...우리의 행위도 그 자체로는 불완전하고 거룩하지 못하나, 그리스도의 의(義)가 그 모든 불완전한 것과 부정한 것을 다 덮어서 하나님께 드러나지 않게 하시므로 우리의 행위가 하나님께 받으실 만한 것이 되는 것이다...[354]

우르시누스는 분명 칼빈과 동일한 개념을 가지고 선행의 수용을 언급하고 있다. 칼빈이 그러했듯이, 우르시누스의 선행도 칭의와 관련성을 갖는다. 칭의는 인격만을 의롭다 하는 것이 아니라 성도의 선행을 의롭다 한다. 우르시누스에게도 선행의 수용은 칭의에 토대된다. 따라서 칭의는 경건 생활의 토대가 될 수 있다. 선행에 공로가 주어지지 않을 때 선행에 약속된 보상도 공로에 의한 것이 아니다. 그것은 은혜의 선물이다.[355] 하이델베르그 요리문답과 우르시누스에게 있어 선행은 공로로서 자격 요건을 갖추지 못한 것으로 여겨진다. 왜냐하면 하나님께서는 우리에게 상급을 주실 의무가 없으시기 때문이다.[356] 선행은 피조물로서 또한 은혜를 입은 자로서 합당히 행해야 할 의무인 것이다. 당연한 것에 상급은 의무적인 것이 아니라 은혜이다. 또 한 가지 이유는 우리의 선행이 불완전하여 공로가 될 수 없다는 사실이다.[357]

이처럼 선행은 결코 칭의의 원인이 될 수 없다. 그러나 이러한 전제 아래서 우르시누스는 은혜 언약의 조건성으로서 성화의 요구의 근거를 제시한다. 선행은 "믿음에 의해 그리스도에게 접붙임을 받은 사람들"의 "감사의 열매"이다.[358] 믿음은 절대로 그 결과나 열매가 없이 혼자 있지 않기 때문이다.[359] 선행은 그리스도께 연합된 것에 대한 감사의 표현이다.[360] 믿음은 언제나 열매를 수반한다.

C. 웨스트민스터 신앙고백(1643-1648)

언약신학과 관련해 웨스트민스터 신앙고백서의 가치를 인식하는 것은 중요하다.

---

354 Ursinus, *The Commentary of Dr. Zacharias Ursinus*, 482.
355 *Heidelberg Catechism*, q. & a. 63.
356 Ursinus, *The Commentary of Dr. Zacharias Ursinus*, 334.
357 Ursinus, *The Commentary of Dr. Zacharias Ursinus*, 335.
358 *Heidelberg Catechism*, q. & a. 64.
359 Ursinus, *The Commentary of Dr. Zacharias Ursinus*, 337.
360 Ursinus, *The Commentary of Dr. Zacharias Ursinus*, 337.

"웨스트민스터 신앙고백서는 구분된 조항 아래 언약의 교리를 다룬 첫 번째 주류 개혁주의 고백으로 간주된다."[361] 그리고 웨스트민스터 신앙고백은 "언약주의"(federalism)로 불리 우며, "개혁주의적 스콜라주의"의 개요로 여겨진다.[362] 반면 이 신앙고백서의 언약신학에 대한 표현에 대해 반작용과 재평가 역시 제기된다. 웨스트민스터 신앙고백서에 대한 이슈는 몇 가지로 분류될 수 있다. 첫째, 행위 언약이란 용어자체를 개신교 스콜라주의 혹은 언약주의(federalism)의 창작물로 보는 입장이다. 둘째, 칼빈 혹은 초기 종교개혁자들에게 행위 언약에 대한 개념이 부재했음을 강조하는 입장이 존재한다. 셋째, 행위 언약의 창작은 언약에 있어 율법을 은혜에 우선되는 것으로 만들었다는 입장이다. 우리는 이 논문의 논지와 관련하여 언약의 조건성을 다루는 세 번째 입장을 살펴볼 필요가 있다.

a. 은혜 언약의 조건성

(1) 행위 언약과 은혜 언약에 표명된 하나님의 주권

롤스톤(Holmes Rolston)은, 이 신앙고백서의 언약주의가 신학적 시대착오라 비판하며, 언약주의의 신화가 율법의 우선성에 기초된다고 비평한다.[363] 즉 롤스톤과 같은 학자들은, 행위 언약이 언약주의의 창작물로서 은혜 언약을 율법 우선적인 것으로 퇴색시킨다고 주장한다. 롤스톤은, 신학의 역사에서 언약신학이 "은혜의 원리를 모호하게 하는 불행한 발전이었고 칼빈의 신학으로부터 주목된 일탈"[364]이라고 주장한다. 롤스톤에 따르면, 웨스트민스터 신앙고백의 언약신학 안에 대한 관심의 질서(the order of concern)는 칼빈의 그것과 상반된다. 그에 따르면, 칼빈의 '은혜·배

---

[361] Wong, 119. Cf. 워필드(B. B. Warfield)는 언약신학을 웨스트민스터 신앙고백서의 구성 원리(architectonic principle)로 간주한다(B. B. Warfield, *The Westminster Assembly and Its Work* (New York, 1931), 40.) 그리고 게할더스 보스(G. Vos)도 이 신앙고백서 안에 언약신학의 중요한 역할을 인정하며, "웨스트민스터 신앙고백서는 언약의 교리가 단지 한쪽 구석에 놓여 있는 것이 아니라 전경에 놓여 진 것이며 거의 모든 논점에 퍼져 있는 첫 번째 개혁주의 신앙고백이다"고 주장한다(Vos, 239.).

[362] David B. McWilliams, "The Covenant Theology of the Westminster Confession of Faith and Recent Criticism," *Westminster Theological Seminary Journal* 53/1 (1991), 109.

[363] McWilliams, 111. Cf. Holmes Rolston, *John Calvin Versus the Westminster Confession* (Richmond: John Knox Press, 1972), 11, 14.

[364] Rolston, 11, 14.

은망덕 안에 은혜의 상실-회복된 은혜'의 구도는 웨스트민스터에 이르러 '율법-깨어진 율법-은혜'로 퇴색되었다. 칼빈과 이 신앙고백의 대조는 은혜와 율법의 대조와 같은 것이다.[365] 토랜스(J. B. Torrance) 역시 이 신앙고백서의 "계약상의 언어는 단지 그것의 율법주의의 표현"일 뿐이라 주장한다.[366] 또한 토랜스는 '언약'과 '계약' 사이의 차이가 '은혜'와 '율법'의 사이의 차이와 동일하다고 주장하며, 언약주의가 '직설법' 전에 '명령법'을 놓았다고 비판한다. 즉 그는, 이 신앙고백이 사랑의 관계로서 언약 (covenant)을 법적 관계인 계약(contract)으로 변질시켰다고 주장하는 것이다.[367]

맥윌리암스(David B. McWilliams)는 웨스트민스터 신앙고백서에 대한 이러한 비평들의 원인을 바르트(Karl Barth)를 중심한 실존주의적 신학 전제 위에 있다고 지적한다. 즉 이들의 평가는 아담에 대한 성경의 기록을 '일반 역사'(Historie)가 아니라 '초 역사'(Geschichte)로 보고 성경의 사건을 신화(myth)나 전설(saga)로 치부한다.[368] 즉 이들은 아담과 하나님 간에 일어난 언약적 관계성을 설명하는 사건들의 역사성을 부인하며 신학을 전개하는 것이다. 맥윌리암스는, 바울의 죄와 복음에 대한 로마서 5장의 진술이 첫 아담에 대한 역사성 위에 서기도 하고 넘어지기도 한다고 지적하며, 성경 사건에 대한 역사성의 중요성을 강조한다.[369] 따라서 아담의 역사성에 대한 거부가 언약주의의 거부로 나타난 것이다.[370]

그렇다면 실제로 웨스트민스터 신앙고백서의 언약관은 율법적이고 율법 우선성의 성격을 갖는가? 먼저 웨스트민스터 신앙고백서를 살펴보도록 하자.

하나님과 피조물 사이에 거리가 너무나 멀기 때문에, 이성이 있는 피조물이 피조물로서 그분(하나님)께 마땅히 순종해야 하지만, 하나님 편에서 자발적으로 자기를 낮춰주시지 않으면, 피조물들은 결코 그를 축복과 보상으로서 그분을 즐거워 할 수 없을 것이다. 그런데 하나님께서는 언약의 형식에 의해 그렇게 하시기를 기뻐하셨다.[371]

---

365 McWilliams, 111-12. Cf. Rolston, *John Calvin Versus the Westminster Confession*, 34.
366 McWilliams, 112. Cf. Rolston, *John Calvin Versus the Westminster Confession*, 16.
367 McWilliams, 112.
368 McWilliams, 113.
369 McWilliams, 113.
370 McWilliams, 113.
371 *Westminster Confession of Faith*, VII. 1.

웨스트민스터 신앙고백 VII. 1.을 통해 우리는 두 가지 사실을 통찰하게 된다. 언약은 순종이라는 조건성(conditionality)을 가질 뿐만 아니라 하나님과 피조물 사이에 무한한 거리로 인해 하나님께서 먼저 자기를 낮춰주시는 것이 필요하다. 언약에 있어 가장 중요하게 부각되는 사실은 언약이 하나님의 자비와 주권으로부터 비롯된다는 것이다. 그것이 행위 언약이건 은혜 언약이건 간에 언약의 주도권은 하나님께 있다. 따라서 롤스톤, 토랜스, 바르트 등이 제기한 웨스트민스터 신앙고백이 율법 우선성을 갖는다는 주장은 수정되어야 한다. 웨스트민스터 신앙고백은 행위 언약에서 조차 언약 관계의 주도성을 은혜와 자비에 두었다. 따라서 "은혜 언약에 대한 행위 언약의 앞섬은 개혁주의 정통의 은혜의 중심 원리를 모호하게 하지 못한다."[372] 우리는 웨스트민스터 신앙고백서 본문을 통해 언약의 조건성으로서 순종의 요구 이전에 하나님과 인간의 창조자와 피조물 사이에 무한한 거리를 이 신앙고백서가 전제하고 있음을 간과해서는 안 된다. 은혜와 자비 없이 언약적 관계의 존재 자체가 불가능한 것이다. 윌리암슨(G. I. Williamson)의 진술은 이 점을 잘 강조하고 있다.

> 신앙고백서 VII. 1.이 가르쳐 주고 있는 것은, (1) 피조물과 창조자 간의 기본적인 구별과, (2) 피조물에게는 창조자에게 순종(피조물이기 때문에)해야 할 의무가 있다는 점과, (3) 창조자는 피조물에게 아무 것도 빚진 것이 없다는 점과, (4) 그러므로 하나님께로부터 모든 축복과 상급은 오직 하나님 편에서의 '겸양'(condescension)(곧 은혜)에 의해서만 즉, 주권적으로 체결된 언약에 의해서만 가능하다는 점 등이다. 죄인이 자기의 죄를 부인하는 것, 즉 자기의 타락한 상태에 대한 사실을 부인하는 것도 악하지만, 그 보다 더욱 악한 것은, 자기가 피조물인 사실을 부인하는 점이다. 인간의 기본적인 불경건은 그가 자신을 하나님으로부터 독립되어 있는 것으로 생각하는 것이다.[373]

윌리암슨은 은혜 언약뿐만 아니라 행위 언약에서 조차 동등한 당사자로서 하나님과 인간이 언약을 맺으신 것이 아니라는 점을 강조한다. 비록 행위 언약의 축복의 조건이 순종으로 제시된다할지라도, 하나님께서는 아담의 순종에 보상할 의무를 갖지 않는다.

---

[372] Wong, 119.

[373] G. I. Williamson, 『웨스트민스터 신앙고백서 강해』 (서울: 개혁주의신행협회, 1989), 107.

인간의 순종은 피조물의 마땅한 의무일 뿐 보상의 권리를 주장할 수 있는 것이 아니다 (욥 35:7; 눅 17:10).[374] 분명한 점은 웨스트민스터 신앙고백서는 언약에 있어 율법이 우선하는 것이 아니라 본질적으로 자비를 우선시 한다. 그럼에도 불구하고 우리는 두 언약 사이의 차이를 간과해서는 안 된다. 이제 두 언약의 차이를 살피도록 하자.

(2) 행위 언약과 차별된 은혜 언약의 구속적 은혜

웨스트민스터 신앙고백서는 언약에 있어 하나님의 주권성과 은혜의 우위성을 제시하면서도, 행위 언약과 은혜 언약의 차이를 분명히 제시한다.

> 인간과 맺은 첫 번째 언약은 행위 언약이었다. 그 행위 언약으로 아담과, 그 안에 그 후손에게, 완전하고 개인적인 순종의 조건 위에서 생명이 약속되었다.[375]

> 그의 타락으로 인해, 그 행위 언약에 의해서는 생명을 얻을 수 없게 되었기 때문에, 주님께서는 보통 은혜 언약이라고 불리는, 두 번째 언약을 맺으시기를 기뻐하셨다. 그 언약에 의하여 주님은 죄인들에게 예수 그리스도로 말미암아 생명과 구원을 값없이 주셨다. 그러나 그들이 구원을 받도록 하기 위해서, 그리스도를 믿는 신앙을 그들에게 요구하시고, 생명에 이르도록 작정되어 있는 모든 자들에게 그의 성령을 주시어, 그들로 하여금 기꺼이 그리스도를 믿을 수 있게 하실 것을 약속하셨다.[376]

첫 언약인 행위 언약이 비록 하나님의 겸손의 자비로 체결되었지만, 그것은 죄 없는 상태에서 순종을 요구받았다. 또한 은혜로 순종에 대한 보상이 주어졌지만, 행위 언약은 완전한 순종의 조건으로 종말론적인 생명의 상급을 받을 수 있었다. 그렇다면, 행위 언약과 은혜 언약에 있어 은혜의 본질적 차이는 어떠한 것인가? 어떤 이들은 이 두 언약의 차이를 인정하려 하지 않는다. 특히 행위 언약을 반대한 실존주의적 신학의 문제성은 타락 전과 후의 하나님과 인간의 관계성에 나타난 은혜의 성격을 동일시한다는 데 있다. 그리고 이러한 사상적 원인은 그들의 역사관으로부터

---

[374] Williamson, 108.
[375] *Westminster Confession of Faith*, VII. 2.
[376] *Westminster Confession of Faith*, VII. 3.

비롯된 인간론에 기인한다.

토랜스와 롤스톤에게 인간에게 대한 하나님의 관계성은 은혜적인 하나이다. 죄는 이러한 은혜에 반한 것이다. 인간은 자연적으로 은혜 안에서 구성되기 때문에, 죄는 단순히 본성을 침해하는 것이다. 그러므로 은혜 안에 인간의 회복은 단순히 인간의 형이상학적인 성격에 대한 침해의 교정이다. 타락 전과 타락 후의 은혜는 본질적으로 동일하다. 왜냐하면 역사에 들어온 과실의 개념이 없기 때문이다. 타락은 역사(*Historie*)가 아니다. 그것은 초 역사(*Geschichte*)이다.[377]

이들은, 죄가 역사 안에 실제적인 과실을 가져왔다는 사실을 인식하지 못한다. 그러나 웨스트민스터 신앙고백은 타락 전 언약의 주권성을 인정하면서도, 완전하고 개인적인 순종을 조건으로 하는 이 언약이 깨지고 인간이 타락했을 때, 이전과 다른 언약과 은혜 개념이 제시됨을 통찰한다. 즉 이 신앙고백은, 하나님의 언약 내에서 엄중한 요구로서 순종의 성격과 그것에 대한 파기가 가져온 구속의 필요성을 인식하였다. 이러한 인식은, 타락 전과 타락 후의 언약과 은혜의 성격이 어떻게 구분되는지를 통찰하게 만든다. 타락 전 인간은 죄가 없었다. 즉 그들은 순종을 통해 종말론적 생명의 보상을 약속받았지만, 그들에게 구속은 필요하지 않았다. 구속의 필요성은 법적인 명령을 어기는 죄로부터 비롯된다. 따라서 행위 언약 하에서 은혜의 개념과 타락 후 은혜의 개념은 구분되는 것이다. 아담의 타락은 역사(*Historie*)의 사건이며, 타락 후 언약의 은혜는 구속적 은혜(redemptive grace)이다.[378]

실존주의 신학자들은 은혜와 율법의 대조의 방식에 있어서도 문제성을 갖는다. 그들은 하나님의 공의를 하나님의 은혜에 종속시켰다. 그러나 하나님의 성품 안에 하나님의 사랑과 공의는 동등한 궁극성(ultimacy)를 갖는다.[379] 이들은 하나님의 공의의 중대성과 타락의 심각성을 연결시키는데 실패했다. 따라서 이들이 더욱 주목했어야 하는 것은 죄의 심각성과 그로부터 기인된 구속적 은혜(redemptive grace)의 필요성이었다. 이 사실로 인해 타락 후 은혜 언약은 행위 언약과 다른 은혜의 경륜으로

---

[377] McWilliams, 114.
[378] McWilliams, 114-15.
[379] McWilliams, 115.

서 제시되는 것이다.

b. 은혜 언약의 조건성에 대한 구원론적 이해

웨스트민스터 대요리 문답은 칭의와 성화의 관계성을 지적한다. 이 문서 역시 칭의와 성화는 분리되지 않지만 구별된다는 원칙을 고수한다.[380] 이 고백서도 성화의 열매가 구원의 원인이 될 수 없음을 명백히 한다. 그 이유는 '남은 죄' 때문이다. "이 성화는 사람 전체에 미치는 것이지만, 금생에서는 불완전하며 각 부분에 아직도 부패가 남아 있다."[381] 따라서 언제나 칭의는 우리의 거룩과 의(義)에 원인을 두지 않고 그리스도의 공로에 둔다. 칭의의 원인은 '우리 안'이 아니라 '우리 밖'에 있다.

이 신앙고백서 7장은 칭의의 공로적 원인(meritorious cause)으로서 그리스도의 속죄 사역을 언약적으로 해설한다. 그리스도께서는 언약의 중보자요 대표적 머리로서 행위 언약 파기의 책임과 그것의 요구를 만족시키시므로 구원을 이루셨다.[382] 그리고 웨스트민스터 신앙고백서는 칭의의 도구적 원인(instrumental cause)을 *sola fide*(오직 믿음)에 둔다.[383] 믿음 자체나 믿음으로부터 파생된 순종이 공로적 성격을 갖지 않는다. 왜냐하면 이 신앙고백서는 믿음이 하나님의 유효적 부르심(efficacous calling)에 기인한 것임을 분명히 하기 때문이다.[384] 성화는 구원의 결과이지 구원의 원인이 아니다.

c. 선행의 수용성

이 고백은 선행을 믿음의 열매와 증거로서 이해한다.[385] 선행은 공로를 만드는 원인이 아니라 오히려 받은 은혜에 감사하며 창조와 구속의 목적에 부합한 삶의

---

[380] *Westminster Larger Catechism*, q. & a., 77. Cf. *Westminster Confession of Faith*, XI. 1.

[381] *Westminster Confession of Faith*, XIII. 2.

[382] *Westminster Confession of Faith*, VIII. 5.

[383] *Westminster Confession of Faith*, XIV. 2.

[384] *Westminster Confession of Faith*, X. 2.

[385] *Westminster Confession of Faith*, XVI. 2.

열매를 가리키는 것이다. 선행의 기원은 "성령의 실제적인 감화"의 결과이다. "성령의 특별한 역사"가 없다면 모두가 나태에 빠지고 만다.[386] 하지만 선행이 하나님께 받아들여지는 것은 인간의 선행 자체의 가치 때문이 아니다. 선행의 수용성에 관하여 우리는, 이 고백서 안에서 다시 한 번 칼빈의 개념이 메아리침을 듣게 된다. 이 고백서도 선행의 불완전성을 강조하며, 선행의 수용이 오직 그리스도의 자비에 놓여 있음을 주장한다.

순종을 통해서 이생에서 할 수 있는 가장 높은 정도의 선행에 도달한 사람들일지라도, 잉여공로(supererogation)를 세운다든지, 하나님이 요구하시는 것보다 더 많은 것을 결코 행할 수가 없는데, 이는 그들이 마땅히 해야 할 의무마저도 그들은 다 행할 수 없기 때문이다.[387]

우리는 우리의 최선의 행동을 통해서도, 하나님 편에서 보면 죄 사함이나 영생을 얻을 만한 공로를 세울 수가 없는 것이다. 그 이유는 우리의 선행들과 장차 있을 영광 사이에는 너무나도 큰 차이가 있으며, 우리와 하나님 사이에 무한한 거리가 있기 때문이다. 그러기에 우리는 우리의 선행으로 유익을 드릴 수가 없고, 우리들의 전에 범한 죄의 빚을 감하거나 탕감할 수 있는 것은 아니다. 가령 우리가 할 수 있는 모든 것을 다했다고 할지라도, 그것은 다만 우리의 의무를 행한 것뿐이요, 우리는 무익한 종들에 지나지 않는다. 그런데 우리의 행위들이 선하다 한다면, 그것은 하나님의 성령으로 말미암는 데 있는 것이다. 그리고 우리들에 의해 되어 진 것들이라면 여러 가지 연약성과 불완전성이 뒤섞이고 더럽혀져 결국 하나님의 엄중한 심판을 견디어 낼 수가 없다.[388]

인용된 본문을 통해 우리는, 웨스트민스터 신앙고백서가 칼빈의 선행의 수용성에 관한 견해를 반복하고 있다는 사실을 확인할 수 있다. 불완전한 선행은 언제나 "그리스도로 인하여 용납"된다.

그럼에도 불구하고, 신자들의 인격이 그리스도를 통하여 용납되고 있기 때문에, 그들의 선행 또한 그리스도 안에서 인정되는 것이다. 그러나 그들이 이 세상에서 하나님 보시기에

---

[386] *Westminster Confession of Faith*, XVI. 3.
[387] *Westminster Confession of Faith*, XVI. 4.
[388] *Westminster Confession of Faith*, XVI. 5.

전혀 흠이 없거나 책망 받을 것이 없다는 뜻에서가 아니라, 그의 아들 안에 있는 그들을 보시기 때문에, 비록 많은 연약성과 불완전성을 수반하고 있을 지라도, 성실하게 행한 것에 대해서는 용납하시고 보상하시기를 기뻐하신다는 뜻이다.[389]

이 신앙고백서 안에서 우리는 다시 한 번 칭의가 인격만이 아니라 행위 또한 칭의한다는 사실을 확인하게 된다. 선행의 수용에서 강조될 것은 다만 '주 예수의 이름으로'와 '모든 것이 다 은혜'라는 사실이다.[390] 베네마(Cornelis P. Venema)도 웨스트민스터 신앙고백서가 16세기와 17세기 신학자들이 표명하였던 '인격의 칭의'와 '행위의 칭의'에 대한 구분을 가장 명확하게 표현하고 있다고 격찬한다.[391]

d. 예정과 칭의

웨스트민스터 신앙고백은 칼빈과 동일한 절대예정 혹은 이중 예정을 가르친다.[392] 웨스트민스터 신앙고백서 3장 2항은 알미니안주의의 예지예정을 분명히 거부하고 있다. 예정은 하나님의 예지만이 아니라 그의 작정과 그의 기뻐하시는 뜻으로서 그분의 의지에 따른 유효적인 것이다. 그리고 하나님께서는 구원의 방법까지 모두 정하셨다.[393]

웨스트민스터 신앙고백서에서 예정의 확신은 구원의 방법으로서 유효적 부르심과 밀접한 연관성을 갖는다. 즉 초기 종교개혁자들과 마찬가지로 이 신앙고백서는 예정의 확신을 후험적(a poteriori) 증거에 두었다. 하나님께서는 구원으로 예정한 자에게 반드시 유효적 부르심(efficacious calling)을 통해 믿음을 주셔서 그리스도와 연합하게 하심으로 구원의 유익을 주시기 때문이다. 유기자에게는 유효적 부르심이 없다. 그러나 선택된 자에게 반드시 유효적 부르심이 있다.[394] 따라서 믿음은 선택의 후험적

---

[389] *Westminster Confession of Faith*, XVI. 6.

[390] Williamson, 205.

[391] Venema, *The Gospel of Free Acceptance in Christ*, p. 264.

[392] *Westminster Confession of Faith*, III. 3.

[393] *Westminster Confession of Faith*, III. 6.

[394] *Westminster Confession of Faith*, III. 8.

증거요 선행은 믿음의 진정성을 나타내는 증거인 것이다. 우리는 이 고백서 안에서 예정과 은혜 언약의 조건성의 조화를 발견한다. 따라서 행위 안에 어떠한 공로적 성격도 없다. 개혁신학 안에서 은혜 언약의 조건성과 *sola gratia*는 조화롭다.

제4장
N. T. 라이트의 칭의론과
언약의 조건성에 대한 비평

1. N. T. 라이트의 칭의론에 대한 비평

A. 율법의 행위: 라이트의 사회학적 해석에 대한 비평

a. 언약적 경계표를 넘어선 '율법의 행위'

코르넬리우스. P. 베네마(Cornelis P. Venema)는 새 관점의 핵심적 특징 중 하나를 율법과 '율법의 행위'에 대한 바울의 개념을 해석하는 방식이라고 언급한다.[1] 던(James D. G. Dunn)은 성경을 주해할 때, 철저히 자신의 전제요 방법론으로서 사회학적 관점을 적용한다. 이러한 경향은 던의 갈라디아서 2:15-16절 주해에서 명확히 확인되며, 던이 택한 갈라디아서 본문들은 얼핏 보면 던의 논지를 지지하는 것처럼 보인다. 왜냐하면 갈라디아서 2:15-16절을 전후한 그 역사적 정황 때문이다. 던은 그 역사적 정황을 할례, 어떤 날들의 준수, 정결법으로 보고,[2] 이러한 조항들이 율법 자체와 구분된 언약 백성의 경계표로서 '율법의 행위'라 규정한다(갈 2:4-5, 16; 4:10; 5:2-6, 11-12; 6:12-16). 특히 그는 갈라디아서 5:4에서 율법으로 의롭게 되려는 시도가

---

[1] Cornelis P. Venema, *The Gospel of Free Acceptance in Christ* (Murrayfield Road, Edinburgh: The Banner of Truth Trust, 2006), 169.

[2] Thomas R. Schreiner, "'Works of the Law' in Paul," *Novum Testamentum* XXXIII/3 (1991), 225. Cf. James D. G. Dunn, 『로마서 1-8』, 김철, 채천석 역 (서울: 도서출판 솔로몬, 2003), 373-74.

할례와 연관되어있음을 지적한다(갈 5:3).[3] 요약하자면, 던은 율법의 행위가 율법 자체와 구별되는 경계표이며, 유대인에 대한 바울의 반대는 그들의 민족적 배타성이라고 주장한다. 던은 로마서도 같은 방식으로 다룬다.[4] 던에 따르면, 율법의 행위는 안디옥에서 바울을 노하게 했던 베드로의 바로 그 행위이다.[5]

그렇다면 우리는, '율법의 행위'를 민족적 배타성과 관련된 '경계표'로서 제한하는 던의 입장을 받아들일 수 있을까? 우리의 대답은 부정적이다. '율법의 행위'에 대한 던의 정의에 있어 가장 큰 문제는 그의 정의가 너무 제한적이고 협소하다는 데 있다. "바울에 관한 새 관점은 그것들을 종족적 우월성에 축소함에 의해 더 깊고 더 넓은 바울의 논증을 설명하는 데 실패한다."[6]

> "율법의 행위"라는 어구의 정의에 이를 때, 던과 같은 바울에 관한 새 관점의 옹호자들은 애초에 그 용어를 너무 좁게 정의하였다. "율법의 행위"가 단지 할례, 음식 규례 그리고 안식일 준수만을 언급한다고 주장하는 것은 주석적으로 변호될 수 없다. "율법의 행위"가 확실히 이 세 가지들을 포함하는 반면에, 그것들은 그것들에 제한되지 않는다.[7]

던과는 대조적으로 성경에서 '율법의 행위'는 민족적 배타성을 나타내는 경계표의 범위를 넘어선다.

> 그러나 바울에 따르면, 이방인 신자가 하나님의 언약 백성으로 인정되기 위하여 할례에 복종한다는 유대주의자들의 주장은 '전체 율법'에 대한 복종을 요구하는 것과 동일한 것이다.[8]

우리는 바울이 율법의 행위에 의한 의(義)를 배제시킨 이유가 던이 허락한 것보다 넓어서, 바울에 따르면, 왜 의(義)가 율법의 행위에 의해 획득될 수 없는지에 대한 우선적인 이유가

---

3 Schreiner, "'Works of the Law' in Paul," 225.

4 Cf. Schreiner, "'Works of the Law' *in Paul*," 226; Dunn, 『로마서 1-8』, 374.

5 Dunn, "The New Perspective on Paul," 105.

6 Horton, *Covenant and Salvation: Union with Christ*, 76.

7 *Justification, Report of the Committee to Study the Doctrine of Justification*, by the Seventy-third General Assembly of the Orthodoxy Presbyterian Church, 44.

8 Venema, *The Gospel of Free Acceptance in Christ*, 177.

누구도 율법을 완전히 지킬 수 없다는 것이라는 것을 확신한다.[9]

율법의 행위는 경계표를 포함하지만, 일반적 율법, 혹은 율법 전체를 배제하지 않는다. 율법의 행위는 경계표 개념에 축소되거나 제한되지 않는다. 성경은 던과 대조적으로 '율법의 행위'가 율법의 도덕적 규범에 순종하는 행위라고 가르친다. 성경에 제시된 '율법의 행위'는 사회학적 관점이나 교회론에 제한되지 않고 구원론의 정황과 범주에서 다루어진다.

던의 주장처럼, 갈라디아서 2:15-17절에 나타나는 율법의 행위는 진정 경계표만을 의미하는 것일까? 앞에서 살폈듯이, 이 본문은 단편적으로 볼 때, 던의 논지를 지지하는 것처럼 보인다. 본문 안에는 아브라함의 약속이 유대인의 경계를 넘어 이방에게 확장되었다는 바울의 진술과 이를 받아들이지 못한 유대인 그리스도인의 태도가 분명히 존재한다. 그러나 주어진 본문이 갈라디아서 3:10-14절과 5:2-4절 그리고 6:13절 등 그 밖의 다른 구절과 함께 읽혀질 때, 우리는, 율법의 행위가 경계표의 요구 그 이상을 지시한다는 사실을 깨닫게 된다.[10]

갈라디아서 3:10-14절의 문맥에서 우리는 10절을 주목해야 한다. 10절에서 바울은 "율법의 행위에 속한 자들은 저주 아래에" 있다고 선언하며, 저주의 이유를 율법의 전체를 지키지 못하는 것에 둔다. "기록된바 누구든지 **율법 책에 기록된 대로 모든 일을 항상 행하지 아니하는 자는 저주 아래 있는 자라.**" 10절이 전달하는 명확한 의미는, "저주가 언약에 대한 잘못된 이해와 유대인의 표지를 준수하는 사람들을 향한 언약적 축복의 제한"이라고 해석하는 던의 주해를 허용하지 않는다. 던의 주해는 본문의 정황과 동떨어진 의미로 나아간다.[11] 바울의 진술은 할례 등 경계표 개념의 규례들을 배제하지 않는다. 바울의 율법의 행위는 오히려 경계표를 포함하지만 그것을 넘어선 의미, 즉 **전체 율법**을 포함한다. 갈라디아서 5:2-4절[12]은 이 점을 증명한다.

---

9 Schreiner, "'Works of the Law' in Paul," 226.

10 Venema, *The Gospel of Free Acceptance in Christ*, 175.

11 Schreiner, "'Works of the Law' in Paul," 230.

12 "보라 나 바울은 너희에게 말하노니 너희가 만일 할례를 받으면 그리스도께서 너희에게 아무 유익이 없으리라 내가 할례를 받는 각 사람에게 다시 증언하노니 그는 율법 전체를 행할 의무를 가진 자라 율법 안에서 의롭다 함을 얻으려 하는 너희는 그리스도에게서 끊어지고 은혜에서 떨어진 자로다"(갈 5:2-4).

할례는 율법 전체의 준수를 포함한다. 바울은 유대인들에게 할례를 받았지만, 정작 율법 전체를 지키지 못하는 곤경을 경각시킨다. 바울은 할례가 단지 경계표 개념만을 함축하고 있지 않고, 할례를 받는 다는 것이 율법 전체에 대한 순종의 의무를 함축하는 것으로 가르친다.[13] 따라서 그리스도에 대한 믿음이 아닌 할례를 통해 구원받고자 하는 자는 이룰 수 없는 율법 전체에 대한 의무를 떠맡고 저주 아래 놓이게 된다. 인간은 할례가 함의한 율법 전체의 요구를 만족시켜 구원에 이르든지 아니면 그리스도의 의(義)를 의지하여 구원을 받든지 양자택일을 해야 한다. 구원을 위한 중간의 길은 존재하지 않는다.[14] 갈라디아서 6:12절과 5:3절은 할례를 받아 의롭게 되려는 자들을 향한 경고라 볼 수 있다. 바울이 경고하는 저주는, 할례가 전적으로 무능한 자들에게 율법 전체를 행할 의무를 지우는 것이다.[15]

로마서로 시선을 돌리면, 로마서는 '율법의 행위'와 '행위'라는 용어를 통해 인간의 행위 혹은 행동에 관한 일반적 언급을 한다. 로마서 3:20절에 언급된 '율법의 행위'의 의미는 로마서 2장에서의 율법에 대한 바울의 진술과 분리될 수 없다. 로마서 3:19-20절은 로마서 1:18-3:18절 전체의 결론에 해당하기 때문이다.[16] 로마서 2장은 율법 위반의 죄목으로 유대인과 이방인을 통틀어 기소하는 내용으로 구성된다. 특별히 로마서 2:17-29절은 율법의 의무에 대한 할례자로서 유대인의 실패와 무할례자로서 이방인의 순종을 대조시킨다. 그렇다면, 유대인을 향한 기소장에서 그들의 실패와 죄목은 무엇인가? 로마서 2:21-22절은 단지 그것들이 경계표, 정체성 표지라 하지 않는다. 그들의 실패는 도둑질, 간음, 신전 물건을 도둑질 하는 행위와 같은 도덕적 규범으로서 율법에 대한 불순종이다. 유대인들은 할례를 찬미하면서도 나머지 율법을 범했다. 따라서 바울의 반대는 양자 모두를 포함한다. 즉 바울이 반대한 것은 유대인들의 정체성 표지에 대한 자만과 배타성 그리고 나머지 율법에 대한 불순종이다. 종교개혁은 던이나 라이트의 개념을 부인하지는 않지만 그보다 더욱 넓은 의미를 지닌다.[17]

---

[13] Venema, *The Gospel of Free Acceptance in Christ*, 177.

[14] Venema, *The Gospel of Free Acceptance in Christ*, 177.

[15] Schreiner, "'Works of the Law' in Paul," 230.

[16] Schreiner, "'Works of the Law' in Paul," 226.

[17] Michael S. Horton, "Which Covenant Theology?," *Covenant, Justification, And Pastoral Ministry*, ed. R. Scott Clark (Phillipsburg, New Jersey: P&R Publishing, 2007), 222.

바울의 로마서 2장의 논증의 결론으로서 로마서 3:20절은 결국 무엇을 말하고 있는가? 인간의 무능성이다. 바울의 논증의 핵심은 이것이다. 로마서 2장의 기소장을 통해 할례를 선택한 자들은 모든 율법 전체를 순종할 의무를 갖는데, 인간은 전적으로 무능하다는 것이다. 그러므로 율법의 행위(3:20)로는 의롭게 될 수 없다는 것이다. 바울은, 죄인 된 인간이 오로지 그리스도를 믿는 믿음으로만 의롭게 된다는 복음제시에 반대로서 율법의 행위를 제시하는 것이다. 바울은 샌더스(E. P. Sanders)와는 대조적으로 "곤경으로부터 해결책으로"(from plight to solution) 논증을 펴가는 것이다. 따라서 바울이 유대인의 문제를 파헤치는데 있어 그 핵심은 무엇인가? 경계표를 통한 민족적 자만심, 언약 백성의 범위에 대한 몰이해가 진술의 핵심인가? 그렇지 않다. 유대인의 문제는 할례를 받았지만, 할례를 통해 부과된 전체 율법에 대한 불순종에 있었다.

로마서 4장에서 바울은 아브라함이 율법의 행위 즉 율법 전체에 대한 순종에 의해 의롭게 되는 것과 대조되는 자유로운 은혜를 통해 의롭게 되었음을 언급한다. 또한 바울은 이러한 대조를 더욱 밝혀내기 위해 다윗의 일례를 든다. 다윗은 행위와 별개로 불법한 자의 죄를 가리어 의롭다하시는 하나님의 은혜를 고백한다(로마서 4:6-8). 본문에서 은혜의 선물로 의롭다하시는 하나님의 칭의와 대조되는 것은 경계표로서 할례를 포함한 전체 율법에 대한 순종을 의미하는 율법의 행위이다.

위에서 살펴본 주해들을 통해 우리는 다음과 같은 결론에 이른다. 율법의 행위의 의미는 던과 같은 경계표, 정체성의 표지, 언약 백성 회원권의 표지와 같은 사회학적, 혹은 교회론적 의미에 한정될 수 없다는 것이다. 성경에 대한 온당한 읽음은 경계표를 넘어 율법 전체에 대한 순종의 행위를 의미한다. 홀튼(Micheal S. Horton)은 다음과 같이 옳게 지적한다. "종족적 표지들은 단순히 율법의 빙산의 일각일 뿐이다. 할례를 받은 사람들은 율법적 의무 아래서 요구된 전 율법이 요구하는 모든 것을 행할 율법적 의무 아래 있다."[18] 바울의 반대자들은 그를 반율법주의자로 고소했지 단지 종족적 정체성을 약하게 하는 것에 대해 고소하지 않았다.[19] 그러므로 바울이 반대한 율법의

---

18 Horton, *Covenant and Salvation: Union with Christ*, 73.

19 Horton, *Covenant and Salvation: Union with Christ*, 73.

행위는 율법에 대한 순종을 통해 공적을 쌓아 칭의를 받으려 하려는 유대인들의 태도이다. 바울의 율법의 행위는 경계표 개념을 넘어선다.

b. 타락으로 인한 무능성과 율법의 행위

샌더스(E. P. Sanders)는 바울의 율법에 대한 반대가 일차적으로 기독론에 기초된다고 주장한다.[20] 이러한 샌더스의 주장은 '해결책으로부터 곤경으로'(from solution to plight)로 진행하는 그의 논증 구조 때문이다. 이러한 논증 구조에서 제시되는 곤경은 종말론적인 의미로 제시된다. 즉 더 완전한 것이 왔기 때문에, 문제가 없던 것이 문제가 된 것이다. 이것은, 인간이 무능성 때문에 율법의 요구를 이룰 수 없기에, 예수 그리스도를 믿는 것 외에 구원의 길이 없다고 가르치는 종교개혁의 가르침과 이질적인 것이다. 왜냐하면 종교개혁은 인간의 죄성과 무능성을 곤경으로 보고 이것에 대한 해결책으로 그리스도의 복음을 제시하기 때문이다. 또한 새 관점 주의자들은 낙관적인 인간론을 가지고 있다. 샌더스는 죄를 중립적인 선택의 문제로 보았고, 던과 라이트는 중생자의 남은 죄와 불완전성에 침묵한다. 따라서 바울에 관한 새 관점은 구원과 칭의에 있어 인간의 무능성 교리와 율법의 정죄의 상관관계를 제시하지 않는다. 그러나 이 주제는 칭의와 관련하여 중요한 의미를 갖는다. 인간의 무능성과 율법의 정죄 기능은 '순종에 기초한 칭의의 불가능성'과 깊은 관계를 갖기 때문이다. 이 사실을 지지하는 성경적 근거를 살펴보도록 하자.

갈라디아서 3:10절은 갈라디아서 2:16절과 3:5절의 정황에 포함되는 구절이다. 그 정황이란 것은 다름 아닌 율법의 행위에 의해 의롭게 될 수 없다는 바울의 주장이다.[21] 갈라디아서 3:10절은 앞선 진술들의 이유가 된다. 베네마(Cornelis P. Venema)는 3:10절의 접속사 γάρ(왜냐하면, 원인의 불변화사, for)를 주목한다.[22] 앞선 진술들,

---

[20] Venema, *The Gospel of Free Acceptance in Christ*, 184.

[21] Venema, *The Gospel of Free Acceptance in Christ*, 185. 칼빈도 이 절을 율법주의에 대한 반대로 취급한다. "... 왜냐하면 율법은 모든 사람을 저주 아래 가두어 놓기 때문이다. 바울은 율법의 행위에 구원의 신뢰를 두는 자들을 일컬어 '율법 행위에 속한 자들'이라고 했다." Cf. Calvin, *Comm.* on Galatians 10:3.

[22] Venema, *The Gospel of Free Acceptance in Christ*, 185.

즉 율법의 행위로 의롭게 될 수 없는 이유는 "율법 책에 기록된 대로 모든 일을 항상 행하지" 못하기 때문이다. 본문이 지시하는 바는, 인간의 무능성으로 말미암아 아무도 율법 전체의 요구를 만족시킬 수 없다는 것이다. 저주는 스스로 짊어질 수 없는 것을 짊어지려 할 때 발생한다. 이것이 인간의 곤경(plight)이다. 바울은 이 곤경으로부터 시작하여 대안 혹은 해결책(solution)을 제시한다. 바울이 율법의 행위를 반대하는 이유는 단지 경계표와 관련된 민족적 배타성에 있지 않다. 바울의 반대는 그것을 넘어선다. 율법 전체에 대한 순종을 만족시켜야 하는 율법의 행위는 무능한 인간에게 저주를 불러일으키므로(곤경) 오직 그리스도를 믿는 믿음을 통해서만 의롭게 될 수 있다(해결책). 본문의 요지는 이것이다. 칼빈도 곤경으로부터 해결책에 이르는 이신칭의(以信稱義)의 의미를 해설한다.

> 같은 한 샘에서 더운 물과 찬 물을 낼 수 없는 것과 같이 율법에서 복을 받고자 하는 것은 모순된 논법이다. 왜냐하면 율법은 모든 사람을 저주 아래 가두어 놓기 때문이다. 그러므로 율법으로부터 복 받기를 기대하는 것은 헛된 일이다. 바울은 율법의 행위에 구원의 신뢰를 두는 자들을 일컬어 '율법 행위에 속한 자들'이라고 했다...율법의 선고는 율법의 어느 부분이든지 범하는 사람은 누구든지 저주를 받도록 되었기 때문이다. 그러면 율법을 만족하게 성취하는 사람이 한 사람이라도 있는지 어떤지 보기로 하자. 그러한 사람은 지금까지 한 사람도 없었고 앞으로도 결코 없을 것이 분명하다. 그래서 최후 한 사람에 이르기까지 사람은 모두 유죄 선고를 받고 있다...더욱이 만일 우리에게 율법을 성취할 충분한 힘이 있다면, 바울의 논거는 확실한 것이 못 될 것이다...[23]

칼빈은 인간의 곤경이 율법의 완전한 요구와 인간의 무능성에 있음을 강조하고 있다. 우리의 타락과 무능이 율법의 요구를 만족시킬 수 없기에, 이 곤경으로부터의 구원은 우리 밖에 있는 법정적 해결책으로서 그리스도의 의(義)를 필요로 하게 된다. 바로 이 점이 율법의 행위 논쟁에 있어 핵심이 된다.

갈라디아서 5:3절은, 던과 라이트가 율법의 행위 안에 제한시키고 축소시킨 할례에 대해 언급한다. 본문에서 할례를 받는 행위는 율법 전체의 요구를 짊어지는 것을 함의한다. 할례를 받은 사람은 "율법 전체를 행할 의무를 가진 자"이다. 전체 율법에

---

23 Calvin, *Comm* on Galatians 3:10.

대한 의무는 갈라디아서 3:10절에 의해 저주로 귀결된다. 바울의 반대자들이 직면한 문제는 그들의 무능성을 인해 인간의 가능성의 영역을 넘어서 있는 칭의의 방식을 택한데 있는 것이다.

로마서 3:9-26절은 인간의 무능성과 율법의 관계를 설명하는 중요한 구절이다. 주어진 본문은 유대인의 배타성이란 제한된 주제를 다루지 않고 인간론, 즉 모든 인간의 타락과 죄성에 대한 기소장이다. 본문의 중요성은 인간의 죄성을 기소함에 있어 율법의 역할을 요약하는 방식에 있다.[24] 바울은 율법의 행위로 의롭게 될 수 없음을 주장함과 동시에 율법이 죄를 깨닫게 한다고 말한다. 율법은 하나님의 심판대 앞에서 의롭게 하는데 전적으로 무능하다. 율법은 죄를 알릴뿐이다. 따라서 칭의의 수단으로 기여하는데 율법은 전적으로 무능하다. 하나님께 의롭다함을 받는 유일한 방식은 예수 그리스도를 믿는 믿음뿐이다.[25]

한편 율법은 죄를 드러낼 뿐만 아니라 죄성을 자극기도 한다. 이러한 죄를 자극하는 율법의 역할을 로마서 5:20절이 증언하고 있다. 로마서 7:5-7은 죄의 정죄 기능과 죄악 된 정욕을 일으키는 데 기여하는 율법의 역할을 소개한다. 따라서 고린도 후서 3장은 율법의 사역을 정죄와 죽음의 사역으로 묘사한다(7-9).[26] 바울은 이러한 율법과 관련된 죄인의 부정적 상태들을 '율법 아래(롬 6:14),' '죄 아래'로 표현한다. 그리고 갈라디아서에서 역시 바울은 율법과 인간의 죄 문제 사이에 밀접한 연관성을 암시하는 용어를 사용한다. 바울은 율법 책에 기록된 모든 것을 준수하는 데 실패하는 사람을 '저주 아래' 있는 것으로 묘사한다(3:10). 또한 바울은 '율법 아래,' '몽학선생 아래 (3:25),' '후견인과 청지기 아래(4:2),' '이 세상의 초등학문 아래(4:3)'를 동의어처럼 사용한다. 바울은 이러한 표현들을 인간의 무능과 '율법 아래' 있을 때 전체 율법의 요구에 대한 만족의 실패로 귀결될 비참한 저주를 내다보며 사용한다. 그리고 이와 같은 인간의 무능과 율법의 역기능으로 인해, 율법 안에 있는 것은 그리스도 안에 있는 것과 첨예한 대조를 이룬다.[27] 따라서 우리는 '몽학선생'으로서 율법의 역할은

---

24 Venema, *The Gospel of Free Acceptance in Christ*, 187.

25 Venema, *The Gospel of Free Acceptance in Christ*, 187-88.

26 Venema, *The Gospel of Free Acceptance in Christ*, 188.

27 Venema, *The Gospel of Free Acceptance in Christ*, 189.

개인적이고 부정적인 용어로 간주할 수 있다.[28]

그러나 던과 같은 새 관점 지지자들은 위와 같은 견해들을 받아들이지 않는다. 그들은 이러한 주장들이 구속 역사적 틀에 의해 바울을 읽는데 실패한 것으로 치부한다. '몽학선생' 혹은 '후견인'으로서 율법은 새 관점 지지자들에게 긍정적인 것으로 여겨진다. 그들에게 율법의 몽학선생 역할은 죄를 드러내고 정죄하는 부정적인 기능을 하지 않는다.[29] 왜냐하면 그들은 성도가 율법을 성취할 수 있다고 믿기 때문이다. 그들은 율법의 행위와 도덕적 의미를 갖는 율법을 구분하므로, 바울이 경계표에는 반대했지만 율법 성취에 대하여는 긍정하였다는 주장을 전개한다. 그들은 율법의 행위를 통해 율법 성취 가능성을 개진하는 것이다.

던이 '율법 아래'라는 말의 의미를 구속·역사적 틀 안에서 해석하려는 시도는 긍정적이지만, 과연 이 말의 구속·역사적 해석이 던과 같은 의미로 귀결될 수 있을지는 의문이다. 칼빈은 '율법 아래' 혹은 '몽학선생 아래' 있다는 표현을 좁은 의미의 율법의 차원에서 진술한다. 따라서 칼빈은 율법과 복음의 대조의 틀 안에서 몽학선생을 보는 것이다. 따라서 성경에서 조망된 구속·역사적 틀 안에서 '몽학선생'의 역할은 긍정적이지 않다. 긍정적이지 않은 이유는, 좁은 의미의 율법이 완전하고 엄중한 본성으로만 죄인에게 명령하기 때문이다. 물론 몽학선생 기능은 정죄하여 그리스도를 가리키려는 구속사의 목적에 기여하지만, 그것은 죄인을 절망시켜, 그들로 그리스도를 붙들게 하는 부정적인 방법을 취한다. 따라서 몽학선생은, 구원이 그리스도로만 가능하고 율법으로 불가능하다는 의미를 가르친다.[30] 성경은 '몽학선생'을 죄를 정죄하고 죄의 정욕을 자극하는 율법의 기능의 맥락 안에서 표현한다. 그러나 던에게 있어 '몽학선생'은 항상 긍정적이다. 문제가 없던 것이 더욱 완전한 것을 통해 문제가 될 뿐이다(종말론적 해석). 그러나 성경은 '몽학선생'이 구속 역사 속에서 그리스도께 죄인들을 인도하기 위한 방편으로 사용되는 측면이 있지만, 그 용도 자체가 인간의 무능성을 들어내는 것에 초점이 맞추어져 있다. 율법의 몽학선생적 역할은 율법을 이루게 함이 아니라 율법을 이룰 수 없다는 사실을 깨닫고 그리스도를 믿게 하려는

---

28 Venema, *The Gospel of Free Acceptance in Christ*, 189.

29 Dunn, 『바울 신학』, 226. Cf. Venema, *The Gospel of Free Acceptance in Christ*, 189-90.

30 Calvin, *Comm.* on Galatians 3:25.

목적에 있다. "...후견인으로서 율법은 그것의 지배받는 것들을 그리스도의 강림을 위해 준비시킴의 복된 목적에 기여한다. 그럼에도 불구하고 율법이 이것을 행하는 특별한 방식은 인간 범죄들의 문제를 악화시키고 드러내는 것에 의한 것이다."[31] 죄로부터 성도를 보호하는 율법의 긍정적 기능은 '몽학선생'의 본질적 기능이 아니다.[32] 로마서 5:20절, 갈라디아서 3:19절 등은 "율법은 증가된 범죄를 드러낼 뿐만 아니라 그 이유를 제공한다."[33]

따라서 바울의 '율법의 행위' 반대는 인간의 타락과 무능성 때문에 빚어지는 곤경 (plight) 즉 전체 율법의 요구를 만족시키는데 있어서의 실패에 기인한다. 죄인에게 율법이 그 본성만을 가지고 무엇을 요구할 때, 율법은 인간에게 곤경일 수밖에 없다. 따라서 율법의 요구를 만족시켜 의롭게 되려는 시도는 바울에 의해 반대된다. '율법의 행위'는 단지 경계표에 관련된 민족적 배타성 문제로 제한될 수 없다. 만일 민족적 배타성 문제 안에 율법의 행위가 한정된다면, 성경에 명시적으로 제시된 율법의 저주 하에 이방인에 대한 정죄는 어떻게 설명할 것인가?[34] 율법의 행위는 분명 전 인류에 관련된 인간론 즉 모든 인간의 타락으로 인한 율법 앞에 무능성과 관련된다. 율법의 행위는 단지 사회학적 범주의 주제가 아니다. 이것은 구원론과 관련되어 신학적 의미를 함의한 개념인 것이다. 바울은 타락과 무능 때문에 율법의 성취로 의롭게 되려는 사람들에게 저주를 선언하고(곤경), 이 곤경의 상태에 대한 해결책으로 그리스도를 믿는 믿음을 제시하고 있는 것이다(해결책). 바울은 이러한 맥락 속에서 율법을 준수하여 의롭게 되려고 하는 행위로서 '율법의 행위'를 반대한다. 따라서 율법의 행위는 경계표 개념을 포함하지만, 그것을 넘어선다.

c. 율법주의로서 율법의 행위

---

[31] Venema, *The Gospel of Free Acceptance in Christ*, 190.

[32] Venema, *The Gospel of Free Acceptance in Christ*, 190. Cf. 율법은 불신자들의 죄성을 억제하여 사회를 유지하게 만드는 기능을 갖기도 하지만, 그것은 억제의 역할이지 죄로부터 인간을 보호하는 기능이 아니다. 즉 이러한 율법의 역할은 죄를 억제하는 것이지 해결하는 것이 아니다.

[33] Venema, *The Gospel of Free Acceptance in Christ*, 191.

[34] Horton, *Covenant and Salvation: Union with Christ*, 73.

지금까지 우리가 논증하려 했던 것과 동일한 맥락에서, 율법의 행위와 관련된 '자랑'의 주제는 율법의 행위의 의미를 밝혀내는 데 있어 중요한 역할을 한다. 따라서 이 주제와 관련하여 로마서 3:27-4:5절, 그리고 그 안에서 3:27-28절과 4:1-5절의 의미는 몹시 중요하다.[35] 새 관점 지지자들은 특별히 3:27-28절을 29절의 전제 하에 해석한다. 바울이 '자랑'을 반대한 후, 바로 "하나님은 다만 유대인의 하나님이시냐 또한 이방인의 하나님은 아니시냐 진실로 이방인의 하나님도 되시느니라"고 주장하기 때문이다. 새 관점 지지자들의 전제를 따르면, 바울이 반대한 '자랑'은 민족적 배타성에 대한 반대가 된다. 던에 따르면, 바울이 반대한 '자랑'은 "율법에 의해 증명되고 유지되는 것으로서 특권적 지위"[36]이다. 던에게 있어, 이 '자랑'은 하나님 앞에 받아들여지거나 호의를 받기 위한 행위가 아니다.

그러나 로마서 3:27-28절과 로마서 4:1-5절은 던의 주장을 반대한다. 로마서 3:27-28절은, 율법의 행위가 칭의에서 배제되므로, 율법의 행위에 대한 자랑을 반대한다. 본문을 자세히 살피면, '행위,' '자랑,' '의롭게 하다'라는 용어를 중심으로 논증이 진행된다. 그리고 로마서 4:1-4절에서 동일한 맥락으로, 즉 '행위,' '자랑,' '의롭게 하다'라는 용어를 중심으로 역시 논증이 진행된다(4:2).[37] 우리가 위에서 살펴보았듯이, 바울에게 '율법의 행위'와 '율법'[38]은 같은 맥락에서 사용되고 있다. 따라서 로마서 4:1-5절은 로마서 3:27-28절을 논증하기 위해 채택된 예증으로 볼 수 있다. 로마서 4:1-5절에 있어 반대된 '자랑'은 경계표에 제한되지 않는다. "일하는 자에게는 그 삯이 은혜로 여겨지지 아니하고 보수로 여겨지거니와"(4절)라는 구절은 '선행' 류의 행위를 가리키고 있다는 것이 확실하다. 왜냐하면 4절과 대조되는 5절은 4절과 대조적으로 불경건한 자를 의롭다하시는 믿음의 의(義)를 제시하고 있기 때문이다. "일하는 자"(4절)와 "경건하지 아니한 자"(5절)는 대조를 이룬다. 여기서 경건하지 않은 자는 일하지 않는 자이다. 과연 바울이 반대하는 이 행위를 단지 민족적 배타성 문제로

---

35 Schreiner, "'Works of the Law' in Paul," 232.

36 James D. G. Dunn, 'Yet Once More-"The Works of the Law": A Response,' *Journal for the Study of the New Testament* 46 (1992): 113.

37 Schreiner, "'Works of the Law' in Paul," 232.

38 율법의 여러 가지 용례와 의미가 있지만, 우리가 다루는 본문들에 있어 율법의 행위와 율법이 동일한 의미로 혹은 교호적인 의미로 사용되고 있다.

제한할 수 있을까? 본문은 삶을 얻기 위해 일하는 것을 '행위'와 관련지어 진술한다. 삶을 얻기 위해 일하는 것이 경계표로서 율법 조항을 준수하는 것만을 의미한다면, 던의 원칙대로 하자면, 이것은 '율법의 행위'로 기록되었어야 할 것이다. 던 스스로가 율법의 행위를 도덕적 의미에서 '율법 전체' 혹은 '선행' 혹은 '행위'와 구분하기 때문이다. 그러나 본문은 "만일 아브라함이 **행위**로써 의롭다 하심을 받았으면 자랑할 것이 있으려니와 하나님 앞에서는 없느니라"(2절)라고 기록되어있다. 바울은 믿음의 법 즉 은혜로운 믿음의 칭의의 모범으로 아브라함을 지목하고, '자랑'에 대한 반대를 '행위'와 연관 짓는다. 따라서 바울이 반대한 '자랑'은 경계표 이상의 의미를 지닌다.

이 주제와 관련해 새 관점 지지자들이 중요시 여기는 빌립보서 3:2-11절을 살펴볼 필요가 있다. 샌더스는 이 구절을 개인적 용어 안에서 읽는 것을 반대하면서, '자랑'의 의미를 율법주의로부터 배제시킨다. 새 관점은 율법을 성취할 수 있고 이루어야만 하는 것으로 긍정한다. 율법은 아무런 문제가 없지만, 구원이 예수님의 강림으로 인해 율법이 더 이상 의(義)의 획득 방식으로 남겨지지 않을 뿐이다. 그러나 믿음으로 언약 공동체에 입문한 하나님의 백성들은 여전히 율법을 준수할 수 있고 그것의 성취를 통해 언약 안에 머문다. 따라서 샌더스는, '자랑'이 민족적 특권 혹은 입문의 조건으로서 배제되지만, 여전히 율법 준수는 긍정되고 권고된다. 따라서 샌더스는 율법에 흠 없는 상태가 가능한 것으로 주장한다.

던은 '자랑'에 대한 바울의 반대를 유대인의 언약적 배타성으로 엄밀하게 제한한다. 던은 '자랑'을 새 관점 류의 율법의 행위의 제한 안에서 반대되는 것으로 해석하고, 율법 전체를 수행하는 행위에 대하여서는 긍정하는 것이다. 던도 샌더스처럼 율법에 대해 흠 없는 상태를 긍정하는 것이다. 새 관점 지지자들의 이러한 생각들의 위험성에 대해 더글라스 무(D. J. Moo)는 지적한다. 그는 율법의 행위에 대한 의미의 제한이 '행위에 의한 칭의'에 문을 여는 원인이 될 수 있다고 경고한다.[39] 실제로 이들은 율법의 행위라는 제한된 개념 안에 칭의를 몰아넣고, 실제로 그 개념 밖에서 율법을 긍정하면서 최종 칭의의 근거를 행위에 놓기 때문이다. 그러나 던이 주장하는 것과

---

[39] D. J. Moo, *The Wycliffe Exegetical Commentary: Romans 1-8* (Chicage: Moody Press, 1991), 306. Eveson, 203에서 재인용.

같이 바울은 그가 반대한 '자랑'의 개념을 민족적 특권에 제한시키고, 한편으로는 율법 자체에 대하여 흠 없는 상태를 주장하고 있는 것일까? 베네마는 다른 구절들에서 발견된 바울의 자기 고백이 던과 같은 류의 주장을 단호히 부정한다고 주장한다.[40] 이것을 증명 하려면 앞에서 다루었던 로마서와 갈라디아서의 주해를 다시 반복해야 할 것이므로 생략할 것이다. 다만 앞에서 다룬 모든 주해들을 통해 얻은 결과물을 가지고 빌립보서 본문을 판단할 때, 던의 주장은 다음과 같은 벽에 부딪힌다. 즉 '자랑'을 단지 민족적 특권의식으로 한정하더라도, 그 특권 의식이 율법 준행의 성취와 무관하지 않다. 던이 '자랑'을 '언약적 지위의 특권에 대한 자랑'으로 한정할 때, 그는, 그 특권이 율법 전체에 대한 순종에 대해 갖는 연관성을 더 깊이 생각해야만 했다.[41] 슈라이너(Thomas R. Schreiner)도 이 점을 잘 통찰한다.

> 유대인의 민족주의는 토라에 대한 헌신과 토라에 대한 준수와 밀접하게 그리고 불가분리하게 묶여져 있었다. 쿰란 공동체는 스스로를 정확히 율법에 대한 그것의 헌신 때문에, 나머지 이스라엘에 대조적으로 진정한 이스라엘로 여겼다. 종족적 이스라엘이 되는 것으로 충분하지 않다. 누군가 또한 토라를 지켜야 했다.[42]

유대인의 민족적 우월감은 율법에 대한 충성에 뿌리를 두었으며, 그들의 민족적 특권 의식은 도덕적 우월감으로부터 분리 될 수 없다.[43] 따라서 바울이 반대한 '자랑'은 민족적 배타성을 불러일으키는 민족적 특권의식 혹은 경계표의 문제를 배제하지 않지만, 율법에 대한 도덕적 순종으로 의롭게 되려는 율법주의적 개념(반(半)-펠라기안주의적 의미에서) 역시 배제될 수 없다.

B. 하나님의 의(義): 라이트의 언약적 신실성으로서 하나님의 의(義) 비평

a. 하나님의 의(義)에 대한 개혁신학의 교리적 진술

---

[40] Venema, *The Gospel of Free Acceptance in Christ,* 199.
[41] Venema, *The Gospel of Free Acceptance in Christ,* 193.
[42] Schreiner, "'Works of the Law' in Paul," 236.
[43] Schreiner, "'Works of the Law' in Paul," 237.

하나님의 의(義)를 '하나님의 언약적 신실성'으로 재정의하고 도덕적 의(義)와 선물로서 의(義)를 부정하는 던과 라이트와는 달리, 존 머레이(John Murray)는 하나님의 의(義)를 두 측면에서 조망하였다. 첫째는 소극적인 의미로, 인간의 의(義)와 구별되는 하나님의 의(義)이고, 두 번째 적극적인 측면에서 하나님에 의해 제공되는, 소위 선물로서의 의미와 상통하는 의(義) 개념이다.[44] 이 두 측면을 좀 더 자세히 살펴보도록 하자.

우선 종교개혁은 '하나님의 의(義)'를 '인간의 의(義)'와 구별하는 측면에서 사용하였다. 즉 인간의 의(義)와의 기원적 측면에서 구별을 위해 이 용어를 사용한 것이다. 여기서 "구별되는 측면"이란 말은 '칭의의 근거로서 서로가 서로를 배제한다는 의미에서 "구별"이다(롬 1:16-18; 3:20, 22; 빌 3:8). 제임스 뷰캐넌(James Buchanan)도 이 점을 통찰한다.

> 이 두 종류의 의(義)는 독특할 뿐만 아니라 서로 매우 다르며, 또한 서로 매우 다를 뿐만 아니라 칭의의 근거로서의 서로를 배제하고 배격하는 정반대의 의(義)이다. 전자에 의해 의롭다함을 받는 사람은 후자에 의해 의롭다함을 받는 것이 가능하지 않다. 이와 마찬가지로 후자에 의해 의롭다함을 받는 사람 역시 전자에 의해 의롭다함을 받을 수 없다. 만일 사람의 의(義)가 충분한 것이라면, 하나님의 의(義)는 불필요하게 된다. 이와 반대로 만일 하나님의 의(義)가 충분하고 반드시 필요한 것이라면, 사람의 의(義)는 설 자리를 잃게 된다.[45]

이런 맥락에서 '하나님의 의(義)'는 하나님으로부터의 선물로서 이해된다.[46] 그러나 종교개혁과 개혁신학은, 선물로서 '하나님의 의(義)'의 사상이 하나님의 공의로운 성품으로서 '하나님의 의(義)'와 깊은 관계를 가진다는 사실을 간과하지 않는다. '하나님의 의(義)'는 우선적으로 율법을 순종하라는 죄인을 향한 요구로서 이해된다. 선물로서 '하나님의 의(義)' 개념은 '하나님의 의(義)'의 공의적 측면을 배제하지 않고 그것을

---

[44] John Murray, "Justification," *Collected Writing of John Murray*, vol. 2 (Edinburgh: The Banner of Truth Trust, 1977), 214-15.

[45] Buchanan, 344. Cf. Buchanan, 343-44.

[46] Venema, *The Gospel of Free Acceptance in Christ*, 205.

근거로 제시된다. 종교개혁자들은 인간의 전적 타락과 중생 후 남은 죄를 인해 결코 은혜와 협력하는 인간의 순종이 칭의의 근거가 될 수 없다고 주장하였다. 인간 안에 칭의의 근거가 될 만한 의(義)가 존재하지 않으므로 오직 외부의 의(義), 즉 하나님의 의(義) 혹은 그리스도의 의(義)의 전가만이 구원의 근거가 될 수 있다고 주장한 것이다. 그러나 개신교가 선물로서 '하나님의 의(義)'를 주장하였다하여 하나님의 의(義)의 공의적 측면을 간과한 것은 아니다. 오히려 선물로서 '하나님의 의(義)'에는 공의적 측면으로서 도덕적이고 분배적 의(義) 개념이 확고히 전제되어있다. 종교개혁의 *sola gratia*(오직 은혜)는 철저히 *sola christus*(오직 그리스도)에 근거하기 때문이다. 즉 우리의 받은바 선물로서 의(義)는 하나님의 공의로운 도덕적 요구를 성취하신 그리스도의 공로에 근거하기 때문이다. 종교개혁은, 그리스도께서 율법의 요구를 이루심으로 마련하신 의(義)를 전가 받아 의롭게 여김을 받는다고 주장한다. 만일 하나님의 의(義)에 있어 하나님의 공의적 측면을 부인하게 된다면, 종교개혁에 있어 칭의는 그야말로 싸구려 복음이 되고 마는 것이다. 선물로서 의(義)는 하나님의 공의로운 성품으로부터의 요구에 합당하고 그에 부합하는 의(義)인 것이다. 베네마(Cornelis P. Venema)는 '하나님의 의(義)'에 의거한 종교개혁의 칭의의 성격을 다음과 같이 요약한다.

> 신자에게 자유롭게 주어지고 전가되는 그리스도 안에 하나님의 의(義)에 대한 토대 위에, 하나님께서는 죄인이 용서되고 그에게 받아들여질 수 있다고 선언하신다. 왜냐하면 그리스도께서 그의 백성을 위해 하나님의 의(義)의 의무와 요구를 만족시키셨기 때문에, 하나님께서 공의로우신 동시에 죄인을 의롭다 하시는 분이 될 수 있다(롬 3:26). 그러므로 '칭의'는 의(義)에 있어 도덕적 갱신을 진행하는 과정(성화)이 아니라 마지막 칭의를 예견하는 결정적(definitive), 법정적(judicial, forensic) 행위이다.[47]

따라서 선물로서 의(義)의 전가를 통한 칭의는 하나님의 의(義)의 공의적 측면과 그리스도의 속죄 사역 사이에 긴밀한 관련성 안에서 정의되는 것이다. 따라서 이 주제들을 신중히 다루고 이해하는 작업은 몹시 중요하다.

---

[47] Venema, *The Gospel of Free Acceptance in Christ*, 207.

칭의라는 주제에 관해 발생한 모든 오류들은 궁극적으로 하나님의 율법과 정의에 대한 불완전하며 오류적인 견해로부터 발생하는 것이라고 말할 수 있다. 하나님의 율법은 마치 그것의 명령적이며 형벌적인 요구가 그의 영원하신 정의의 청구와는 아무런 필연적인 관계가 없는 것처럼, 사람이 마음대로 좌지우지해서 그것을 수정하고 느슨하게 할 만큼 변덕스러우며 다양한 어떤 것으로 여겨져 왔다. 그것은 마치 그 율법의 고소가 자비의 신적인 특권으로 대치됨으로 말미암아 죄인이 그 죄에 대해 아무런 만족을 제공하지 않아도 당연히 용서받고 하나님의 용인을 받을 수 있는 것처럼 율법을 보류해 버린 것이다. 그러므로 칭의를 고찰함에 있어서 하나님의 율법과 하나님의 정의와의 관계성을 연구하는 것은 더욱 필요한 일이 되었다. 왜냐하면 이 문제에 있어서 결함 있고 불완전한 견해가 그릇된 수많은 사변적인 칭의 교리의 근원이 되었을 뿐만 아니라 그것에 대해 실제적인 무관심, 즉 거짓된 평강과 육적인 안심을 양산했기 때문이다.

이러한 그릇된 사변적인 칭의 교리와 실제적인 무관심이 교회와 세상 모두에 있어서 광범위하게 만연했던 것이다. 이것은 복음 메시지로부터 연원한 것이 아니라 하나님의 율법에 대한 무지와 불신앙으로부터 연원한 것이다. 이러한 이유뿐만 아니라, 율법을 성취하시고 하나님의 정의를 만족시키시는 그리스도의 사역과의 긴밀한 관계성으로 인해, 하나님의 율법과 정의와 칭의와의 관계라는 이 주제는 가장 근본적인 중요성을 지니고 있는 주제 가운데 하나가 되는 것이다.[48]

칭의가 법정적 용어이기 때문에, 칭의가 하나님의 법과 공의에 관계된다고 생각하는 것은 합당한 추론일 것이다. 칭의가 오직 은혜를 통한 의(義)의 전가를 통해 온다 하여도, 하나님의 공의의 속성은 죄인이 아닌 자를 죄인으로 정죄하실 수 없고, 의롭지 못한 자를 인정해 주실 수도 없다.[49] 하나님께서는, 반드시 율법의 요구가 성취되고 만족될 때 그것을 의(義)로 인정하신다. 따라서 칭의는 공의의 만족을 전제한다. 그렇지 않다면 하나님의 공의의 속성은 심각하게 훼손될 것이다. 따라서 그리스도의 의(義)의 전가는 하나님의 공의로운 속성을 토대로 한다.[50] 그리스도의 의(義)의 전가는 하나님의 공의의 만족의 근거이며, 이를 근거로 죄인을 의롭다 여기신다. 죄인을 의롭다하시는 하나님의 평결은 그리스도의 공로 때문에 정당한 것으로 여겨진다. 그러므로 '하나님의 의(義)'는 "죄인들을 의롭다 하시는 하나님의 방법"으로 여겨진

---

48 Buchanan, 292-93.
49 Buchanan, 293.
50 Buchanan, 293.

다.[51] 그의 칭의 방법은 구속적 사랑이 하나님의 공의적 성품과 조화되는 방식으로 제시된다. 칭의 방법의 핵심은 그리스도의 속죄 사역에 놓인다. 전가되는 하나님의 의(義)의 마련은 그리스도의 형벌과 순종에 근거한다.

종교개혁과 개혁신학의 '하나님의 의(義)' 개념이 라이트와 비교될 때, 우리가 발견하는 그의 중대한 오류는 무엇인가? 그것은 바로 그의 개념의 협소함이다. 파이퍼의 지적처럼 그는 언약의 협소한 범주 안에 '하나님의 의(義)'를 제한한다. 그리고 그러한 제한된 범주 안에서 '하나님의 의(義)'가 무엇인지를 다루지 않고 다만 '하나님의 의(義)'가 무엇을 행하는지만 언급한다. 즉 하나님께서는 언약과 약속에 신실하시다는 언급만 한 후, 그러한 신실한 하나님의 행동이 무엇인지 설명하지 않는다. 사실 하나님의 언약적 신실성은 라이트의 정의보다 더 많은 내용을 의미한다. 하나님의 언약적 신실성은 사랑, 공의, 선하심 등 여러 의미로 해석될 수 있기 때문이다. 그러나 하나님의 언약적 신실성에 대한 여러 측면들은 서로 동의어가 아니라서 각각의 의미들이 설명되어야 한다. 왜냐하면 하나님의 언약적 신실성 안에서 행하시는 하나님의 여러 측면들의 이면에 그렇게 행동하셔야 하는 이유로서 하나님의 의(義)가 전제되기 때문이다.[52] 이와 관련해 파이퍼(John Piper)는, 하나님의 언약적 신실성으로부터 파생된 하나님의 행동들의 이면의 전제가 '하나님의 공의'라고 주장한다. 그리고 '하나님의 공의'는 언약 이전에 하나님의 영원한 속성에 포함된 주제라고 지적한다.[53] 라이트의 문제는 하나님의 의(義)를 하나님의 언약적 신실성으로 협소한 언약 범주 안에 제한하고, 하나님의 공의의 측면으로서 하나님의 의(義)의 도덕적이고 분배적 측면을 부인하는데 있다. 라이트의 이러한 오류는 결국 칭의의 본질과 근거로서 전가되는 의(義)의 성격을 또한 함께 부인하게 만든다. 왜냐하면 하나님의 의(義)의 도덕적 측면이 전가 교리의 토대가 되기 때문이다. 칭의의 법정은 하나님의 엄중한 공의와 도덕적 통치의 원리 아래 운용된다. 칭의는 하나님의 공의에 대한 완전한 만족을 전제로 주어지며, 우리 밖에 있는 그리스도의 공로를 의존한다. 라이트는 성경이 계시하고 교리적 진술들이 고백하고 있는 '하나님의 의(義)'에 대한 더욱

---

[51] Buchanan, 345.
[52] Piper, *The Future of Justification*, 62-63.
[53] Piper, *The Future of Justification*, 63.

포괄적이고 다양한 측면들을 애써 외면한다. 그리고 이 모든 오류는 그의 협소한 언약적 제한 혹은 축소로부터 비롯된다. 라이트는 '하나님의 의(義)'를 정의할 때, 더 포괄적이고 좀 더 다양한 성경의 개념들을 인정해야 한다. 그의 문제는 하나님의 의(義)에 대한 하나님의 언약적 신실성의 정의자체에 있는 것이 아니라 그 개념의 폭을 더욱 진전시키지 못하고 자신의 협소한 정의 안에 제한하려는 태도에 있다.

b. 하나님의 의(義)에 대한 개혁신학의 성경적 주해

(1) 도덕적 측면으로서 하나님의 의(義)

하나님의 의(義)는 도덕적 의(義)이며 분배적 의(義)를 함축한다. 마이클 비즐리 (Micheal Beasely) 목사는 대부분의 용어들이 외연적이고 암시적인 의미를 갖고 또한 그 사용에 있어 의미론적 영역을 갖는다고 주장하며, 라이트의 해석이 몹시 이러한 측면을 간과한 채, 개념을 고립시키는 방향으로 나아간다고 논평한다.[54] 따라서 우리는, 라이트의 하나님의 의(義)에 대한 사전적, 역사적 그리고 문법적 분석에 있어 상당한 축소를 발견하며, 그가 성경의 문맥과 정황의 폭넓은 시야를 가지고 이 주제를 해설하고 있는지 물어야 한다. 이러한 정의의 축소 안에서 배제되는 개념이 하나님의 의(義)의 도덕적인 성격이다.

성경은 라이트의 해석의 폭보다 더 넓은 개념을 제시한다. 히브리적 토대로부터 '의로운'(צָדַק)과 이로부터 번역된 δίκαιος의 사전적 의미는 '정경적 표준' 혹은 '평가하는 규범'이다.[55] "표준에 의해 요구되는 것을 행하는 것에 대한 행위"[56]를 의미한다. 이 용어의 핵심은, '하나님의 절대 오류가 없는 표준'을 나타낸다. '의로운'(צָדַק, δίκαιος)의 "외연적 실재는 하나님의 의로운 표준이 불변하고, 거룩하고 완전하다는 것이다."[57] 따라서 의(義)라는 용어는 하나님의 존재론적 성격을 함축한다. 파이퍼

---

[54] Micheal Beasely, *Indeed, Has Paul Really Said?: A Review of N. T. Wright's Book: What Saint Paul Really Said* (Logos Chrstian Reasearch Ministries, 2007), 25.

[55] Beasely, 25-26.

[56] Beasely, 26.

[57] Beasely, 26-27.

(John Piper)는 하나님의 의(義)의 공의적 차원을 더욱 깊이 있게 설명한다. 그는 "하나님께서 확고하게 수행하시는 '옳은 것' 또는 '의로운 것'은 무엇인가?"[58]라고 질문한 후 스스로 답한다.

> 우주의 궁극적 가치는 하나님 자신 즉 모든 하나님의 완전하심의 전체 전경(全景)이시다. 이것에 대한 또 다른 이름은 하나님의 거룩(그의 완전한 아름다움의 내재적이고 무한한 가치로서 견지되는) 혹은 하나님의 영광(그 아름다움으로부터 흘러나오는 모든 표현으로서 견지되는)이다. 그러므로 "의로운"은 이러한 궁극적 가치, 하나님의 거룩 혹은 하나님의 영광과의 관련성 안에서 정의되어야만 한다. 이것은 우주에 있어 "의로운 것"에 대한 가장 높은 표준이다. 그러므로 무엇이 옳은 것인가는 무한히 가치 있는 분 즉, 하나님의 가치를 온당히 합당하게 받드는 것이다. "옳바른" 행동은 하나님의 영광에 온당한 존중으로부터 흘러나오며, 최고로 가치 있는 실재로서 하나님의 영광을 드높이는 것이다.[59]

하나님의 의(義)는 하나님 자신과 그분의 속성으로부터 표현되는 그분의 완전하신 영광에 속하는 개념이다. 다시 말해 하나님의 의(義)가 공의의 속성을 나타낼 때, 그것은 영원한 것이다. 공의는 하나님의 의(義)의 모든 것을 표현하지 않지만 분명 하나님의 의(義)가 함의한 중요한 개념이다. 하나님의 의(義)의 법정적 정황은 확실하다. 하나님과 그분의 영광에 부합한 것이 의(義)일 때, 하나님께서는 자신의 표준을 범하는 존재에 대해 진노하신다. 죄의 본질은 하나님의 영광에 부합된 요구에 미치지 못하고 어긋나는 것을 의미한다. 파이퍼는, 하나님의 의(義)를 중심 주제로 다루고 있는 로마서가 죄의 무능력을 하나님께 영광 돌리지 못하는 인간의 상태와 연관 짓는 것을 통찰한다(롬 1:21, 23; 롬 1:8).[60] 하나님의 법정에서 정죄와 용인은 하나님의 영광과 하나님 자신의 표준에 부합한가 그렇지 않은가의 여부에 달린 것이다. 하나님의 의(義)의 공의적 측면이 분명해질 때, 라이트의 큰 문제점은, 그가 하나님의 의(義)를 협소한 언약적 정황에 제한한다는 사실이다. 왜냐하면 하나님의 의(義)의 공의적 측면은 창조에 나타난 문제의 대안으로 시작된 언약의 시점보다 앞서게 되기

---

58 Piper, *The Future of Justification*, 64.
59 Piper, *The Future of Justification*, 64.
60 Piper, *The Future of Justification*, 66.

때문이다. 하나님의 속성으로서 하나님의 의(義)는 언약이 체결되기 이전에 영원 전부터 하나님께 내재된 것이다.

우리는 다시 로마서 1:17절의 정황으로 돌아가 하나님의 의(義)의 공의적 성격을 지지하는 본문의 증거들을 살필 필요가 있다. 구약의 본문들은 정녕 로마서 1:17절의 하나님의 의(義)를 하나님의 언약적 신실성 혹은 구원하시려는 일반적 의도에 따른 행동 안에 제한하는 것일까? 그러나 구약과 신약의 본문들은 라이트의 정의에 제한되지 않는다. 그것을 넘어선다. 로마서 3:4절에서 바울은 시편 51:4절을 인용한다. 그리고 인용된 구절은 로마서 3:5절의 토대를 제공한다. 주어진 본문의 메시지는, 인류 모두가 하나님의 의(義)의 표준에 의해 정죄될 수밖에 없다는 것이다. 그리고 이러한 진술들은 법정적 정황 안에서 진술된다.[61] 그렇다면 바울이 다윗의 고백을 통해 모든 인류를 하나님의 법정에 기소할 때에, 인용된 다윗의 고백이 어떠한 내용을 담고 있는지 살펴볼 필요가 있다. 다윗은 라이트의 전제와 같이 이방에 반대하여 자신의 정당성을 입증하려 하지 않고 자신이 직면한 죄의 문제에 있어 하나님의 자비와 용서를 구하고 있다.[62] 다윗은 하나님의 언약적 신실성에 의존하여 이방으로부터 자신의 하나님 백성 됨의 정당성을 평결해 달라고 요청하고 있지 않다. 다윗은 자신의 죄를 철저히 정죄하시는 공의적인 하나님의 의(義) 앞에 직면해 있고, 이 문제에 대한 구원론적 대안으로서 자비와 용서를 구하고 있다. 즉 다윗은 자신의 죄에 대한 하나님의 공의로운 정죄라는 법정적 정황에 봉착해 있는 것이며, 또한 정죄의 반대로서 자비와 용서를 법정적 정황 안에서 구하고 있는 것이다.

시편 98편은 어떠한가? 본문의 주해는 하나님의 의(義)가 역시 법정적 정황에서 제시되고 있음을 보여준다. 이 구절 역시 하나님의 언약적 성실성 이상을 표명한다. 본문은 하나님의 신실한 행위뿐만 아니라 땅과 세계에 대한 의로운 심판을 포함한다. "그가 땅을 심판하러 임하실 것임이로다 그의 의로 세계를 판단하시며 공평으로 그의 백성을 심판하시리로다"(시 98:9).

---

[61] Beasely, 35-36.
[62] Beasely, 36.

그러므로 하나님의 의(義)는 창조와 그것의 모든 피조물들에 대한 그의 왕적 그리고 법정적 지배의 표현이다. 왜냐하면 하나님께서는 이러한 의미에서 의로우시기 때문에, 그분의 공의로운 방식으로 그의 피조물들의 환경들을 통치하시고 관리하신다. 이러한 이유로, '통치하심과 심판하심'이란 용어는 종종 하나님의 의(義)와 밀접하게 연결된다(시 72:1-3; 삼하 8:15; 왕상 10:9; 렘 22:3; 잠 31:8-9).[63]

따라서 구원하는 의(義)와 공의로운 의(義)로부터의 의(義)는 항상 병행한다. 그런 의미에서 하나님의 의(義)는 형벌적(punitive) 의(義)와 응보적(retributive) 의(義)의 개념과 연관된다.[64]

지금까지 우리가 하나님의 의(義)의 공의적 측면에서 도덕적이고 분배적 의(義)의 개념의 성경적 근거를 살펴봄으로 얻게 된 결과는 이렇다. 파이퍼의 지적대로, 라이트는 하나님의 언약적 신실성으로서 하나님의 의(義)가 어떻게 행하는지 만을 논했지, 그 의(義)가 무엇을 의미하는지 설명하지 못했다. 어쩌면 그는 그러한 설명을 회피하고 있는지도 모른다. 왜냐하면 성경 본문은 라이트의 결여된 설명을 너무나 명확하게 명시하고 있기 때문이다. 라이트의 견해가 정당하려면, 그는 이렇게 말했어야 한다. "이 용어는 하나님의 신실성과 구원하시는 행위가, 의인들의 정당함에 대한 입증과 사악한 사람들의 형벌을 포함하는 그의 심판 안에서 설명된다."[65] 즉 하나님의 신실성과 구원하시려는 의도의 행위는 의인의 인정과 악인의 심판을 포함하는 공의적인 측면에서 도덕적 의(義)와 연관되는 것이다. 이런 의미에서 라이트의 해석은 너무나 협소하다.

(2) 믿음으로 전가되는 선물로서 하나님의 의(義)

이제 우리는 로마서 1:17절에서의 하나님의 의(義)에 대한 두 번째 의미를 살펴볼 차례다. 이 부분은 선물로서 하나님의 의(義)를 분석하는 것과 관련된다. 그러나 선물로서 하나님의 의(義)는 하나님의 의(義)의 공의적 측면을 전제한다. 어쩌면 선물로서 하나님의 의(義)는 하나님의 공의적 의(義)에 토대한다고 말해도 과언이

---

63 Venema, *The Gospel of Free Acceptance in Christ*, 215.
64 Venema, *The Gospel of Free Acceptance in Christ*, 216.
65 Venema, *The Gospel of Free Acceptance in Christ*, 216.

아니다. 그렇다면 어떤 근거로 이렇게 말할 수 있는 것인가? 우리는 이 점을 논증하기 위하여 로마서 1:17절과 함께 로마서 3장의 본문들을 눈여겨 볼 필요가 있다. 먼저 로마서는 이제 우리가 다룰 주제에 있어 중요한 구절이다. "복음에는 하나님의 의(義)가 나타나서 믿음으로 믿음에 이르게 하나니 기록된바 오직 의인은 믿음으로 말미암아 살리라 함과 같으니라"(롬 1:17). 특히 이 구절에서 우리가 주목할 어구는 "믿음으로 믿음에"이다. 이 구절은 바울이 하박국 2:4절을 인용한 구절로서, 의(義)와 믿음 사이에 연결을 보여주는 로마서의 특징적인 주제를 포함하고 있다.[66] 본문의 의(義)와 믿음과의 관계를 드러내기 위해서 우리는 로마서 3:21-26절을 살핌이 유익하다. 로마서 1:18-3:20절은 주어진 본문, 로마서 3:21-26절의 진술이 제기된 정황을 나타낸다. 로마서 1:18-3:20절의 내용은 유대인과 이방인, 즉 모든 인류의 보편적 곤경을 보여준다. 바울은, 공의적, 형벌적 측면에서 하나님의 의(義)에 의거하여 그들을 정죄하며, 기소장을 제시한다. 여기서 바울은 '하나님의 의(義)'를 철저히 법정적 의미로 사용한다. 세상이 하나님의 심판대 앞에 서게 될 때(롬 3:9), 전 인류는 하나님 앞에 정죄되는데, '율법의 행위'의 토대 위에서 의롭게 될 가능성은 없다.[67] 이러한 절망적 정황에 대한 대안이 로마서 3:21-26절인 것이다. 본문은 정죄된 자들 즉 죄인들의 칭의를 표명한다. 모든 사람들은 죄를 범하여 하나님의 공의로운 도덕적 의(義)의 잣대를 따라 정죄되었다(롬 3:23). 정죄는 하나님의 의(義)를 따른 것이다. 그러나 바로 의인이 아닌, 정죄된 죄인들이 의롭다 하심을 얻는다(24절). 그렇다면 하나님의 인격은 모순적인가? 그는 공의로우신 분이시면 서도 죄인을 의롭다하시는 불의한 분이신가? 그렇지 않다. 죄인은 은혜로 의롭다 함을 받지만, 죄인에게 필요한 공의의 요구에 대한 만족과 성취는 제3자에게서 성취된다. 공의로운 심판이 누락된 것이 아니라 죄인 당사자가 아닌 누군가에게 행해진 것이다. 철저히 하나님의 칭의는 하나님의 도덕적이고 분배적 의(義)의 시행에 의거한 것이다. 왜 그런가? 답은 22절, 25-26절에 있다. 타락으로 인한 무능성을 인해 율법의 행위로 의롭다함을 받을 수 없는 죄인들은 이제 율법의 행위가 아닌 예수 그리스도를 믿음으로 말미암은 의(義)를

---

66 Venema, *The Gospel of Free Acceptance in Christ*, 217.

67 Venema, *The Gospel of Free Acceptance in Christ*, 218-19.

인해 의롭다함을 받는다(21-22절). 그렇다면 어떻게 예수 그리스도를 믿음으로 인한 의(義)가 하나님의 공의적 요구를 만족시키면서 죄인을 구원하는가? 이에 대한 답은 24-25절에 있다. 그리스도의 속량과 화목제물 되심, 피 흘리심으로 인해 죄인들의 죄가 간과되는데 있다. 이것은 무엇을 의미하는가? 죄인 당사자들에게 내려질 공의로운 하나님의 의(義)의 정죄가 그리스도께 내려진 것이다. 공의적 측면의 하나님의 의(義)가 그리스도(meritorious cause) 안에서 만족된 것이다. 여기서 의(義)는 믿음 자체가 아니다. 본문에서 의(義)의 기원과 원인은 그리스도께 있다. 믿음은 그것을 전가 받는 수단(instrumental cause)인 것이다. 로마서 3:21-26절은 우리에게 의(義)를 마련하신 그리스도의 속죄라는 구속의 객관적 측면과 그것을 신자가 소유하는 방식 즉 구속의 주관적 측면을 모두 제시하고 있다. "로마서 1-3장 내내 바울의 반복된 주제는, 하나님의 의(義)가 그의 공의로운 심판과 그리스도를 믿는 모든 자들에 대한 칭의의 선물을 통해 하나님의 의(義)를 신실하게 드러내신다는 것이다."[68] 그런 의미에서 선물로서 하나님의 의(義)는 그리스도의 의(義)와 동의어이다.[69] 왜냐하면 그 의(義)는 그리스도의 죽기까지의 순종을 통해 마련된 것이기 때문이다. 그리스도께서는 십자가의 고난을 통해 우리의 형벌을 대신 받아 만족시키시고(수동적 순종) 완전한 순종을 통해 율법의 마침(능동적 순종)이 되셨기 때문이다. 또한 선물로서 하나님의 의(義)는 '한 사람의 의(義)'로 불리 운다(롬 5:18, 19). 왜냐하면 오직 이 의(義)가 그리스도의 사역에만 직접 연결되기 때문이다. 주 그리스도 외에 다른 어떤 이의 의(義)도 이 의(義)로부터 배제된다. "이러한 표현은 그리스도의 사역과 즉각적으로 연결시키는 한편, 많은 사람이 의롭게 되는 개인적 순종들을 배제한다."[70]

이와 같이 선물로서 하나님의 의(義)는 도덕적이고 분배적인 하나님의 의(義)의 요구가 그리스도의 사역을 통해 만족된 것을 의미한다. 이 의(義)는 믿음을 통해 죄인에게 전가되어 그들을 의롭다 한다. 이러한 하나님의 의(義)의 두 번째 의미를 뷰캐넌의 진술을 통해 마무리 짓자.

---

[68] Beasely, 39.

[69] Buchanan, 346-47.

[70] Buchanan, 347.

이 모든 표현들은 죄인들을 의롭다 하시기 위해 하나님께서 계시하신 하나의 동일한 의(義)와 관계되는 표현들인데, 그것은 바로 그리스도의 대속적인 의(義)다. 그리고 이 그리스도의 의에 대한 각각의 표현은 그것과 관계된 여러 국면들과 관계들을 나타내 줄 뿐만 아니라, 우리의 죄의 사면과 하나님 품으로의 용인을 위한 모든 다른 의(義)들을 배격하는 것을 보여 주는 것이다. 이 그리스도의 의(義) 외에 이 모든 표현들이 적용되는 다른 의(義)는 없다는 것이다.[71]

결론적으로 라이트의 하나님의 의(義)에 대한 비평의 핵심은, 그가 하나님의 의(義)를 너무 좁게 정의했다는 것이다. 언약적 신실성으로서 하나님의 의(義) 개념은 성경이 제시하는 더 많은 그리고 더 폭넓은 하나님의 의(義)의 개념들을 수용하지 못한다. 따라서 협소한 전제 아래 하나님의 의(義)를 재정의 함으로 발생한 칭의론의 수정들은 몹시 위험하고 성경적 근거를 갖지 못하며, 성경적 의미로부터 이탈된 개념으로 판단될 수 있다.

C. 의(義)의 전가: 전가 교리가 배제된 라이트의 법정적 개념 비평

라이트(N. T. Wright)는 법정적 개념을 부인하지 않지만 전가 개념을 범주적 오류(a category mistake) 혹은 법적 허구(legal fiction)로 여기고 부정한다. 따라서 우리는, 라이트의 전가 교리 부정이 합당한 것인지 성경과 교리적 진술들 안에서 평가할 필요를 느낀다.

a. 칭의의 법정적 개념과 전가에 대한 개혁신학의 교리적 진술

칼빈은 칭의를 법정적 정황 안에서 이해한다. 그리고 하나님의 법정에서 다루어지는 평결은 도덕적 측면에서 정죄와 무죄 선언에 관련된다. 칼빈은 칭의 교리를 구원과 경건의 토대로서 이 교리의 중요성을 인지시킨 후, 이 교리가 하나님의 심판, 즉 법정적 정황에서 발생함을 지적한다.[72] 즉 칭의는 도덕적 의미에서 정죄와 무죄의

---

71 Buchanan, 348.

의미로 구성되며, 이 평결이 하나님과의 관계를 이루는 것에 직결된 것이라고 주장한다. 개핀(Richard B. Gaffin)도 이 점을 지적한다. "...법정적 관심, 죄책으로서 죄와 관련된 관심, 죄와 하나님의 심판으로 인하여 형성된 죄책으로부터의 해방과 관련된 관심이 중심적인 것이었음이 사실이기 때문이다. 이러한 법적인 관심사가 바울에게 지배적인 것으로서 주장되었다."[73]

칭의에서 의롭다함을 얻는 것은 용납 받는 것을 의미한다. 즉 칭의는 이미 백성된 자들에 대한 인정이 아니라 용납되고 받아들여지는 것, 즉 그리스도인이 아니던 자가 그리스도인으로 하나님께 받아들여지는 것을 의미한다.[74] 칭의의 반대는 정죄이다. 왜냐하면 하나님께서 불법을 미워하시므로 죄인이 의롭다고 인정받기 전에는 하나님께 용납될 수 없기 때문이다. 그는 하나님 밖에 놓여 있다. 칼빈이 이해한 하나님의 법정은 라이트가 생각하는 법정과는 달리 도덕적 판결이 내려지는 장소이다.

> ...같은 방식으로 어떤 사람의 생활이 순결하고 거룩하여 하나님의 보좌 앞에서 의롭다는 증언을 얻을 만할 때에는, 그는 행위에 의해서 의롭다함을 얻는다고 한다. 또는 그 행위의 완전성 때문에 하나님의 심판을 받고 그것을 만족시킬 수 있는 사람은 행위에 의해서 의롭다함을 얻는다고 한다. 그와 반대로 행위에 의해서는 바르다는 증거를 받을 수 없는 사람이 신앙을 통해서 그리스도의 의(義)를 붙잡아, 그 의(義)를 입고 하나님 앞에 나타날 때에는–죄인으로서가 아니라, 의로운 사람으로서 나타날 때에는–신앙에 의하여 의롭다함을 받는다고 한다.[75]

하나님의 도덕적 의(義)에 의해 죄인들에게는 두 가지 선택이 존재한다. 죄인은 완전한 의(義)의 행위로 무죄 판결을 받거나 이것이 불가능할 때, 죄인 밖에 있는 의(義), 즉 신앙으로 전가 받는 의(義)를 통해 용인을 받든지 해야 한다. 뷰캐넌(James Buchanan)도 칭의를 법적인 용인임을 지적한다. "칭의는 법률적이며 법정적 용어로서 하나님의 면전에서 사람을 의롭다고 인정해 주는 용인을 표현하기 위해 사용된

---

[72] Calvin, *Institutes,* III. xi. 1.

[73] Richard B. Gaffin, 『구원이란 무엇인가: 바울과 구원의 서정』, 유태화 역 (서울: 크리스챤출판사, 2007), 52.

[74] Calvin, *Institutes,* III. xi. 2.

[75] Calvin, *Institutes,* III. xi. 2.

용어이다."[76] 따라서 칭의는 "하나님의 면전에서 이루어지는 우리의 용인의 방법에 관한 하나님의 뜻을 계시"하신 것이다.[77] 모든 사람들이 전적 타락 안에서 무능하므로, 죄인들에게 선택의 길은 하나 밖에 존재하지 않는다. 그것은 신앙으로 그리스도의 의(義)를 덧입는 것이다. 이처럼 칼빈에게 있어, 칭의의 법정은 엄중한 도덕적 판결이 내려지는 곳이며, 하나님의 공의의 요구를 만족시키는 가운데 평결이 내려지는 곳이다. 칼빈에게 법정의 심판은 도덕적 측면과 전가의 측면을 모두 포함한다. 따라서 칼빈은 법정적 칭의의 개념을 정의한다. "그러므로, 우리는 칭의를 의로운 사람으로 우리를 그의 호의 안에서 하나님께서 받아주시는 용인(acceptance)으로 단순히 설명한다. 그리고 우리는 그것[칭의]이 죄에 대한 용서와 그리스도의 의(義)의 전가로 구성된다고 말한다."[78]

우리가 개혁신학자들의 논증을 살필 때, 칭의의 법정적 판결은 분배적 의(義)에 의거한 심판이며, 무능한 죄인들에게 있어 칭의의 유일한 근거는 그들 '밖'에 있을 수밖에 없으며, 그들은 이 의(義)를 '전가된 의(義)'로 부른다는 것을 이해할 수 있다. 따라서 칭의의 법정적 판결로서 칭의의 판결은 전가의 교리로 눈길을 돌리게 만든다. 종교개혁 당시 칭의에 대한 로마 카톨릭과 개신교의 치열한 논쟁의 핵심에 전가의 교리가 자리 잡고 있다. 트렌트 공의회 제6차 회기 교회 법령 11장은 종교개혁자들의 전가 교리를 전면에서 정죄한다.

> 누구든지, 성령에 의해 그들의 마음에 널리 뿌려진 그리고 그들 안에 가지고 있는 은혜와 사랑에 관하여 제외한 채, 인간들이 단지 그리스도의 의(義)의 전가에 의해 의롭게 된다고 말하거나 혹은 단순히 죄의 용서에 의하여 의롭게 된다고 말하는 자와 그것에 의해 우리가 의로워 지는 은혜는 단지 하나님의 호의라고 말하는 자에게 저주가 있을 것이다.[79]

칭의에 관한 관한 논쟁은 "신자의 칭의의 근거"에 관련된 차이로부터 비롯되었다. 로마 카톨릭은 칭의의 근거를 오직 그리스도의 의(義)에 둔 개신교와 달리 은혜와의

---

[76] Buchanan, 250.
[77] Buchanan, 250.
[78] Calvin, *Institutes,* III. xi. 2.
[79] Calvin, *Acts of the Council of Trent. With the Antidote,* 3:105.

협력 안에 수행된 인간의 의(義)를 은혜와 함께 칭의의 토대로 여겼다. 즉 부분적으로는 그리스도께 부분적으로는 인간 자신에게 공로를 돌린 것이다.

> 회의는 성인에게 있어 이러한 의롭게 됨의 시작(시초)이 그리스도를 통한 하나님의 선행하는 은혜 (the preventing(prevenient) grace of God; *a Dei per Christum Iesum gratia praeveniente*)로부터 비롯된다고 선언한다. 즉 그의 부르심으로부터, 그것에 의해 그들은 그들 자신의 존재하는 공로 없이 부름을 받는다. 그래서 죄에 의해 하나님으로부터 소원하였던 사람들이 그의 자극하시며 도우시는 은혜(by his exciting and assisting grace)에 의해, 동일한 은혜에 자유롭게 동의(assenting freely)하고 그것에 협력(co-operating)하므로 해서 그들 자신의 의롭게 됨을 위해 돌이킬 마음이 생기게 된다.
> 그래서 하나님께서 그의 성령의 조명에 의해 인간의 마음을 만지시는 동시에, 인간 자신은 그러한 감화(inspiration)를 받는 데 있어 아무 것도 전혀 행하지 않는다. 인간은 그것을 거부할 수 있지만, 그러나 그의 자유의지에 관하여 하나님의 은혜 없이는 그 앞에서 의롭게 됨을 향하여 움직여 나갈 수 없다. 그러므로 성경에서, "나에게 돌아오라 그러면 나는 너에게 갈 것이다"고 말할 때, 우리는 우리의 자유(freedom)를 떠올린다. 그리고 우리는 답한다. 그리고 우리가 "주님 우리에게 오십시오. 그러면 우리가 돌이키겠습니다"고 말할 때, 우리는 우리가 하나님의 은혜에 의해 앞서 준비된다는 사실을 인정한다.[80]

로마 카톨릭은 은혜를 배제하지 않는다. 그러나 *sola gratia*(오직 은혜)를 부인한다. 따라서 로마 카톨릭은 그리스도의 의(義)가 부분적으로만 역할 할 뿐, 인간의 협력을 통한 의(義)를 인정한다. 선행하는 은총은 칭의의 시작일 뿐이다. 이 은총이 인간을 자극하고 고무하여 자유의지로 이것을 받아들일 때, 그들은 하나님의 은혜에 협력하기 시작한다. 이러한 감화 이후, 칭의의 원인은 은혜에 협력하여 수행된 행위에 돌려진다. 따라서 이들의 칭의는 성화와 구분되지 않는다. 칭의는 선행하는 은혜를 받아들여 협력하여 성취하는 하나의 과정이다. 따라서 칭의는 "의롭게 여겨지다"가 아니라 "의롭게 만들다"를 포함한다.[81] 이처럼 로마 카톨릭의 칭의는 '전가를 통한 밖으로부터의 의(義)'가 아닌 의(義)를 주입받아 협력하여 인간의 또 다른 의(義)를 만들고 유지시키고 성장시키는 내재적 의(義)(inherent righteousness)로 말미암는다. 따라

---

80 Calvin, *Acts of the Council of Trent: With the Antidote*, 3:94.
81 Calvin, *Acts of the Council of Trent: With the Antidote*, 3:96.

서 로마 카톨릭에서 칭의는 '의롭게 여기는 것'이 아니라 '의롭게 만드는 것'이다. 이러한 생각은 칭의와 성화를 혼동 내지 혼합하는 것이다. 따라서 이들은 의(義)의 전가(imputation)를 부인하고 의(義)의 주입(infusion)을 주장한다.[82]

이들은 그리스도의 고난을 통한 죄의 용서를 인정하는 듯 보인다. 그러나 이들은 칭의와 성화의 구분을 무시한 채 중생의 은혜를 칭의의 범주 안에서 다루는 오류를 범한다. 그들은 칭의를 주입된 의(義)를 통해 성취되는 과정으로 주장하고 있는 것이다. 그들에게 있어 치명적인 오류는 죄의 용서와 함께 은혜와의 협력을 통해 발생하는 신자의 거룩한 행위를 칭의의 근거로 제시하는데 있다. 결론적으로 로마 카톨릭은 전가 교리를 부인하고, 주입된 의(義)와의 협력 하에 발생하는 인간의 선행을 칭의의 근거로 제시함으로 종교개혁의 *sola gratia*(오직 은혜)를 정죄하고 있다. 로마 카톨릭의 칭의는 초기 칭의와 최종 칭의 안에 해설된다. 그리고 칭의는 유지되고 증대될 수 있는 것이며 그것은 상실될 수 있는 과정적인 평결로 요약된다. 그들의 칭의 안에 성화가 혼합되고, 용서와 거룩이 병존한다. 따라서 칭의의 근거로서 인간의 역할이 하나님의 역할과 함께 계수되는 체계인 것이다.

이에 반하여 종교개혁자들은 의(義)의 전가로서 칭의의 은혜와 은혜의 주입으로서 중생 혹은 성화의 은혜를 분리하지 않지만 철저히 구분하였다. 칭의는 언제나 의(義)의 전가를 통하여 발생한다.

> 그러므로 "의롭게 한다"는 뜻은 고소를 당한 사람에 대해서, 마치 그의 무죄가 확정된 것같이, 그 죄책이 없다고 무죄 석방을 선고하는 것과 다름이 없다. 그런데 하나님께서는 그리스도의 중재로 의롭다고 하시므로 하나님의 이 사면은 우리 자신의 무죄가 확증되었기 때문이 아니라 의(義)를 우리에게 전가하셨기 때문이며, 그 결과로 우리 자신은 의로운 사람이 아니지만 그리스도 안에서 의로운 사람으로 인정을 받을 수 있다.[83]

칭의의 판결이 내재적 의(義)가 될 수 없는 이유는 의롭게 됨이 그리스도의 중재를 통해서 전가되는 것이기 때문이다. 신자의 칭의의 내용은 용서와 용납의 두 측면을

---

[82] Calvin, *Acts of the Council of Trent. With the Antidote*, 3:96.
[83] Calvin, *Institutes*, III. xi. 3.

지닌다. 신자의 칭의는 형벌과 순종이 함께 필요하며 어느 한쪽을 결여해서는 안된다. 칭의는 그리스도 안에 이 두 요소를 함께 요구한다.

그러나 만일 이러한 구분이 그것들 사이에 존재하는 불가분리의 연합을 파괴하지 않고서, 단순히 그리스도의 하나의 사역으로부터 다른 하나의 사역을 분별하는 의미로 사용되고, 그것이 하나님의 계명의 형벌적이며 교훈적인 요구들을 잘 증거 하려는 관계를 의미하고 표현할 때 사용된다면 그것은 합당한 일이 될 것이다.

이 율법은 죄의 형벌을 요구했고, 우리는 그리스도의 고난과 죽음 안에서 그 죄의 값이 성취되어지는 것을 목격한 것이다. 이 계명은 또한 완전한 순종을 요구했으며, 특별히 그리스도의 순종의 결정이었던 그의 죽음 안에서 우리는 그 요구가 성취되어지는 것을 목격한 것이다. 그러므로 죄에 따른 악한 형벌에 관계한 그리스도의 형벌적 고난들과 율법이 요구하는 의(義)와 관계한 그리스도의 대속적 순종 사이의 필수적 연관성을 통해서, 우리는 비로소 고난과 순종 모두에 대한 필요성과 하나님의 용인을 받기 위해 제공 되어진 이 희생 제물로서의 그리스도의 적절성과 완전성을 이해할 수 있게 되는 것이다.[84]

하나님의 도덕적인 의(義)는 죄의 대가로서 형벌만을 요구하는 것이 아니라 의롭게 되기 위해서는 실제적인 순종 또한 요구된다. 만일 한 사람이 죄인에서 의인으로 인정되기 위해서, 그는 형벌이란 대가를 만족시키고, 율법의 요구를 완전히 수행해야 온전한 의인(義人)이 되는 것이다. 그리스도께서는 무능한 인간을 위하여 용서와 용납을 위한 고난과 순종을 모두 성취하셨다.

개혁신학은 의(義)의 전가에 있어 연합의 교리를 중시한다.

나는 그리스도께서 우리 안에 들어와 계실 때까지 우리는 이 비할 데 없는 선을 가질 수 없다는 것을 고백한다. 그러므로 머리와 지체들과의 결합 즉, 우리 마음속에 그리스도가 내주하심을-간단히 말하면, 신비로운 연합- 우리는 최고로 중요시한다. 그래서 그리스도는 우리의 소유자가 되심으로써 그가 받은 선물을 우리도 나눠가지게 하신다. 그러므로 우리가 우리 밖에 계신 그리스도를 멀리서 바라봄으로써 그의 의(義)가 우리에게 전가되는 것이 아니라, 그를 옷 입으며 그의 몸에 접붙여지기 때문에, 간단히 말해서 그가 우리를 자기와 하나로 만드시기 때문에-그의 의(義)가 우리에게 전가된다.[85]

---

84 Buchanan, 334.

85 Calvin, *Institutes,* III. xi. 10.

칼빈의 연합은 신비적 연합(mystical union)으로서 그리스도와 인간의 인격이 구분된 상태 안에 연합을 의미한다. 따라서 그리스도의 의(義)는 전가될지라도 인간 밖에 원인을 둔 의(義)로 여겨질 수 있다. 또한 연합은 구원에 있어 법적인 것과 참여적인 것을 함께 포함한다. 그러나 이 둘이 구분된다.[86] 칼빈은 그러한 의미에서 이중 은총(dual grace)을 주장한다. 그리스도와의 연합으로부터 분리되지 않지만 구분되는 전가되는 칭의와 주입되는 성화의 은혜가 신자에게 주어진다. 그러나 이 둘은 혼합될 수 없다.[87] 그런 면에서 칭의는 연합으로부터 가능하다. 칭의는 오직 '그리스도 안에'서만 주어진다. 그런 의미에서 그것은 우리 밖에 있는 의(義)이다. 믿음은 우리를 그리스도께 연합시키는 도구이며, 연합이 된 후에야 우리는 전가를 통해 칭의를 받는다. 따라서 칭의의 공로적 원인(meritorious cause)은 그리스도 외에 어디에서도 찾을 수 없다.

b. 전가 교리에 대한 개혁신학의 성경적 주해

(1) 전가에 의한 칭의의 법정적 성격

라이트는 칭의의 법정적 의미로부터 전가를 부인하면서, '의(義)로 여겨짐'을 언약 백성의 회원으로 인정되는 지위(status)로 재정의한다.[88] 라이트는 칭의의 법정적 정황을 부인하지 않지만 종교개혁의 그것과 이질적인 것으로 제시한다. 즉 전가가 부인된 법정적 개념인 것이다. 그에게 있어 칭의의 법정은 구원과 관련된 정죄와 사면의 문제가 아니라 언약 공동체 회원에 속함에 대한 인정이요 평결이다. 이러한 칭의론 수정의 초점은 '율법의 행위'와 '하나님의 의(義)'의 재정의로부터 비롯된다. 그의 가장 근본적인 실수는 '하나님의 의(義)'를 협소한 언약적 범주 안에 축소시킨 것이다. 앞에서 논하였지만, '하나님의 의(義)'는 하나님의 공의적 측면에서 도덕적 의(義)를 의미하며, 이러한 도덕적이고 분배적 의(義)의 요구를 그리스도께서 성취하

---

86 Gaffin, 『구원이란 무엇인가?: 바울과 구원의 서정』, 79.

87 Calvin, *Institutes*, III. xi. 2.

88 Wright, *What Saint Paul Really Said*, 98.

시므로 자신의 의(義)를 우리에게 전가하셔서 의롭다하시는 선물로서 하나님의 의(義)를 의미한다. 이에 대한 논증은 앞에서 충분히 다루었다고 생각한다. 따라서 우리는 '하나님의 의(義)'를 그리스도께서 능동적인 순종과 수동적인 순종으로 이루신 의(義)라 전제하고, 이 의(義)가 신자와 어떤 관계에 놓여있는지를 밝혀내고자 한다.

하나님의 의(義)가 도덕적 의(義)이며 또한 율법의 모든 요구를 성취한 선물로서 의(義)라면, 로마서 4:5절에서 '의(義)로 여기시나니'라고 언급할 때, '여기시나니'(ἐλογίσθη)는 의(義)로 '여기고,' '간주하고,' '전가 하는' 것 외에 다른 것으로 여길 수 없다. 믿음의 역할에 대해서는 후에 논할 것이지만, 로마서 4:2-6절은 믿음을 전가의 도구적 원인(instrumental cause)으로 여기고, 이 믿음의 수단을 통해 의(義)로 여겨지는 칭의를 받는데, 개중에는 "하나님을 믿으매 그것이 그에게 의(義)로 여겨진 바"라는 구절에서 믿음을 수단이 아닌 의(義) 자체와 동일시하려는 시도들이 있다. 그러나 본문에서 이 '의(義)로 여겨짐'은 아브라함의 일례를 통해, "행위로써 의롭다 하심"을 받는 것과 대조를 이룬다(롬 4:2). 또한 이 '의(義)로 여겨짐'은 일한 것에 대한 삯이 아니라, "경건하지 아니한 자를 의롭다 하시는 이를 믿는 자에게" 주어지는 축복이다(5절). 따라서 본문은 어떤 신자 안에 내재적 의(義)와 같은 것을 철저히 배제한다. 그것이 믿음이든 행위이건 전가된 의(義)는 주관적인 요소가 칭의의 원인이 될 수 없다. 도덕적인 의(義)의 요구를 성취하신 그리스도의 선물로서 의(義)는 믿음을 수단으로 하여 연합 안에 전가되어 신자의 의(義)(δικαιοσύνην)로 '여겨진다'(ἐλογίσθη).

(2) 아담-그리스도의 대조적 병행: 로마서 5장의 전가 개념

로마서 5:12-21절은 전가 교리를 증명하는 중요한 구절이다. 본문은 아담을 통해 죄가 인류에게 전가된 것과 그리스도를 통해 의(義)가 신자에게 전가되는 것의 대조적 병행이다. 인류의 사망과 심판은 한 사람으로 말미암은 것이다. 즉 한 사람의 죄로 말미암아 당시 죄를 짓지 아니한 모든 사람들에게 죄와 사망이 들어왔다(롬 5:12-14). 파이퍼는 로마서 5:19절에 주목한다. "한 사람이 순종하지 아니함으로 많은 사람이 죄인된 것 같이 한 사람이 순종하심으로 많은 사람이 의인이 되리라." 그는 이 구절을 주목하면서 바울이 "한 사람이 순종하지 아니함으로 많은 사람이 유죄 선고를 받았느니라"고 말하지 않고, "한 사람이 순종하지 아니함으로 많은 사람이 죄인(ἁμαρτωλοί) 되었느니라"라고 표현한 것에 의미를 부여한다.

아담은 아담의 죄의 전가가 단순히 '신분'의 전가 그 이상을 의미하기 때문에 대단히 중요하다. 우리가 아담 안에서 죄를 범한 것으로 간주된다. 그러므로 바울이 계속해서 "한 사람이 순종하심으로 많은 사람이 의인이 되리라."고 말할 때, 그것은 단순히 그리스도의 지위만 우리에게 전가되었음을 의미하지 않는다. 오히려 우리는 그리스도 안에서 하나님께서 요구하시는 모든 의(義)를 지켜 행한 것으로 간주되는 것이다. 전가라는 것은 실제적으로 전가되는 도덕적 의(義)의 기초가 없는 단순한 신분의 수여가 아니다. 전가 교리는 외부적이며 실제적이며 도덕적이며 완전한 의(義) 즉 그리스도의 의(義)가 우리의 것으로 간주되는 것이다.[89]

아담의 죄로 인해 실제로 모든 인류가 죄인으로 여겨지는 것과 그리스도의 의(義)와 신자들이 의롭다 여겨지는 것은 대조적으로 병행된다. 죄와 의(義)의 대조를 통해 아담과 그리스도로부터의 전가가 대조적으로 병행되는 것이다.

고린도 전서 15:45절과 골로새서 1:15-18절은 이러한 그리스도와 아담의 대조적인 병행으로부터 추론되는 전가 개념이 언약적 연합으로부터 비롯된 것임을 논증한다. 그리스도는 교회의 언약적 머리로서 첫 사람, 첫 아담과 대비되는 둘째 사람, 마지막 아담으로 불려진다. 이들은 모두 언약의 머리로서 대표들이었다.

고린도 전서 15:45절 이하에서는 이 대조의 전(全) 지평이 드러난다는 사실이다. 내가 아는 한, 골로새서 1장 15절에서 18절의 내용과 함께 이 구절은 이 대조의 폭이 어느 정도인지 보여주는 앵글을 제공하는 바울 서신의 유일한 구절이다. 그 넓이는 아담과 그리스도를 다른 사람들과 연대를 이루고 있는 대표자들로서, 혹은 핵심적인 인물로서 묘사하는 방식에서 볼 수 있다. 여기서 바울의 윤곽의 순서는 아담이 첫째(ὁ πρῶτος)요, 그에 앞서 누구도 존재하지 않는다. 그리스도는 마지막(ὁ ἔσχατος)이요, 그 이후에는 아무도 없기 때문에, 문자적으로 종말론적인 인간(eschatological man)인 것이다(45절). 그러나 그리스도는 "마지막 사람"일뿐 아니라 그는 또한 그 자체로 "둘째"(ὁ δεύτερος)이기

---

[89] Piper, *The Future of Justification*, 170-71.

도 하다. 아담과 그리스도 사이에는 아무도 끼어들지 않는다. 달리 말하여, 여기서 우리에게 특별히 중요한 것은 바울의 언약사적 구조의 넓이, 그의 관심사의 궁극적 질서는 다윗이나, 모세와 시내 산에서 주어진 율법이나, 약속의 담지자인 아브라함이나, 노아나, 그 외의 어떤 누군가가 아니라, 다만 아담과 그리스도와만 관계된 것이라는 사실이다.[90]

다른 사람들과의 연대성 안에서 언약의 머리로서 대표자인 아담과 그리스도의 지위와 역할은 유일한 것이다. 바울의 논증을 지배하는 중요한 주제 중 하나는 첫 번째와 두 번째 아담과 우리의 연합의 법정적 함축이다.[91] 무죄한 상태에서 아담의 언약적 의무에 대한 명령으로 말미암은 생명의 약속은 언약적인 것이었다. 왜냐하면 아담이 피조물로서 하나님의 계명에 순종하는 것은 지극히 자연스러운 일로서 그것에 생명의 축복이 더해질 이유가 없었던 것이다. 그러나 하나님께서는 생명의 축복을 순종의 조건 하에 주시기로 언약 안에 약속하셨다. 더군다나 한 개인으로서 아담의 죄가 다른 자들에게 전가될 수 있는 것은 언약에 있어 대표자로 서 있었기 때문이다. 언약의 머리요 대표자와 다른 사람의 관계는 연대성 안에 묶여진다. 아담의 죄는 '아담 안에서' 다른 사람에게 전가된다. 이것은 대표자와 다른 사람 간의 언약적 연합으로부터 발생하는 것이다. 성경은 아담과 마찬 가지로 은혜 언약의 머리 되신 그리스도의 의(義)가 그와의 연합을 통해 우리에게 전가된다고 가르치고 있는 것이다. 아담과 마찬가지로 그리스도께서는 다른 사람들과 자신을 언약적 연합 안에 연대적으로 묶으신다. 그렇다면 아담과 그리스도의 대조적인 병행의 구조를 통해 아담에게 있는 전가의 원리가 그리스도에게 적용되는 것을 막을 수 없다. 따라서 의(義)의 전가는 아담을 첫 생명의 언약에 있어 언약의 머리요 대표자로서 죄인들이 언약적 연대성을 통해 죄를 전가 받는 것이 자명하다면, 은혜 언약의 머리요 대표자로서 세워지신 그리스도의 의(義)가 아담과 동일한 원리로 신자들에게 전가된다는 것은 확실한 것이다.[92] 우리는, 아담과 그리스도의 대조적인 병행을 통해 논증하는 구절들이 바로 이 개념을 전달하고자 기록되었으며, 이 구절들이 전가 교리의 확실한 증거들

---

90 Gaffin, 『구원이란 무엇인가?: 바울과 구원의 서정』, 90.

91 Venema, *The Gospel of Free Acceptance in Christ*, 239.

92 Buchanan, 302.

임을 확신할 수 있다.

특별히 우리는 칭의의 정확한 의미를 이해하기 위해, 아담과의 행위 언약과 그리스도와의 은혜 언약의 상관성을 살펴볼 필요가 있다. 속죄의 필요성은 행위 언약 파기와 관련된다. 튜레틴은, 속죄의 필요성을 부정하는 이들이 '죄의 본질,' '그리스도의 속죄,' '하나님의 성품,' '속죄를 이루시는 그리스도'에 대한 잘못된 견해를 갖고 있다고 지적한다.[93] 튜레틴이 제시한 속죄의 필요성을 인식하는데 필요한 시각들은 행위 언약 파기와 은혜 언약의 관계를 함의한다. 인류에게는 왜 은혜 언약이라는 하나님의 새로운 경륜이 필요했을까? 그것은 행위 언약의 파기로부터 비롯되었다. 행위 언약은 하나님과 인류의 머리로서 첫 아담 사이에 행위를 담보로 영생과 영벌의 약속과 위협으로 맺어진 언약이었다. 그러나 아담의 상태는 타락 후 인류의 상태와는 달리 죄가 없었다. 그는 완전하지 않았지만 계명을 순종할 능력을 가지고 있었다. 행위 언약 파기는 앞에서 언급했듯이 언약적 형벌로서 하나님과의 단절을 의미하는 사망을 가져왔다. 사람이 언약 안에 있지 아니하면, 그는 세상에서 하나님도 소망도 모두 잃게 된다.[94] 에드워드 피셔(Edward Fisher)에 따르면, 아담은 인류의 머리로서, 그 안에서 모든 인류가 서기도 하고 넘어지기도 하는 것이었다. 언약 안에 약속과 저주는 모두에게 적용된다. 이러한 인류의 대표로서 아담이 넘어졌을 때, "원의의 모든 선"이 붕괴되었고 모든 종류의 "사악을 향한 습관적인 자연적 경향"이 나타났다. 이를 통해 하나님의 형상이 즉시 파괴되었고, 인간은 지혜, 의로움 그리고 거룩함에 있어 눈멀고 더럽고 거짓되고 불의하게 되었다. 우리의 전 성품이 타락했고 더럽혀졌고 오염되었다.[95]

---

93 Francis Turrettin, 『개혁주의 속죄론: 그리스도의 속죄』, 이태복 역 (서울: 개혁된 신앙사, 2002), 15. Cf. 속죄의 필연성에 관하여, 속죄의 절대적 필연성(하나님의 공의의 속성 강조, 튜레틴)을 주장하는 견해와 속죄의 상대적 필연성(하나님의 주권과 작정의 강조, 칼빈)을 주장하는 견해 그리고 속죄의 필연성을 부정(둔스 스코투스, 소지니주의, 휴고 그로티우스, 아르미니안, 현대신학자들)하는 견해로 구분할 수 있다. 속죄의 상대적 필연성과 절대적 필연성을 주장하는 견해는 강조에 있어 차이점이 있지만, 속죄의 필요성을 모두 인정한다. 속죄의 상대적 필연성을 주장하는 이들은 속죄의 필요성을 상대적으로 보는 것이 아니라 속죄 방식에 있어 상대성을 주장한다.

94 H. Witsius, *The Economy of the Divine Covenants* (Phillipsburg, New Jersey: P&R Publishing, 1990), II., I., II.

95 Edward Fisher, "The Marrow of Modern Divinity," *The Complete Works of Thomas Boston*, Vol. 7 in *The Reformation Bookshelf*, CD., Vol. 6, Ch.1., sect.3.

행위 언약 파기로 인한 인간의 상태는 채무 관계로 규정지을 수 있다. 튜레틴은, 행위 언약의 파기를 가져온 "죄는 우리가 하나님의 공의에 반드시 지불해야할 일종의 빚"의 성질을 띤다고 주장한다(마 6:12).[96] 즉 죄인이자 언약 파기자들은 하나님께 다음과 같은 세 가지 것을 만족시켜야 하는 의무를 진 채무자들이다. 첫째, 우리가 진 빚을 갚아야 하며, 둘째, 하나님의 진노를 가라앉히고 마지막으로 죄로부터 속함을 얻는 것이 절대적으로 필요하다.[97] 그리고 이러한 변상은 형법상의 개념에 관련하여 변상의 빚이 사물이 아닌 사람 그 자체에 관계되는 형벌을 포함한다.[98] 하나님을 향한 범죄는 단순히 금전적 의미의 변상만을 의미하지 않고 그에 대한 형법상의 형벌을 요구한다. 그러나 이러한 형벌은 하나님의 본유적이고 본질적 속성인 공의에 근거하여 요구된다.[99] 그러나 과연 이러한 배상과 형벌에 대해 인간은 그것에 지불할 능력이 있는가? 성경은 그렇지 못하다고 증언한다.

죄인이 진 채무의 무게와 그에 대한 인간의 무능성을 피셔(Edward Fisher)는 언급한다. 그에 따르면, 아담의 언약 파기는 이중의 빚에 대한 지불을 요구한다. 하나는 죄에 대한 빚에 대한 속죄 혹은 배상의 요구이며, 하나는 완전하고 영구적인 순종에 대한 빚이었다. 그러나 이러한 막중한 빚에 대한 지불은 인간에게 속한 것이 아니다. 금단의 열매를 먹는 불순종은 하나님을 향해 무한한 가치를 범한 죄의 성격을 갖는데, 아담과 그 안에 있는 인간은 유한한 피조물이기 때문이다. 무한과 유한 사이에 어떤 비교가 있을 수 없다는 것이다. 그의 일시적인 형벌은 무한한 가치의 범함에 해당하는 속죄를 만들어 낼 수 없다. 그에 해당하는 형벌은 영원한 형벌이다.[100] 한편으로 미래에 대한 죄에 대해서도 속죄가 불가능하다. 왜냐하면 그의 순종하기 위한 이전 능력이 타락에 의해 전적으로 손상되었기 때문이다. 인간의 타락은 순종에 있어 무능력을 가지고 왔고, 영적 이해력을 약화시켰다. 의지는 비뚤어지고 무질서하게 되었다.[101] 그리고 율법의 요구로서 율법의 완전한 준수도 불가능하다. 그것은

---

[96] Turrettin, 『개혁주의 속죄론: 그리스도의 속죄』, 15.
[97] Turrettin, 『개혁주의 속죄론: 그리스도의 속죄』, 16.
[98] Turrettin, 『개혁주의 속죄론: 그리스도의 속죄』, 17.
[99] Turrettin, 『개혁주의 속죄론: 그리스도의 속죄』, 29.
[100] Fisher, Ch.1., sect.4.
[101] Fisher, Ch.1., sect.4.

거듭난 자에게도 불가능한 일이다.[102]

행위 언약 파기 후에도 이 무거운 요구는 사라지지 않는다. 행위 언약이 파기되었을 때, 하나님께서는 그들에게 언약 준수를 통해 약속을 이행할 의무에서 자유로워지시지만, 인간 편에서는 행위 언약 파기로 인한 채무를 갖게 된다. 인간 편에서는 순종의 힘을 잃었을 지라도, 채무로 인한 의무 이행에 대한 요구 자체가 상실되는 것은 아니다. 형벌과 순종에 대한 요구는 계속된다. 그래서 그들은 여전히 채무자로 그 언약 안에 남겨진다.[103] 행위 언약의 약속은 파기되었지만, 언약 파기에 대한 배상과 형벌의 요구는 여전히 남겨진 것이다. 행위 언약 파기를 따른 이러한 채무 관계와 인간의 무능성을 인하여, 영원히 인간 편에서 이 채무를 갚는 일이 불가능하게 되었기에, 하나님과의 관계 회복과 언약의 복원을 위하여 새로운 언약의 제정이 요구되었다.

그것이 구속의 언약(redemptive covenant)에 기초한 은혜 언약이다. 그러나 은혜 언약이 행위 언약과 무관한 것이 아니다. 은혜 언약의 성취는 행위 언약의 요구 성취로 나타나기 때문이다. 단지 행위 언약의 요구를 성취하는 대상이 바뀌었을 뿐이다. 이렇게 채무 당사자의 무능성으로 인해, 법적 취지에서 또 다른 종류의 변상이 요구된다. 그것은 **대리적인 보증인**(Surety)의 변상(payment)이다.[104] 법적인 의미에서 채무에 대한 지불 이행은 두 가지 선례를 따른다. 하나는 채무자 자신이요, 다른 한 방법은 보증인(surety)을 통한 채무 이행이다. 하나님께서는 채권자요, 피해 당사자이시기도 하지만, 최고 재판장으로서 이러한 방법을 통하여 자신의 공의와 사랑을 충족시키셨다. 그리스도께서는 죄인들을 위하여 채권자 되신 하나님에게 보증인으로, 피해자 되신 하나님에게 화해의 중보자가 되시며, 최고 재판장 되신 하나님에게 제사장과 희생제물이 되어 주셨다. 은혜 언약의 성취는 그리스도께서 중보자로서 이 행위 언약의 저주와 요구를 성취함을 통해 완성되기에, 행위 언약과 밀접한 관련성을 갖는다. 그리스도의 능동적 순종(active obedience)과 수동적 순종(passive obedience)을 통한 속죄는 행위 언약의 파기로부터 비롯된 죄인들을 향한 법적, 채무적 관계 청산을 위한 지불의 필연적 요구로부터 비롯된 것이다. 그러므로 속죄의

---

102 Fisher, Ch.1., sect.4.

103 Fisher, Ch.1., sect.5.

104 Turretin, 『개혁주의 속죄론: 그리스도의 속죄』, 16.

필요성은 행위 언약 파기로 인한 저주와 관계된다. 이러한 이유로, 이 요구를 성취할 신인으로서 언약의 중보자가 세워지고 인류와의 깨어진 관계를 복원할 원대한 계획과 시행이 구속 언약과 은혜 언약 아래 세워졌다.

따라서 그리스도께서는 언제나 은혜 언약에 있어 중심이시다. 팔머 로벗슨(O. Palmer, Robertson)은, 그리스도의 죽음이 "언약적 죽음의 문맥에서 이해"되어야 한다고 주장하고 그분의 "죽음은 대속의 죽음이었으며, 그는 계약 파괴자를 대신하여" 죽으신 것이라고 말하므로 그리스도의 속죄의 죽음의 언약적 성격과 언약의 그리스도 중심성을 시사하였다.[105] 스프롤(R.C. Sproul)도 그리스도의 속죄를 "언약"이라는 포괄적 개념으로 설명하면서, "옛 언약과 새 언약을 통해 발전해 온 언약의 전 과정을 이해하지 않고서는 그리스도의 죽음을 온전히 이해할 수 없다"[106]고 주장한다. 이와 같이 속죄는 언약적 조망 아래 이해되는 것이며, 언약성취의 중심에는 그리스도와 그의 속죄 사역이 자리하고 있다. 은혜 언약에서 의롭게 됨은 예수님의 희생과 순종을 통해 이루신 의(義)의 전가를 통해서만 가능한 것이다. 오직 칭의의 공로적 원인은 그리스도의 순종과 희생에 있는 것이다.

이러한 의미에서 맥고완(A. T. B. McGowan)은 이제까지 우리가 논증한 바를 요약적으로 표현하고 있다. 그는 개혁신학의 전가된 의(義)에 의한 칭의가 언약과 법정의 정황 안에서 해설되고 있음을 간파한다.

> 칭의는 그 모든 것이 후기 개혁신학에서 구속언약, 행위 언약 그리고 은혜 언약을 포함하는 동맹적 구조의 정황에 놓였던 죄의 사면과 의(義)의 전가와 같은 법정적 용어들 안에서 정의되었다. 아담의 죄가 행위 언약 안에서 그가 그들의 언약적 머리였다는 토대 위에서, 그가 대표한 모든 사람들에게 전가된 것처럼, 그렇게 그리스도의 의(義)는, 은혜 언약 안에 언약의 머리로서 그분께서 대표하신 모든 사람들에게 전가 된다.[107]

우리가 라이트의 체계와 개혁신학의 체계를 비교할 때, 라이트의 문제점은 자명해

---

105 O. Palmer Robertson, 『계약신학과 그리스도』, 김의원 역 (서울: 기독교문서선교회, 1995), 21.
106 R. C. Sproul, 『R. C. 스프롤의 구원의 의미』, 조계광 역 (서울: 생명의 말씀사, 2003), 93.
107 A. T. B. McGowan, "Justification and the *ordo salutis*," *Justification in Perspective*, ed. Bruce L. McCormack (Grand Rapids, Michigan: BakerAcademic/Rutherford House, 2006), 153.

진다. 성경이 드러내고 있는 칭의의 개념들을 라이트는 간과하고 있다는 것이다. 성경은 법정적이고 언약적 정황 안에서 전가되는 죄 혹은 의(義)를 증언하고 있다. 특별히 아담과 그리스도의 대조적인 병행 구절들에서 명백하다. 라이트는 이러한 분명한 개념들에 대해 침묵한다. 라이트도 칭의의 정황으로 법정적이고 언약적 정황을 제시하였지만, 언약적 신실성으로서의 의(義) 안에 제한된 그의 언약 개념이나 법정 개념은 명시적이든 암시적이든 성경의 명백한 진술의 폭을 담아내지 못한다. 이 모든 오류는 1세기 유대주의 정황으로부터 창안된 라이트의 자의적이고 협소한 전제 들에 성경을 제한시키는 것으로부터 연유된다. 하나님의 의(義)는 언약적 신실성이고, 법정에서 의(義)는 각자의 의(義)일 뿐 전가될 수 없다는 라이트의 주장들은 이보다 넓고 다양한 성경의 진술들을 담아내기에 너무나 협소할 뿐이다. 이 협소함은 협소함 으로 남지 않고 적극적으로 칭의 교리에 본질적인 진리들을 무시, 왜곡, 부인하는데 이른다. 그의 문제는 부분적인 것을 본질적인 것으로 대체하려는데 있다.

c. 대리 형벌 만족설: 의(義)의 전가와 대리 형벌 만족설

라이트의 속죄론은 전가에 의한 칭의의 부정과 부합된 모습으로 제시된다. 따라서 그는 대리 형벌 속죄론을 부정한다. 그럼에도 불구하고 라이트(N. T. Wright)는 자신의 재해석된 전가와 속죄론이 개혁주의와 공통분모가 있는 것처럼 주장한다. 라이트의 속죄에 있어 그리스도는 죄를 대신 하여 형벌을 받으신 것이 아니라 죄를 거부하시고 사랑과 용서 즉 선으로 악을 이기신 분일뿐이다. 성경과 개혁신학의 진술을 살필 때, 양자의 공통분모는 존재하지 않으며 양자가 이질적인 성격의 주장을 하고 있음을 발견하게 된다.

(1) 대리 형벌 만족설을 부인하는 라이트의 속죄론

라이트의 속죄론에 대해 우리가 제기할 수 있는 질문들이 있다. 첫째, 라이트의 속죄론은 진정 대리 형벌 만족설과 양립될 수 있는가? 둘째, 우리는 성경에서 라이트를 지지하는 증거를 발견할 수 있는가? 건전한 신학 체계는 성경 해석과 해석의 결과로부터의 체계가 서로를 풍요롭게 해설하며 일관성 안에서 조화되어야 한다. 따라서 우리는 물어야 한다. 법정적 칭의, 의(義)의 전가, 속죄 등의 주제들이 상호 관련성 안에서 해설 될 때, 우리는, 어느 체계가 성경적 증거들에 조화된 설명을 더욱 효과적으로 제시하는지를 살펴볼 것이다.

먼저 우리는 대리 형벌 만족설이 라이트의 속죄관과 전혀 이질적이라는 것을 밝혀내기 위해 개혁신학에서 제시하는 속죄관을 살펴보아야 할 것이다. 특별히 이사야 53장에 관한 칼빈(John Calvin)의 주석은, 성경 자체가 대리 형벌 속죄의 진리를 명확히 제시하고 있다는 증거를 삼는데 유용한 것으로 여겨진다. 칼빈은 4-6절을 1-3절에 묘사된 '고난 받는 종'의 처절한 모습의 이유로 제시한다. 따라서 1-3절에서 처절한 고난을 묘사한 후, 4절에서는 '아켄(אכן)'이라는 접속사로 시작한다. 이 접속사는 '왜냐하면'으로 해석될 수 있는데, 이는 1-3절의 그리스도에게 보여 지는 비애와 허약함이 단지 연약성에 기인한 것이 아니라 그 배후에 의도된 목적과 의미가 있다는 것을 보여주는 단서가 된다. 즉 이 접속사의 출현은 "왜 그는 그러한 비애스럽고 나약하게 고난 받고 죽었느냐"(1-3절)라는 질문에 대한 이유를 제시하는 것(4절)이다.[108] 요약하자면 그는 우리의 질고(sickness)를 지시기 위해 오셨다. 이 질고는 무엇인가? 칼빈에 따르면, 이 질고는 영적인 질병을 의미한다. 육신의 질고를 고치신 그리스도의 기적은 이 영적인 질병을 고치시는 분의 사역을 입증하기 위한 수단으로 사용되었다. 주님께서는 본질적으로 영적인 질병을 고치시려고 오셨다.[109] 그리고 그 병은 그리스도의 고난과 연관된다. 그분은 우리의 질고를 지셨다. 이 질고는 분명 영적인 질병으로서 '죄'를 의미한다. 주님의 고난은 이 질고를 인함이다. 주께서 지신 것은 "우리의 질고" 곧 '우리의 죄'를 지신 것이고 그의 고난은 죄로부터 비롯된 것이다. 따라서 죄와 상관없는 그분께서 우리의 죄를 대신 지신 것이다. 본문에서 분명히 "질고" 앞에 "우리의"라는 수식어가 붙는다. 칼빈은 그리스도를 배척한 사람들의 가장 큰 무지가 "그들은 이러한 방식으로 속죄되어야 할 그들 자신의 죄를(their own sins, which were to be expiated in this manner) 고려하지 않았기 때문"[110]이

---

108 Calvin, *Comm* on Isaiah. 53:4.
109 Calvin, *Comm* on Isaiah. 53:4.
110 Calvin, *Comm* on Isaiah. 53:4.

라고 주장한다.

5-6절은 앞에서 제시된 구절들에 표명된 대리 형벌 속죄의 개념을 더욱 명확히 그려낸다. 5-6절에서 우리는 그리스도의 고난과 그 이유가 표현마다 명확히 나타나는 것을 발견한다. "찔림," "상함"은 "**우리의** 허물," "**우리의** 죄악"과 연결된다(5절). 그리고 "**우리가** 다 양 같아서 그릇 행하여 각기 제 길로 갔거늘"은 "여호와께서는 우리 무리의 죄악을 그에게 담당시키셨도다"와 연결된다(6절). 우리는 이 구절들이 인간의 보편적 죄를 그리스도의 고난에 연결시키는 것을 쉽게 이해할 수 있다. 그리고 본문은 일관되게 "허물," "죄악"을 "우리의" 것으로 명시하고, 그것으로부터의 모든 부정적인 것들을 그리스도에게 돌리고 있다. 양같이 그릇 행한 것은 "우리"이다. 이러한 속죄는 그리스도께서 대신 당한 형벌 외에 달리 해석될 수 없다. "...그의 죽음에 의해 우리의 죄가 속죄되고 구원이 우리에게 획득된다는 것을 알 때, 모든 죄의 원인이 제거된다."[111] 칼빈을 따르면, 그리스도의 고난은 양같이 제 길로 가며 죄를 저지른 사람들의 죄에 대한 죄책과 형벌(guilt and punishment)로 정의되어야 한다. 따라서 이러한 본문을 통해 판단할 때, 그리스도의 속죄는 형벌적(penal)이다. 그리고 그 죄에 대한 그리스도 위에 내려진 형벌은 그리스도에게 전가된 죄로 말미암는다. 그 형벌을 통해, "우리의 죄가 속죄되고 구원이 우리에게 획득된다." 그리스도께서는 '우리의 징벌,' 곧 우리가 맞아야 하는 형벌을 대신 받으셨다. 10절 주석을 통해 칼빈은 "그것은, 그가 우리 입장에 서 있었으며 그의 죽음을 통하지 않고서는 하나님의 정의가 만족될 수 없었기 때문이다"[112]고 주장하고 있다. 이것을 통해 하나님의 진노는 만족된다. 칼빈은 이 절에 대한 주석에서, 반복하여 강조한다. 그리스도의 죽음은 "우리의 평화의 형벌"(the chastisement of our peace)이다. 그리스도께서는 우리가 받아야 할 징벌에 대한 대가이셨다. 그 대가를 통해 "하나님의 진노"는 달래진다(appeased).[113] 이후의 구절들은 이러한 대리 형벌적 속죄의 성격을 더욱 명확히 보여준다. 8절을 보면, "마땅히 형벌 받을 내 백성의 허물" 때문이라고 명시한다. 그리고 10절의 "속건제물," "그들의 죄악을 친히 담당," 12절에 "그가 많은 사람의 죄를 담당하여"라는 구절들

---

111 Calvin, *Comm* on Isaiah 53:5.
112 Calvin, *Comm* on Isaiah 53:10.
113 Calvin, *Comm* on Isaiah 53:5.

이 제시되고 있다. 특별히 "범죄자 중 하나로 헤아림을 입었음이라"는 표현을 보라. 이러한 구절들은 사람들의 죄가 그리스도에게 전가되었음을 증명하고 있다. 이와 같은 속죄의 성격은 칼빈의 5절 주석에서 표현된 문장 속에 모두 함축된다.

> 그리스도께서는 우리의 "형벌의 대가"이셨다. 즉, 우리 때문에 기인된 형벌의 대가 이셨다. 그래서 우리를 향해 정당하게 타올랐던 하나님의 진노가 무마(달램) 되었다. 그리고 중보자를 통하여 우리는 우리가 화목되는 "평화"를 획득하였다.
> (Christ was the price of "**our chastisement**," that is, of the chastisement which was due to us. Thus **the wrath of God**, which had been justly kindled against us, was appeased; and through the Mediator **we have obtained "peace," by which we are reconciled.**)[114]

위에 언급된 칼빈의 진술을 속죄의 성격과 관련해 도식적으로 표현하면 다음과 같다.

① "형벌의 대가" : 속죄는 죄에 대한 하나님의 진노에 상응하는 형벌과 관계되며
  ⇒ 형벌적(penal)
② "그리스도께서는 우리의 '형벌의 대가'" : 그것은 또한 그리스도께서 대신 지신 것이며
  ⇒ 대리적(substitutionary)
③ "하나님의 진노가 달래짐" : 형벌의 대가를 인한 하나님의 진노의 달램
  ⇒ 만족(satisfaction)

따라서 성경에 제시된 구절들과 칼빈의 해설을 종합하면, 속죄는 명확히 대리 형벌적 만족설(sustitutionary penal satisfaction theory)이 된다. 대리 형벌 만족설을 증거 하는 또 하나의 증거는 성경이 메시아의 고난을 설명하기 위해 '속건제(אשם)라는 용어를 사용한다는데 있다. 앞에서 언급했던 대리 형벌에 관련된 구절들과 함께 10절에 표현된 '속건제'는 속죄의 대리 형벌을 잘 설명해 주고 있다. 속건제는 "죄" 혹은 "죄를 속하기 위해 드리는 제물"이다. 본문에서는 후자의 의미로 쓰였다.[115]

---

114 Calvin, *Comm.* on Isaiah 53:5.
115 Calvin, *Comm.* on Isaiah 53:10.

이러한 표현을 그리스도에게 직접 사용한다는 것은 중요한 의미를 갖는다. 제물은 죄의 형벌과 저주를 **그 제물에 담당시킴으로써**(by enduring its punishment and curse) 죄를 속량하기 위한 목적으로 드려진다. 이러한 죄의 전가는 제사장의 제물에 대한 안수의식에 나타난다. 그 동작은 전체 민족의 죄와 개인의 죄를 그 제물에 던진다는 의미가 있다(출 29:15).[116] 선지자는 우리의 죄가 그리스도에게 던져졌음을 "속건제"라는 표현을 통해 묘사했다. 바울은 그리스도를 속건제로 드려진 제물로써 그리스도를 "저주", "저주의 말", "죄"로 부른다(갈 3:13; 고후 5:21; 롬 8:3-4).[117] 특히 본문과 관련하여 고린도후서 5:19-21절은 주목할 만한 본문이다. 이 본문에 따르면, 속죄는 "죄를 그들에게 돌리지" 않으시는 방식, 즉 전가의 방식으로 진행된다(9절). 이러한 죄의 무전가가 신자들에게 주어지지만, 그리스도께서는 반대로 신자들의 죄를 전가 받으신다. "하나님이 죄를 알지도 못하신 이를 우리를 대신하여 죄로 삼으신 것은 우리로 하여금 그 안에서 하나님의 의(義)가 되게 하려 하심이라."(21절). 우리는 여기서 "죄로 삼으신"에 주목해야 한다. 그리스도께서는 전가를 인해 죄인으로 여겨지고 실제로 형벌이 그에게 대리적인 의미에서 가해졌다. 따라서 그리스도가 속건제가 되심은, 첫째, 우리의 죄와 그에 따른 형벌과 저주를 대신 전가 받으셨다는 의미이며, 둘째, 그 죽음은 형벌과 저주의 대가이고, 셋째, 따라서 하나님의 진노를 달래어 화해에 이르게 되었다는 의미를 내포하고 있다. 역시 속건제가 표명하는 속죄의 개념도 대리 형벌 만족설을 지지한다. 성경적 속죄관은 특별히 그리스도의 고난에 법적 성격을 부과한다. 우리의 용서는 그리스도의 속죄라는 대리 형벌 만족이라는 공의적 성격을 함의한다. 이런 의미에서 하나님의 의(義) 개념이 도덕적인 성격과 선물로서 의(義) 개념을 함께 포함한다고 해석하는 것은 성경적 속죄관과 조화된 것이다.

라이트처럼 그리스도께서는 "죄를 정죄"하신 것만이 아니라 "죄로 삼으신" 분이 되었다. 죄인들의 죄가 그리스도께 전가되었다. 주어진 본문들은 이러한 근본적인 의미를 떠나 해석될 수 없다. 라이트의 해석을 어떻게 이해해야 할 것인가? 라이트에

---

116 Calvin, *Comm.* on Isaiah 53:10.
117 Calvin, *Comm.* on Isaiah 53:10.

대한 비평에 있어 가장 핵심적인 것은 그가 성경이 표명하고 있는 중대한 개념들을 모두 간과하거나 무시하고 있다는 것이다. 대리 형벌 만족설과 같은 진리를 표명하는 성경의 증거들에 대해 라이트는 침묵한다. 그가 이러한 진리를 부인하기 위해 내세우는 근거는 성경이라기보다는 자신이 고안한 전제들이다. 시종일관 그는 성경 해석에 있어 협소한 언약적 범주 안에 성경 구절들을 몰아넣는다. 하나님의 의(義)는 하나님의 언약적 신실성으로 재해석되고 하나님의 의(義)의 도덕적 성격도 전가되는 성격도 모두 부인된다. 그리고 라이트는 자신의 협소한 언약관에 걸 맞는 속죄관을 구축해 간다. 라이트의 속죄는 개혁신학의 그것과 공통 분모를 갖지 못한다. 성경은 라이트의 깊이와 넓이로는 수용할 수 없는 개념들을 명시적으로 혹은 함축적으로 표명하고 있다. 대리 형벌 만족의 속죄를 담기에 라이트의 전제는 너무나 협소하다.

(2) 그리스도의 순종과 의(義)의 전가의 관계

라이트와의 공통 근거를 부정하게 만드는 또 하나의 근거는 그리스도의 능동적 순종과 수동적 순종(구원의 객관적 측면)이 칭의와 갖는 관계성이다. 개혁신학이 구분한 수동적 순종으로서 십자가 고난과 능동적 순종으로서 완전한 순종을 라이트의 칭의의 근거와 비교해 볼 때 차이점이 발견된다. 라이트는 전가의 개념을 인정하지 않을지라도, 죄의 용서를 속죄와 연관시킨다. 라이트는 그리스도와의 연합을 통해 얻는 구원을 전가 교리를 배제한 채 주장한다.

> 사실 메시아가 죄에 대해 죽으신 것은 대단히 중요하다. 우리는 세례와 믿음을 통해 메시아 안에 있다. 그러므로 우리 역시 죄에 대해 죽은 것이다. 메시아는 다시 살아나셨고 '하나님에 대해 산 자'가 되었다. 우리는 세례와 믿음을 통해서 메시아 안에 있다. 그러므로 우리 역시 다시 부활했고 '하나님에 대해 산 자'가 되었다.[118]

> 하나님께서 그에게 약속하신 아브라함의 진정한 가족, 유일한 '씨'는 메시아 안에서 요약된다. 그의 정확하게 메시아로서 역할은 특히 하나님의 백성 전체의 정체성을 결합시켜서 그에게 진실인 것이 그들에게도 진실이 되게 하는 것이다. 그리고 그 반대도 그러하다.

---

[118] Wright, *Paul in Different Pespective*: Lecture 1.

여기에서 우리는 복음의 위대한 진리들 가운데 하나에 이른다. 그것은 예수 그리스도의 성취가 '그 안에' 있는 모든 사람들에게 간주된다는 것이다. 이것은 '전가된 의'를 통하여 개혁주의 전통 내에서 표현된 진리이다. 그것은 종종 도덕법을 성취하시고 그래서 그의 모든 백성과 공유될 수 있는 '의로운' 지위를 획득하신 예수 그리스도를 인해 제시된다...나는 이것을 본질적으로 잘못된 방식으로 올바른 것을 이야기하는 것으로 간주한다.[119]

만일 이것이 당신이 '전가된 의(義)'에서 찾고자 하는 의미라면, 나는 그 본질적 내용에 대해 불평할 이유가 없을 뿐만 아니라 오히려 그것을 바울 신학의 중심적이며 가장 중대한 부분이라고 주장하는 바이다.[120]

이와 같은 구절들은 라이트가 전가를 부인하면서도 그리스도와의 연합 안에서 얻는 생명에 대해 긍정하고 있다는 사실을 알려준다. 라이트는 전가를 부인하고 칭의와 성화의 이중 은총과 같은 구분을 하고 있지 않기 때문에, 인용된 본문들에 나타난 연합의 열매들은 개혁신학에서 칭의와 성화라고 부르는 것을 구분 없이 통합적으로 사용하는 개념으로 나타난다. 라이트는 "만일 이것이, 당신이 '전가된 의(義)'에서 찾고자 하는 의미라면, 나는 그 본질적 내용에 대해 불평할 이유가" 없다고 말한다. 이 말의 의미는, 우리가 주입에 의해 주어지는 성화의 은혜와 전가에 의해 주어지는 칭의의 은혜의 구분을 없애고 '생명'이란 포괄적 의미 안에서 '전가'라는 용어를 사용한다면, 그가 이의를 제기하지 않겠다는 말이다. 파이퍼도 이 점을 지적한다.

"전가된 의"에 대한 역사적 개신교의 이해에 관한 공통 근거를 찾기 위한 라이트의 노력이 분명하지 않은 것은, 그리스도와의 연합에 대한 그의 견해가 "새로운 지위의 전가"를 "새로운 본성의 분배"와 합병시키는 경향이 있는지에 관한 것이다.[121]

라이트는 전가의 개념을 부인하고, 그리스도와의 연합을 "그에게 진실인 것이 그들에게도 진실이 되게 하는 것"으로 여기기 때문에, 그리스도와 그의 백성의 "정체성의 결합"은 칭의와 성화의 구별 안에서 제시되는 것이 아니라 '생명' 혹은 '새 생명'이란

---

119 Wright, *Paul in Different Pespective:* Lecture 1.

120 Wright, *Paul in Different Pespective:* Lecture 1.

121 Piper, *The Future of Justification,* 126.

도덕적인 변화를 함의한 채 제시되는 것이다. "그에게 진실인 것이 그들에게도 진실"이라고 할 때, 연합 안에서 주어지는 것은 그리스도의 속죄가 성취한 모든 것을 의미한다. 따라서 라이트에 따르면, 연합 안에서 칭의가 갱신적 의미를 포함한 포괄적 개념으로 이해된다면, 전가라는 말을 사용하든 사용 안 하든 문제될 것이 없다는 것이다. 라이트가 연합 안에서 전가 비슷한 그것을 언급할 때, 그는 그리스도의 죽음의 사역을 "생명"을 얻는 것과 연관 시킨다. 전자는 후자의 근거가 된다. 그렇다면 내용은 다를지라도, 라이트는 속죄와 생명 얻음에 있어 그리스도의 죽음을 근거로서 제시하는 것이다. 개혁신학의 방식으로 말하자면, 그리스도의 십자가의 고난과 죽음이 구원의 근거로서 인정되는 것이다.

그러나 라이트의 문제는 능동적 순종에서 발생된다. 파이퍼는, 라이트의 체계에서 행방불명된 것이 바로 그리스도의 능동적 순종이라고 통찰한다.[122] 연합 안에 신자의 것이 되는 그것이 도덕적 변화를 수반할 때, 위험해지는 것은, 그리스도의 능동적 순종이 부인된 공간의 진공상태가 인간의 공로로 채워질 가능성이 농후해진다는 사실이다. 전가되는 의(義)를 부인하고, 칭의와 성화의 구분이 존재하지 않는 연합 개념 안에서 얻어지는 구원의 선물이라는 것은 도덕적 변화를 의미하는 것이요, 인간의 행위를 필요로 하는 의미로 귀결된다. 로마 카톨릭은 전가되는 의(義)를 부인하므로, 그들은 칭의를 성화와 섞여진 상태로 제시하고, 결국 신자에게는 변화된 본성으로 채워야 할 무엇인가를 남기었다. 라이트의 체계는 칭의와 성화의 경계를 허물고 연합 안에 도덕적 변화 류로 전가된 의(義)를 대체하므로 로마 카톨릭과 유사한 문제점을 가진다.

우리는 이제 그리스도의 능동적 순종과 수동적 순종이 전가에 의한 칭의와 어떤 상관성을 가지고 해석되는지를 살필 차례이다. 이 주제에 대한 이해는 라이트가 그리스도의 속죄와 그리스도의 공로의 객관적 측면을 얼마나 오해하고 변질시켰는지를 평가하는데 도움이 될 것이다. 그리스도의 순종에 대한 두 구분은 칭의의 두 측면과 맞물려 있다. 그것은, 종교개혁과 개혁신학이 그리스도의 순종을 두 측면으로 구분시키는 이유이다. 칼빈(John Calvin)은 칭의가 의미하는 두 측면을 지적한다.

---

122 Piper, *The Future of Justification*, 124-25.

칭의는 **용납과 용서의 두 측면**을 가진다.[123] 용납은 의(義)를 전가하여 의롭다 하시는 것에 관련되며, 용서는 죄를 우리의 것으로 돌리지 아니하시는 것과 관련된다. 칭의의 이 두 측면은 분리될 수 없는 한 은혜의 두 측면이다. 또한 존 머레이(John Murray)는 칭의를 "…하나님께서 불경건한 자를 정죄로부터 자유롭게 된 것으로 선언하시는 것(사면)과 율법과 공의의 요구들에 대하여 올바른 관계에 서 있는 것으로 간주된다고 선언하시는 것(용납)을 의미한다" 주장한다.[124] 뷰캐넌에게서도 동일한 개념이 발견된다. 하나님의 계명에는 형벌적 요구와 교훈적인 요구가 함께 들어 있어 대리 형벌에 의해 용서가 주어지며 대리 순종에 의해 용납이 주어진다. 따라서 이 두 순종의 측면만이 칭의의 근거로서 전가되는 의(義)에 속죄(만족)를 위한 완전성과 효용성(유효성)을 부여한다.[125] 칭의를 위한 속죄에 있어 만족(satisfaction)은 그리스도의 희생만이 아니라 그리스도의 순종을 요구한다.[126] 그러나 그리스도의 능동적 순종과 수동적 순종은 칭의의 용서와 용납을 가리키려는 목적으로 구분된다 할지라도 이 두 측면은 둘이 아니라 하나라는 사실이 중요하다. 벌코프도 이 두 구분이 필요하지만 구분될 수 없는 성질의 것임을 통찰한다.

> 그리스도의 순종은 통례상 능동적 순종과 수동적 순종으로 구별된다. 그러나 양자를 구분함에 있어서 분명하게 알 것은 양자는 분리될 수 없다는 사실이다. 양자는 구세주의 일생의 모든 시기마다 동반적으로 나타난다. 양자는 부단히 상호 침투하고 있다…그리스도의 능동적이고 수동적인 순종은 유기체적 전체의 상호 보완적인 부분들로 간주되어야 한다. 이를 논하려면 그리스도께서 율법과 맺고 계신 삼중 관계, 곧 자연적, 계약적, 형벌적 관계를 고려해야 한다. 인간은 이들 관계 각각에 있어서 실패하였다. 그는 율법을 그 자연적, 계약적 측면에서 준행하지 못했고, 이제는 하나님의 은총을 복구하기 위하여 죄의 값을 지불할 만한 가치에 놓여 있지도 않다. 그리스도는 그의 성육신으로 자연스럽게 첫 번째 관계로 진입하셨지만, 두 번째와 세 번째 관계는 오직 대리적으로 들어가셨다. 그리고 여기에서 우리가 특별히 관심이 있는 것은 바로 이 측면들이다.[127]

---

123 Calvin, *Institutes*, III. xi. 2.

124 Murray, "Justification," 210.

125 Buchanan, 334-35. Cf. Buchanan, 334; Sproul, R.C. *Sproul, Faith Alone,* 104.

126 Buchanan, 334. Cf. J. I. Packer, *Evangelical Theology of Dictionary,* "Justification," ed. Walter A. Elwell (Grand Rapids, Michigan:Baker Academic, 2001), 644.

127 Louis Berkhof, 『조직신학』, 권수경, 이상원 역 (서울: 크리스챤다이제스트, 2008), 620.

그리스도의 완전한 순종의 이러한 두 측면은 율법과 하나님의 공의의 속성이 요구하는 바를 자연적, 계약적, 형벌적 측면에서 모두 만족시킨다. 칭의와 속죄의 근거가 오직 그리스도의 순종의 두 측면에만 놓일 때, 인간 안에 칭의의 원인은 철저히 배제된다. 칭의의 원인이 밖에 있을 때, 연합 안에서 전가를 통해서만 이 은혜를 받을 수 있다. 왜냐하면 그리스도의 공로가 칭의의 근거일 때, 그 근거는 객관적인 것이기 때문이다. 즉, 우리 밖에 있는 것이기 때문이다. 그리고 전가는 우리 밖에 있는 의(義)를 받는 유일한 방법이 된다.

우리가 하나님의 의(義)를 라이트의 협소한 정의 안에서 해석하지 않는다면, 우리는, 성경을 통하여 하나님의 의(義)가 도덕적인 의(義)와 선물로서 의(義) 개념을 함께 포함한다는 사실을 부정할 수 없을 것이다. 성경의 하나님의 의(義) 개념은, 협소한 라이트의 그릇이 수용할 수 없을 만큼 더욱 포괄적이고 풍요로운 의미를 가진다. 우리는 이러한 하나님의 의(義)가 그리스도의 속죄 사역 즉 그분의 능동적 순종과 수동적 순종을 통해 획득된 것임을 또한 확인하였다. 칭의는 용서만이 아닌 용납의 의미를 포함한다. 율법과 하나님의 공의적 속성이 이것을 요구한다. 하나님의 율법의 엄중한 요구로서 죄에 대한 형벌과 완전한 순종의 요구는 구원의 근거가 어떠해야 할지를 규정한다. 라이트의 속죄를 검토할 때, 그리스도께서 단지 사랑과 용서로 악에게 승리하셔서, 다시 한 번 이스라엘을 하나님께 속한 백성이라고 선언하시는 의미로서 칭의는 성경의 설명들을 수용하지 못한다. 라이트의 속죄 해설은 칭의의 양 측면을 담아내지 못하고 있다. 성경의 죄에 대한 엄중한 기소 즉 인류의 곤경(plight)을 조금이라도 인식한다면, 라이트는 이와 같은 하나님의 공의적 속성을 무시하지 못했을 것이다. 그의 속죄론 체계는 엄중한 율법의 요구와 타락의 정황을 해결하는 해결책을 제시하지 못한다. 과연 예수께서 악으로 선을 이기시고 이스라엘의 소명을 이루시므로 속죄를 이루셨다는 사실이 율법과 범죄 사이의 법정적 관계를 해결할 힘을 가질까? 그가 해결한 것은 이스라엘의 소명 실패에 대한 추방이지 인류의 각 개인들의 절망스러운 죄는 아니다. 그러나 성경은 칭의가 인류의 타락으로 인한 죄의 문제에 대한 대안임을 표명하고 또한 칭의가 죄에 대한 율법과 하나님의 공의 문제를 만족시키는 법정적 정황 안에 있다고 가르친다. 그리스도의 의(義)는 우리 밖에 있는 것이며, 오직 그리스도 안에만 속한 것이므로, 전가 외에 우리를 의롭게 하는 근거가 있을 수 없다. 전가에 있어 연합이 갖는 함의는 "그리스도 안에서," "우리 혹은 나를 대신한" 것에 있다. 연합 안에 그리스도와 신자의 인격이 철저히 구별될 때, "그리스도 안에서," "우리 혹은 나를 대신 한" 것은 신자 밖에 있는 것이 된다.[128] 이것이 그리스도의 것이면서 우리의 것으로 여겨질 때, 전가는 갱신에 관한 것이 아니며, 연합으로 인한 주입이 아니다. 칭의는 전가에 의해 의롭다 여겨지는 법정적 의미를 가진다.

이러한 전가 교리를 부인하는 행위는 성령의 이끌린 삶을 기초하여 받는 라이트의 최종 칭의 개념 때문에, 공로 신학으로 전락할 수밖에 없다. 전가되는 하나님의 의(義)가 객관적 근거로서 칭의의 유일한 근거가 아니라면, 최종 칭의는 그리스도의 공로가 아닌 성령과 협력을 통한 인간의 의(義)에 자리를 내어주고 만다. 그리스도의 용서를 위한 십자가의 형벌과 우리를 의로운 자로 여기도록 하는 그리스도의 순종이 부인되면, 이 두 측면이 부재한 빈 공간을 인간의 공로가 자리하고 마는 것이다. 실제로 라이트의 신학 체계는 그런 의미를 함축하고 있다. 이처럼 칭의가 갱신적인 것으로 여겨지는 것은 공로신학을 불러들이는 원인이 된다.

우리는 칭의가 법정적인 정황 안에 제시될 때, 우리는 성경에서 기소된 인간의 곤경(plight)을 보아야 한다. 그리고 무능한 인간에게 곤경은 율법의 엄중한 요구로서 형벌과 완전한 순종의 요구 앞에 놓인다. 그런 의미에서 뷰캐넌(James Buchanan)의 권고가 라이트에게 필요한 듯하다.

이 교리를 공부하고 연구하기 위한 가장 최선의 준비는 위대한 지적 능력도 아니요, 많은 학문적 습득에 있는 것도 아니다. 그것은 다만 우리 양심에 각인되어 있는 것으로서 하나님 앞에서 죄인으로 서 있는 우리의 실제 상태에 대한 자각에 있다.
이 주제를 연구하는 데는 죄에 대한 깊고도 심각한 의식이 필요하다. 우리 자신이 경험하는 처절하고도 무시무시한 실재로서의 죄에 대한 인식이 그것이다. 우리 내부에 계속해서 달라붙어 있는 상습적이고도 고질적인 병으로서의 죄의 세력에 대한 인식이 필요하다. 또한 우리 심장 깊은 곳에 뿌리를 두고 계속해서 자라고 있는 죄의 능력과 하나님을

---

128 Gaffin, 『구원이란 무엇인가?: 바울과 구원의 서정』, 96-97.

거스려 대항했던 과거와 현재의 그 죄에 대한 의식, 하나님의 진노와 의로우신 심판과 저주를 받기에 마땅한 죄에 대한 처절한 의식이 필요하다.

이러한 죄에 대한 인식이 없이는, 그리고 우리의 모든 학문과 지성의 원천이 이것을 파악하지 않는 한 우리는 우리에게 임하는 실제적인 위험과 그것으로부터의 심각하고도 진지한 구원을 갈망하지 않을 것이다. 본 칭의 교리를 연구함에 있어서 유익을 얻기 위해서는 우리의 영혼의 구원에 직접적인 관계가 있는 죄의 확신에 대한 진심 어린 관심을 가져야만 하겠다. 이러한 관심은 우리가 하나님의 율법을 거스려 범죄한 우리의 죄와 비참과 위험을 깨달을 때에야 가능한 것이다.[129]

이사야 53장 안에 기소당한 비참한 인간과 하나님의 공의, 공의를 만족시키신 그리스도께서 그들의 죄를 전가 받고 자신의 의(義)를 전가하셔 죄인을 의롭다하시는 하나님의 법정의 판결 소리를 라이트는 왜 애써 외면하는가?

d. 의(義)의 전가: 법적 허구가 아닌 법적 실재

지금까지 보아왔듯이, 라이트는 의(義)의 전가를 통해 죄인을 의롭다 하는 것을 상식에 맞지 않는 주장으로 치부한다.[130] 라이트는 세속 법정의 정황을 하나님의 법정에 그대로 적용한다. 인간 법정에서 재판장의 의(義)가 피고에게 전가되어 사면을 받거나 의롭다는 평결을 받는 예가 없다는 것이다. 그리고 그는 전가되는 의(義)를 물질적인 차원에 속한 가스와 같은 것에 비유하며, 법정에서 의(義)가 그곳을 가로지르는 물질과 같을 수 없다고 비판한다. 따라서 의(義)는 언약적 신실성을 의미하며, 의(義)에 있어 하나님의 것은 하나님께, 백성의 것은 백성에게, 그리스도의 것은 그리스도에게 속한 그런 것이라고 주장한다. 라이트는 칭의의 법정에서 의(義)를 하나님의 언약적 신실성으로 축소할 뿐만 아니라 하나님의 법정과 세속의 법정의 차이를 구분하지 못한다. 라이트는 전가를 통한 칭의를 '범주 오인' 혹은 '범주적 오류'(a category mistake)라고 주장한다.[131] 라이트가 "상식에 맞지 않는" 것, 범주적

---

129 Buchanan, 247.
130 Wright, *What Saint Paul Really Said*, 98.
131 Wright, *What Saint Paul Really Said*, 98.

오류 등으로 전가 교리의 문제를 치부할 때, 그는 하나님의 의(義)에 대한 협소한 해석과 세속 수준의 법정 개념을 통해 전가 교리가 오류임을 주장하는 것이다.

라이트의 오류는 하나님의 의(義)에 대한 왜곡된 정의로부터 시작된다고 볼 수 있다. 만일 성경이 제시하는 대로 해석의 폭을 넓히면, 하나님의 의(義)의 개념으로 인해 하나님의 법정이 결코 인간의 법정과 동일시될 수 없음을 알게 될 것이다. 법정적 정황의 본질은 세속 법정과 동일한 모습을 하나님의 법정에 대입하는 것을 의미하지 않는다. 성경이 요구하는 세속 법정과 하나님의 법정의 유사점은 평결 형식에 있다. 세속 법정으로부터 하나님의 법정의 유추는 재판관의 정형화된 모델을 요구하는 것이 아니라, 그것은, 칭의가 세속 법정과 같이 엄중한 율법 혹은 법적 요구에 따라 판결한다(사면과 정죄)는 점을 나타내는 것이다. 세속 법정은 하나님의 법정과 동일할 수 없다. 세속 법정에는 전가의 원리가 존재하지 않는다. 그러나 하나님의 법정에는 전가의 원리가 적용된다. 이런 차이점이 존재한다. 이러한 차이가 있지만, 천상의 법정은 지상의 협소한 의미 안에 제한되거나 조종되지 않고 천상의 법정이 지상의 법정 개념을 조종하여 의도한 진리를 가르친다.

세속 법정을 통해 하나님의 법정을 유추할 때, 유추의 요점은 법정의 정형화된 외형이 아니라 엄중한 법적 기준과 요구에 따른 사면과 정죄의 판결이란 법적 요소이다. 성경은 이것을 가르치려하는 것이지, 이것이 양자 간의 차이가 전혀 없다는 것을 의미하지 않는다. 라이트가 종교개혁의 전가 교리가 범주적 오류라고 말한 것은 참일 수도 있고 오류일 수도 있다. 왜냐하면, 만일 성경이 완전한 일치를 요구하며 세속 법정과 하나님의 법정의 유추를 제시한다면, 전가 교리는 범주적 오류이다. 완전한 일치라는 측면에서 양자는 차이점이 있기 때문이다. 그러나 성경의 유추의 요점이 엄중한 법적 기준과 요구에 따른 사면과 정죄의 평결이라면, 양자 간에 차이는 존재하지 않으므로, 범주적 오류라는 말 자체가 오히려 오류가 되는 것이다. 라이트는 칭의의 법정적 개념의 핵심을 이해하고 있지 못하다. 그는 하나님의 언약적 신실성으로서 하나님의 의(義) 때문에 성경이 제공하는 중요한 개념들을 모두 희생시키고 있는 것이다.

또한 라이트는 전가되는 의(義)를 통한 칭의를 법적 허구[132](legal fiction)로 여긴다. 사실 이러한 비판은 로마 카톨릭 교회로부터 비롯된 것이다.

로마 카톨릭은 전가된 법적 칭의가 하나님을 "법적 허구"(legal fiction)에 연루시킨다는 근거로 이 개념을 거부한다. 로마 카톨릭은, 이 견해가 하나님의 정직하심과 그의 공의에 그림자를 드리운다고 단언한다. 하나님이 내재적으로 의롭지 않은 어떤 자를 의롭다고 하시는 것은 일종의 허구적 속임수를 쓰는 것이다. 로마 카톨릭은 루터의 "의인이며 동시에 죄인"(*simul iustus et peccator*)을 묵인할 수 없다. 사람은 의롭든지 죄악 되다. 한 사람이 의로운 동시에 죄악 될 수 없다. (종교개혁 자에게는 한 사람이 의로운 동시에 죄악되다. 그러나 의와 악이 동일하다는 의미는 아니다.) 로마 카톨릭에 있어 오직 내재적으로 의로운 사람만이 하나님의 의해 의롭다고 선언될 수 있다.[133]

로마 카톨릭 교회는 오직 내재적 의(義)만을 의(義)로 인정하면서, 죄인을 의롭다 하는 전가는 법적인 속임수라고 비판했던 것이다. 왜냐하면 내재적 의(義)가 없는 자를 의롭다고 하는 것은 허구이기 때문이다. 로마 카톨릭은 법적 허구를 비실제적인 것이나 진실이 아닌 허위의 의미로 전가 교리에 적용한 것이다.[134] 역시 라이트도 동일한 의미로 전가의 교리를 법적 허구, 상식에 벗어나는 것, 범주의 오류 등의 용어를 사용하여 혹평한다. 특히 그에게도 전가되는 의(義)는 허구일 뿐이다.[135] 그렇다면 전가의 의(義)를 통한 칭의는 비실제적인 것인가? 그렇지 않다. 전가의 교리는 법적 허구가 아니라 실재이다. 전가의 기원은 언약적 연합에 기인한다. 언약적 연합 안에서 연대성을 인한 죄와 의(義)의 전가가 존재한다.

이 전가 교리가 '법적 허구'로서 올바르게 묘사된다고 해도 여전히 이 교리는 하나님의 도덕적 통치 계획 하에서 중대한 진리들을 표현하고 있다 그것은 하나님께서 기뻐하시는 뜻대로 우리를 두신 법적 사실에 대한 진술이 될 것이다. 우리가 이제까지 증명하려고 노력했던 것처럼 만일 하나님께서 전체 인류를 위한 법으로, 그리고 우리들의 대표자로

---

132 법적 허구 혹은 법적 의제(擬制)는 명백히 진실이 아닌 것을 진실로 가정하거나, 본질이 다른 것을 일정한 법률적 취급에 있어서 동일한 것으로 보고 동일한 효과를 부여하는 일을 의미한다. 때때로 입법자들은 특정 제한을 가하거나 개정하기가 곤란한 헌법과 법전의 조항들을 교묘히 피하기 위해 종종 의제를 이용한다.

133 Sproul, R.C. *Sproul, Faith Alone*, 105-106.

134 Buchanan, 361.

135 Wright, *What Saint Paul Really Said*, 98.

첫째 아담에게 부과하신 계명인 이 법을 언약의 형태로 선포하셨다는 사실을 믿어야 할 분명한 이유가 있다면, 이 법의 제정은 아담뿐만 아니라 우리 모두가 참여함으로 결과를 낳고야 마는 법이다. 그러므로 이러한 결과들은 단순한 '법적 가설'이라기보다 매우 엄숙하고 심각한 사실을 우리에게 각인시켜 주고 있는 것이다.[136]

전가는 언약이란 방법 안에서 계획된 하나님의 도덕적 통치 안에서 설명되는 교리이다. 하나님께서는 아담과 그리스도를 언약의 머리로 세우시기를 기뻐하셨고, 언약적 연합의 연대성 안에서 하나님께서 제정하신 법적 결과들은 다른 모든 사람들이 함께 참여하도록 만드신 것이다. 앞에서 우리는 아담과 그리스도의 대조적인 병행이 이런 언약적 연합 안에서 전가 교리를 지지하고 있다는 것을 이미 이해하였다. 우리가 언약 안에서 아담과 연합될 때, 그의 죄는 우리의 죄로 여겨진다. 우리가 언약 안에서 그리스도와 연합될 때, 그의 의(義)가 우리의 의(義)로 여겨진다. 그리스도께서는 언약적 연합 안에서 택한 자들의 죄를 자신의 것으로 여기셨다(고후 5:21). 신비적 연합은 각각의 인격을 유지하는 연합으로서, 그리스도 안에서 전가되는 의(義)는 "우리 밖의 의(義)"이다. 그리고 이러한 전가는 실제적인 사실이다. 존 머레이(John Murray)도 "이것들은 법적 허구가 아니다. 이것들은 그리스도와의 연합에서 나오는 필수 불가결한 것들을 의미하고 있다."[137]고 진술한다. 뿐만 아니라 이 교리는 칭의의 법정적 성격과 부합된다. 왜냐하면 이 전가되는 의(義)는 도덕적 의(義)이며 이 도덕적 요구를 그리스도께서 속죄를 통해 성취하시고 합법적으로 전가하시기 때문이다. 선물로서 의(義)는 하나님의 도덕적 통치에 부합하는 방식으로 전가된다.

우리가 이러한 축복의 실재들을 직접 경험하게 되면 사람들이 율법 아래서든지 복음 아래서든지 '법적 허구'를 논하는 것 자체가 매우 어리석고 헛된 행동이 될 것이다. 왜냐하면, 한편으로는 정죄가, 또 다른 한편으로는 칭의가 모두 법정적이며 사법적 행위들이기 때문이며, 반드시 하나님의 율법과 하나님의 정의와 어떤 관계를 가지고 있기 때문이다. 그리고 첫째 아담과 둘째 아담의 대표적 성격과 그들이 각각 대표하는 사람들을 향한, 그들로부터 말미암는 그들의 죄와 의(義)의 전가는 오직 하나님의 주권적 의지와 임명, 그리고 약속에 기인한 것이기 때문이다. 그럼에도 불구하고 이 결과들은 가설적인 것이거나 상상적인

---

136 Buchanan, 362.
137 Murray, "Justification," 214.

것들이 아니라 그들의 본성에 참되게 실재하는 것이다.[138]

전가에 의한 칭의의 법정적 개념은 하나님의 공의적 속성과 그것이 반영된 율법, 언약의 머리로부터 전가되는 죄와 공의로운 만족, 그 안에서 전가되는 언약의 머리로부터의 의(義), 그의 주권적인 의지와 약속 안에서 시행하심 안에서 해설된다. 칭의는 이러한 모든 요소들의 상호 관계 속에서 정의된 하나님의 법정의 평결 내지 선포이다. 칭의를 통해 주어지는 지위(status)는 이 모든 전제들을 함의한 지위이다. 라이트는 이 모든 점들을 하나님의 언약적 신실성으로서 하나님의 의(義) 개념에 모두 희석해 버린다. 협소한 언약 개념 안에서 이 모든 요소들을 부인 내지 간과하는 것이다. 전가의 교리가 법적 허구, 비상식적인 것, 범주 오류라는 라이트의 견해는 이 모든 전제들이 부인될 때 가능한 것이다. 성경에 함축된 칭의와 연관된 많은 주제들을 라이트의 언약적 해설로 모두 가릴 수 있을까? 칭의는 정당하고 사실적인 법정적 근거 위에서 전가되는 의(義)를 언급한다. 그리고 이러한 전가는 법적 실재이다.[139]

D. 구원의 서정: 라이트에 대한 개혁신학의 비평

이미 우리는 라이트에 의해 재해석된 연대기적 성격의 구원의 서정을 살핀 바 있다. 그리고 라이트의 구원의 서정에서 발견되는 두 가지 문제점을 통찰하였다. 첫째 문제는, 라이트가 복음으로부터 칭의를 배제하므로, 오직 믿음의 전가에 의한 칭의의 진리를 그가 부인한다는 점이다. 그리고 둘째 문제는, 그가 복음으로부터 칭의를 배제시키고, 칭의를 교회론의 범주에 안에 재정의하는 과정에서, 구원에 있어 갱신적 측면을 구원의 원인으로 부각시킨다는 점이다. 그는 전가에 의해 칭의됨을 부인하며, 내재적으로 변화된 자에 대한 속함의 선언으로 칭의를 재정의 한다. 그리고 회심의 결과로서 믿음은 순종과 동의어적으로 사용됨으로[140], 그의 칭의의 근거는 신인협력적 순종 내지 선행에 놓이는 신학적 위험성을 함의한다. 따라서 이 장에서

---

138 Buchanan, 363.
139 Sproul, *Faith Alone*, 106. Cf. Venema, *The Gospel of Free Acceptance in Christ*, 245-46.
140 Wright, *What Saint Paul Really Said*, 160.

우리의 과제는 라이트의 주장과는 달리 칭의가 복음의 핵심적 주제임을 논증하는 것이며, 라이트의 이중 칭의와 선행의 관계성 안에 함의된 공로신학적 문제점을 밝혀내는 것이다.

a. 라이트의 칭의를 배제시킨 복음에 대한 개혁신학의 비평

라이트(N. T. Wright)의 주장대로, 성경의 복음은 구원의 방법으로서 칭의를 배제시키는 것일까? 복음은 우주적 차원에서 악을 다루는 것이며, 개인적 구원은 부차적인 것일까? 복음은 단지 "예수님은 메시아이시며 주시다"라는 협소한 구호 아래 믿음에 의한 칭의와 상관없이 고립되는 것일까? 우선 우리가 논증할 것은 복음의 중심 주제가 라이트의 개념처럼 협소하지 않다는 것이다. 복음의 중심 주제는 칭의를 배제하지 않는다. 라이트가 제시한 "예수님께서 주시라는 선포"는 칭의의 주제와 필수 불가결한 관련성 안에 연계되어있다. 이를 논증하기 위해 우리는 우선 복음의 중심 주제가 의미하는 바를 이해해야 한다.

라이트의 문제는 그의 우주적 차원의 복음을 강조하는데 있지 않다. 문제는 우주적 차원에 대한 강조를 위해 개인적 차원을 희생시키는데 있다. 라이트의 문제는 바로 여기에 있는 것이다. 우리의 논증의 핵심은 복음의 우주적 차원을 반대하려는 데 있지 않고 개인적 차원이 우주적 차원에 흡수되어 축소되는 사실에 있다. 그는 복음의 개인적 차원의 의미를 희석시킨다.[141]

> 내가 방금 언급했던 신앙과 그리스도와의 연합은 "인격적"이고 "개인적"인 언어로 이해되어 왔다. 나는 의도적으로 그렇게 하였다. 왜냐하면 이 인격적인 측면이 현재의 공동체적인 흐름에 흡수되어 사라질 위기에 처해 있기 때문이다. 또한 이 측면이 사실상 바울에게 핵심적인 것이기 때문이다.[142]

리차드 개핀(Richard B. Gaffin)이 라이트의 문제점을 파악하고, 복음의 개인

구속의 측면과 복음과 개인의 구속의 관계를 지켜내기 위해 노력한 것은 정당하다. 이제 우리는 칭의가 복음과 불가분리의 관계이며, 복음이 구원의 방법으로서 칭의의 복음을 함의한다는 것을 논증하도록 할 것이다.

우선 우리가 질문할 것은 복음의 중심 주제가 있는가이다. 이 질문에 대한 답변으로 삼기에 적절한 주장이 개핀(Richard B. Gaffin)에게서 발견된다. 개핀을 따르면, 복음의 '중심'은 바울에게 다음과 같은 의미로 묘사된다.

> 몇 가지 유보들에도 불구하고, 만일 중심이라는 의미가 마치 선택이라든가, 혹은 구원이라든 가, 혹은 하나님이라든가 하는 것이 유일한 핵심 개념이어서 그것으로부터 모든 것이 연역될 수 있는 것처럼 엄격하고 매우 협소하게 규정되지 않는다면, 바울이 어떤 중심을 상정한다는 사실을 부인하기 어렵다. 그렇지만 동시에 특별히 그의 서신의 상황적인 성격은 어떤 정형화된 격언과 같은 범주의 자료를 우리에게 제공함으로써 논의의 여지없는 자명한 사실을 전달하지 않는다는 사실도 아울러 기억할 필요가 있다.[143]

> "중심"이라는 메타포를 통하여 내가 의미하는 바는, 바울 서신에서 일련의 잘 정리된 관심사 를 찾아낼 수 있으며, 그런 이해구조 안에서 다른 어떤 사람들에게보다 바울에게 더 중요한 문제가 무엇인지 분명하게 볼 수 있다는 것이다... 아마도 관심사를 원의 구조로 그려본다면, 중심에 가까운 원이 있고 상대적으로 중심에서 먼 원이 있다는 사실을 거론할 여지가 있을 것이다.[144]

개핀에게 바울 신학의 중심이라는 것은 매우 엄격하고 협소하고 정형화된 명시적인 규정이 아니지만, 일련의 잘 정리된 관심사이며, 그런 이해 구조 안에서 보다 더 중요한 문제로서 부각되는 의미의 중심이다. 바울의 복음은 중심을 가지며, 그 중심으 로부터 분리될 수 없는 연계된 의미들이 가까운 원과 먼 원의 구조로 중심을 형성한다. 그의 중심은 중심점으로부터 형성된 동심원들의 상호 관계 안에서 신학의 중심을 표명한다. 그렇다면, 바울에게 가장 중심에 놓인 신학적 중심 주제는 무엇일까? 그리고 그 중심 주제는 또 다른 중심적인 개념들과 어떤 연계성을 가지고 바울 신학의 중심 주제를 형성해 가는 것일까?

---

143 Gaffin, 『구원이란 무엇인가: 바울과 구원의 서정』, 44-45
144 Gaffin, 『구원이란 무엇인가: 바울과 구원의 서정』, 45.

첫째, 복음의 가장 중심에 그리스도와 그의 사역이 놓인다. 복음은 "하나님의 구속적인 행위를 선언한다. 이러한 행위는 예수님의 인격과 사역에 밀접히 연관된다. 그래서 그것은 또한 '그리스도의 복음'이다."[145] 개핀은 고린도 전서 15:3절의 "먼저"(ἐν πρώτοις)를 주목한다. 여기서 "먼저"는 시간적 의미가 아니라 '중요하다'는 의미에서 "먼저"를 의미한다.[146] 따라서 바울이 고린도 교회에 "먼저" 즉, '중요한 내용으로 여기고' 전한 메시지는 "우리 죄를 위하여 죽으시고 장사 지낸 바 되셨다가 성경대로 사흘 만에 다시 살아"(3-4절)나신 사실이 된다. 따라서 바울이 "너희에게 전한 복음"(1절)의 중심된 내용은 그리스도의 죽으심과 부활에 놓인다. 개핀의 말을 빌리자면, 바울 신학의 중심에 복음이 있고, 그 복음의 중심에 그리스도의 죽으심과 부활이 있는 것이다.[147] 그런 의미에서 라이트가 복음을 죽으시고 부활하신 예수께서 주시라는 선포로 정의한 것은 그 자체로 문제되지 않는다. 그렇다면 라이트의 문제는 무엇인가? 라이트의 문제는, 그가 첫 복음의 정의로부터 더 설명하지 않는다는데 있다. 파이퍼(John Piper)도 이 점을 간파한다. "예수님의 죽음과 부활의 복음을 믿으라"는 명령은, 그것이 명확히 복된 소식임에도 불구하고 내용이 없다.[148] 예수님의 죽으심과 부활하심 그리고 예수님 자신이 복음의 중심이라고 주장하는 것에는 아무런 문제가 없다. 그러나 소위 구원의 객관적 측면으로서 그리스도와 그의 사역이 왜 우리에게 구원의 복된 소식이 되는지를 설명하지 않는다면, 복음은 우리에게 복된 소식이 될 수 없다. 복음의 중심으로서 그리스도와 사역이란 구속의 객관적 측면은 주관적 적용의 측면으로 확장되어야 한다.

전문적인 용어로 그것(복음)은 *kerygma*(그리스도와 그의 사역에 대한 선포)뿐만 아니라 *didache*(신자와 공동체의 삶 안에서 그리고 그것에 있어 그러한 사역의 적용)을 포함한다. 더욱 일찍이, 바울은 갈라디아 교회에서 발생한 복음의 왜곡과 거짓이 구속의 적용에 연계되었다는 것을 믿는다. 은혜만으로, 그리스도 안에서만, 믿음만을 통한 칭의는 우리를

---

145 R. H. Mounce, "Gospel," *Evangelical Theology of Dictionary*, ed. Walter A. Elwell (Grand Rapids, Michigan:Baker Academic, 2001), 514.

146 Gaffin, 『구원이란 무엇인가: 바울과 구원의 서정』, 49.

147 Gaffin, 『구원이란 무엇인가: 바울과 구원의 서정』, 49.

148 Piper, *The Future of Justification*, 85-86.

위해 십자가 위에서 저주가 되신 그리스도로서 복음의 중요한 부분이다(갈 3:13).[149]

개핀도 "그리스도의 죽으심과 부활은 아무런 의미가 없는 고립되고 해석되지 않은 사실로서 파악된 것은 아니다"[150]고 지적한다. 개핀은 복음이 인간의 죄 문제와의 긴밀한 관련성 안에서 제시됨을 강조한다. "그 죽음과 부활은 인간의 죄 및 그 결과와 관련되어있다."[151] 김세윤 교수도 복음이 단지 그리스도의 죽음과 부활에 대한 더 근본적인 의미가 있음을 강조한다. "...처음부터 바울의 복음이 그리스도의 죽으심의 훨씬 더 근본적 의미, 곧 그리스도께서 인류 곧 유대인과 이방인 모두의 죄를 위해 대속적 죽음을 죽으셨다는 것을 중심으로 하고 있었음을 보여 주는 분명한 증거가 있다."[152] 고린도 전서 15:3-4절에서 제시된 복음의 중심 주제로서 그리스도의 죽음과 부활은 명시적으로 "우리 죄를 위하여"(3절)와의 상관성 안에서 제시되고 있다. 본문의 문맥 안에서 추론될 때, 복음은 무엇 때문에 전해졌는가? 죄의 문제를 해결하기 위해 전해진 것이다. 따라서 복음이라는 바울 신학의 중심점은 그리스도의 죽으심과 부활이란 동심원으로 둘러싸이고 그리스도의 죽으심과 부활은 죄의 문제를 해결하는 방법이란 동심원으로 둘러싸이는 것이다. 이러한 일련의 관련된 주제들이 동심원적 구조로 복음의 중심 주제의 신학적 체계를 세워 나가는 것이다. 복음이 선포되는 정황은 무엇인가? 그것은 죄인들을 향한 하나님의 정죄이다. 인간의 보편적인 곤경으로서 죄의 문제는 바울 신학에서 중대한 위치를 점한다.

사실상, 바울은 죄 그리고 죄의 결과와 상관없이는 그리스도와 그의 행위를 위한 어떤 논의도 전개하지 않는다. 아담의 죄와 그 죄의 보편적인 부패와 상관없이는 마지막 아담 그리스도도 아무런 필요가 없게 된다...바울에게 있어서 **기독론과 구원론은 동일한 용어이다.** 달리 말하면, 구원론적인 관심사와 관련되지 않은 기독론적인 관심사를 바울은 고려하지 않는다.

---

149 Sinclair Ferguson, *What does Justification have to do with the Gospel?*, Ligonier ministries the teaching fellowship of R. C. Sproul, http://www.ligonier.org/learn/articles/what-does-justification-have-do-gospel/, 2010년 7월 16일 검색.

150 Gaffin, 『구원이란 무엇인가: 바울과 구원의 서정』, 50.

151 Gaffin, 『구원이란 무엇인가: 바울과 구원의 서정』, 50.

152 김세윤, 『바울신학과 새 관점』, 정옥배 역 (서울: 도서출판 두란노, 2002), 91.

...죄가 비참이라면 그리스도는 해결책이며...확실히 그 비참은 이 해결의 빛에서 그 의미가 더 분명해진다....이 비참은 결정적인 사실이다.
...그래서 만일 우리가 구원의 순서를 포함하여 구원에 대한 바울의 이해를 파악하려면, 죄에 대한 그의 이해가 무엇인지 이해해야 한다.[153]

복음의 중심은 그리스도이시며, 그리스도는 죄의 문제를 해결하기 위해 오셨다. 그분의 이름, 예수는 "그가 자기 백성을 그들의 죄에서 구원할 자이심이라"를 의미한다 (마 1:21). 라이트가 그렇게 강조한 그리스도의 주되심은 구원론 즉 엄밀히 구원의 방법과 무관하지 않다. 만일 그리스도의 주되심이 우리의 죄를 해결하는 칭의와 무관한 것이 된다면, 죄인에게 그리스도의 주되심이 복된 소식이 될 수 있을까? 성경은 인류 최고의 곤경, 모든 곤경 중에 본질을 점하는 곤경을 '죄'로 규정한다. 성경의 복음은 죄보다 더 크고 직접적인 곤경을 소개하지 않는다. 파이퍼는 만일 복음이 죄를 해결하는 방법이 아니라면 라이트가 정의한 복음이란 것은 죄인들에게 무시무시한 것이 될 것이라고 지적한다.[154] 따라서 로마서 1:16-17절에서 복음의 핵심적 주제를 제시한 후에, 바울은 복음을 필요로 하는 세상의 비참한 상태를 논증하고 있는 것이다. 칼빈은 로마서 1:18절의 인간의 보편적 죄악상과 복음의 관계성을 다음과 같이 논증한다.

그는 지금 반대되는 성격의 것을 진술함으로 인해 논증하여 복음을 통하여 수여되거나 오는 것을 제외하고는 어떤 의(義)도 없다는 것을 증명한다. 그는 이것[복음을 통하여 오는 의(義)]이 없다면 모든 사람들이 정죄 받는다는 것을 보여주기 때문이다. 그것에 의해서만 발견되는 구원이 있는 것이다.[155]

로마서에서 바울의 논증의 주안점은 인간의 보편적 곤경으로서 죄를 기소하고, 그에 대한 치료책을 제시하는 것으로 볼 수 있다. 로마서 1:16-17절에서 18절로

---

[153] Gaffin, 『구원이란 무엇인가: 바울과 구원의 서정』, 58-59. Cf. Buchanan, 247; Calvin, *Institutes*, I. i. 1-3; Blaise Pascal, 『팡세』, 정봉구 역 (서울: 육문사, 1992), 264.칼빈은 하나님에 관한 지식을 인간에 관한 지식과 연관 시키고 파스칼은 하나님의 은혜에 대한 지식을 인간의 비참에 관한 지식과 연관 시켰다.

[154] Piper, *The Future of Justification*, 86.

[155] Calvin, *Comm.* on Romans. 1:18.

이어지는 복음의 제시와 모든 인간들의 기소(起訴)는 복음제시의 정황인 것이다. 복음은 모든 믿는 자들에게 구원을 주시는 하나님의 능력인데(16절), 복음이 구원의 능력이 되는 이유는 복음 안에 하나님의 의(義)가 나타나기 때문이다. 그리고 18절은 이 의(義)의 필요성을 드러낸다. 그리고 로마서 3:21-31절은 1:16-17절에서 제시된 복음 안에 나타나는 하나님의 의(義)의 더욱 심화된 설명을 제공한다.

> 그 다음 바울은 3:21-31[절에서 1:16-17절에서 언급한 복음 안에 나타난 하나님의 의(義), 이 의(義)에 도달하는 방법, 이 의(義)의 근거, 그리고 이 의(義)에 근거는 예수 그리스도의 구속, 그의 속죄 및 화목을 위한 희생적 죽음이며, 이 의(義)의 결과는 죄 용서, 의롭게 됨, 유대인과 이방인이 동등하게 하나님의 자녀 됨을 말한다. 이처럼 바울은 그의 구원하는 복음과 이신칭의(以信稱義)를 결코 분리시키지 않는다.[156]

바울의 논증은 죄라는 곤경으로부터 해결책으로 나가고 있다. 인간의 보편적 곤경인 죄 문제의 해결은 두 가지 방향에서 온다. 첫째는 법정적 해결이며 둘째는 재창조적 혹은 변혁적 해결이다.[157] 왜냐하면 죄는 죄책(guilt)과 부패(pollution)를 포함하기 때문이다. 죄책은 율법 수여자의 법정적 정황에서 발생하고 부패는 생득적으로 임한다.[158] 따라서 고린도 전서 5:3절에서 "우리 죄를 위하여 죽으시고"라는 구절 안에는 두 가지 측면이 내포되어있다. 따라서 죄책에 대한 법정적 해결책과 부패에 대한 변혁적 해결책이 함께 주어져야 한다. 개핀은 그리스도의 죽음과 부활의 구속사건 안에 이 두 측면이 함의되어 있음을 간파한다. 그것은 우리가 전통적으로 칭의와 성화라고 부르는 이중 은총(dual grace)이며 이 둘은 분리되지 않지만 구분되는 의미로 제시된다(고전 15:3-4).[159]

이와 같이 라이트가 지적한 죽으시고 부활하신 그리스도는 복음의 중심임에 틀림없지만, 그것은 칭의와 성화라는 구속의 적용 즉 *ordo salutis*(구원의 서정)로부터

---

[156] 최갑종, "바울에 대한 '새 관점'의 접근과 개혁신학: '새 관점' 무엇이 문제인가?", 총신대학교에서 열린 제28회 정기학술심포지엄 제출 논문, 2010년 5월 8일, 15.

[157] Gaffin, 『구원이란 무엇인가: 바울과 구원의 서정』, 67.

[158] Berkhof, 449.

[159] Gaffin, 『구원이란 무엇인가: 바울과 구원의 서정』, 67. Cf. Gaffin, 『구원이란 무엇인가: 바울과 구원의 서정』, 68.

고립되지도 않고 이를 고립시키지도 않는다. 복음은 정죄의 대안으로 제시된 복음이다. 곧 **칭의의 복음이다.** 그리스도와 그의 사역이 왜 죄인에게 복된 소식이 되는지를 설명하지 못한다면 복음은 복음이 아닌 것이다. 복음은 분명한 구원의 방법이다. 복음의 중심은 "구속사적인 초점(단번에 이룬 역사적이고 종말론적 측면)을 축으로 개인적인 구속의 적용"[160]에 놓인다.

결론적으로, 라이트가 제시한 복음의 우주적 차원은 긍정되어야 한다.[161] 복음은 개인적인 차원과 우주적인 차원을 함께 가진다.[162] 그러나 이러한 우주적이고 종말론적인 구속사의 성취가 개인적 차원의 죄로부터의 구원의 복음과 무관하게 제시되지 않는다. 따라서 라이트의 문제는 복음에 있어 우주적 차원을 주장한 것에 있지 않고 개인적 차원을 부차적인 것으로 평가절하 하는데 있다. 성경은 복음의 중심에 정죄에 반대되는 칭의의 은혜가 있다고 가르친다. 칭의가 배제된 복음은 죄인에게 결코 복음이 될 수 없다. 복음은 정죄의 반대라는 법정적 측면을 필연적으로 함의하기 때문이다.

b. 라이트의 구원의 서정 이해에 대한 개혁신학의 비평

라이트는 연대기적[163] 구원의 서정 개념 안에서 복음으로부터 칭의를 배제시키며, 회심으로부터 칭의를 예리하게 분리시킨다. 여기서 몇 가지 물어야 할 질문이 발생한다. 첫째 질문은, 라이트가 구원의 서정을 올바로 정의하고 있는가이며, 둘째는 라이트는 어떤 근거 위에서 부르심과 믿음 사이에 긴밀한 관계를 인정하면서도 회심과 칭의 사이에 공통 경계를 제거하려 하는 것일까이다. 이 두 질문에 답하기 위해 우리는 개혁신학의 입장을 살필 필요가 있다.

우선 구원의 서정이란 용어의 기원은 1724년과 1739년에 저술 활동을 한, 두 명의 루터파 신학자에게서 찾을 수 있다. 그들은 부데우스(Frank Buddeus)와 카르포

---

160 Gaffin, 『구원이란 무엇인가: 바울과 구원의 서정』, 51.
161 Mohler, *Rethinking the Gospel?,*
162 Gaffin, 『구원이란 무엇인가: 바울과 구원의 서정』, 56.
163 Wright, "New Perspectives on Paul," 255.

브(Jakobus Karpov)이다.[164] 그러나 싱클레어 퍼거슨(Sinclair Ferguson)은 구원의 서정의 계보를 더 거슬러 올라간다. 그는 구원의 서정을 "여러 가지 경험적이고 성례적인 단계를 구원에 관련시키려는 종교개혁 이전 신학의 시도로 확대"[165]한다. 또한 그는 이러한 맥락에서 루터의 개인적 신앙적 투쟁은 진정으로 복음적인 구원의 서정에 대한 추구로 이해될 수 있다고 주장한다.[166] 개혁신학을 살필 때, *ordo salutis* (구원의 서정)는 "구원의 축복을 하나님의 백성에게 적용함에 있어 어떤 순서가 있느냐"[167]를 다룬다. 벌코프는 구원의 서정을 다음과 같이 정의한다.

> *ordo salutis*(구원의 순서)란, 그리스도 안에서 행해진 구원 사역이 죄인들의 심령과 삶에 주관적으로 실현되는 과정을 서술하는 용어다. 구원의 순서는 구속 사역의 적용에 있어서 성령의 다양한 활동들을 논리적인 순서로 또한 이들을 상호 연관 하에 서술하는 것을 목적으로 한다.[168]

여기서 주목할 것은 벌코프(Louis Berkhof)가 구원의 순서를 시간적이 아닌 논리적 순서로 규정하고 있다는 것이다. 여기서 우리는 그리스도와의 연합 안에서 구원의 서정을 해설하는 방법과 라이트의 구원의 서정을 비교하고 비평하는 작업을 할 것이다. 따라서 개혁신학의 구원의 서정 이해를 먼저 살피고 이후에 라이트의 문제점들을 지적하도록 할 것이다.

(1) 구원의 서정에서 '순서'(order)의 의미

구원의 서정을 해설하면서 후크마(Anthony A. Hoekema)는 세 사람의 입장을 소개한다. 그것은 머레이(John Murray), 벌코프(Louis Berkhof) 그리고 벌카우어(G. C. Berkouwer) 간의 입장 차이다. 먼저, 머레이는 구원의 명확한 순서가 성경으로부터 추출될 수 있다고 주장한다.[169] 머레이는 구원의 순서를 입증할 증거 본문으로서

---

[164] McGowan, "Justification and *the ordo* salutis," 148.

[165] S. B. Ferguson, "Ordo salutis," *New Dictionary of Theology*, ed. S. B. Ferguson and D. F. Wright (Downers Grove, IL: InterVarsity, 1988), 480.

[166] Ferguson, "Ordo salutis," 480.

[167] Anthony A. Hoekema, 『개혁주의 구원론』, 류호준 역 (서울: 기독교문서선교회, 1990), 22.

[168] Berkhof, 660.

로마서 8:23-30절을 제시한다. 그는 이 본문으로부터 구원의 순서를 부르심, 중생, 믿음과 회개, 칭의, 양자 삼으심, 성화, 견인 그리고 영화의 순(順)으로 이해한다.[170]

그리고 후크마는 머레이와 벌카우어 사이에 중간 입장을 취하는 벌코프의 입장을 소개한다. "그는 그의 저서 '조직신학(Systematic Theology)에서 성경은 이상과 같은 형태의 구원 순서를 뚜렷이 밝히고 있지 않다고 주장하고 있다."[171]

> 우리는 구원의 순서를 언급하는데 있어서 하나님의 은혜를 죄인 각자에게 적용하는 사역이 단일한 과정이라는 사실을 잘 알고 있다. 우리는 다만 이 과정에서 다양한 활동들이 구분될 수 있다는 것과, 구속을 적용하는 사역이 명확하고 합리적인 질서로 진행된다는 것, 그리고 하나님은 단 한 번의 행위로 죄인에게 완전한 구원을 이루어 주시는 것은 아니라는 사실을 강조할 뿐이다. 만약 하나님께서 단 한 번의 행위로 완전한 구원을 이루어 주셨다면, 하나님의 자녀들은 하나님의 구속 사역의 모든 국면과 신적인 충만함을 인식할 수 없었을 것이다. 또한 우리는 종종 구속 사역의 다양한 활동들을 서술하는 성경보다 훨씬 더 제한된 의미로 그 용어들을 사용한다는 사실을 간과하지 않는다.
> 성경은 과연 명확한 구원의 순서를 제시하고 있는가라는 질문이 제기될 수 있다. 이 질문에 대한 답변은, 성경은 우리에게 완벽한 구원의 순서를 명시적으로 제시하고 있지는 않지만 그러한 순서에 대한 충분한 기초를 제공해 준다는 것이다.[172]

벌코프는 구원의 서정 안에 내포된 단일성을 강조하면서도 각 과정의 다양성도 인정하려 한다. 그리고 구원의 서정 교리와 성경 자체의 진술에 대한 관련성도 언급한다. 성경은 구원의 서정의 기초를 제공하기는 하지만 명시적이고 배타적으로 정형화된 체계를 제공하지는 않는다. 그런 면에서 머레이가 로마서 8:29-30절을 통해 정형화된 구원의 순서의 체계를 끌어내는 것에 대해 부정적이다. 따라서 벌코프를 따르면, "성경이 구속 사역의 적용에 따르는 정확한 순서를 자세히 서술하고 있지 않기 때문에 구원의 순서에 대한 상이한 의견들이 존재할 수도 있다."[173]

그리고 마지막으로 후크마는 머레이와 대조되는 가장 극단적인 예로 벌카우어를

---

169 John Murray, 『구속론』, 하문호 역 (서울: 성광문화사, 2004), 106.
170 Murray, 『구속론』, 114.
171 Hoekema, 『개혁주의 구원론』, 24.
172 Berkhof, 660-61.
173 Berkhof, 661.

소개한다. 그는 구원의 순서라는 말 자체에 매우 부정적 입장에 서 있다.[174] 로마서 8:30절과 같은 본문을 통해 벌카우어는 구원의 순서를 정하는 것이 교리의 순수성을 해치는 것으로 주장한다.[175] 벌카우어는 믿음을 구원의 여정 속에 있는 하나의 구분점으로 보지 않고 전 생애에 널리 편만해 있는 것으로 이해한다.[176] 따라서 벌카우어는 구원의 서정이라고 부른 대상들의 단일성을 더욱 강조하기 위해 구원의 서정 대신에 "구원의 길"(way of salvation)[177]이라는 표현을 사용한다.

후크마(Anthony A. Hoekema)는 구원의 서정에 관한 세 가지 입장을 소개한 후, 이 이슈들에 대한 개인적 평가를 내린다. 그는 먼저 구원에 순서를 정할 때 발생되는 문제들을 지적하고, 구원의 적용에 대한 다양한 국면들을 성경적으로 설명하기 위한 대안을 제시한다. 우선 구원에 순서를 정하는 것에 대한 문제점을 지적한다. 첫 번째 문제는, "우리가 구원의 순서를 설정하는 데에 사용하는 용어들이 조직신학에서 사용되는 것과 똑같은 방식으로 성경의 저자들에 의해 사용되고 있지 않다는 점이다."[178] 둘째, "구원의 과정 속에 나타난다는 다양한 단계들의 순서 역시 항상 똑같지 않다는 점이다."[179] 셋째, "종종 구원의 순서를 정하 데에 있어서 하나의 토대로 사용되어지는 로마서 8:30[절]에서도 이 구절의 주요 목적이 구원의 순서를 정하는 데 있지 않다는 것이다...여러 국면들이 나타내고 있는 구원의 순서는 부차적인 목적이다. 바울의 주된 목적은 하나님의 구속받은 백성들이 누릴 안전과 영원한 축복을 수사적으로 설명하는 데에 있다."[180] 넷째, "믿음이 구원의 순서에 나타나는 여러 관계 중 하나의 단계일 뿐이라고 생각되어져서는 결코 아니 된다. 믿음은 신자의 일평생의 삶을 통해 지속되어지며 수행되어져야 한다."[181] 다섯째, "칭의와 성화는 성도의 삶 가운데서 나타나는 연속의 과정이 아니라 동시에 나타나는 사건들이다."[182]

---

174 Hoekema, 『개혁주의 구원론』, 25.

175 G. C. Berkouwer, *Faith and Justification*, trans. Lewis B. Smedes (Grand Rapids, Michigan: Eerdmans Publishing Company, 1979), 30-31.

176 Hoekema, 『개혁주의 구원론』, 25. Cf. Berkouwer, *Faith and Justification*, 32.

177 Berkouwer, *Faith and Justification*, 36.

178 Hoekema, 『개혁주의 구원론』, 25.

179 Hoekema, 『개혁주의 구원론』, 26.

180 Hoekema, 『개혁주의 구원론』, 26-27.

181 Hoekema, 『개혁주의 구원론』, 27.

여섯 째, "머레이와 벌코프가 주장하는 구원의 순서는 완전한 것이 아니다."[183]

후크마는 구원의 서정에 대한 이러한 문제를 제기하고 자신의 대안을 내 놓는다. 그는 묻는다. "우리가 꼭 구원의 순서에 대해서 말해야 하는가?" 후크마는 분명히 구속의 개인적 적용에 있어 다양한 국면들이 존재함을 인정한다. 그러나 그는, 이러한 국면들에 대한 순서가 시간상 혹은 연대기적 순서가 아니라는 단서를 붙인다. 후크마는 구원의 과정에서 발생되는 다양한 국면들에 있어 순서를 "인과적 우선순위"(causal priority)로 이해되기를 제안한다.[184]

그렇다면 후크마의 대안은 무엇일까? 그는 구원의 서정을 순서적인 것으로 보려 하지 않고 단일한 구원의 다양한 측면으로 이해하려 한다. 구원의 서정은 순서가 아니라 하나의 구원의 다양한 측면일 뿐이다. 그는 루이스 벌코프가 구원의 개인적 적용을 "단일의 과정"이라고 진술한 것과 헤르만 바빙크(Herman Bavinck)가 모든 축복들은 택함 받은 자들에게 동시에 부여된다고 말한 것을 주시한다.[185] 게더콜 (Simon Gathercole)도 후크마가 주장하려는 구원의 서정 개념과 유사한 주장을 한다. 그는 구원의 서정에 나타나는 순서들에 있어 동시성을 강조한다.[186] 게더콜이나 후크마의 주장은 구원의 서정에서 강조된 각 측면의 순서나 개별성보다는 전 과정의 단일성과 통일성에 강조점을 두려는 취지에서 발생한다고 볼 수 있다. 따라서 후크마 는 구원의 서정의 논리적 순서를 구원의 단일성이라는 전제 안에서 어느 정도 인정하 지만, 연대기적 순서는 철저히 부인한다. 후크마는 벌카우어의 견해를 따라, 구원의 길에 나타나는 다양한 국면들은 다양하면서도 동시적이라고 주장한다.[187] 그러므로 후크마는 구원의 서정을 직선으로 그리지 않고 오각형의 각 변으로 구분한다.[188] 후크마의 구원의 서정에 시간적인 순서는 없지만, 인과적 우선순위는 존재한다.

---

182 Hoekema, 『개혁주의 구원론』, 27.

183 Hoekema, 『개혁주의 구원론』, 27.

184 Hoekema, 『개혁주의 구원론』, 28.

185 Hoekema, 『개혁주의 구원론』, 28-29.

186 Simon Gathercole, "The Doctrine of Justification in Paul and Beyond: Some Proposals," *Justification in Perspective*, ed., Bruce L. McCormack (Grand Rapids, Michigan: Baker Academic/Rutherford House, 2006), 230.

187 Hoekema, 『개혁주의 구원론』, 29.

188 Hoekema, 『개혁주의 구원론』, 30-31.

필자는 후크마가 제시한 신학자들의 의견들 중에 벌코프의 의견이 가장 수용할 만한 입장이라 판단한다. 벌코프는 구원의 서정 해설에 있어 구원의 단일성을 인식하면서도 그 논리적 순서들을 인정하기 때문이다. 구원의 서정을 연대기 혹은 시간적 순서로 정하거나 지나치게 정형화된 순서로 규정하는 것은 바람직하지 않다. 반대로 육신을 가지고 시간 안에 살고 있는 인간에게 구속이 적용될 때, 인간이 경험하게 되는 논리적 순서들을 부인하는 것도 타당하지 않다. 머레이가 성경의 구절을 통해 지나치게 정형화된 구원의 순서를 정한 것과 벌카우어처럼 논리적 순서 자체를 인정하려 하지 않는 것도 모두 경계해야 할 일이다. 따라서 구원의 단일성 안에서 논리적 순서로서 구원의 적용을 해설한 벌코프의 설명이 선택할 만한 가르침이라 생각한다. 그러나 우리는 구원의 단일성의 중요성을 부각시키려는 신학자들의 노력도 무시해서는 안 될 것이다. 싱클레어 퍼거슨(Sinclair Ferguson)도 구원의 단일성 안에서 구원의 논리적 순서를 유지할 것을 권고한다.

> ... 1. 우리는 일관된 (순서적인) 양식으로 구원을 사고하는 피할 수 없다. H. 벌코프(H. Berkhof)는 바르트(Karl Barth)에 관하여 그 역시 논리적인 순서 류를 필요로 한다고 지적한 것은 옳다(The Christian Faith, p. 479). 2. 칼빈을 따를 때, 우리는 구원론 안에서 공통점이 없는 요소들이 모두 그리스도 안에서 그들의 중심을 갖는다는 것을 강조해야 한다. 모든 복음적인 복은 그분 안에서만 우리의 것이다(엡 1:1-4). 그러므로 그리스도와의 연합은 구속의 적용의 어떤 공식화에 있어 지배적인 동인이어야 하고 어떤 구원의 '순서'의 지배적인 특징이어야 한다.[189]

우리가 정립한 구원의 서정 개념과 라이트의 개념을 비교할 때, 라이트에게서 문제점이 발견된다. 왜냐하면 구원의 서정은 라이트가 제시한 것처럼 **연대기적(시간적) 순서**가 아니기 때문이다. 건전한 신학은 구원의 서정을 시간적 순서가 아닌 논리적 순서로 이해한다. 구원은 조각조각 이어지는 부분들의 집합이 아니다. 구원은 엄밀히 하나이며, 단일한 것이다. 그러한 구원의 단일성을 배제한 채 구원의 순서를 연대기적으로 고려하는 것은 위험한 일이기도 하다. 구원은 단일한 것이기에 회심과

---

[189] Ferguson, "Ordo salutis," 481.

칭의는 구분되지만 양자가 분리될 수 없으며 서로가 배제되지 않는다. 적어도 칭의를 구원의 서정의 부분으로 여기면서 양자를 분리시킬 수 없는 것이다. 그러나 라이트는 회심과 칭의의 연결 고리를 끊어 냄으로 그렇게 하고 있다. 후크마이든 벌코프이든 그들에게서 회심과 칭의의 분리 같은 것은 상상될 수 없는 것이다. 회심과 칭의는 구분되면서도 단일한 구원 안에서 하나이다.

(2) 구원의 서정과 그리스도와의 연합

우리는 구원의 서정과 관련된 개혁신학의 중요한 주제로서 '그리스도와의 연합'을 주목해야 한다. 그리스도와의 연합에 초점이 맞추어진 구속의 적용에 대한 해설 방법은 도미노 효과와 같은 방식으로 순서가 규정되는 구원의 서정에 대한 대안으로 제시된다.[190] 그리스도와의 연합의 방법으로 구원의 적용을 해설하려는 방법론은 구원의 서정 자체를 부인하지 않는다. 연합의 방법은 구원의 서정을 제거하는 것이 아니라 구원의 서정의 본질을 연합에 두고 구속의 적용을 분석하는 것이다.[191] 연합의 방법을 통해 구원의 서정을 조명하는 것은 긍정적으로 보인다. 연합의 방법은 벌코프나 후크마가 구원의 단일성이라고 언급한 것을 더 잘 드러내 줄 수 있다. 즉 연합이란 본질 안에서 다양한 구속의 적용의 측면들을 해설할 수 있는 것이다. 왜냐하면 구원의 서정의 논리적 순서와 측면들은 연합 안에서 통일되기 때문이다. 반대로 단일한 연합의 축복이 구원의 서정의 논리적 순서와 측면들을 통해 구분되기도 한다. 그런 면에서 벌코프가 언급한 단일성이나 후크마가 강조하는 구원의 측면들의 동시성과 통일적 성격들은 연합의 방법 아래 설명될 때, 더욱 안정된 해석이 제공된다.

맥고완(McGowan)에 따르면, 구원의 서정을 연합이란 본질 안에서 살피려는 시도는 비단 최근의 일이 아니다. 개혁신학자들에게 연합은 언제나 중대한 교리였다.[192]

---

[190] McGowan, "Justification and *the ordo* salutis," 147-48. Cf. 그리스도와의 연합은 칼빈을 비롯하여 개혁신학 전통에 있어 중요한 개념 중에 하나이지만, 특별히 몇 몇 신학 사조들과 건전한 개념들을 구별할 필요가 있다. 예를 들면, 신정통주의(neo-orthodoxy)와 개혁주의 진형(Westminster Theological Seminary in Philladelphia)의 노르만 쉐퍼드(Norman Shepherd) 류의 그리스도와의 연합 사상은 전가 교리에 결정적인 속죄의 법정적 이해를 부인한다. 따라서 그리스도와의 연합이 강조될 때, 그 강조의 의도와 내용을 분별할 필요가 있다. 그러나 건전한 의미에서 그리스도와의 연합은 이중 은총의 구분 아래 전가의 법정적 칭의 교리를 해석하는데 있어 중요한 해석학적 도구임을 상기해야 한다.

[191] Gaffin, 『구원이란 무엇인가: 바울과 구원의 서정』, 83-84.

연합의 방법은 구원의 서정과 충돌하는 것이 아니라 그 해설을 더욱 풍요롭게 한다. 실제로 연합 사상은 칭의를 해설하는 중요한 방법으로 역할 한다. 연합사상은 칭의에 대한 개혁주의적 진리를 풍요롭게 해석해 낸다. 특별히 그리스도와의 연합의 방법을 고찰하는데 있어, 개핀(Richard B. Gaffin)을 주목할 필요가 있다. 개핀은 연합 안에서 구원의 서정을 다룬 학자들 중에 특별히 주목할 사람이다. 우리는 칭의와 구원의 서정이란 주제 하에서 개핀의 해설에 주의를 환기시킬 것이다. 우리는 그가 연합 사상 안에서 구원의 서정으로서 칭의의 위치를 어떻게 규정하는지 주목해야 한다. 그리고 우리는, 그가 어떻게 연합 안에서 구원의 서정의 한 측면으로서 칭의와 또 한 측면으로서 성화를 구분하는지 주목할 필요가 있다. 개핀에게서 연합 안에 칭의의 법정적 성격과 의(義)의 전가를 지켜나가려는 노력이 발견된다. 개핀은 그리스도의 부활 안에서 신자와의 연합을 강조하면서 구원의 서정을 다룬다.

> 개핀은 바울의 구원론을 이해하는데 있어서 핵심 요소가 그리스도의 부활이며 구속 역사적 관점이 결정적으로 지배적이고 결정적이라고 주장한다. 그는 부활 안에서 그리스도와 신자 사이에 연합에 초점을 맞추는 것 없이, 구속의 성취이든 적용이든 이해하는 것이 불가능한 것이라고 주장한다. 신자의 부활은 역사적으로나(이미 실현된) 종말론적으로나 (일어나게 될) 그리스도의 부활에 전적으로 의존한다.[193]

개핀에게 연합은 바울의 중심을 이루는 주제 중에 하나이다.[194] 바울에게 있어서 연합은 "다른 모든 것을 포괄하는 핵심으로서 구원론적 현실 즉 구원의 중심적인 진리를 형성한다."[195] 그는 구원론과 관계된 모든 것들이 '그리스도 안에서' 주어짐을 강조한다. 그는 성경에서 언급된 "함께," "주 혹은 그리스도 안에서" 특별히 "안에"라는 표현들을 주시한다.[196] 이러한 표현들은 연합을 의미하는 표현들로서 중요한 것이다. 이러한 표현들은 그리스도와의 언약적 연합을 지시한다. 아담과 그리스도의 대조적

---

192 McGowan, "Justification and *the ordo salutis*," 156.
193 McGowan, "Justification and *the ordo salutis*," 160.
194 Gaffin, 『구원이란 무엇인가: 바울과 구원의 서정』, 70.
195 Gaffin, 『구원이란 무엇인가: 바울과 구원의 서정』, 71.
196 Gaffin, 『구원이란 무엇인가: 바울과 구원의 서정』, 71.

병행에서 보여 지듯이, 아담과 그리스도는 각각 언약의 대표로서 모든 사람은 아담 '안에서' 죄인이며, 그리스도 '안에서' 모든 믿는 자가 구원받는다.[197] 고린도 전서 15:3절의 "우리 죄를 위하여"라는 표현은 언약적 연합 안에서 우리의 죄가 그리스도께 전가됨을 의미하는 것으로 볼 수 있다. 구원의 모든 유익은 연합으로부터 온다. 그런 의미에서 연합은 바울 신학의 중심이며 구원론에 있어 중심이기도 하다. 이러한 사상은 개핀으로부터 시작된 것이 아니다. 개혁주의 전통 안에 연합은 중요한 주제였다. 칼빈은 구원의 축복이 연합 없이 개인들에게 적용되지 못함을 강조한다. "우선 우리는 그리스도께서 우리 밖에 계시고 우리가 그와 떨어져 있는 한, 인류의 구원을 위해서 그가 고난당하시며 행하신 일은 모두가 우리에게 무용, 무가치한 것임을 알아야 한다."[198] 칼빈은 "우리는 그 유익들을 어떻게 받는가"[199]란 주제 안에서 연합의 중요성을 진술한다. 모든 구원의 축복은 연합 없이는 무용한 것이다. 구원의 축복은 그리스도 안에만 있는데, 그는 우리 밖에 있으시기 때문이다. 축복은 우리 밖에 계신 그리스도 안에 있다. 연합이 중요한 이유는 '우리 밖에 계신 그리스도의 축복을 연합을 통해서만 받을 수 있기 때문이다. 구원의 방법은 믿음으로 우리를 그리스도께 연합시키는 것이다. 연합의 정황에서 믿음은 정의된다. 믿음이 도구적 원인인 것은 우리를 그리스도께 연합되도록 하기 때문이다. 믿음은 연합의 개념 없이 정의될 수 없다. 성령은 연합의 끈이시며 믿음을 통해 이런 역할을 하신다. 그러므로 칼빈은 연합과 믿음의 관계를 염두에 두고 "성령이 하시는 가장 중요한 일은 믿음을 일으키는 것이다"고 진술한다.[200] 칼빈에게 연합, 믿음, 칭의와 성화라는 이중 은총은 구원의 서정을 구성하고 구원론의 가장 중요한 주제로 역할 한다. 구원의 두 측면으로서 칭의와 성화는 믿음을 통한 연합으로부터 비롯된 이중의 은혜이다. 맥고완은 칼빈 외에 구원의 적용과 연합을 밀접히 연관시킨 신학자들로서 헤르만 윗시우스(Herman Witsius), 존 오웬(John Owen), 토마스 보스톤(Thomas Boston) 등을 더 소개한다.[201]

---

197 Gaffin, 『구원이란 무엇인가: 바울과 구원의 서정』, 71-72.
198 Calvin, *Institutes*, III. i. 1.
199 Calvin, *Institutes*, III. i. 1.
200 Calvin, *Institutes*, III. i. 4.

개혁신학에서 "믿음으로 말미암는 그리스도와의 연합에 전유된 구원은 두 가지 근본적인, 축소할 수 없는 측면을 가진다."[202] 개혁신학에서 연합에 의해 전유된 구원의 두 가지 측면은 갱신적인 것과 법정적인 두 측면을 의미한다.

> 사실 (칭의와 성화 사이의) 이 이중의 구별된 관계는 결국 법정적 은혜와 비법정적 은혜 사이의 구별, 곧 그 자체로는 환원될 수 없는 구별이라고 말하는 것이 칼빈에게 공정하다... ... 그의 구원론의 '단일한 이중 은혜'(unio-duplex gratia, 은혜에 하나이면서 동시에 둘의 측면이 있다는 내용) 구조는 다음과 같은 것이다. 즉, 참여적 연합(하나)에 서로 혼동되거나 섞이지 않는 두 개의 구별된 측면, 또는 차원(둘)이 있다는 것이다. 그 한 차원은 칭의와 같이 법정적이되 그것과 구분되는 다른 한 차원은 성화 갱신과 같은 비법정적 측면이다.[203]

연합 안에서 전유되는 구원의 두 측면은 개핀에게 "단일한 이중 은혜"로 표현된다. 연합을 통해 오는 은혜의 한 측면은 참여적 혹은 갱신적인 것으로 성화를 의미하고, 다른 한 측면은 법정적인 것으로 칭의를 의미한다. **이 둘은 "혼동되거나 섞이지 않는 두 개의 구별된 측면, 또는 차원"이다. 그런 의미에서 칭의와 성화는 분리될 수 없지만 구별된다.** 따라서 칭의에 갱신적 요소를 끌어들이는 것은 절대로 불허된다. 칭의는 법정적 정황 안에서 용서와 용납의 은혜를 지칭한다. 이러한 연합 안에 구원의 적용 해설은 칭의의 은혜가 갱신적 측면을 갖지 않는 법정적 성격 안에서 철저히 구원론적 은혜로 여겨짐을 입증한다. 개핀은 새 관점이 칭의를 교회론의 범주에서 다루는 것을 비판한다. 칭의가 구원론인 것은 이미 우리가 논증한 내용들과 맞물린다. 우리는 '율법의 행위'가 자기 의(義) 혹은 율법주의와 관련된 오직 믿음에 의한 칭의와 대조적으로 사용되었음을 논증하였다. 또한 하나님의 의(義)가 공의적 측면과 선물로서 의(義)를 나타내며 전가 교리를 형성한다는 사실도 확인했다. 믿음에 의한 칭의는 율법의 행위에 의한 칭의와 대조된다. 칭의는 정죄의 정황에 반대된 의미의 은혜인 것이다. 이러한 법정적 정황 안에서 연합은 칭의가 전가된 의(義)를 통해 주어진다고 가르친다. 그것은 아담과 그리스도의 대조적 병행구조 안에 반영된다. 언약적 연합은

---

201 McGowan, "Justification and *the ordo* salutis," 156-58.
202 Gaffin, 『구원이란 무엇인가: 바울과 구원의 서정』, 84.
203 Gaffin, "칭의와 그리스도와의 연합," 338-39.

법정적 정황 안에서 해설된다. 아담과 그리스도는 모두 언약의 대표자요 머리로서 존재한다. 아담과 그리스도와의 언약적 연합 관계는 시간에 종속되지 않는다는 측면에서 무시간적이고, 특별한 인종과 관련된 문제에 속하지 않는다는 의미에서 영속적이고 종말론적이다. 아담과 그리스도의 대조적 병행에 나타난 언약적 연합은 초인종적인 성격을 갖는다. 여기서 라이트가 주장하는 인종적 문제는 본질적인 의미를 점하지 못한다. 믿음과 율법의 행위의 대조는 바울의 칭의론을 라이트의 그것보다 더 깊은 차원에서 다루게 만든다.[204] 따라서 그리스도와의 연합 안에서 칭의의 위치는 본질적으로 구원론적이다. 연합을 통해 전유되는 칭의의 은혜는 정죄의 정황에서 법정적 근거를 통해 용서받고 용납되는 은혜를 의미하기 때문이다. 칭의와 성화는 단일한 이중 은혜로서 분리되지 않지만 구별되는 하나의 구원의 두 측면이기에 에베소서 2:8-9절과 디도서 3:5-7절 그리고 디모데 후서 1:9절 등에서 제시된 오직 믿음에 의한 구원은 칭의와 성화를 함께 포함하며, 특별히 칭의는 성화와 구별된 법정적인 것으로 이 구원의 한 측면인 것이다.

이제 우리는 구원의 서정과 관련된 두 가지 논의를 살핌으로 연합 안에서 분리되지 않지만 구분되는 이중 은총의 성격을 파악하게 되었다. 우리가 이 주제들을 논의하면서 주목할 점이 몇 가지 발견된다. 구원의 서정 안에서 구원의 적용의 측면들은 단일한 구원의 여러 측면들이라는 것이다. 칭의는 연합 안에서 전유되는 단일한 이중 은혜로서 칭의는 구원의 한 측면이다. 연합 안에 이중 은총은 구원의 단일성을 유지하면서도 칭의와 성화 즉, 법정적 측면과 갱신적 측면을 서로 섞임 없이 구분된다. 따라서 라이트의 주장처럼, 단일한 구원의 한 측면으로서 칭의가 구원론의 범주 밖으로 배제될 수 없다는 것이다. 칭의는 연합 안에 구원의 이중 은혜의 한 측면이다. 칭의는 성경이 지적하는 바로 그 구원이다. 칭의는 민족적 경계표 혹은 언약 공동체의 속함의 문제가 아니다.

(3) 연대기적 순서로서 라이트의 칭의 비평

지금까지 우리가 살펴본 개혁신학에 있어 구원의 서정 이해는 라이트의 입장과

---

204 Gaffin, 『구원이란 무엇인가: 바울과 구원의 서정』, 91-92.

비교될 필요가 있다. 과연 양자의 차이점은 무엇일까? 그리고 그 차이로부터 파생되는 라이트의 신학적 문제점은 무엇일까? 무엇보다 라이트에게서 우려되는 점은, 그가 구원의 서정을 연대기적(시간적) 순서로 언급하였다는데 있다. 그가 시간적 순서로 이해한 구원의 서정은 칭의를 회심으로부터 혹은 구원론으로부터 예리하게 떼어낸다. 라이트는 칭의가 회심 이후 즉각적으로 발생하는 단계라고 주장한다. 칭의는 그리스도 인이 되는 것과 상관이 없는 것이다. 칭의는 그리스도인이 된 자에게 공동체에 속한 자로서의 지위 선언일 뿐이다. 여기서 몇 가지 지적할 문제가 있다. 우리가 개혁신학에 서 살핀 바대로 구원의 서정은 라이트의 진술처럼 연대기적 순서[205]가 아니다. 라이트 의 체계를 자세히 살피면, 연대기적 구원의 서정으로 규정된 그의 체계 안에서, 구원의 전 과정을 지배하는 어떤 경향이 발견된다. 그는 구원의 서정이 연대기적일 뿐만 아니라, 그의 구원의 서정의 연대기적 순서 안에서 갱신적 측면이 칭의의 원인에 끼어든다. 라이트에 따르면 현재 칭의는 구원 받았다는 의미가 아니라 구원을 향해 도전할 수 있는 울타리 안에 속한 자로서의 지위를 얻었다는 의미이다. 진정한 구원은 은혜와 협력하여 성취되는 최종 칭의이다.

　　라이트가 칭의를 회심의 고리로부터 분리하는 것은 제쳐놓더라도, 더욱 양보하여 칭의를 구원론이 아닌 교회론의 범주로 내모는 것을 제쳐놓는다 하더라도, 라이트의 구원의 서정 체계는 큰 모순을 가지고 있다. 이것은 라이트가 구원의 서정을 상당히 자기 모순적인 형태로 이해하고 있다는 증거이기도 하다. 무엇 때문인가? 구원의 서정은 구원의 논리적 순서요 한 구원의 적용의 다양한 측면을 설명하는 체계이다. 따라서 우리는 구원의 적용의 측면들을 *ordo salutis*(구원의 서정)라고 부르지 교회의 서정 즉, *ordo ecclesiae*(교회의 서정)라고 부르지 않는다. 라이트가 칭의를 교회론에 속한 것으로 주장하면서 구원의 서정에 '속함'의 문제를 포함시키는 것은 모순 아닐까? 우리는 개혁신학자들이 여러모로 구원의 서정이 단일성을 가지며, 한 구원의 여러 측면을 설명하는 체계임을 지켜내기 위하여 애쓴 것을 확인한 바 있다. 이러한 노력은 *ordo salutis*(구원의 서정)라는 용어를 사용함에 있어 신학의 내적 일관성을 지키기 위한 매우 건전하고 합당한 시도들이었음을 부인할 수 없다. 교회론은 구원의 서정과

---

[205] Wright, "New Perspectives on Paul," 255.

무관하지 않고 구원의 서정은 교회론을 함의 하는 측면이 없지 않지만, 교회론의 주제가 구원의 서정의 수면에 부상할 수는 없는 것이다. 달리 말하면, **로마 카톨릭처럼 교회론이 구원론을 조정해서는 안 된다.** 라이트에게 구원의 서정은 하나의 구원의 적용에 있어 여러 측면을 의미하는 것처럼 보이지 않는다. 구원의 서정에서 칭의를 교회론에 속한 것으로 수정하는 것도 합당하지 않지만, 교회론으로 수정된 칭의를 구원의 서정의 한 측면으로 포함시키는 것 또한 모순적인 것이다.

　이처럼 자기모순적인 라이트의 칭의는 그리스도인이 되는 문제에 있어 아무런 효과를 갖지 못한다. 왜냐하면 칭의는 회심과의 고리로부터 연대기적으로 분리되었기 때문이다. 그러나 파이퍼(John Piper)는, 칭의가 구원의 효과를 가지는 본질적으로 구원론적인 주제임을 강조한다. 그에 따르면 로마서 5:1절과 같은 구절은 칭의가 구원의 한 측면임을 입증하는데 결정적이다. "그러므로 우리가 **믿음으로 의롭다 하심**을 받았으니 우리 주 예수 그리스도로 말미암아 **하나님과 화평**을 누리자."(롬 5:1). 화목은 오직 믿음에 의해 법정적 측면에서 칭의를 받아 하나님과 화평을 얻는 것이다. 그런 의미에서 칭의는 화평을 누리게 됨을 알려주는 것이 아니라 화평을 확립해 주는 것이다. "칭의의 신적 행위는 우리가 하나님과 누리는 화평을 획득하는 사건의 구성요소인 것이다."[206] 라이트의 주장처럼 칭의는 구원 혹은 그리스도인이 되는 사건에 있어 부차적인 것일까? 라이트의 연합이 함의하는 것처럼, 오직 갱신의 측면을 (칭의 이전에 회심) 통해 연합 안에서 죄인은 하나님과 화목하며, 갱신의 은혜를 지속하므로 최종 칭의에 이르는 것일까? 라이트가 철저히 간과하고 있는 것이 있다. 그것은, 바로 **법정적 측면의 해결책 없이 화목을 이야기할 수 없다는 점이다.** 앞에서 이미 수차례 언급한 사실이지만, 성경에서 칭의의 정황은 근본적으로 정죄에 대한 해결책이다. 오직 약속은 공의의 만족을 전제한다. 성경은 정죄가 모든 인류와 개인들이 직면한 엄연한 현실적 정황임을 언급한다. 로마서에는 죄인들을 향한 복음의 정황으로 정죄에 대한 기소(起訴)로 가득 차 있다. 칭의는 정죄에 대한 대안이므로, 칭의의 복음은 언제나 죄의식을 전제로 하고 칭의의 지식은 죄에 대한 지식을 전제로 한다. 병자에게 의원이 필요하듯 복음은 죄인을 상대한다. 구원은 갱신적 측면만을

---

[206] Piper, *The Future of Justification*, 98.

갖지 않는다. 그리스도와의 연합과 그로부터의 구원은 갱신의 한 면에 필연적으로 그와 구분된 법정적 측면을 포함한다. 그렇다면 정죄의 해결로서 용서와 용납이 어떻게 법정적 정황을 떠나 설명될 수 있겠는가? 구원은 필연적으로 법정적 측면을 필요로 하고 포함한다. 라이트는 이 점을 간과하므로, 법정적 해결책을 제시하지 않은 채, 갱신적 의미 안에서 구원을 설명한다.

라이트의 복음은 반쪽짜리 복음이다. 라이트의 연합 안에 은총은 반쪽짜리 은총이다. 아니 법정적 측면을 배제한 갱신적 측면은 생각조차 할 수 없기에 라이트의 복음은 성경에서 경고한 "다른 복음"(a different gospel)(갈 1:6)인 고로 복음이 아니다. 구원의 단일성으로 인해 구원의 한 측면을 배제하거나 부인하는 것은 구원 자체를 부인하는 것이다. 바울이 반대한 유대인들의 "다른 복음"은 복음의 전 내용을 변개시킨 것이 아니다. 그들은 그리스도에 대한 믿음 외에 율법적 순종을 구원의 근거로 덧붙였다. 그러나 그들에게 선포된 것은 "저주"였다(롬 1:8). 왜 다른 복음은 저주를 받아 마땅한가? 복음에 있어 갱신적 측면은 결코 구원의 원인으로 제시될 수 없기 때문이다. 그런 의미에서 라이트가 법정적 측면을 전혀 무시하고 칭의를 정의해 가는 행위는 "다른 복음"을 전파하는 것이나 다름없다. 우리는 개혁신학에서 은혜 언약 안에 조건성(conditionality)과 은혜의 유효성을 다루면서, 인간의 죄성과 중생자의 남은 죄를 인하여 결코 성령과 협력하는 행위가 구원의 원인이 될 수 없음을 확인하였다. 언제나 의롭다 하심은 전가된 의(義)로서 그리스도께 속한 것이다. 중생 후 선행조차도 죄가 섞여 불완전한 것이며, 그리스도의 공로로 옷 입지 않으면 하나님께 수용될 수 없음을 확인하였다. 칭의를 통한 용서와 용납이 죄인을 하나님께 인도하듯, 중생자의 선행조차도 불의한 것을 의롭다하시는 칭의적 은혜가 없이는 하나님께 수용될 수 없다. 하나님께서는 한 사람 뿐만 아니라 한 사람의 행위도 칭의 하시므로 용납하신다. 그런 의미에서 은혜 언약 아래 인간의 공로는 설 자리를 잃는다. 라이트는 답해야 한다. 법정적 칭의의 은혜 없이, '정죄'라는 인간의 비참한 곤경을 어떻게 해결할 것이며, 법정적인 해결책 없이 하나님과의 화목을 어떻게 이룰 수 있다는 말인가? 정죄로부터의 용서와 율법에 대한 요구로부터의 용납에 대응하는 라이트의 해결책은 무엇인가? 갱신과 변혁의 은혜로 '정죄'라는 곤경의 늪을 헤쳐 나갈 수 있다는 말인가? 칭의는 정죄의 반대라는 의미를 라이트는 왜 깨닫지 못하는 것일까? 결론적으로 라이트가 구원의 서정을 연대기적 순서로 규정하고, 갱신적 의미로 구원의 서정을 진술해가며, 칭의의 법정적 측면을 부인하는 것은 성경적으로나 신학적으로 큰 왜곡이요 실수인 것이다. 구원의 서정은 교회의 서정이 아니다. 구원의 서정이라는 용어를 사용하는 이상 구원의 서정의 요소는 구원의 측면들이어야 한다. 칭의를 회심과 화목으로 이어지는 고리로부터 분리시키는 것은 성경적 지지를 얻지 못한다. 칭의는 정죄의 반대이며, 연합 안에 구원의 한 측면이다. 구원의 측면들은 단일성 안에서 구원 자체와 다르지 않다. 회심과 칭의의 고리는 끊어질 수 없다. 칭의는 구원이다. 칭의가 없이는 정죄에 걸려있는 법정적 정황 안에 인간의 곤경을 해결할 수 없기에, 칭의는 '교회가 서게도 하고 넘어지게도 하는 토대'인 것이다. 칭의가 없는 곳에 용서와 용납도 없으며, 불완전한 신자의 행위가 주께 수용되는 일도 없는 것이다. 그러한 의미에서 칭의는 칼빈을 따라 '구원과 경건의 토대'인 것이다.[207]

c. 라이트의 믿음관에 대한 개혁신학의 비평

라이트는 복음으로부터 칭의를 배제시키면서, 믿음을 현재 하나님의 백성의 회원 안에 있음을 표시하는 '언약 회원권 표지'로 정의한다. 믿음은 언약 안에 있다는 표지로서 순종을 의미하기도 한다. 회심과 칭의가 분리될 때, 칭의는 언약 안에 있다는 표지로서 믿음을 근거로 주어지기 때문에, 칭의는 갱신적 차원을 토대로 발생된다. 최종 칭의에 있어서도 성령과 협력하는 행위가 토대가 되므로, 구원의 원인 안에 행위가 놓여진다. 따라서 필립 입슨(Philip H. Eveson)은 "라이트의 입장은 하나님께서 죄인들 안에서 변화에 근거하여 죄인을 의롭게 여기신다고 믿기 때문에 그가 믿음에 기초한 칭의를 말할 때, 칭의와 중생을 병합하는 방향으로 나아간다"[208]고 지적한다. 우리는 라이트의 문제에 관하여 다음과 같은 질문을 제기할 수 있다. 믿음은 언약 회원의 표지인가? 믿음은 언약 안에 신실한 순종과 동의어인가? 믿음은

---

207 Calvin, *Institutes,* III. xi. 1.
208 Eveson, 218.

하나의 완전한 구원을 받는 유일한 도구가 아닌가?

칼빈은 믿음을 그리스도와의 연합의 개념 안에서 정의하였다. 이미 언급했듯이 구원의 모든 축복은 우리 밖에 계신 그리스도 안에 있다. 그분과 연합하는 것 외에 구원의 다른 방법이 없다. 믿음이 중요한 이유는 그것이 연합의 수단이기 때문이다. 연합은 구원의 적용에 본질이지만, 믿음이 없다면 연합은 불가능한 것이다. 그래서 칼빈은 성령의 본질적 사역을 "그리스도와 연합시켜 주시는 띠"로 비유했던 것이다. 이 중대한 성령의 사역은 믿음으로 나타난다. 우리는 믿음으로 구원의 복을 받는 것이다.[209] 이 믿음은 성령의 사역의 결과요 은혜로 주어지기에 공로적 원인(meritorious cause)이 아니다(엡 2:8-9). 그것은 철저하게 도구적 원인(instrumental cause)이다. 믿음의 본질은 무엇일까? 라이트는 믿음을 언약적 표지(badge)이며 언약에 대한 신실한 응답으로서 순종과 동일한 것으로 여겼다. 그러나 믿음이 연합의 끈으로 우리를 그리스도께 묶을 때, 우리는 이중 은총을 받는다. 하나는 갱신적이고 하나는 법정적이다. 라이트의 믿음의 정의는 이중 은총의 한 측면을 배제하는 큰 실수를 저지르고 있다. 또한 믿음이 순종과 동의어가 될 수 없다. 믿음은 연합을 위한 수단이며, 이중 은총 중 갱신의 열매로서 순종은 연합의 샘으로부터 흘러나온 것이다. 연합의 도구인 믿음을 통해 연합된 후 맺어지는 열매는 믿음과 구분되어야 한다. 믿음이 연합의 끈이며 연합 안에서만이 은총이 존재하기 때문에, 믿음은 칭의의 도구적 원인으로 불리는 것이다. 칼빈은 이러한 이유로 "연합함이 있어야만...그리스도께서 오신 것이 무익하지 않았다는 것을 보장할 수 있다...성령이 하시는 가장 중요한 일은 믿음을 일으키는 것이다"[210]고 주장한 것이다.

따라서 믿음의 본질과 역할은 라이트의 정의를 넘어선다. 즉 라이트가 단지 부르심과 함께 각성된 믿음을 언약적 표지(badge)와 언약적 응답인 순종으로 정의한 그것을 넘어선다. 그렇다면 우리가 구원에 이르는 믿음이라고 부르는 것은 어떤 의미의 믿음일까? 믿음은 연합을 목적으로, 더 정확히 연합 안에서 구원의 은총을 획득하기 위하여 그리스도께 집중된다. 칼빈은 어거스틴을 인용하여 믿음의

---

[209] Calvin, *Institutes*, III. i. 1.
[210] Calvin, *Institutes*. III. i. 3-4.

지향점을 설명한다.

> 어거스틴은... 믿음의 목표를 논할 때에... 그 예수 그리스도는 하나님으로서 우리가 가려는 목적지가 되며, 사람으로서 우리가 걸어가는 길이 되신다. 목적지와 길은 오직 그리스도에게서 발견될 뿐이다.[211]

　그렇다면 믿음이 그리스도께 집중된다는 의미는 무엇인가? 개혁신학자들은 믿음의 3요소들을 통하여 믿음이 그리스도를 어떻게 지향하는지를 설명한다. 믿음의 세 가지 구성요소는 삼중적으로 지식(notitia), 동의(assensus), 신뢰(fiducia)이다. 이 각 요소는 구원받는 믿음의 필수적인 것으로서 따로 떼어낼 수 없으며, 모두 본질적이다. 이 세 가지 요소가 합쳐질 때, 구원받는 믿음의 충분조건이 될 수 있다.[212]
　첫째, 믿음은 지식(notitia)의 요소를 갖는다. 칼빈도 믿음을 지식으로 여긴다. "믿음이란 하나님과 그리스도를 아는 지식"이다(요 17:3). 따라서 "맹신"이 아니다.[213] 또 다른 곳에서, 칼빈은 "믿음의 근거는 무지가 아니고 지식(knowledge)이다. 그리고 이 지식은 하나님뿐 아니라 그의 뜻까지 아는 지식이다"[214]라고 주장한다. 스프롤(R. C. Sproul)도 믿음의 지식적 요소를 언급한다. "노티티아(notitia)는 믿음의 내용, 받아들이고, 이해하고, 채택하는 자료 혹은 정보와 관련된다. 믿음은 명확하고 합리적인 대상(object)을 갖는다. 우리가 믿는 것은 영원한 결과를 갖는다."[215] 믿음이 지식적인 것은 믿음이 "명확하고 합리적인 대상"을 갖기 때문이다. 칼빈은 그러한 의미에서 믿음의 대상은 하나님의 말씀이라고 주장한다. 칼빈은 이것을 "믿음과 말씀 사이에 항구적 관련"[216]이라고 표현한다. 칼빈은 말씀을 믿음의 목적지로 여긴다. 믿음의 지탱은 말씀이며 말씀에서 떠난 믿음은 넘어진다.[217] 그러므로 말씀은 성령의 조명 안에서 하나님과 그리스도를 계시하므로, 그리스도를 믿는 믿음은 그리스도를 아는

---

211 Calvin, *Institutes*, III. ii. 1.
212 Sproul, *Faith Alone*, 75.
213 Calvin, *Institutes*, III. ii. 3.
214 Calvin, *Institutes*, III. ii. 2.
215 Sproul, *Faith Alone*, 76.
216 Calvin, *Institutes*, III. ii. 6.
217 Calvin, *Institutes*, III. ii. 6.

믿음이다.[218] 즉 구원에 이르는 믿음을 구성하는 지식은 계시적 지식의 요소를 갖는다.

믿음은 믿는 사람(주체)과 믿어지는 것(대상)을 포함하기 때문에, 지식은 믿음의 내용을 의미한다. 따라서 "사람이 구원을 받으려면 어떤 기본적인 정의를 믿어야 한다."[219] 그러나 이 지식은 속속들이 규명해내거나 포괄적인 지식을 의미하지 않는다. 우리의 지식의 대상은 하나님이시기에 우리의 지식은 불완전한 것이며, 우리는 하나님에 관한 완전한 지식을 수용할 능력이 없다. 우리가 추구할 지식은 완전한 지식이 아니라 하나님에 관해 올바른 지식이다.[220] 기록된 성경이 계시하는 제한된 범위까지 아는 지식이다. 따라서 스프롤에 따르면, "복음을 선포하는 과제는 정보의 전달 이상의 것이지만 그것 이하는 아니다"[221]고 주장한다.

둘째, 믿음은 동의(assensus)의 요소를 갖는다. 우리는 믿음의 구성요소로서 지식을 다루었다. 우리가 자료와 정보를 통해 믿음의 대상에 관한 지식을 얻었다면, 그 다음으로 필요한 요소는 그 지식에 동의하는 것이다. "지적 동의는 어떤 명제가 참되다는 확신이나 신념과 관계있다."[222] 동의는 믿음의 지식에 대한 확신이며 감정적 요소 안에서 진리에 대한 인정과 반응이라 할 수 있을 것이다. 그러나 동의는 신뢰를 구비하지 못할 때, 구원적 믿음에 이를 수 없다. 스프롤은, 사탄과 귀신들이 예수님께서 하나님의 아들이란 지식을 가졌을 뿐만 아니라 예수님을 하나님의 아들로 인정하기까지 하였다고 지적한다.[223] 그들에게는 신뢰의 요소가 결여되었던 것이다.

마지막으로 다룰 믿음의 구성요소는 신뢰(fiducia)이다. 벌코프는 신뢰의 요소를 "신앙의 요소 중 정수"[224]라고 표현한다. 신뢰는 인지적 반응만이 아니라 감정적, 의지적 반응을 수반하는 심층적 차원을 의미한다.[225] 벌코프가 신뢰를 신앙의 요소의 정수라고 한 이유는 여기에 있다.

---

[218] Calvin, *Institutes*, III. ii. 34.

[219] Sproul, *Faith Alone*, 77.

[220] Sproul, *Faith Alone*, 77.

[221] Sproul, *Faith Alone*, 78.

[222] Sproul, *Faith Alone*, 78. Cf. Berkhof, 756..

[223] Sproul, *Faith Alone*, 80.

[224] Berkhof, 756.

[225] Sproul, *Faith Alone*, 84.

신앙은 지성의 문제 혹은 지성과 감정의 복합적 문제라기보다는 오히려 영혼의 방향을 결정하는 의지의 문제요, 대상으로 다가가서 이를 획득하는 인간의 행위이다. 이러한 행위 없이는, 죄인이 신앙의 대상이 진리이며 실재하며 자신의 현재적 요구에 전적으로 적용될 수 있다고 인정할지라도, 신앙의 대상은 그 사람 외부에 남게 된다. 그리고 구원적 신앙에 있어서 대상이 획득되느냐의 문제는 사활이 걸린 문제이다. 이 의지적 요소는 그리스도를 구세주와 주님으로서 인격으로 신뢰하는 것을 의미하며, 허물 많고 타락한 영혼이 그리스도에게 복속하고, 그리스도를 용서와 영적인 생활의 근원으로 받아들이는 것을 포함한다. 이 모든 요소를 염두에 둔다면 신앙이 지성이나 감정 혹은 의지 어느 한 곳에만 배타적으로 좌정하는 것이 아니라, 생명이 발원하는 인간의 영적인 존재의 중심 기관인 마음(heart) 안에 좌정한다는 것이 명백하게 된다.[226]

벌코프는, 신뢰가 "영혼을 결정하는 의지의 문제"라고 지적한다. 신뢰는 마음, 즉 "우리의 존재 깊은 곳 혹은 '중심'"[227]에서 일어난다. 구원 받는 믿음은 "인간의 영적인 존재의 중심 기관인 마음 안에 좌정"하는 것이다. 따라서 칼빈은 믿음이 "지성이 흡수한 것을 마음속에 부어넣는 것"이며 "하나님의 말씀을 믿음으로 받아들이려면, 그 말씀이 두뇌의 상층부에서 돌아다녀서는 안 되고, 마음의 깊은 곳에 뿌리를 내려야 한다"고 가르친다.[228] 신뢰는 지식과 동의를 넘어선다. 지식과 동의가 있다하여도 구원을 주시는 믿음의 대상은 우리 밖에 있기 때문이다. 따라서 지식과 동의를 넘어선 신뢰가 필요하다. 신뢰는 그리스도, 신앙의 대상에게 다가가 그 대상을 획득하는 것이다. 달리 표현하면 그와 연합하는 것이다. 이러한 신앙은 대상을 구원의 근원으로 알고 동의할 뿐만 아니라 인격적으로 신뢰하고 받아들이는 것이다. 마귀적 신앙의 특징이 무엇인가? 마귀는 하나님의 지식을 소유하고 그것을 인정하기도 하지만, 그를 신뢰하지 않는다. 신뢰는 그리스도를 우리의 구세주와 주님으로 신뢰하되 마음 중심에서 신뢰하는 것이다. 따라서 믿음은 우리의 마음 중심에서 구원의 유일한 길로서 그리스도를 붙드는 것이다.

이와 같이 정의된 믿음의 세 요소들을 통해 우리는 믿음의 본질을 추론할 수 있다. 믿음은 하나님과 그리스도에 대한 지식을 갖는 것이다. 그리고 그 지식에

---

226 Berkhof, 756. Cf. Calvin, *Institutes*, III. ii. 16.

227 Sproul, *Faith Alone*, 83.

228 Calvin, *Institutes*, III. ii. 36.

동의하는 것이다. 뿐만 아니라 결정적으로 그 지식을 마음 중심에서 붙들고 신뢰하는 것이다. 이러한 믿음의 요소들을 종합하면, **우리는 믿음이 그리스도 중심적이라는 진리를 깨닫게 된다. 믿음은 언제나 그리스도를 지향한다. 믿음은 그리스도의 현존과 그의 구원하심을 바라보고 붙드는 것이다. 믿음은 그리스도를 신뢰하고 전적으로 의지한다.**[229] 믿음에 있어 지식의 대상도 그리스도시며, 동의도 그리스도에 관한 것이다. 또한 신뢰 역시 그리스도를 지향한다. 믿음은 그리스도와 연합을 목표한다. 믿음은 그런 의미에서 그리스도와의 연합의 도구인 것이다. 이러한 믿음은 정죄로부터 죄인의 용서와 용납이란 구원의 유익을 획득하는 도구적 원인이 된다. 믿음은 언제나 연합을 통해 신자에게 구원의 유익을 획득하게 만든다. 그리스도 중심의 믿음은 언제나 칭의를 얻기 위한 유일한 도구적 원인이다.

우리는 믿음이 칭의를 받는 유일한 도구적 원인이라는 주장을 부인하는 라이트의 가르침을 경계해야 한다. 라이트는 믿음을 구원의 도구적 원인이 아니라 속함의 선언을 받는데 근거가 되는 언약 백성의 회원권 표지(badge)로 전락시켰다. 믿음은 그리스도인을 만드는 수단이 아니라 이미 그리스도인 됨을 지시하는 표지(badge)라는 것이다. 그러므로 라이트는 복음을 칭의의 복음이 아닌 칭의를 배제한 복음이라 가르치며, 믿음으로 구원 받는 방법이 복음의 요소도 아니며 복음과 무관한 것이라 주장한다. 그러나 성경은 우리가 주 예수를 주로 고백할 뿐만 아니라 믿음에 의해 그리스도와 연합하여 구원을 받는 방법을 믿으라고 요구한다. **복음은 그리스도뿐만 아니라 그리스도께서 구원하시는 방법을 또한 계시한다.** *sola christus*(오직 그리스도) 와 *sola gratia*(오직 은혜)는 *sola fide*(오직 믿음)와 긴밀히 연결된다. 모든 은사는 그리스도 안에 있고, 그리스도는 우리 밖에 있으시므로, 우리는 믿음에 의해 그리스도를 붙들어야 한다. 행위로 얻을 수 없는 의(義)를 우리는 믿음의 연합을 통해 전가 받는다. 성경은, 라이트가 복음으로부터 믿음에 의한 칭의의 구원을 배제시키려는 것을 지지하지 않는다.

창세기 15:6절은 "아브람이 여호와를 믿으니 여호와께서 이를 그의 의(義)로 여기시

---

[229] Joel R. Beeke, "믿음과 칭의의 관계", 『솔라 피데』, Don Kistler 편 (서울: 생명의 말씀사, 2001), 85.

고"라고 진술한다. 또한 이 구절이 인용된 갈라디아서 3:6-14에서는 의롭게 여김을 받는 것이 "믿음으로 말미암아"와 "믿음으로" 된다고 가르친다. 창세기 15:6절의 히브리어 "여기시고"(וַיַּחְשְׁבֶהָ)는 "사람이 그 스스로 가지고 있지 않지만, 가지고 있는 것으로 간주되거나 여김을 받는 것"[230]을 가리킨다. 아브라함이 의롭게 여겨진 것은 그 자신의 의(義)를 통해서가 아니라 아브라함 밖에 있는 의(義)였다. 갈라디아서 3:16절은 아브라함 밖에 있는 의(義)가 그리스도시며 그리스도 안에 있는 의(義)라고 지적한다.[231]

특별히 로마서 4:5, 9, 22절과 로마서 10:10절에 나타나는 εἰς(한글 번역에 "-로")를 주목할 만하다. 특히 로마서 4:5, 9, 22절은 마치 믿음 자체를 의(義)로 여기는 것과 같은 느낌을 받기 때문에, 어떤 이들은 믿음을 공로적인 의미로 해석하려 한다. 그러나 헬라어 εἰς는 "-대신에"라는 의미를 갖지 않는다. 이 전치사의 뜻은 항상 "-에 관하여," "-하기 위하여," "-을 향하여," "-에(까지)"라는 의미를 갖는다.[232] 따라서 주어진 본문들은 '아브라함이 믿으니 그것을 의(義) 대신으로 여겼다'는 의미가 아니라, '아브라함의 믿음이 의(義)를 지향한 것, 의(義)에 관한 것'과 같은 의미를 함축한다고 볼 수 있다. 따라서 믿음은 그리스도 안에 있는 의(義)를 지향한다. 달리 표현하면 믿음은 그리스도를 바라보는 것이요, 붙드는 것이다. 존 암스트롱도 "그것은 의(義)를 대신하는(anti[ἀντι]) 믿음이 아니라, 의(義)를 얻기 위한(εἰς) 믿음이었다"[233]고 덧붙인다. 로마서 10:10절은 이러한 의미로 믿음을 언급한다. "마음으로 믿어 의(義)에(εἰς δικαιοσύνην) 이르고"는 "믿음이 그리스도를 향해 나아가 그분을 붙잡는다"는 의미를 함축한다.[234] 믿음은 이런 의미에서 수단이지 공로적 성격을 갖지 않는다. 믿음은 언제나 그리스도를 지향하는 도구이다. 믿음은 공로를 만들지 않고 그리스도 안에 있는 그리스도의 공로를 전가 받도록 연합시키는 구원의 도구이다. 라이트의 주장처럼, 믿음은 단순한 언약 회원권의 표지(badge)가 아니다. 또한 믿음은 언약에 대한

---

[230] Beeke, "믿음과 칭의의 관계", 62-63.

[231] Beeke, "믿음과 칭의의 관계", 63.

[232] Beeke, "믿음과 칭의의 관계", 63.

[233] John H. Armstrong, "이신칭의: 칭의를 위한 믿음의 충족성", 『솔라 피데』, Don Kistler 편 (서울: 생명의 말씀사, 2001), p. 139.

[234] Beeke, "믿음과 칭의의 관계", 63.

신실한 응답으로서 순종과 동의어도 아니다. 믿음은 연합의 끈으로 구원의 은혜와 직결된다. 무엇보다 믿음은 칭의의 도구적 원인이다. 복음은 믿음에 의해 의(義)를 전가 받아 용서 받고 용납되는 구원의 방법을 함의한다. 복음은 칭의의 구원인 것이다.

우리가 다음으로 주목할 성경의 표현은 "믿음으로 말미암아"(διὰ πίστεως, 롬 3:25), "믿음으로" 혹은 "믿음에 의해"(πίστει, 28절), "믿음으로부터"(ἐκ πίστεως, 30절)이다. 존 암스트롱(John Armstrong)은 패커(James I. Packer)를 인용하여 이 표현들의 의미를 전달한다.

> 전치사 "디아"(διὰ)가 여격을 취할 때는 "말미암아"라는 뜻을 갖는다. 따라서 이 표현은 믿음을 그리스도와 그분의 의(義)를 얻게 하는 수단으로 제시하고 있다고 하겠다. "-로부터"를 뜻하는 전치사 "에크"(ἐκ)는 믿음이 칭의를 얻게 하는 것이며, 논리상으로 칭의 보다 앞선다는 것을 암시한다. 신자가 믿음을 통해(διὰ πίστεως), 곧 믿음 때문에 의롭게 된다고 바울은 말한 적이 없다. 그것을 부인했을 것이다.[235]

우리가 성경의 표현들을 살필 때, 칭의와 믿음의 관계성은 명확해 보인다. 믿음은 칭의를 일으키는 분명한 수단이다. 성경은 이신칭의(以信稱義)를 많은 곳에서 언급한다(롬 3:22,30; 11:20; 갈 3:24). 믿음의 구성요소에 대한 연구나 성경의 표현 자체를 검토할 때, 우리는 믿음이 그리스도 자신과 그리스도와의 연합, 그리고 그 연합 안에 있는 구원의 복들을 지향하는 수단임을 부인할 수 없다. 믿음과 칭의의 관계는 자명하다. 라이트가 "이 믿음은 언약적 표, 하나님의 다민족 백성의 표지(badge), 하나님의 새롭게 된 인간성의 표가 되는 것이다"[236]라고 정의한 그의 믿음은 성경이 표명하고 있는 진리들과 일치하지 않으며 그것과 이질적이다.

라이트의 믿음의 정의가 갖는 문제는 그의 구원의 서정에 대한 비평에서 제시한 것과 연관된다. 첫째, 믿음이 칭의의 도구적 원인이 아니라는 라이트의 주장은 그의 구원의 서정에 대한 잘못된 이해로부터 비롯되었다. 그의 구원의 서정은 연대기적 순서 안에 칭의와 회심의 관계성을 끊어내기 때문에, 칭의는 구원이 아니다. 그러므로

---

[235] James I. Packer, "God's Justification of Sinners." *Christianity Today*, (March 16) 1959, Armstrong, "이신칭의: 칭의를 위한 믿음의 충족성", 139에서 재인용.

[236] Wright, *Paul: In Fresh Perspective*, 30.

제4장 N.T.라이트의 칭의론과 언약의 조건성에 대한 비평 · 295

믿음은 구원의 도구적 원인이 될 수 없는 것이다. 믿음은 이미 회심된 자의 표지로서 언약 안에 속한 자라는 표지(badge)일 뿐이다. 따라서 칭의는 구원의 사건이 아니라 단지 공동체 회원임을 선언하는 것으로 왜곡된다. 이러한 구원의 서정 구조는 믿음을 정죄의 반대로서 용서와 용납을 의미하는 칭의의 법정적 평결과 무관한 것이 된다.

둘째, 믿음이 구원의 도구적 원인이 아니며, 이미 회심된 상태에서 속함의 선언의 근거가 될 때, 칭의는 변혁 혹은 내적 갱신을 근거로 받게 된다. 칭의는 죄인을 의롭게 여기는 은혜가 아니라 칭의는 이미 내재적 변화를 통해 그리스도인 된 자를 믿음의 표를 기초하여 언약 백성의 지위를 선언하는 것이 된다. 따라서 칭의는 실제로 의롭게 된 자를 의롭다고 선언하는 의미가 갖게 된다. 칭의를 갱신적 측면에서 다루는 라이트의 경향은 최종 칭의에서 더욱 명확해 진다. 이러한 칭의 구조는 신인협력적 인간 행위를 최종 구원의 근거로 삼기 때문에 공로신학적 요소를 갖는다. 따라서 라이트의 칭의와 믿음의 상관관계 구조는 구원의 원인을 인간의 행위에 두는 데로 귀결될 위험성이 다분하다. 이러한 왜곡된 칭의와 믿음의 의미들은 구원의 법정적 측면을 도외시한 결과이다.

셋째, 만일 믿음이 연합의 개념 안에 오직 그리스도를 지향하는 도구가 아니라면, 그리스도를 지향하지 않는 만큼 다른 요소들이 구원에 끼어들 위험성이 농후하다. 라이트가 언약 회원권 표지라고 표현하는 믿음은 그리스도만을 지향하지 않는다. 그 믿음은 다분히 인간의 순종과 언약적 신실성이라는 공로적 요소를 지향한다. 라이트의 믿음은 오직 구원을 위해 주께서 은혜로 주신 '빈 손'을 주께 겸손히 내밀지 않는다.

넷째, 라이트의 복음에 대한 정의는 믿음과 구원의 방법의 관계를 무의미하게 만든다. 라이트의 복음은 예수께서 주(主)시라는 것만을 언급할 뿐, 그 소식이 우리에게 어떻게 적용되는지 설명해 주지 않는다. 죄의 노예가 되어 정죄 아래 놓인 죄인에게 단지 예수께서 온 우주의 통치자라는 고백이 구원의 보증과 정죄의 두려움으로부터 죄인을 해방할 수 있다는 말인가? 파이퍼(John Piper)의 언급대로 예수께서 주(主)시라는 사실은 죄인에게 하나의 공포일 수도 있다. 죄인에게 복음이 복음 되려면, 그 복음이 우리의 주되신 예수께서 우리를 위해 어떤 일을 수행하셨으며, 이루신 구원이 우리에게 어떤 방법으로 전달되었는지를 우리에게 제시해야만 한다. 복음은 구원의 방법에 대한 계시를 포함한다. 라이트는 복음의 본질적인 요소와 복음의 정수를 복음으로부터 제거하였다. 즉 원래 믿음이 도구가 되어 우리에게 주고자 했던 칭의 안에 복들이 제거된 것이다. 따라서 믿음은 그것이 주고자 했던 대상을 상실함으로 그 자체의 기능과 역할, 즉 구원의 도구적 원인됨도 상실하게 된다. 이 모든 것은 라이트의 왜곡된 복음과 구원의 적용에 대한 이해로부터 비롯된 것이다. 라이트는, 교회가 그것을 인해 서기도 하고 넘어지기도 하는 루터의 토대를 파괴시키려하며, 구원과 경건에 관련된 칼빈의 토대를 붕괴시키려한다. 라이트의 복음과 믿음은 바울이 전한 것과 '다른 복음'이요 '다른 믿음'이다.

d. 라이트의 이중 칭의에 대한 개혁신학의 비평

라이트는 자신의 1세기 유대주의의 칭의 이해를 바울에게 적용한다. 따라서 라이트가 이해한 바울의 칭의는 이중 칭의로 제시된다. 라이트에게 현재 칭의는 최종 칭의를 예견한 것이며, 최종 칭의는 1세기 정황을 따라 성령에 이끌린 삶의 전체에 따라서 (according to) 혹은 기초하여(on the basis of) 있을 종말의 평결이다.[237] 달리 표현하면, 현재 칭의는 예수님을 믿는 믿음에 의해 미래 평결을 내다보는 식으로 선언되고, 최종 칭의는 성령에 이끌리어 살아왔던 삶을 '따라서' 혹은 '기초로' 내려질 평결을 의미한다. 우리가 주목할 것은, 라이트가 최종 칭의를 삶을 '따라서'로만 표현할 뿐 아니라 '기초로'라고도 표현하는데 있다. "그것은 우리가 본 것처럼, 성령의 능력 안에 인도되는 사람의 전 생애에 기초하여 미래에 일어난다. 즉 그것은 바울의 재정의 된 의미에서 '행위'(works)에 기초하여 일어난다."[238] 분명 라이트는 "따라서"와 "기초하여"를 교호적으로 사용하고 있다. 이 두 단어가 함의하는 중대한 차이에도 불구하고 라이트는 이에 대해 아무런 해설 없이 두 단어를 혼용하고 있는 것이다.

---

[237] Wright, "New Perspectives on Paul," 253.

[238] Wright, "New Perspectives on Paul," 260. "It occurs in the future, as we have seen, *on the basis of* the entire life a person has led in the power of the Spirit-that is, It occurs *on basis of 'works'* in Paul's redefined sense."

라이트는 로마서 2:1-16절을 최종 심판 장면으로 해석한다. 그리고 라이트는 이러한 최종 심판의 긴장을 빌립보서 1:6절과 로마서 8:1-17절을 통해 해결하려 한다.[239] 라이트는 엄중한 심판에도 불구하고 신자가 소망과 기쁨 안에서 살 수 있는 근거를 성령론에 둔다. 엄밀히 말하면 최종 심판의 위협적인 메시지는 성령에 이끌린 신자의 삶 전체를 통해 상쇄(相殺)된다. 이와 같이, 법정적 측면을 배제하고 '남은 죄'의 문제에 대해 침묵한 채, 라이트는 죄에 대한 심판 문제를 성령에 이끌린 삶(갱신적 측면)에 의해 해결될 것처럼 낙관한다.

(1) 라이트의 최종심판: 칭의의 원인으로서 행위 또는 순종

"침묵의 집단적 음모"[240]라는 표현을 통하여, 라이트가, 개혁신학이 최종 심판과 행위의 관계에 대해 간과했다고 주장하는 것은 정당한 것일까? 그러나 라이트의 이러한 불만은 부당한 것이다. 개혁신학은 최종 심판이 행위에 따른 것이라는 것을 분명히 주장하고 있다. 달리 말하면 개혁신학은 최종 심판에서 행위가 갖는 함의를 분명히 이해하고 있다. 그러나 이 문제에 대해 개혁신학과 라이트의 타협될 수 없는 차이점은 '행위에 기초한'을 철저히 부정하는 개혁신학의 입장에 놓인다. 개혁신학은 '행위에 따른 최종 심판'의 의미를 가르쳐 왔다. 뷰캐넌(James Buchanan)은 "죄인의 사면과 하나님 면전에서 의로운 자로 하나님의 용인을 받는 것으로서의 칭의는 오직 믿음으로 말미암는 것이다. 그러나 심판은 행위로 말미암는다"[241]고 주장한다. 벨직 신앙고백서(Belgic Confession)는 "죽은 자들이 그것이 선한 것이든 악한 것이든 그들이 이 세상에서 행한 것에 따라(according to) 심판될 것이다"[242]라고 고백한다. 웨스트민스터 신앙고백서도 동일한 심판 내용을 고백한다.[243]

그렇다면 개혁신학이 '행위에 따른 최종 심판'을 주장할 때, 어떤 의미로 이 말을 사용한 것일까? 우리가 주목할 점은, 개혁신학이 라이트처럼 현재 칭의와 최종 칭의와

239 Wright, "New Perspectives on Paul," 253-54.
240 Wright, "New Perspectives on Paul," 253.
241 Buchana, 262.
242 *Belgic Confession*, article 37.
243 *Westminster Confession of Faith*, XXXIII. 1.

같은 이중 칭의를 주장하지 않았으며, 결코 행위를 최종 칭의의 원인이나 토대로 삼지 않았다는 데에 있다. 개혁신학의 최종 심판과 행위 사이에 관계는 라이트의 최종 칭의와 행위 사이의 관계와 이질적인 것이다. 과연 개혁신학자들은 믿음으로 언약 백성 안에 있다는 평결을 받고 미완성인 현재 칭의를 행위를 통해 완성시키는 의미로 최종 칭의를 주장했을까? 개혁신학은 '행위에 따른 최종 심판'이란 말을 가르칠 때, 그들은 언제나 중대한 전제를 가지고 진술한다. 즉 개혁신학은 구원을 믿음에 의한 그리스도와의 연합 안에 두 측면으로 보았다. 이들은 언제나 법정적 측면으로서 칭의와 갱신적 측면으로서 성화를 분리하지 않았지만 철저히 구분한다. 따라서 칭의는 성화의 열매를 배제하지 않는다. 칼빈은 연합을 통해 부여받는 이중 은총을 인정하고 있다.[244] 그리고 칼빈은 칭의의 중요성을 간과하지 않는다. 마르틴 루터가 칭의를 교회를 서게도 하고 넘어지게도 하는 교리로서 언급한 것처럼, 칼빈에게 칭의는 구원과 경건의 토대로 여겨진다. 왜 개혁신학자들은 '행위에 따른 최종 심판'을 인정하면서도, 행위를 최종 구원의 토대나 원인으로 여기지 않았을까? 행위가 최종 구원의 토대가 될 수 없는 이유는 신자의 '남은 죄' 때문이다.

> ... 우리의 불완전함(imperfection)의 자취는 여전히 남아 있어서 우리에게 겸손해야 할 이유를 제공한다. 성경은, 선을 행하고 죄를 범치 아니하는 의인은 하나도 없다고 말한다(전 7:20; 왕상 8:46). 그렇다면 그들은 어떤 류의 의(義)를 얻을 것인가? 우선 나는, 그들이 제시할 수 있는 가장 훌륭한 행위도 여전히 항상 어떤 육의 불결(impurity)로 얼룩지고 부패된다고 말한다. 말하자면, 어떤 찌꺼기가 그것[선행]에 섞인다는 것이다.[245]

비록 중생하였을지라도 신자의 행위는 구원의 원인으로서 유효하지 못하다. 바로 '남은 죄' 때문이다. 불완전한 신자의 선행이 율법의 완전한 요구를 충족시킬 수 없기에, 중생한 신자에게 있어서도, 하나님의 공의와 율법이 요구하는 것을 만족시킬 수 있는 유일한 의(義)는 그들 밖에 있는 것이지 그들 안에 있는 것이 아니다. 오직 그리스도의 희생과 순종만이 구원의 토대가 된다. 신자의 선행마저 불완전하기 때문

---

244 Calvin, *Institutes*, III. xi. 1.
245 Calvin, *Institutes*, III. xiv. 9.

에, 신자의 행위가 하나님께 수용되는 것 또한 칭의와 연관된다. 하나님께서는 사람의 인격만이 아니라 불완전한 선행을 또한 칭의 하신다.

> 그러므로 주께서 우리의 어떤 행위를 인정하시기 전에, 먼저 우리의 죄가 가려지고 용서되어야 한다. 이로부터 죄의 용서는 자유로운 것이며 어떤 보속(satisfactions)을 밀어 넣는 사람들은 그것(은혜)를 사악하게 모독한다.[246]

이런 점에서 베네마(Cornelis P. Venema)는, 칼빈이 17세기 신학자들과 마찬가지로 인격의 칭의 뿐만 아니라 행위의 칭의를 가르치고 있음을 통찰한다.[247] 따라서 개혁신학자들은 감히 '행위에 기초한 최종 심판'을 주장하려 하지 않는다. 개혁신학은 구원의 한 측면으로서 갱신의 열매들을 칭의와 함께 말하지만, 불완전한 인간의 행위에 결코 공로적인 왕관을 씌우지 않는다. 언제나 불완전한 신자들은 신자 밖의 원인에 시선을 모은다. 신자가 의롭게 여겨질 수 있는 길은 그리스도의 의(義)를 믿음을 통해 받는 것에만 놓인다.

그렇다면 오직 믿음의 전가에 의한 이신칭의가 행위에 따른 최종 심판과 양립될 수 있는 것일까? 개혁신학은 행위에 따른 최종 심판을 법정적 선언으로 이해하며, 유효한 하나의 칭의를 부인하는 근거로 삼지 않는다. 최종 심판에 관련된 행위는 '믿음의 진정성의 증거'로 이해한다. 최종 심판에서 행위는 칭의의 원인이 아니라 칭의 받는 수단으로서의 믿음이 진정한 것이라는 것을 증명하는 열매요 결과이다. 믿음의 수단이 진정한 것이었다면, 연합의 결과로 수여되는 것은 칭의 만이 아니라 성화를 수반할 것이다. 물론 성화는 불완전하다. 그렇다면 성화는 믿음을 앞서지 않는다. 성화는 믿음을 통해 연합된 결과로서의 열매이다. 행위는 믿음의 진정성의 증거인 것이다.

> ...칭의의 근거는 행위에 있지 않으며, 마찬가지로 믿음의 행위에 있지 않고, 믿음으로 포괄되어지는 그리스도 안에서의 하나님의 은혜의 계시에 있다. 확실히 행위는, 믿음의

---

246 Calvin, *Institutes*, III. xiv. 13. Cf. Calvin, *Institutes*, III. xiv. 16.
247 Venema, *The Gospel of Free Acceptance in Christ*, 264.

진정한 본질을 표현하는 것으로서 그리고 그리스도와 함께 죽고 함께 일으키심을 받은 증거로서 필수불가결한 것이다.[248]

이러한 이유로 라이트가 '행위에 기초한 최종 심판'이라고 말하는 것은 부당하다. 따라서 최종 심판에 관여된 선행의 추구는 공적을 쌓기 위함이 아니라 감사의 동기로 행해져야 한다.

그리스도 안에서 하나님의 넘쳐나는 은혜에 대한 인식으로부터 발생되는 감사는 그리스도 인의 삶에 있어서 수행되는 주요한 동기이다(롬 12:1). 신자의 선행이 하나님께 마지막 받아들여짐을 위한 토대를 구성한다고 제안하는 것은 그것들을 비성경적인 핵심으로 대치하는 것이다.[249]

하이델베르그 요리문답(Heidelberg catechism)도 감사의 동기로 선행을 추구할 것을 권고한다.

86문. 우리가 우리의 공로가 전혀 없이 오직 은혜로 그리스도로 말미암아 우리의 비참한 처지에서 구원받는데, 어째서 우리가 선행을 해야 하는가?

답. 그리스도께서는 그의 피로 우리를 구속하셨고 또한 그의 성령으로 그의 형상을 따라 우리를 새롭게 하시니, 이는 하나님께서 베푸신 축복에 대해 우리의 삶 전체로 감사하게 하시사 하나님께서 우리에게 찬양을 받으시기 위함이며, 또한 각 사람이 그 열매로 자기 믿음을 확신하며, 또한 우리의 경건한 삶을 통해서 우리 이웃들도 그리스도께로 인도받게 하시기 위함이다.[250]

이러한 감사의 동기로부터의 선행 추구는 그 선행이 참된 믿음에 의한 열매임을 증거 한다. 따라서 마지막 심판은 행위와 연관성을 갖게 된다. 선행이 믿음의 진정성의 표일 때, 행위는 마지막 심판에 관련되지만 그것이 원인은 아닌 것이다.[251] 개핀

---

248 Herman Ridderbos, *Paul: An Outline of His Theology*, 180.
249 Venema, *The Gospel of Free Acceptance in Christ*, 263.
250 *Heidelberg Catechism*, q. & a. 86.
251 Venema, *The Gospel of Free Acceptance in Christ*, 265.

(Richard B. Gaffin)도 이 점을 지적한다.

> 그것들이 믿음을 보완하는 것으로서 하나님의 승인을 이끌어내는 공동의 도구 혹은 협력적
> 인 수단으로 이해되어서는 안 된다. 오히려, 그것들은 그 신앙의 본질적이고 공개적인
> 기준이며, 웨스트민스터 신앙고백서(Westminster Confession of Faith) 16장 2절의 언어
> 를 전용한다면, "참되고 살아있는 신앙의 열매이며 증거들"인 것이다. 로마서 2장 6절에서
> 바울이 근거를 표현할 때에, "행위 때문이" 아니라 "행위에 따라서"로, 또한 수단을 표현하면
> 서 "행위에 의해서"도 아니라고 기록한 것을 지나치게 세련된 주석으로 무익한 것이고
> 따라서 무시해야 한다고 해서는 안 된다는 것이 내 입장이다.[252]

결론적으로 라이트가 최종 심판을 행위에 기초한다고 표현하는 것은 부당하다.
이러한 표현은 갱신적 측면으로서 성화의 열매가 칭의의 원인이 될 수 없다는 성경의
가르침을 훼손하기 때문이다. 라이트의 이중 칭의는 믿음에 의한 현재 칭의가 성령에
이끌린 삶에 기초해 최종 칭의로 완성되어야 한다는 공로신학적 함의를 가지고 있다.
칭의를 갱신적 측면에서 이해하고 행위를 칭의의 근거로 내세우는 것은 인간의 상태를
지나치게 낙관하는 행위요, 절대적인 하나님의 은혜와 주권을 무시하는 태도이다.

(2) 개혁신학의 최종심판: 칭의의 공적 선언(public declaration)

개신교는 칭의를 단회적인 사건으로 보고 최후 심판에서 칭의를 과거 칭의에
대한 공적 선언(public declaration)으로 이해했다.[253] 개핀(Richard Gaffin)도 신자
의 최후 심판을 칭의의 공적 선언으로 이해한다.

> 특히 "실현되었으나 여전히 미래적"이라는 신자들의 부활의 패턴에 대한 바울의 교훈의
> 빛에서 이 생각을 전개해야 한다. 그 빛에서 볼 때, 죽음이 "죄로 인한" 형벌에 속한
> 것이며, 칭의에서 이미 시작된 심판의 전복적인 법적인 결과로서 형벌의 제거가 단 번에
> 모두 발생하지 않고 ① 이미 실현되었으나 ② 여전히 미래적인 것이라는 두 단계를 통하여
> 전개된다는 사실을 관찰하는 것이 공정할 것이다. 상호 관련된 것으로서 법적인 역전환의
> 공개적이고 공공연한 선언, 즉 그들의 육체적인 부활과 최후의 심판과 관련된 분명한

---

252 Gaffin, 『구원이란 무엇인가: 바울과 구원의 서정』, 179-80.
253 최갑종, "바울에 대한 '새 관점'의 접근과 개혁신학: '새 관점,' 무엇이 문제인가?", 26.

선언은 이와 같이 여전히 미래적인 것이다. 그런 의미에서, 신자들은 이미 "믿음으로 말미암아"(by faith) 의롭게 된 것이다. 그러나 그들은 아직 "눈으로 확인할 수 있도록"(by sight) 여전히 칭의 되어야 하는 것이다.[254]

뷰캐넌(James Buchanan)은 믿음에 의한 칭의와 믿음의 진정성을 선언하는 행위에 따른 칭의를 한 칭의의 두 측면으로 구분하였다. 뷰캐넌은 칭의가 "하나의 동일한 칭의"[255]라고 전제한 후, 이 하나의 칭의 안에 두 측면이 존재함을 지적한다. 하나의 칭의 안에 한 측면은 "죄인이 의로운 자로 용인되었을 때, 실제적으로 성취되는 국면"이 있고, 다른 한 측면은 "그것에 대한 보증과 확신을 제공하기 위해 선언되어지고 증거 되어지는 국면"이 있다.[256] 뷰캐넌은 전자를 '사실 칭의'라 칭하고 후자를 '선언적 칭의'라고 칭한다. 뷰캐넌을 따르면, 사실 칭의는 하나님께 용인된 사실 자체를 의미하며, 선언적 칭의는 사실 칭의를 입증하는 열매를 통해 선언되고 증거 되는 국면을 의미한다.

이 실제적인 칭의가 전제되어 있지만, 여기 본문에서는 그들의 선언적 칭의가 특별히 언급되었다. 이 선언적 칭의는 신자 편에서 그 믿음이 살아 있고 일하는 믿음으로 증거 되는 믿음의 실제적인 열매들에 의하여, 그리고 하나님 편에서는 그들의 용인을 증거하는 하나님의 선언에 좌우되는 것으로 제시되어있다. 이 실제적 칭의와 선언적 칭의의 구분은 성경에서 밝히고 있는 마지막 날의 최종심판을 통해 설명될 수 있을 것이다. 전에 한 번 사실적으로 의롭다함을 받지 못했던 불신자들은 결코 이때에도 실제로 선언적인 의롭다함을 받지 못할 것이다. 그러나 마지막 심판의 날에 공개적으로 재판장의 무죄 선고를 받는 모든 신자들은 '선언적'으로 의롭다함을 받을 것이다. 그 누구도 전에 죄를 용서받지 못하고 하나님의 용인을 경험하지 못한 자들은 죽음 이후의 마지막 심판의 날에도 죄를 용서받지 못하고 하나님의 품에 안기지 못할 것이다. 왜냐하면 죽음 이후에는 회개도 용서도 없기 때문이다.[257]

따라서 최종 심판은 시작된 칭의의 진전과 완성으로 최종적으로 받을 칭의를

---

254 Gaffin, 『구원이란 무엇인가: 바울과 구원의 서정』, 162. Cf. *Ibid*, 179.
255 Buchanan, 258-59.
256 Buchanan, 258.
257 Buchanan, 261-62.

의미하지 않는다. 최종 심판 때 칭의의 선언은 이미 의롭게 여김을 받은 자들이 마지막 날에 공개적으로 '복 있는 자'라고 선언되는 것을 의미한다.[258] 최종 심판이 '행위에 따른다'는 말은 행위가 최종 심판의 토대라는 말이 아니라 행위가 믿음의 진정성의 증거로 여겨진다는 의미이다. 그러므로 그것은 그리스도 안에서 용서되고 용납되었음을 공공연하게 선언하는 것을 의미한다. 행위에 따른 심판은 두 번째 칭의가 아니다.[259]

뷰캐넌은 바울의 로마서(3:28)와 야고보의 야고보서(2:24)의 긴장을 이 두 구분을 통해 해결한다. 뷰캐넌에 따르면, 긴장 안에 있는 것처럼 보이는 양 구절은 결코 모순된 진술이 아니다. 뷰캐넌은 바울의 진술은 사실적 칭의에 의거해 제시되며, 야고보의 진술은 선언적 칭의를 의미한다고 주장한다. 야고보는 선언적 칭의를 중심으로 믿음의 열매로서 행위를 강조하기 위해 창세기 22:9-18절을 인용하지만, 바울은 믿음에 의한 칭의를 강조하기 위해 창세기 15:6절에 호소한다. 구약성경 자체가 창세기 15:6절을 통해 아브라함의 사실적 칭의를 언급할 뿐만 아니라, 창세기 22:9-18절을 통해 사실적 칭의를 전제한 아브라함의 선언적 칭의를 가르치고 있는 것이다. 언제나 선언적 칭의는 사실적 칭의를 전제한다. 선언적 칭의는 사실적 칭의의 증거이자 증명이다.[260] 바울은 로마서에서 "어떻게 사람이 하나님과 더불어 화목할 수 있는가 하는 문제"를 다루고 있지만, 야고보는 "진정한 신앙의 본질, 곧 의롭다 하는 믿음의 증거가 무엇인가"를 다루고 있는 것이다.[261] 그런 의미에서 개핀(Richard B. Gaffin)은 복음과 율법의 반제를 인정해야 하지만, 복음은 율법과의 반제를 조장하지 않고[262] 그 반제를 해결하는 역할을 한다. 왜냐하면 하나님의 선택의 목적은 하나님의 형상을 회복하는데 있기 때문이다(롬 8:29). 복음의 본질적 목적 중 하나는 하나님의 형상 회복에 있다.[263] 따라서 율법에 순종하는 삶은 그리스도와의 연합 안에 주어진 구원의 또 다른 한 측면인 것이다. 또한 갱신의 열매들조차 칭의와의 연관성 안에서 하나님께

---

258 Buchanan, 262.
259 Buchanan, 262.
260 Buchanan, 268.
261 Armstrong, "이신칭의: 칭의를 위한 믿음의 충족성", 163.
262 Gaffin, 『구원이란 무엇인가?: 바울과 구원의 서정』, 182.
263 Gaffin, 『구원이란 무엇인가?: 바울과 구원의 서정』, 182-83.

가치 있는 것으로 수용됨도 잊어서는 안 된다. 언제나 신앙의 칭의는 행위와 혼동되지 않지만, 그러나 분리되지 않는다.[264] 이러한 한 칭의의 두 측면의 구분은 두 가지 목적으로 제시된다. 이러한 구분은 첫째는, "죄인의 양심의 즉각적인 구원과 안심을 위해" 그리고 두 번째는 "신자의 행실을 위한 규정"을 위해 필요하며 율법주의나 율법폐기론을 방지하는데 유익한 교리인 것이다.[265]

사실적 칭의와 선언적 칭의의 구분 안에서 우리는 최종 심판이 행위에 토대한 칭의가 아니라는 것을 이해하게 되었다. 물론 이 두 구분은 이중의 칭의가 아닌 하나의 칭의의 두 측면이라는 것도 알게 되었다. 행위에 따른 최종 심판은 결코 라이트의 주장처럼 행위에 원인을 두지 않을뿐더러, 미완성의 초기 칭의에 잇따른 단계로서 이중 칭의를 의미하지도 않는다. 우리는 최종 심판을 행위와 연관 지을 때, 언제나 우리는 *sola fide*(오직 믿음)를 수단으로만 하여 의롭게 됨을 받으며(사실적 칭의) 오직 믿음은 선행의 열매를 통해 그 진정성을 증거 해야 한다는 점(선언적 칭의)을 놓쳐서는 안 된다. 행위는 우리가 진정한 믿음의 수단을 소유하고 있다는 것의 증거요, 믿음은 우리가 그리스도께 연합되었다는 사실의 증거로 역할 한다. 우리의 모든 은택은 그리스도께만 집중한다. 믿음은 그리스도만을 바라보는 수단이요, 행위는 이 수단이 진정한 것임을 증명할 뿐이다.

라이트는 칭의를 이중칭의로 주장하며, 최종 칭의를 행위에 기초한 것으로 제시한다. 따라서 불완전한 행위가 최종적 판결의 원인으로 작용한다. 그는 율법주의라는 비판을 피하기 위해 이 선행이 성령에 이끌린 것이라고 주장하지만, 이러한 발상은 엄중한 하나님의 공의와 그 표현으로서 율법의 요구와 '남은 죄'에 대한 역학 관계를 간과한 결과일 뿐이다. 중생자의 남은 죄를 생각할 때, 갱신적 열매로서 인간의 행위는 칭의의 근거가 될 수 없는 것이다. 이를 고집할 때, 구원은 하나님의 은혜와 인간의 협력(synergism)에 근거한 반(半)-펠라기안주의의 오류에 빠져 들고 만다. 라이트의 견해는 이러한 혐의로부터 벗어날 수 없다.

---

264 Gaffin, 『구원이란 무엇인가?: 바울과 구원의 서정』, 186.
265 Buchanan, 262-63.

(3) 개혁신학의 단일한 칭의의 현재와 미래의 두 측면

① 칭의의 단회성과 완전성

우리는 이중 칭의를 주장하는 라이트를 향하여 두 가지 문제를 제기할 수 있다. 첫째는 칭의는 두 개의 단계를 갖지 않는 단일하고 단회적인 칭의이다. 둘째, 행위에 따른 최종 심판은 한 칭의의 미래적 측면이지 칭의의 두 번째 단계가 아니다. 우리는 칭의가 마치 미완성의 상태에서 완성의 상태로 진전되는 과정으로 보아서는 안 된다. 그러나 칭의는 미래적 측면을 분명히 갖는다. 셋째, 칭의는 철저히 법정적인 정황과 토대 위에 제시된다. 칭의는 갱신적 정황과 토대 위에 제시되지 않는다. 언제나 갱신적 측면은 믿음의 진정성을 증거하며 법정적 측면의 토대 위에 하나님께 수용된다. 우리는 인간의 남은 죄를 구원의 갱신적 측면에 있어 고려해야 한다.

우선 첫 번째 사항을 다루어 보도록 하자. 성경과 건전한 교리의 역사적 진술들은 칭의가 단일한 것이며 단번에 주어진 것임을 증거 한다.

> 하나님께서는 의롭게 된 자들의 죄를 계속하여 용서하신다. 비록 그들이 결코 칭의의 상태로부터 타락할 수 없지만, 그들은 그들의 죄로 말미암아 하나님의 부성적인 노(怒)를 살 수 있게 되며, 그들이 자신들을 낮추어, 그들의 죄를 고백하고, 용서를 구하며, 그들이 믿음과 회개를 새롭게 하기 전까지는 그들은 그들을 향한 그분의 얼굴빛을 보지 못한다.[266]

웨스트민스터 신앙고백서 11장 5항은 신자들의 불완전함에도 불구하고 주어진 칭의가 취소되지 않음을 표현하고 있다. 또한 그 칭의는 지속적으로 유지된다. 회심 이후 범죄의 결과는 연합을 취소시키는 것이 아니라 징계의 성격을 가진다. 그러므로 고백서는 "부성적인 노(怒)"라는 표현을 사용한다. 따라서 베네마(Cornelis P. Venema)와 더글라스 무(Douglas Moo)는 이 고백서의 칭의가 "단번의 법정적 행위"[267] 혹은 "단회적인 선포적 행위"[268]를 나타낸다고 주장한다. 하이델베르

---

[266] *Westminster Confession of Faith*, XI. 5.

[267] Venema, *The Gospel of Free Acceptance in Christ*, 261.

[268] D. J. Moo, Romans 1-8, *The Wycliffe Exegetica Commentary*, (Chicage: Moody Press, 1991), 306. Eveson, 117에서 재인용.

그 요리문답은 칭의의 단회성의 근거를 그리스도의 속죄의 단회성과 완전성에서 찾는다.

52문. 그리스도께서 오셔서 산 자들과 죽은 자들을 심판하실 것이라는 말은 당신에게 어떤 위로를 주는가?

답. 온갖 슬픔과 박해 중에서도, 전에 나를 위하여 하나님의 심판대 앞에 자기 자신을 드리셨고, 그리하여 내게서 모든 저주를 제거하신 바로 그분께서 하늘로부터 심판자로서 임하시기를 머리를 들어 기다린다. 그는 그와 나의 모든 원수들을 영원한 정죄에로 던지실 것이며, 그의 택하심을 받은 모든 자들과 함께 나를 그에게로 취하여 가사 하늘의 기쁨과 영광을 누리게 하시리라는 것이다.[269]

우르시누스(Zacharias Ursinus)는 이 52문과 답을 해설하면서, 마지막 심판이 신자에게는 두려움의 대상이 아니라 위로의 대상이 된다고 지적한다. 그는 마지막 심판에서 위로의 근거를 그리스도의 속죄 사역에 둔다. 신자가 마지막 심판에 대하여 위로를 가질 수 있는 근거와 토대는 그리스도의 의(義)의 전가에 있다. 신자는 자신의 불완전한 의(義)에 대해 소망이 없지만, 우리를 위해 의(義)를 얻어서 전가하시는 그리스도에게만 소망이 있는 것이다.[270] 무엇보다 중요한 사실은 최종 심판의 위로와 소망의 토대로서 그리스도의 의(義)의 전가는 바로 지금 우리가 소유한바 된 것이지 미래에 이루어질 일이 아니다. 우리는 신자의 최종 심판의 긍정적 판결이 그리스도의 속죄에 토대된다고 말할 때, 두 가지 사항을 견고히 붙들어야 한다. 첫째는 그리스도의 속죄의 완전성이요, 둘째는 그리스도의 속죄가 단번에 이루어진 성취라는 것이다. 이러한 속죄의 완전성과 결정성으로 인해 현재 우리가 받은 칭의는 최종 칭의와 다른 것이 아니며, 하나의 완전한 칭의인 것이다.

미완성의 상태에서 완성의 상태로 나아가는 이중 칭의는 그리스도의 속죄의 가치와 완전성을 훼손한다. 라이트의 이중 칭의의 심각한 문제는 여기에 있는 것이다. 라이트의 믿음은 그리스도를 지향하지 않는다. 그의 칭의는 언제나 하나님과 인간의

---

[269] *Heidelberg Catechism*, q. & a. 52.

[270] Ursinus, *The Commentary of Dr. Zacharias Ursinus*, 269.

공로를 내다본다. 그러나 성경과 개혁신학의 역사적 진술은 이러한 일체의 왜곡을 허용하지 않는다. 성경과 개혁신학이 주장하는 믿음은 오로지 그리스도만을 바라본다. 우리의 소망과 위로는 그리스도의 완전한 사역에 놓인다..[271] 조나단 에드워즈 (Jonathan Edwards)도 칭의의 완전성에 주목한다. 그는 현재의 칭의가 미래적 측면들을 이미 포함하고 있다고 주장한다.

이와 같은 사실, 곧 죄인이 회심할 때 이루어지는 결정적인 칭의 행위에서 하나님께서는 믿음 안에서의 견인과 믿음의 장래 행위들을 믿음의 첫 행위 안에 사실상 내포되어 있는 것으로 간주하신다는 것은 다음과 같은 사실을 통해서 더 명확해집니다.

즉, 죄인이 회심할 때 이루어지는 칭의 안에는 죄인이 영원토록 받아 마땅한 형벌과 관련하여 죄 사함이 사실상 내포되어 있는데, 죄인이 회심할 때 이루어지는 첫 칭의는 결정적이고 완전한 칭의이기 때문에, 이 죄 사함은 과거의 모든 죄에 대한 용서뿐만 아니라 장차 범하게 될 모든 죄와 허물에 대한 용서까지도 포괄하는 죄 사함이라는 것입니다. 이러한 사실을 볼 때, 하나님께서는 맨 처음 칭의 행위 안에서 믿음의 견인을 믿음의 첫 행위 안에 사실상 내포되어 있는 것으로 간주하시는 것이 분명합니다.[272]

튜레틴(Francis Turretin)도 "속죄의 완전함에 관한 우리의 견해를 확증해 주는 두 번째 증거는 그리스도께서 단 한번만 제사를 드리셨다는 사실이다"[273]고 주장한다. 그리스도의 속죄는 하나님의 엄중한 공의와 율법의 요구를 완전하게 단 번에 만족시키신 사역이다. 따라서 칭의는 언제나 완전하고 단 번에 이루신 그리스도의 속죄에 의존한다. 따라서 객관적이고 역사적인 구속의 사실이 완전하고 최종적인 의미를 가질 때, 그 속죄의 적용과 효과에 있어서도 완전하고 최종적인 성격을 갖는다.[274] 따라서 튜레틴은 속죄의 완전성을 칭의의 완전성에 연결시킨다. "또한 그리스도의 속죄 때문에 신자들의 칭의 역시 완전하고, 때가 차면 그들은 완전히 영화롭게 될 것이기 때문이다."[275]

---

271 Murray, 『구속론』, 65-66.
272 Jonathan Edwards, 『기독교 중심: 이신칭의 · 은혜론』, 이태복 역 (서울: 개혁된신앙사, 2002), 187-88.
273 Turrettin, 『개혁주의 속죄론: 그리스도의 속죄』, 95.
274 Turrettin, 『개혁주의 속죄론: 그리스도의 속죄』, 96-97.
275 Turrettin, 『개혁주의 속죄론: 그리스도의 속죄』, 99.

그러나 칭의의 완전성에 대한 주장이 칭의의 미래적인 측면을 배제하는 것은 아니다. "물론, 심판의 날에 하나님의 선택의 마지막 정당성 입증이 존재한다. 그러나 칭의 교리의 요점은 이러한 종말론적 평결이 이미 현재에 주어졌다고 말하는 것이다. 두 가지 평결이 존재하지 않는다."[276]

② 칭의의 미래의 공적 선언의 측면

로마서 5:9-10절은 칭의의 현재적 측면과 미래적 측면을 모두 함의한다. 사도 바울은 "이제"(νῦν) 이미 이루어진 칭의를 "구원을 받을 것이니라"라는 구원의 완전한 성취에 연관시킨다. 왜냐하면 우리가 이미 받은 칭의, 사실적 칭의는 완전하지만, 칭의의 도구인 믿음의 진정성의 표로서 성화는 아직 불완전하여 영화의 때 완전해질 것이기 때문이다. 칭의는 완전하지만, 칭의의 도구인 믿음의 열매는 불완전하다. 따라서 칭의보다 넓은 구원에 속한 성화가 완전해 질 때, 이 영화가 더 완전한 믿음의 진정성의 표로서 그들의 칭의를 선언하게 될 것이다. 이미 받은 사실 칭의는 완전하지만, 아직 완성되지 않은 구원의 국면이 칭의와 역학관계를 가지고 있다. 우리는, 선언적 칭의가 실현된 종말과 실현될 종말론 사이에서 갖는 의미의 차이를 이해할 필요가 있다.. 칭의는 이분되지 않지만, 구원의 두 측면, 즉 이미-아직(already, not yet)의 긴장 속에서 단일한 칭의는 선언적 칭의의 측면에서 두 가지 의미를 갖게 된다. 구원은 칭의 보다 큰 개념이다. 따라서 구원의 종말론적 양상, 실현된 종말론과 성취될 종말론 사이에서 칭의는 두 측면으로 이해되는 것이다. 주어진 본문으로 돌아가서 성경이 제시하는 진리를 확인하도록 하자.

그러면 이제[νῦν, now] 우리가 그의 피로 말미암아 의롭다 하심을 받았으니 [δικαιωθέντες, having been justified] 더욱 그로 말미암아 진노하심에서 구원을 받을 것이니[σωθησόμεθα, we shall be saved] 곧 우리가 원수 되었을 때에 그의 아들의 죽으심으로 말미암아 하나님과 화목하게 되었은즉 화목하게 된 자로서는 더욱 그의 살아나심으로 말미암아 구원을 받을 것이니라[σωθησόμεθα, we shall

276 Horton, "Which Covenant Theology?," 222.

be saved](롬 5:9-10).

로마서 5:9절에서 바울은 νῦν(이제)과 δικαιωθέντες(having been justified)를
사용하므로 신자가 지금 칭의를 받았다고 진술한다. 칭의는 지금 받은 것이다. 본문은
라이트처럼 두 번째 칭의를 말하지 않는다. 칭의는 지금 성취된 실재이다.[277] 그러나
9절은 지금 받은 칭의를 구원의 미래적 측면과 연관시킨다. 현재 의롭다 함을 받았기에
미래에 구원을 받을 것이다(σωθησόμεθα, we shall be saved). 10절 역시 칭의를
통해 화목 된 현재의 실재를 설명하고 나서, 바울은 그 현재적 사실 때문에 미래에
구원을 받을 것(σωθησόμεθα, we shall be saved)이라고 주장한다. 그러나 현재의
정황을 미래의 정황에 연결시킬 때, 바울이 사용한 단어를 주목할 필요가 있다.
그는 현재의 칭의를 "의롭다 하심을 받았다"(δικαιωθέντες, having been justified)
는 칭의의 언어를 사용하고 있는 반면, 미래적 정황은 칭의가 아닌 "구원을 받을
것이니라"(σωθησόμεθα, we shall be saved)라는 구원 자체를 의미하는 단어를
사용하고 있는 것이다. 최종 심판에서 보여 지는 칭의의 미래적 성격은 현재 칭의와
미래 칭의라는 두 단계를 의미하지 않고, 동일한 칭의의 두 측면으로 이해된다.
칭의의 미래적 측면은 칭의 자체보다 더 큰 측면으로서 구원 전체의 완성이라는
정황에서 해석되는 것이다. 종말에 "칭의 자체보다 더욱 더 위대한 한 호의가 앞으로
올 종말론적 구원 안에서 그리스도인들에게 나타날 것이다." 그리고 "칭의는 구원에
종속된다. 그리고 후자는 여전히 완성되어야 할 것이나 그것이 충만히 표현되어야
할 어떤 것으로 간주된다(10:9, 13; 11:14, 26). 그러나 그 완성은 보증된다."[278]
달리 표현하면, 칭의는 완전한 것이고 이미 단번에 받은 것이지만, 아직 겉 사람의
구속을 기다리는 정황에서 칭의의 공적 선언을 언급하는 것과 완전한 구원의 성취
안에서 칭의의 공적 선언을 논하는 것은 차이가 존재한다. 즉, 여기서 차이가 존재한다
는 말의 의미는, 칭의는 단번에 완전한 하나의 칭의가 존재하지만, 칭의의 도구인

---

[277] *Justification, Report of the Committee to Study the Doctrine of Justification*, by the Seventy-third General
Assembly of the Orthodoxy Presbyterian Church, 52.

[278] Joseph A. Fitzmeyer, *Romans*, AB (New York: Doubleday, 1992), 400, *Justification, Report of the Committee
to Study the Doctrine of Justification*, by the Seventy-third General Assembly of the Orthodoxy Presbyterian Church,
52-53에서 재인용.

믿음의 진정을 증거 하는 성도의 상태가 성화의 노상(路上)과 그 종말론적 완성에 있어 차이가 난다는 의미이다. 이 땅에서는 불완전한 믿음의 진정성의 표를 갖지만, 부활의 때에는 성도가 완전케 되어 더 영광스러운 믿음의 진정성의 표로 칭의의 공적 선언을 받게 된다는 의미이다. 우리는 이 땅에서 아직 남은 죄를 안고 있으며, 아직 겉 사람의 구속을 기다리고 있는 상태인 것이다. 그러나 행위가 믿음의 진정성을 증거 하며, 믿음의 존재를 밖으로 현시하는 것처럼, 종말에는 이것이 완전하여져서 **완전한 현시**로 우리가 의롭다는 것을 나타낼 것이다. 칭의는 법정적 평결로서 단번에 받은 것이지만, 칭의의 현시는 부활의 때 절정에 이른다. 최종 심판은 그러한 의미에서 부활을 덧입은 신자들을 향한 **공공연한 혹은 공적 선언**(public declaration)인 것이다. 그러나 현재 우리는 불완전한 겉 사람 안에 있으며, 부활은 미래의 일이다. 개핀(Richard B. Gaffin)에 따르면, 그리스도의 부활 자체가 법정적 성격을 갖는다.

> ...그 순종에 근거하여 하나님께서 그리스도를 의롭다(고전 1:30)고 선언하시는 "사실상"의 선언적 승인이 부활이라는 의미에서, 그리스도의 부활은 그 자신을 칭의하는 것이다. 사건으로서 그의 부활은 법적인 방식으로 "말한다"고 해야 할 것이다.[279]

부활은 그리스도의 의(義)에 근거하여 그리스도를 의롭다고 옹호하는 것이다. 튜레틴(Francis Turretin)도 그리스도의 부활을 그의 속죄 사역의 완전성에 대한 승인으로 이해한다. 속죄가 완전하지 못했다면, 그리고 그의 속죄가 하나님의 공의를 완전히 만족시키지 못했다면, 그리스도는 죽음에서 부활할 수 없었을 것이라고 진술한다.[280] 그리스도의 부활은 자신의 칭의를 의미하지만, 신자들의 부활은, 그들이 그리스도 부활의 연합 안에 참여하고 있음을 현시하는 사건이 될 것이다. 그런 의미에서 신자들에게도 부활은 법정적 측면을 갖는다. 그리스도의 부활은 신자들의 부활의 첫 열매(고전 15:20, 23)로서 그와 연합 안에 신자의 미래 부활을 확증하지만, 그 완전한 현시는 미래에 속한 것이다. 현재는 내주하신 성령께서 그리스도의 역사적 부활을 근거로 우리의 미래 부활을 우리 안에서 증거 하시는 것이다. 성령은 우리에게

---

279 Gaffin, 『구원이란 무엇인가: 바울과 구원의 서정』, 156.
280 Turrettin, 『개혁주의 속죄론: 그리스도의 속죄』, 95-96.

종말적 구원의 보증(보증금, NIV에서는 deposit 혹은 KJV에서는 earnest)으로 내주하신다(고후 5:5). 우리의 겉 사람은 아직 부활의 완전한 현시를 기다리고 있는 것이다. 따라서 선언적 칭의의 현재적 측면은 완전한 현시와는 차이가 있다. 그러나 최종 심판이라는 미래적 측면에서 칭의의 현시는 완전하게 나타날 것이다. 따라서 개핀은 의미 있는 말을 우리에게 전한다. "**그런 의미에서, 신자들은 이미 '믿음으로 말미암아'(by faith) 의롭게 된 것이다. 그러나 그들은 아직 '눈으로 확인할 수 있도록'(by sight) 여전히 칭의되어야 하는 것이다.**"[281] 개핀은 언제나 칭의를 단일한 것으로 이야기하지만, 단일한 칭의가 종말론적 정황 안에서 두 측면으로 고려되어야 함도 잊지 않는다.[282]

개혁신학은 단일한 칭의를 사실적 칭의와 선언적 칭의로 나누며 종말론적 정황 안에서 선언적 칭의의 현재적 측면과 미래적 측면의 차이를 가르친다. 따라서 공동체 안에 속하여 신자의 자격을 얻은 후(현재 칭의) 성령을 따라 행위의 공적을 쌓아 최종 칭의에 이르는 라이트의 칭의는 성경과 개혁신학 안에서 허용될 수 없다. 라이트 식의 칭의는 공로주의를 끌어들인다. 아무리 칭의에 미래적 측면이 있다하나 칭의는 언제나 하나이며, 오히려 칭의의 미래적 측면은 현재적 측면에 종속되어있다. 로마서 5:9-10절을 주석하면서, 크랜필드(C. E. B. Cranfield)는 칭의의 현재적 측면을 "어려운 일"로 묘사하고 최종 심판에서의 미래적 측면을 "비교적 쉬운 일"이라 표현한다.[283] 크랜필드의 이러한 표현은 칭의의 미래적 측면이 칭의의 현재적 측면에 종속된 것임을 입증하는 좋은 일례인 것이다. 최종 심판에서 의롭다고 선언하는 것은 이미 의로운 자에 대한 선언이기 때문이다.

라이트에 따르면, 칭의의 확정은 미래에 놓여있다. 믿음의 칭의는 언약 안에 있음을 평결할 뿐, 구원의 확실성을 제공하지 않는다. 그에게 구원의 초점은 성령을 따른 삶 전체에 기초한 미래적 칭의의 평결에 놓인다. 구원의 유효성은 미래에 있는 것이다. 라이트에게 있어 현재 칭의는 "비교적 작은 일"에 속하고 미래 칭의는 "어려운 일"로 여겨지는 듯싶다. 크랜필드가 "어려운 일"이라 표현한 말의 의미는 칭의의 두 측면에

---

281 Gaffin, 『구원이란 무엇인가: 바울과 구원의 서정』, 162.
282 Gaffin, 『구원이란 무엇인가: 바울과 구원의 서정』, 154-155.
283 C. E. B. Cranfield, 『로마서 주석』, 이용주, 문선희 역 (서울: 도서출판 로고스, 2003), 173.

있어 현재 칭의의 측면의 완전성을 강조한 말일 뿐이다. 칭의의 원인은 하나님께 속한 것이며, 인간은 은혜로 부여받은 수단, 믿음을 통해 그것을 누릴 뿐이다. 우리는 칭의의 미래적 측면에도 불구하고 칭의의 단일성과 현재적 측면의 완전성을 놓치지 말아야 한다. 부활 시에 칭의의 완전한 현시 안에 공적 선언(public declaration)의 칭의가 있을 것이지만, 믿음에 의한 칭의의 현재적 측면의 완전성은 언제나 강조되어야 한다. 우리는 그 근거를 다음과 같은 사항 안에서 붙들 수 있다.

첫째, 칭의의 근거는 언제나 현재적 측면이든 미래적 측면이든 믿음에 의해 전가되는 그리스도의 의(義)에 토대한다.

둘째, 칭의의 현재적 측면이 완전성 안에서 성도에게 적용됨은 그리스도의 중보가 현재적인 것이기 때문이다. 웨스트민스터 신앙고백 11장 5절에 따르면, 신자는 "결코 칭의의 상태로부터 타락"할 수 없다.[284] 이러한 고백은 로마서 8:33-34절의 진술과 연관된다. 본문에서 제시된 하나님의 사랑과 보호는 법정적인 정황에서 언급된다. 하나님께서 신자들을 사랑하여 행하시는 일의 골자는 누구도 신자를 '정죄'하지 못하게 하는 것이다. 즉 하나님의 사랑은 '정죄'로부터 신자를 보호하시는 것이다. 그 보호는 '정죄'의 반대로서 '칭의'가 될 것이다. 신자를 의롭다 하시며 그것을 취소하지 않으시는 하나님의 행위 안에 칭의의 지속성이 있는 것이다. 한 번 칭의를 받은 자들은 영원히 하나님의 칭의의 은혜 안에 거한다. 그렇다면 하나님께서 그렇게 하시는 이유와 근거는 무엇인가? 본문에서 바울은 두 측면을 이야기 한다. 지속된 칭의의 근거는 한편으로는 그리스도의 대리적 형벌로서 죽음이며, 다른 한편으로는 그의 부활과 승귀의 신분 안에서 우리를 위한 중보이다. 개핀은 이 점을 통찰한다.

> 달리 말하여, 그의 대속의 죽음에서 정점에 도달한 그리스도의 순종은 신자들의 칭의를 근거 짓는 바로 그 의인 것이다.
> 그러나 여기서 바울은 그의 죽음으로 끝맺지 않는다. 우리의 칭의와 관련한 그리스도의 사역이라는 문제에서, 그는 그리스도의 죽음과 함께 마침표를 찍지 않는다. "그것 이상으로" 그는 계속 진행한다. 과거의 결정적인 사실로서 그리스도의 죽음을 넘어서는 것이 우리의 칭의에 통합적인 것인가? 혹은 심지어 우리의 칭의에 그 이상의 것이 꼭 필요한 것인가?

---

[284] *Westminster Confession of Faith*, XI. '5.

"그렇다"는 것이 그 대답일 것으로 보인다. 왜냐하면, 부활과 그에 뒤따르는 지속적인 결과를 바울이 계속하여 언급하고 있기 때문이다. 그는 독자들에게 그의 강조점이 현실적으로 무엇인지를 보게 한다. 그것은 하나님의 오른편에 "우리를 위하여" 부활하신 그리스도께서 계속하여 중보적 현존으로 계신다는 사실이다.

바울에게 있어서 칭의는 이 계속되는 중보적 현존과 묶여 있다. 우리로 하여금 "칭의의 상태에" 무오하게 남아 있게 하기 위해서, 그리스도 안에 있는 하나님의 사랑에서 분리되지 않게 하기 위해서, 심지어 미래에 있을 죽음에서 조차도(38-39절) 이 계속되는 그리고 실패하지 않는 중보에 의존하도록 하신 것이다.[285]

그리스도께서 지금 우리를 중보하시기에, 우리가 정죄 아래 놓이지 않고 주께서 주신 칭의가 유효하게 지속된다. 칭의는 라이트의 견해처럼 미래 칭의를 향해 진전되고 성취되는 과정이 아니다. 칭의는 이미 의롭게 된 자들의 칭의가 그리스도의 중보를 통해 지속되고 유효하게 되는 것이다.

따라서 칭의의 완전성과 결정성은 그리스도의 속죄 사역과 중보에 근거한다. 성경은 라이트와 같은 이중 칭의를 언급하지 않는다. 라이트의 이중 칭의는 그리스도의 사역의 완전성을 훼손할 뿐만 아니라 행위에 기초한 최종 칭의를 주장하므로 구원에 공로사상을 끌어들인다. 그러나 성경과 건전한 교리는 칭의의 원인을 결코 인간에게 돌린 적이 없다.[286] 라이트에게 있어 가장 큰 오류는 칭의를 두 단계로 나누고, 최종 칭의를 갱신적 정황 안에 있는 행위에 기초한 것으로 만든 것이다. 라이트에게 있어 행위는 성령을 따른 삶 전체로서 최종 칭의의 공로적 원인으로 제시된다. 하나님과 협력하는 신자의 행위가 최종 칭의의 토대로 작용하는 것이다. 우리는 그에게 물어야 한다. 남은 죄를 지닌, 신자의 행위가 하나님의 완전하고 엄중한 공의와 율법의 요구를 만족시킬 수 있는지? 또한 오직 칭의의 공로적 원인으로서 그리스도의 의(義)의 왕좌(王座)를 인간의 행위가 공유할 수 있는지?

---

285 Gaffin, 『구원이란 무엇인가: 바울과 구원의 서정』, 193-194.

286 Calvin, *Institutes*, XXX. xiv. 17. 칼빈은 구원의 원인을 철학적 용어를 통해 요약해 준다. 구원의 원인의 구분된 제시는 구원의 원인에 행위가 끼어들 수 없음을 시사한다. 첫째, 동력인(efficient cause)은 하나님 아버지의 거저주시는 사랑이다(롬 3:23-24; 엡 1:6). 둘째는 질료인(material cause)인데, 이는 그리스도와 그의 속죄 사역을 포함한다(롬 3:24, 25). 우리는 이 원인을 공로적 원인(meritorious cause)라고 부른다. 세 번째 원인은 형상인(formal cause)으로서 믿음을 의미한다(요 3:16). 이 원인은 도구적 원인(instrumental cause)라고 불린다. 그리고 마지막으로 목적인(final cause)은 하나님의 공의를 나타내고 하나님의 인애를 찬양하는 것이다(엡 1:3-14).

E 결론적 요약

이로써 우리는 라이트의 칭의론과 관련된 각 주제들을 개혁주의 주해와 신학적 구조 아래 비교하고 비평하는 작업을 마치었다. 이를 통해 개혁주의 칭의론의 진술이 라이트의 그것과 이질적인 것이라는 사실을 우리는 발견하게 된다. 칭의론 분석을 통해 우리가 도달한 결론은 언약적 율법주의에 근거한 라이트의 이중 칭의가 반(半)-펠라기안주의적 경향을 다분히 갖는다는 것이다. 그들이 은혜의 종교로 제시한 언약적 율법주의는 믿음으로 언약 공동체 회원 자격을 얻어 성령과의 협력으로 비롯된 행위를 통해 최종 구원에 이르는 체계를 가르친다. 언약적 율법주의를 통해 요구되는 조건성은 명백히 최종 심판의 원인과 토대로 역할 한다.

2. 라이트의 언약의 조건성에 대한 비평

이제 위와 같은 문제성을 지닌 라이트의 칭의론이 그의 언약 체계를 통해 어떻게 조종되는지를 밝힐 차례이다. 이는 그의 해석학적 틀을 살피는 작업이요, 그의 칭의론의 전제와 방법론을 살피는 작업이 될 것이다. 이 작업은 개혁주의 언약신학의 언약 이해와 체계를 라이트의 그것과 비교함으로 진행될 것이다. 이 장에서 우리는, 양진영의 언약 이해가 어떻게 칭의론을 해석하는 틀과 도구로서 역할 하는 지 살필 것이다. 그리고 양진영의 언약관이 어떻게 서로 다른 칭의 해석으로 귀결되는지 고찰할 것이다. 이러한 작업은 왜 라이트의 이중 칭의가 공로신학으로 전락하며, 언약적 율법주의에서 제시되는 조건성이 은혜 언약에서 제시되는 조건성과 상반된 것인지를 밝혀 줄 것이다. 이 장에서의 양진영의 언약 분석과 비교는 해석학적 입장에서 다루어질 것이다.

따라서 이장의 목적은 칭의에 있어 율법과 복음의 대조의 근거로서 제시되는 행위 언약과 은혜 언약, 율법 언약과 약속 언약의 구분을 새 관점의 단일언약주의와 비교하고 논평하는데 있다. 이러한 비교를 통해 우리는, 언약의 구분이 영생을 위한 순종과 영생을 위한 믿음의 두 가지 길을 지시하지만, 단일언약주의는 은혜와 순종을 통합하고 상호 의존하게 만드는 구조라는 것을 이해하게 될 것이다. 우리는 양 언약구조를 비교, 평가하는 과정에서 언약적 율법주의를 은혜의 종교라고 규정하는 것은 허구임을 인식하게 될 것이다. 이러한 공로신학적 경향은 언약의 구분 안에 율법과 복음의 대조를 부인하는 단일언약주의로부터 발생한다는 점을 주시해야 한다. 먼저 새 관점의 단일언약주의를 살핀 후, 개혁신학의 언약 구조를 비교, 평가하도록 하자.

A. 새 관점의 단일언약(mono-covenant)

앞에서 살펴봤듯이, 라이트(N. T. Wright)는 언약에 대한 특별한 애정과 열정을 가진 신학자로 인식된다. 라이트는 The Climax of the Covenant에서 언약에 대한 그의 관심을 표명한다.

> 전체 표제가 보통 무시되는 언약신학이 바울을 이해하는 것에 있어 주요 실마리들(main clues) 가운데 하나라는 나의 증대되는 확신을 반영한다. 그리고 이 책에서 논의된 그의 많은 저작들 안에 여러 요점들에 있어, 그가 예수님에 대하여 그리고 율법에 대하여 언급한 것이, 이스라엘의 하나님의 목적이 예수님의 죽음과 부활의 사건들 안에서 그것들의 절정적 순간에 이르렀다는 그의 믿음을 반영한다.[287]

심지어 라이트는 바울을 언약신학자라고 명명하기도 한다. 우리는 라이트가 언약신학의 중요성을 부각시키고 강조한 것에 찬사를 보낼 수 있다. 그러나 라이트에 대한 우려는 계속된다. 이러한 우려의 근본적인 이유는, 그가 언약에 대해 오랜 세월 축적되어온 언약신학자들의 문헌들을 알지 못한다는데 있다. 그는 이 사실을 스스로 인정하고 있다. "많은 신약 학자들과 마찬가지로, 나는 거의 몇 몇 교부들과 종교개혁자들의 바울의 주석에 대해 많이 무지하다. 중세와 17세기 그리고 18세기는 바울에 관하여 많은 말을 하지만, 나는 그것을 읽지 못했다."[288] 그는 16-17세기 언약신학을 알지 못하는 상황에서 역사적 신학의 유산들을 폐기하려 든다. "어떤 16세기-그리고

---

[287] Wright, *The Climax of the Covenant: Christ and the Law in Pauline Theology* (Edinburgh: T&T Clark, 1991), xi.

[288] Wright, *Paul: in Fresh Perspective*, 13.

17세기 논의들-를 통해 유명하게 된 그 단어의 의미에서가 아니라 1세기 유대주의 의미 안에서. 바울이 칭의에 대하여 말할 때, 그는 제2성전 기 유대주의의 사상의 전 세계 내에서 수행하고 있다."[289] 라이트의 두 진술 안에서 우리가 발견하는 바는, 그가 스스로 무너뜨리려 하는 주된 논쟁 대상을 검토하지 않은 채 반대하고 있다는 사실이다. 그는 개혁주의 언약신학을 읽지 않았다. 그는 오직 성경과 그에 대한 믿음을 신학의 원리로 삼아 정립된 16-17세기 언약신학을 폐기하고 1세기 유대주의 (성경이 아닌)를 신학원리와 방법론으로 삼았다. 많은 문제가 발견된다. 그가 1세기 유대주의를 신학의 원리로 삼고 성경만을 근거 삼아 언약을 해설한 개혁주의를 비판할 때, 그는 성경과 성경을 토대로 정립된 성경의 진리 해설들을 모두 폐기 하고 있는 것이다. 더 큰 문제는 그가 자신이 그토록 폐기하려고 애쓰는 그 대상에 대해 읽지 않았다는 사실이다. 라이트의 주장을 주의 깊게 살필 때, 라이트가 종교개혁과 개혁주의에 대하여 제기하는 문제들이 실제와 몹시 다르고 왜곡되었다는 사실을 발견하게 될 것이다. 그러므로 그의 문헌을 잘 살펴보라. 그러면 우리는, 라이트가 개혁주의 언약신학을 폐기하자고 제안하지만 그러한 폐기의 근거를 제시하고 있지 못하고 있다는 사실을 발견하게 될 것이다. 왜냐하면 그는 16-17세기 언약신학에 대해 침묵하고 있기 때문이다. 그는 논박 대상의 문헌을 거의 인용하지 않고 있다. 비판 대상에 대한 신학적 분석 없이 날카로운 매스를 들여 대고 있는 것이다. 라이트는 물론이고 새 관점의 주도적인 저서들을 살펴보라. 종교개혁과 개혁주의 신학을 극단적으로 반대하는 그들의 책에서 종교개혁과 개혁주의의 문헌은 거의 인용되지 않는다. 혹시 과거의 신학이 언급되는 곳이 있다면, 그것은 현대신학자들의 평가를 거친, 과거에 대한 현대의 이해 정도로 제한된다. 그는 왜 개혁신학을 폐기하여야 하는지 근거를 제시하지 않은 채 개혁신학의 집을 허물고자 한다.

이 장에서 필자가 논증하고자 하는 것은 라이트가 정당한 검토와 이해 없이 반대하고 있는 칭의와 연관된 개혁주의 언약신학의 구조를 드러내는 것이다. 특별히 칭의의 근거와 관련하여 율법과 복음의 대조와 관련된 언약의 구분을 해설하므로, 이러한 언약의 구분들이 갖는 상호 연관성을 설명하고자 한다. 이러한 개혁주의 언약신학

---

[289] Wright, *What Saint Paul Reallly Said*, 117.

구조의 해설을 통해 라이트와의 차이점을 드러내므로, 필자는 언약적 율법주의가 은혜의 종교라고 규정한 새 관점 신학의 모순성을 드러내고자 한다.

라이트와 두 명의 새 관점 신학자들의 언약관을 분석할 때, 이들에게서 언약에 대한 이해의 특징이 발견된다. 그리고 이러한 특징이 신학적 문제를 일으킨다. 이들의 반(半) 펠라가우스주의적 율법주의는 행위 언약과 은혜 언약의 구분을 부정하는 그들의 단일언약주의(monocovenantalism)와 무관하지 않다. 그렇다면, 단일언약주의의 귀착점은 어디일까? 단일언약은 행위 언약과 은혜 언약 그리고 율법 언약과 약속의 언약의 구분을 부인하므로 율법과 복음의 대조를 불가능하게 만든다. 그들의 언약관은 칭의의 원인에 관련하여 율법과 은혜를 혼합한다.   언약적 율법주의에서 보상과 위협은 구원과 영원한 형벌(유기)로 제시된다. 신자에게 있어, 순종의 정도에 따라 영원한 형벌에 처해질 수도 있는 언약의 위협은 개혁주의의 행위 언약에서나 발견될 수 있는 개념인 것이다. 그들은 행위 언약과 은혜 언약, 율법 언약과 약속 언약의 구분아래 제시된 개혁주의의 복음과 율법의 첨예한 대조를 부인한다.   오히려 이 모든 구분을 철폐하고 모든 것을 통합한다. 문제는 칭의에서 발생한다. 이들에게서 칭의는 복음과 율법의 협력을 통한 것이지만, 두 개념 사이에 대립은 성립하지 않는다. 이들에게 구원은 시작된 은혜와 이후 성도의 협력을 통해 완성되는 과정일 뿐이다.

실제로 라이트의 언약관을 분석해 보면, 그는 모든 언약을 언약적 율법주의 안에 통합한다. 라이트에게 행위 언약과 은혜 언약의 구분은 보이지 않는다. 오히려 이 두 언약이 통합된 형태로 제시된다. 앞에서 살폈듯, 라이트는 언약을 창조언약 구조 안에서 통합하였다. 그는 개혁주의에서처럼 타락 전 그리고 타락 후 언약을 구분하지 않는다. 모든 언약은 창조에 끼어든 타락의 해결 안에 통일된다. 아브라함의 언약은 타락 전 언약에 대한 구분된 해설 없이 제시된다. 즉 아브라함의 언약은 타락 전 행위 언약과의 대조 없이 제시된다. 그리고 언약적 율법주의 종교 패턴을 따라 언약의 입문은 은혜로 그리고 언약에 머무름의 성패는 순종의 정도로 제시된다. 아브라함의 믿음은 하나님에 대한 신실성과 동의어로 정의된다.

라이트나 던(James D. G. Dunn)의 해설에 있어 아브라함은 믿음의 조상이라기보다는 순종 성취의 조상인 것으로 보인다. 던을 따르면, 아브라함의 정체성은 부름 받아 언약 백성이 된 후 율법의 성취를 통해 머무름에 모범을 보인자로 비추어 진다. 철저히 언약적 율법주의를 따라 내려진 정의라 할 수 있다. 달리 말하면, 던의 주장은 아브라함의 정체성이 정통적인 이신칭의(以信稱義)의 믿음에 지향된 '믿음의 조상'을 의미하는 것이 아니라 칭의의 근거로서 순종에 지향된 '순종의 조상'을 의미한다.

> 달리 말하면, 여기서 완전한 율법 준수자로서 아브라함의 이미지가 출현한다. 그리고 여기서 또한 우리는 정말로 유대인들의 답변과 정말로 바울에 대한 성경적 답변의 근원을 본다. 아브라함 언약을 시내 산 언약으로부터 분리하려는 바울의 시도는 다소 시작부터 이미 손상되는 것처럼 보인다. 하나님의 명령에 대한 순종과 신실성은 이미 아브라함의 언약과 족장들의 언약에 묶여 있다. 언약의 모델 백성으로서 아브라함은 할례를 받고 율법에 신실하게 남겨진 사람과 같다.
> 사실 이것은 바울 시대에 아브라함의 의에 대한 통례의 해설이었다-우리가 동시대 유대인들의 저작으로부터 볼 수 있는 것처럼 말이다...
> 특별히, 민족들의 축복에 대한 약속은 단순히 아브라함의 순종과 신실성에 의해 정당성이 입증되는 언약 내에 포함되었다.[290]

던은 칭의와 성화의 구분을 부정하고 칭의의 원인을 행위에 둔다. 던이 아브라함의 이미지를 순종과 신실성의 모델로 간주하는 것은, 성도의 순종이 최종 심판의 근거가 될 수 있다는 견해로 이어진다. 즉 던은 구원의 원인에 있어 율법과 복음의 대조를 부정하는 것이다. 그는 이 점을 명시적으로 표명한다. "우리가 특별히 바울 안에서 발견하는 옛 언약과 새 언약 사이에 대조는 율법과 복음 사이에 대조로서, 더 적게는 유대주의와 기독교 사이에 대조로 해석되어서는 안 된다."[291] 라이트나 던에게 바울과 동료 유대인간의 논쟁은 기독교와 율법주의적 유대주의와의 논쟁이 아니다. 그들에 따르면, 기독교와 유대교와의 논쟁은 언약적 율법주의의 연속성 안에 즉동일한 종교 패턴이 유지되는 가운데 단지 이방인에 대한 경계표를 놓고 벌어졌던 내부 논쟁이었다.[292] 던은 아브라함 언약의 약속을 씨에 대한 약속, 땅에 대한 약속, 민족들에

290 James D. G. Dunn, "Judaism and Christianity: One Covenant or Two?," in *Covenant Theology: Contemporary Approaches*, ed., Mark J. Cartledge and David Mills (Carlisle, Cumbria: Paternoster Press, 2001), 49-50.

291 Dunn, "Judaism and Christianity: One Covenant or Two?," 53.

292 Dunn, "Judaism and Christianity: One Covenant or Two?," 53-54.

대한 축복의 약속으로 분류한다. 그리고 그는 민족들에 대한 축복의 약속에 집중하며, 복음과 언약의 목적을 이방인이 하나님의 백성 안에 포함됨으로 정의한다.[293] 이러한 주장은 그들의 칭의론과 조화된 것이다. 새 관점은 바울과 유대주의자들의 논쟁을 속함이라는 교회론 문제로 규정한 후, 바울과 유대주의 사이에 언약적 율법주의의 구원관에 있어 아무런 논쟁이 없었음을 강조한다. 즉 기독교는 새로운 종교체계의 발생이 아니라 유대교와 동일하다는 것이다. 달라진 것은 유대교의 회원이 그리스도 안에서 이방인으로 확장되었다는 사실 뿐이다. 따라서 던이든 라이트든 양자 모두가 옛 언약과 새 언약의 통일성을 은혜 언약(조건성에 있어 행위-의를 철저히 반대하는 율법과 복음의 대조)이 아닌 언약적 율법주의(은혜로 "입문"하여 순종으로 "머무름"이며, 행위에 기초된 최종심판) 안에서 주장한다.

샌더스, 던 그리고 라이트의 언약관과 관련된 문제점들은 다음과 같이 요약될 수 있다. 첫째, 이들은 행위 언약과 은혜 언약, 율법 언약과 약속 언약, 율법과 복음의 대조 등을 부인한다. 둘째, 이들이 생각하는 은혜의 종교는 사실 은혜의 종교가 아니라 행위의 종교로서 언약 체계를 갖는다. 은혜로 들어가지만 순종으로 머물러야 하는 언약 구조, 만일 순종에 실패한다면 영원한 형벌로 위협받는 언약 구조이다. 개혁주의 입장에서 보면, 새 관점의 언약 구조는 행위 언약과 은혜 언약 아래 순종의 보상과 위협의 구조가 불합리하게 뒤섞인 형식을 취한다. 따라서 이들의 언약 안에 보상과 위협은 '구원'과 '영원한 형벌'로서 개혁주의의 행위 언약과 다를 바 없다. 은혜 언약의 요소가 입문에서 존재하지만 순종에 대한 보상과 위협은 최종 심판에 있어 행위 언약의 그것이다. 이 모든 오류의 근원은 행위 언약과 은혜 언약, 율법 언약과 약속 언약의 구분을 부인하는데 있다. 즉 문제는 구원의 원인에 있어 율법과 복음의 대조를 부정하는데 있다. 개혁주의 은혜 언약은 조건성을 가지며, 순종과 불순종에 대한 보상과 위협이 존재하지만, 그것은 구원의 획득과 상실과 무관한 것이다. 은혜 언약에서 구원의 은혜는 유효한 것이다. 그러나 언약적 율법주의는 성도의 순종과 불순종이 칭의와 최종 구원의 토대로 역할 한다. 따라서 그 은혜가 유효하지 못하다.

---

[293] Dunn, "Judaism and Christianity: One Covenant or Two?," 44-45.

* 개혁주의 언약 아래 보상과 위협 구조
  행위 언약의 보상 → 구원 획득 / 위협
  → 영원한 형벌 [구원 획득과 상실에 관련]
  은혜 언약의 보상 → 획득된 구원을 누림 / 위협
  → 성화를 지향한 징계 [구원과 무관]
* 언약적 율법주의의 언약 아래 보상과 위협 구조
  언약적 율법주의의 보상 → 구원 획득 / 위협
  → 영원한 형벌 [구원 획득과 상실에 관련]

B. 언약의 구분과 율법과 복음의 대조

a. 행위 언약과 은혜 언약

언약의 구분을 부인하는 단일언약의 표명은 바울에 관한 새 관점뿐만 아니라 로마 카톨릭, 신정통주의, Federal Vison, 심지어 개혁주의 안에 노르만 쉐퍼드 (Norman Shepherd)와 같은 인물의 신학에서 발견된다.[294] 이들의 언약은 대부분 언약적 율법주의 류를 표방한다. 이러한 경향을 주시하는 것은 중요한 일이다. 마이클 홀튼(Michael S. Horton)은 "많은 현대 개신교도들이 '언약'을 다소 단조롭게 다루는 반면에, 개혁주의 신학은 우리가 성경에서 발견하는 서로 다른 언약의 형태들 사이에 중대한 차이점들을 온당하게 인식"[295]한다는 사실을 지적한다. 단일언약 안에서 언약

---

[294] 우리가 다루는 새 관점의 선구자들의 저작 외에, 단일언약주의를 표방하거나 행위 언약을 부인하는 저자들의 저서들을 소개하면 다음과 같다. Karl Barth, *Church Dogmatics,* trans. G. W. Bromiley, vol. II/1 (Edinburgh: T. & T. Clark, 1974), 362-363. Karl Barth, vol. IV/1, 66; Norman Shepherd, *The Call of Grace: How the Covenant Illuminates Salvation and Evangelism* (Phillipsburg, NJ: P&R Publishing, 2000); Rich Lust, "A Response to 'the Biblical Plan of Salvation,'" in *The Auburn Avenue Theology,* Pros and Cons: Debating the Federal Vision, ed., E. Calvin Beisner (Fort Lauderdale, FL: Knox Theological Seminary, 2004); Steve M. Schlissel, "A New Way of Seeing?" in *The Auburn Avenue Theology,* Pros and Cons: Debating the Federal Vision, ed. E. Calvin Beisner (Fort Lauderdale, FL: Knox Theological Seminary, 2004); Holmes Rolston, *John Calvin versus the Westminster Confession* (Richmond: John Knox Press, 1972); T. F. Torrance, "Covenant or Contract? A Study of the Theological Background or Worship in Seventeenth-Century Scotland," *Scottish Journal of Theology* 23 (1970): 51-76; Michael McGiffert, "Perkinsian Moment of Federal Theology," *Calvin Theological Journal* 29/1 (1994): 117-48; Donal J. Bruggink, "Calvin and Federal Theology," *The Reformed Review* 13 (1959-1960): 15-22.

[295] Horton, *Covenant and Salvation: Union with Christ,* 12.

의 구분을 철폐하므로 파생되는 문제는 율법과 복음의 대조의 부정이다. 언약을 단일한 것으로 통합하려는 노력의 동기는 분명 공로와 은혜를 결합하려는 시도와 무관하지 않다. 실제로 단일언약은 언제나 은혜와 공로 모두를 구원의 근거로 내세우는 신학으로 전락해왔다. 마이클 홀튼은 단일언약을 주장하는 신학에 대하여 논평한다.

> (한 언약이 동시에 그것의 토대에 있어 복음적이고 율법적인) 단일언약주의는 단순히 아브라함의 약속과 시내 산 율법을 붕괴시킬 뿐이다. 귀결되는 것은 언약적 율법주의이다... 단일언약주의는 옛 것이나 새로운 것이나 공로와 은혜를 결합시키려 한다. 그리고 그 결과는 양 개념이 약해진다는 것이다. 전통적으로 개혁주의 안에서 우리의 대표로서 그리스도의 완전하고 공로적인 순종에 주어진 위치는 무색하게 되거나 부정되기조차 한다. 반면 우리 자신의 순종(그러나 약화된)은 칭의의 조건으로서 이해된다. 그래서 그의 의로운 율법을 유지하는 것에 있어 하나님의 공의와 그 스스로 그것의 조건을 만족시키는 것에 있어 그의 자비는 어둡게 된다. 혹은, 그의 공의와 그의 자비는 그들의 완전함 안에서 동시에 결합되는 대신에, 오히려 서로에 의해 상대화된다. 최종 결과는 관대한 율법과 요구가 지나친 복음이 된다.[296]

> "우리가 행위 언약을 은혜 언약에 축약시켜 버릴 때, 어떤 일이 벌어지는가? 우리는 필연적으로 실제로 율법이 아닌 '율법'과 실제로 복음이 아닌 '복음' 그러나 두 가지의 혼돈으로 마치게 된다(나의 한 친구가 'go-law-spel'이라고 부른 것, 우리 시대에 '개혁주의' 설교를 포함하여, 많은 전형적인 설교들).[297]

행위 언약은 그리스도의 대리적 속죄와 중요한 관계성을 갖는다. 왜냐하면 그리스도의 속죄 사역은 행위 언약의 요구를 성취하신 것이기 때문이다. 은혜 언약 안에 이신칭의(以信稱義)는 그리스도의 능동적 순종과 수동적 순종에 토대한다. 행위 언약과 그리스도의 속죄 사역의 연관성 안에서만이 은혜 언약은 무공로적인 구원이 되며, 인간에게 공로를 돌리지 않게 만든다. 따라서 우리는 행위 언약의 내용과 칭의 및

---

296 Horton, "Which Covenant Theology?," 200-201.
297 Michael S. Horton, "What's Really at Stake," Spindle Works, http://spindleworks.com/library/CR/horton.htm 2011년 4월 12일 검색.

구원론에서 행위 언약이 갖는 함의를 살펴볼 필요가 있다. 우선 우리는, 행위 언약의 보상과 위협이 조건적이고 공로적이라는 점을 상기해야 한다. 그렇지 않다면, 그리스도의 희생과 순종은 공로적이지 않을 것이다. 왜냐하면 그리스도의 속죄는 타락한 첫째 아담의 범죄의 형벌을 대신 치르신 것이며, 그들이 성취했어야 할 하나님께 대한 순종을 대신 성취하신 것이기 때문이다. 이미 살핀 대로, 로마서 5: 12-21절과 고린도 전서 15:45절과 골로새서 1:15-18절의 아담과 그리스도의 대조적 병행은 죄와 의(義)의 전가의 토대가 되는 아담과 그리스도의 언약적 대표성을 보여주고 있다.[298] 따라서 첫째 아담의 실패와 그 모든 대가에 대한 성취가 둘째 아담 안에 실현된다. 아담과 관련된 형벌과 순종의 요구는 그리스도 안에서만 실현된다. 그리스도의 순종과 희생은 철저히 행위 언약에 관한 것이었다. 그리스도의 언약의 성취를 전가 받고 획득할 때, 우리는 그것을 은혜 언약이라 부른다. 따라서 첫째 아담과의 언약 안에 조건성은 둘째 아담이 성취할 조건성과 동일한 것이었다. 행위 언약은 그리스도의 속죄, 의(義)의 전가와 긴밀한 관련성을 가지고 있는 신학 개념이다. 행위 언약이 부인된다면, 칭의와 관련된 이 중요한 주제들은 모두 허물어지고 마는 것이다. 우리는 그런 의미에서 아담의 언약 안에 조건성의 성격을 좀 더 자세히 살필 필요가 있다.

행위 언약의 조건성은 절대적으로 완전한 순종을 요구한다.[299] 웨스트민스터 신앙고백서도 "인간과 맺은 첫 번째 언약은 행위 언약이었다. 그 행위 언약으로 아담과, 그 안에 그 후손에게, 완전하고 개인적인 순종의 조건 위에서 생명이 약속되었다"[300]고 기록한다. 이와 같이 개혁신학이 행위 언약에서 영생과 영벌이 완전하고 개인적인 순종을 조건으로 한다고 주장할 때, 롤스톤(Holmes Rolston), 토랜스(J. B. Torrance), 바르트(Karl Barth)와 같은 신학자들은 웨스트민스터 신앙고백서의 행위 언약에 대한 진술을 율법주의라 비판하며, 행위 언약과 은혜 언약의 은혜를 본질적으로 동일한 것으로 본다. 즉 행위 언약에 있어 완전한 순종의 조건 형식을 부인하는 것이다. 그러나 우리는, 웨스트민스터 신앙고백이 더욱 성숙한 의미로 양 언약에

---

[298] Berkhof, 425-26.
[299] Berkhof, 428.
[300] *Westminster Confession of Faith*, VII. 2.

있어 하나님의 주권을 강조하면서도, 양 언약에 있어 하나님의 자비의 성격에 차이를 인식하고 있다는 사실을 주지해야 한다. 웨스트민스터 신앙고백은 행위 언약 안에서 비구속적인 자비와 하나님의 주권성을 발견하지만, 죄인에게 베푸시는 구속적 은혜 (redemptive grace)를 행위 언약에서의 하나님의 자비와 구분한다. 행위 언약에 나타난 자비의 특징을 살펴보면, 첫째, 행위 언약에 나타난 하나님의 자비는 낮추심의 자비였다. 이 은혜는 하나님과 피조물의 거리가 너무나 멀어서 주어진 것이다.[301] 둘째, 피조물이 하나님의 형상을 따라 지어진 존재로서 이성을 가졌기 때문에 순종은 당연한 것이었다.[302] 그러나 언약 안에서 순종에 대한 축복과 보상을 약속하셨다. 이것은 하나님의 자비였다. 그러나 여기서 말하는 하나님의 낮아지심이나 자비가, 롤스톤이나 토랜스 그리고 바르트가 주장하는 그런 은혜는 아닌 것이다. **이들의 가장 큰 문제는, 이들이 타락 전 인간의 상태와 타락 후 인간의 상태를 구분하는데 실패한다는 것에 있다.** 타락 전 언약에 하나님의 주권과 자비의 사상이 내포되어있다 하더라도, 타락 전 상태의 인간은 죄를 짓지 아니하였다. 이것은 무엇을 의미하는가? 타락 후 인간에게 맺어진 은혜 언약의 은혜는 죄를 전제하므로 철저히 구속적 은혜 (redemptive grace)로 특징 지워진다. 그러나 타락 전 인간을 향한 하나님의 은혜는 구속의 은혜가 아니었다. 어떤 이들의 행위 언약 부인은 하나님의 공의를 은혜에 종속시키려는 의도에서 비롯된다. 완전한 순종을 요구하였던 행위 언약이 부인될 때, 첫째 아담의 타락의 심각성이 함께 부인된다. 따라서 구속의 필요성도 심각하게 여겨지지 않는다. 행위 언약의 엄중한 순종의 요구와 그로부터의 타락은 언제나 그리스도의 속죄의 필요성과 칭의의 전가교리와 연관된다. 따라서 행위 언약과 은혜 언약은 그리스도의 구속을 해설하는데 있어 필수불가결한 해석학적 도구인 것이다.

행위 언약의 형벌과 요구의 성취를 통해 이루신 그리스도의 은혜 언약은 칭의와 구원의 획득에 있어 인간의 공로를 일체 배제시킨다. 이로써 구원의 원인 문제에 있어 율법과 복음의 대조를 이루게 된다. 그러나 라이트(N. T. Wright)와 언약적 율법주의 추종자들은 행위 언약을 부인하므로, 개혁주의 신학과 성경이 표명하는

---

[301] *Westminster Confession of Faith*, VII. 1.

[302] 루이스 벌코프(Louis Berkhof)는 타락 전 아담과 하나님의 관계가 언약적일 뿐만 아니라 자연적인 관계를 포함하였다고 진술한다. Cf. Berkohf, 426-27.

그리스도의 속죄, 칭의 그리고 더 나아가 인간 상태의 본질을 왜곡한다. 행위 언약과 은혜 언약의 구분 아래 율법과 복음의 대조를 부인함으로 칭의에 있어 행위를 은혜에 끌어들이고 상호 종속시킨다. 그들에게 언제나 구원은 은혜와 함께 협력하는 순종으로 나타난다. 그리고 이러한 단일언약주의의 귀착점은 언약적 율법주의일 수밖에 없다. 예견된 바와 같이, 새 관점의 단일언약주의는 칭의론에 대한 왜곡으로 귀결된다. 언약의 구분이 철폐되고 율법과 복음의 대조가 구원의 원인에 있어 허물어질 때, 그들이 주장하는 은혜의 종교는 행위 언약과 유사한 언약 체계를 갖게 된다.

b. 율법 언약과 약속 언약

이제 우리는 율법과 복음의 대조와 관련된 율법 언약과 약속 언약의 구분을 살피려 한다. 이 주제를 다룸에 있어, 우리는 먼저 율법 언약과 약속 언약의 의미를 살핀 후, 은혜 언약의 본질의 통일성과 시행의 다양성 안에서 율법 언약의 의미와 율법 언약과 행위 언약의 관계를 살피도록 할 것이다. 개혁신학이 율법 언약을 은혜 언약과 행위 언약 대조 안에 어떻게 이해했는지를 검토하는 과정에서 우리는, 개혁신학이 율법 언약에 대한 순종의 성취가 칭의의 토대가 될 수 없음을 인식하였음을 이해하게 될 것이다.

칼빈은 신구약의 차이점을 다루는 『기독교 강요』, 2권, 11장, 4절에서 율법의 언약과 복음의 언약 그리고 그리스도의 사역과 모세의 사역을 구분한다. 여기서 주목할 것은, 율법 언약이 율법전체를 점유하지 하지 않고 좁은 의미와 넓은 의미의 율법의 구분 중 한 부분을 차지한다는 점이다. 먼저 좁은 의미의 율법은 자비의 약속을 배제한 율법 자체의 본성만을 의미한다.

> 예를 들면, 율법은 여기저기에서 자비의 약속을 포함한다. 그러나 그것들은 다른 곳으로부터 차용되었기 때문에, **율법의 본성만이 논의 아래 놓일 때**, 그것들은 율법의 부분들로 여겨지지 않는다. 그들은 그것에 오직 이 기능만을 돌린다. 즉, 바른 일을 명령하는 하고 사악한 것을 금하는 것이다. 그리고 의(義)를 지키는 자에게 보상을 약속하는 하며 형벌로 범죄를 위협하는 것이다. 그러나 동시에 본성적으로 모든 사람에게 내재해 있는 심령의

부패를 변화하거나 수정하지 않는 것이다.[303]

따라서 자비의 약속이 배제된 채 율법의 본성을 논할 때, 이 율법은 행위 언약과 유사한 의미를 갖는다. 율법의 본성을 따라 완전한 순종을 통해 상급과 형벌이 부과된다. 그러나 이러한 완전한 순종 요구에 어떤 자비도 제시되지 않는다. 마이클 홀튼 (Michael S. Horton)은 시내 산 언약과 창세기 15장의 언약 체결의식의 정황을 비교한다. 창세기 15장은 엄중한 언약적 의무 준수의 의식에서 동물 조각 사이를 지나가는 불타는 횃불 환상을 묘사하고 있다. 창세기 15장에서의 아브라함과 하나님과의 언약에서 상벌을 포함한 모든 언약의 짊어지신 분은 아브라함이 아니라 하나님 자신이셨다.[304] 하나님은 종주(suzerain)이실지라도 봉신(vassal)의 의무를 떠맡으셨다. 아브라함과의 언약은 그런 의미에서 약속 언약이며 일종의 하사 언약(royal grant)이었다. 그러나 시내 산 언약 체결 의식은 대조적으로 전형적인 종주권 언약 (suzerainty treaty)의 형식을 보인다. 이스라엘 백성들은 스스로 율법에 대한 맹세를 하였고, 험악한 경고와 함께 그 자신들에게 피가 뿌려졌다.[305] 아브라함 언약은 하나님께서 친히 피 묻은 짐승의 사이를 중보자가 되셔서 지나셨지만, 시내 산 언약은 사람인 모세가 중보자 되어 그들에게 위협적인 경고와 함께 피를 뿌렸던 것이다. 이러한 본문들이 시사하는 바는 무엇인가? 아브라함 언약은 언약의 성취가 하나님 자신에게 주도되지만, 시내 산 언약은 순종의 조건 안에서 상급과 형벌이 부과되는 행위 언약의 형태(그러나 행위 언약 자체가 아니라)를 띤다. 분명한 사실은 모세 언약은 그 성취가 순종의 조건에 의해 좌우되는 율법 언약을 포함한다(그것이 모세 언약의 전부는 아닐 지라도).

그렇다면, 좁은 의미의 율법을 지시하는 율법 언약이 모세 언약일 때, 모세 언약은 은혜 언약과 모순된 것인가? 모세 언약은 행위 언약인가? 칼빈과 개혁신학의 답변은 '아니다'이다. 모세 언약과 은혜 언약의 관계는 몇 가지 의미로 해설될 수 있다.

첫째, 칼빈은 모세 언약을 율법 언약으로 규정하지만, 그것이 은혜 언약의 통일성을

---

303 Calvin, *Institutes*. II. xi. 7.

304 Horton, *Covenant and Salvation: Union with Christ*, 16.

305 Horton, *Covenant and Salvation: Union with Christ*, 14-15.

헤치지 않는 의미로 제시한다. 다시 말해 모세 언약은 본질에 있어서 은혜 언약 자체이다. 그러나 시행에 있어 율법 언약의 형식을 취한다. 칼빈은 율법 언약을 모세 언약의 본질로 다루지 않는다. 율법 언약은 시행의 범주에서 다루어진다.[306] 율법 언약은 은혜 언약을 돕기 위해 부차적으로 첨부된 것이다. 우리는, 칼빈에게 있어 구원이 항상 구약 성도들에게 조차도, 그리스도를 믿는 믿음을 통한 은혜에 의한 것이었음을 발견한다.

둘째, 칼빈은 사실 넓은 의미의 율법의 기능에 더 많은 관심을 가졌다고 판단된다. 왜냐하면 은혜 언약의 본질, 즉 약속이 첨부된 율법과 문자가 아닌 성령께서 가슴에 새긴 율법의 기능과 효과를 칼빈은 강조하기 때문이다. 그는 율법의 기능 중에 성도의 삶의 표준으로서 율법의 규범적 용도(nonormativus, tertius usus legis)를 가장 강조하였다.

> 율법의 온당한 목적에 더욱 가깝게 속하는 셋째 용도와 주된 용도는 이미 하나님의 성령께서 신자들의 마음 안에 거하시며 통치하시는 신자들 가운데서 그것의 위치를 발견한다. 그들의 마음속에는 하나님의 손가락으로 율법이 기록되고 새겨져 있지만(렘 31:33; 히 10:16), 바꿔 말하면 그들은 하나님의 영과 감동과 격려로 하나님께 복종하겠다는 열심히 있지만, 역시 두 가지 방식으로 율법의 혜택을 입는다.[307]

율법의 규범적 용도는 은혜 언약아래 다루어지는 넓은 의미의 율법의 기능이다. 칼빈은 이 용도로서의 십계명을 다룰 때, 십계명을 은혜 언약에 속한 것으로 설명한다. 왜냐하면 십계명 서문을 통해 십계명이 이미 출애굽을 통해 하나님 백성 된 자들에게 주어진 것이라고 칼빈은 말하고 있기 때문이다. 십계명은 하나님의 은혜를 전제로 주어진 것이다. 하나님께서는 먼저 구속하시고 은혜를 전제로 계명을 주셨다.[308] 칼빈에 따르면 하나님께서는 넓은 의미의 율법을 칭의의 원인이 되도록 공표하시지 않으신다. 십계명은 출애굽이라는 구원과 해방을 전제하기 때문이다. 하나님께서는 그들이 이미 백성 된 자들로서 책임의식을 고취시키기 위해 강요와 위협의 수단을

---

306 Calvin, *Institutes*. II. xi. 4.
307 Calvin, *Institutes*. II. vii. 12.
308 Calvin, *Comm.* on Exodus. 20:1.

사용하시지 않으시고 그의 은총의 위대함으로 그들을 고무하셨다.[309] 하나님께서는 이 목적을 위해 자신을 천지의 창조주로서만 아니라 구속의 축복을 제시하는 방식으로 이스라엘 백성에게 자신을 알리셨다.[310] 구속사의 큰 틀에서 십계명은 아브라함과의 약속의 실현의 과정 안에서 주어진 것이며 아브라함과의 언약의 재공표이다. 특별히 넓은 의미의 율법은 이미 구원받은 자에게 삶의 척도로 주신 것으로 율법의 규범적 용도와 동일한 것이다. 우리는 이미 율법의 순종이 칭의의 원인이 아님을 충분히 논증하였다. 성령의 내주 안에 수행되는 선행조차도 하나님의 관용적인 수용이 없이는 받아들여 질 수 없음을 논증하였다. 남은 죄를 인해 언제나 성령에 이끌린 삶조차 칭의의 원인이 될 수 없는 것이다. 개신교는 로마 카톨릭처럼 이 은혜의 수용성을 재량공로(*meritum de congruo*)와 적정공로(*meritum de condigno*)의 구분 안에서 공로화하지 않는다. 성도의 선행의 발생과 수용이 모두 은혜이지 공로가 아닌 것이다. 따라서 칼빈은 넓은 의미의 율법을 성령의 은혜 아래 추구하되 감사로서 준수하는 '가벼운 멍에'로 여겼다. 따라서 성도의 삶의 척도로서 율법은 억압적 요구가 아니다.[311] 요약하자면, 칼빈은 넓은 의미의 율법을 율법의 규범적 용도로서 매우 강조하면서, 그것이 은혜 언약 시행과 조화된 율법이었음을 가르친다. 십계명은 구원받은 자로서 살아갈 삶의 척도요 은혜의 수단인 것이다. 그것은 은혜 언약이지 율법 언약이 아니었다. 율법의 넓은 의미는 은혜 언약의 본질을 담고 있다.

셋째, 모세 언약에는 넓은 의미의 율법뿐만 아니라 좁은 의미의 율법을 포함한다. 심지어 많은 개혁주의자들이 모세 언약을 행위 언약으로 부르기도 한다. 왜냐하면 좁은 의미의 율법에 있어 율법의 본성은 은혜와 분리되어 생각되기 때문이다. 은혜가 분리된 율법은 아담에게 주어진 것처럼 완전한 순종을 요구하며, 성패에 따라 상급과 엄중한 위협이 주어지기 때문이다. 그렇다면 행위 언약과 유사한 율법 언약이 어떻게 은혜 언약과 조화될 수 있을까? 하나님께서는 왜 율법 언약을 시내 산에서 맺으신 것인가? 그리고 행위 언약과 율법 언약은 동일한 것인가? 이러한 질문에 대한 답변은 율법 언약을 더욱 정교하고 정확히 이해하는데 필수적인 것으로 여겨진다.

---

309 Calvin, *Comm.* on Deuteronomy. 4:20.
310 Calvin, *Comm.* on Levitcus. 19:36.
311 Calvin, *Comm.* on Deuteronomy. 5:2; 6:20; 8:1을 참조하라.

먼저 "행위 언약과 유사한 율법 언약이 어떻게 은혜 언약과 조화될 수 있을까? 하나님께서는 왜 율법 언약을 시내 산에서 맺으신 것인가?"에 대한 답변을 살펴보도록 하자. 첫 질문과 둘째 질문은 서로 밀접히 연결된다. 율법 언약이 행위 언약적인 요소를 가지고 있지만, 은혜 언약의 본질을 넘어서지 않는 이유가 있다. 그것은 율법 언약을 주신 이유와 목적 때문이다.

아브라함이 죽은 후 약 400년이 지나서 율법이 첨가되었다(Cf. 창 3:17). 우리가 회고한 증언들의 끊임없는 이어짐으로부터 이것이 선택된 백성을 그리스도로부터 떼어내려는 것이 아니었음을 알게 된다. 오히려 그그리스도의 오심 때까지 그들의 마음을 준비하며, 심지어 그리스도에 대한 갈망을 일으키며 그들이 기대를 강화해서, 오래 지체되더라도 지치지 않게 하시려는 것이었다.[312]

좁은 의미의 율법으로서 율법 언약은, 그리스도의 강림 전 이스라엘의 마음을 준비시키기 위한 은혜 언약의 시행의 도구였다. 왜 그런가? 칼빈은 이 좁은 의미의 율법이 그리스도를 지향하는 몽학선생과 예표의 의미를 지니고 은혜 언약 아래 시행되었다고 가르치기 때문이다. 칼빈은 좁은 의미의 율법이 옛 언약에서 아직 실체로 나타나지 않으신 그리스도께 인도하는 몽학선생이었다고 가르친다.[313] 칼베르그 (Mark W. Karlberg)도 진술한다.

모세 언약 아래 율법의 직무는 그의 옛 언약 백성에 대한 하나님의 다루심의 경륜 안에서 범죄를 증가시키는데 기여한다. 율법은 그리스도의 오심까지 이스라엘의 몽학선생이다. 불링거와 같이, 칼빈은 특별히 몽학선생적 기능 안에 모세의 시행을 견지한다. 그는 동시에 세르베투스와 재세례파의 오류 있는 가르침들에 반한 은혜 언약의 본질적인 통일성을 유지하고 싶어 한다. 율법은 모세를 통해 하나님에 의해 주어진다.[314]

칼빈은 구속사에 있어 율법의 몽학선생의 역할을 *ordo salutis*(구원의 서정)에

---

312 Calvin, *Institutes.* II. vii. 1.

313 Calvin, *Institutes,* II. vii. 2. Cf. Calvin, *Institutes,* II. xi. 5.

314 Mark W. Karlberg, "'Reformed Interpretation of Mosaic Covenant,' The Westminster Theologian Journal 43 (1980): 1-57," *Covenant Theology Reformed Perspective: Collected Essays and Book reviews in historical, biblical, and systematic theology* (West Broadway, Eugene: Wipf and Stock Publishers, 2000), 23.

적용한다. 칼빈은 율법의 제1용도로서 율법의 신학적 용도(*usus theologicus legis*) 안에 '거울'의 기능을 좁은 의미의 율법과 연관 지어 해설한다. 이 기능은 "아직 중생하지 않은 죄인들이 경험하는 것"이다.[315] 좁은 의미의 율법은 은혜가 배제된 율법의 본성으로서 불신자들에게 제시된다. 엄중하고 완전한 순종으로 죄인을 "경고하고, 알리며, 책하며, 결국 정죄한다."[316] 이러한 정죄는 죄인을 죽이기 위한 것이 아니라 죄인들로 하여금 타락의 심각성을 깨닫고 그리스도를 붙들도록 만들기 위한 것이다.[317] 이러한 율법이 정죄를 통해 죄인을 그리스도께 인도하기 위해서는 엄중한 율법 언약의 형태를 취해야 한다. 결론적으로 우리는 모세 언약에 포함된 율법 언약이 본질이 아닌 시행에 있어 첨부된 것으로 여겨야 한다. 율법 언약은 은혜 언약의 본질을 바꾸지 못하며, 은혜 언약과 모순되지도 않다. 오히려 율법 언약은 은혜 언약의 목적을 이루기 위한 시행의 한 부분으로서 주어진 것이다. 율법 언약은 독특한 본성을 통해 죄인에게 그리스도를 가르치기 위한 은혜 언약의 시녀로서 첨부된 것이다.

또한 율법 언약은 예표의 역할을 한다.

> 그러나 주께서 현세의 좋은 것들로 신자를 향한 그분의 자비심을 증거하실 때, 이러한 예표와 상징으로 영적인 행복을 예시하신 것처럼, 다른 한편으로 그분께서는 육체적 형벌 안에서 사악한 자들을 향한 그의 다가올 심판의 증거를 제시하셨다. 그래서 하나님의 은혜가 지상적인 것들 안에서 더 현저히 현저하였던 것처럼, 그의 형벌도 그러하였다.[318]

모세 언약에서 공표된 율법 언약은 이스라엘에게 육적인 상급과 형벌의 엄중한 요구로 시행된다. 그러나 율법의 엄중한 육체적이고 지상적인 상급과 형벌은 천상적이고 영적인 상급과 형벌을 예표 한다. "칼빈은 율법의 몽학선생적 역할과 구약의 예표적 체계를 밀접하게 짜 맞춘다. 그래서 복음은 손가락으로 예표들 아래 율법이 예시하였던 것을 지적한다."[319] 페스코(J. V. Fesko)는 *Calvin and Witsius on the*

---

315 Calvin, *Institutes*, II. vii. 7.
316 Calvin, *Institutes*, II. vii. 6.
317 Robertson, 192.
318 Calvin, *Institutes*, II. xi. 3. Cf. Calvin, *Institutes*, II. xi. 2.

*Mosaic Covenant*라는 소논문을 통해 칼빈과 헤르만 윗시우스(Herman Witsius)의 모세 언약 해설을 비교하였다. 그에 따르면 칼빈과 그의 계승자인 윗시우스는 모두 율법 언약을 몽학선생과 예표의 기능으로 이해하였다. 그러나 강조에 있어 차이가 있었다. 그에 따르면, 윗시우스와 후대의 칼빈의 계승자들은 구속사적 관점의 강조를 인하여 예표를 더욱 정교하고 강조적으로 해설하였다.[320]

우리가 살 핀 바와 같이 율법 언약은 율법 준수를 통해 구원을 받으라는 요구 조건으로 이스라엘에게 주어지지 않았다. 오히려 엄중한 율법의 요구와 상급과 형벌의 구조를 통해 율법 언약은 한편으로는 몽학선생이 되어 죄를 깨닫게 하여 구속의 은혜의 필요성을 알게 하며, 다른 한편으로, 그리스도와 그리스도께 속한 천상의 영적인 복(혹은 영적 형벌의 엄중성)을 이스라엘 백성에게 예표 한다. 칼빈의 주장대로 율법 언약은 그리스도로부터 우리를 떼어 놓기 위해 주어진 것이 아니라 그리스도를 지시하기 위해 은혜 언약에 첨부된 것이었다. 개혁신학의 몽학선생과 예표 개념은 구속사와 구원의 서정에 효과적으로 적용될 수 있다.

> 모세 언약은 본질에 있어 율법적인 것 안에서 독특하다. 그리고 *ordo salutis*에 마주하여 인간의 율법의 요구들을 성취하는데 있어 무능력을 드러낸다. 그것은 인간을 그리스도께 인도한다. 그리고 *historia salutis*를 통하여 그리스도의 인격과 사역의 예표적 초상을 그린다.[321]

이제 둘째 질문에 시선을 돌리도록 하자. 행위 언약과 율법 언약은 동일한 것일까? 개혁주의 행위 언약의 발전 안에서 율법 언약과 행위 언약의 관계에 대한 견해들을 요약해 보면 세 가지로 나뉜다. 그 세 가지 견해는 "모세 언약을 행위 언약의 재공포로 간주하였던 사람들"의 견해와 "은혜 언약의 더 나아간 (진보된) 경륜으로서 그것을 간주하였던 사람들"의 견해 그리고 존 오웬(John Owen)과 같은 "중간적 견해를

---

[319] Karlberg, 24.

[320] J. V. Fesko, "Calvin and Witsius on the Mosaic Covenant," *The Law is not of Faith: Essay on Works and Grace in the Mosaic Covenant*, ed., Bryand D. Estelle J. V. Fesko, David VanDrunen (Phillipsburg, New Jersey: P&R Publishing, 2009), 39-43.

[321] Fesko, 43.

취했던 사람들"의 견해이다.[322] 우선 두 언약의 관계를 위해 우리는 양 언약의 유사성과 차이점을 살펴야 할 것이다. 우선 유사성을 보면, 양자가 모두 조건적이라는 것이다. 그 면에서 이의가 없다. 아담의 언약도 율법 언약도 완전한 순종을 요구하며, 그에 따라 상급과 위협이 엄중히 주어진다. 즉 조건적 언약의 형태로 주어진 것이다. 그러나 이러한 유사성에도 불구하고 몇 가지 차이를 주목해야 한다. 첫째, 타락 전과 타락 후 인간의 상태가 몹시 다르다는 것이다. 아담은 타락 전이었고 율법의 요구를 수행할 능력, 즉 원의(原義)를 부여받았다. 그들은 자유의지를 따라 순종할 수도 불순종할 수도 있었다. 물론 그들은 완전하지는 않았다. 그러나 모세 언약 하에 율법 언약은 타락 한 죄인, 즉 율법을 성취할 수 없는 인간에게 주어진 것이다. 둘째, 목적이 달랐다. 행위 언약은 순종을 통해 영원한 생명으로 인도하기 위한 수단으로 주어졌다. 그러나 모세 언약 하에 율법 언약은 영생의 수단이 아닌 그들의 무능을 깨우치고 그리스도를 계시하기 위해 주어졌다. 셋째, 행위 언약의 상급과 형벌은 영생과 영벌로 이어지는 것으로 주어졌지만, 모세의 율법 언약은 지상적이고 육체적이어서 영원한 생명과 형벌을 예표 할 뿐이다. 넷째, 율법의 본질과 시행의 관련성 안에서 은혜 언약 안에 행위 언약이 혼합될 수는 없는 것이다. 행위 언약과 은혜 언약은 본질에 있어 다른 것이므로 혼합될 수 없다.

이러한 유사성과 차이점을 살펴볼 때, 유사성에도 불구하고 차이점들이 더욱 현저한 것 같다. 율법과 언약은 관계되지만 구분할 필요가 있다. 칼빈은 약속과 은혜로부터 율법의 본성이 분리될 때, 그것이 율법 언약이요 좁은 의미의 율법이라 했다. 엄중한 율법의 요구는, 아담이든 은혜 언약 안에 있는 자들이건 그들이 하나님의 형상을 지닌 피조물이라는 점에서 관계된다. 그들은 창조자에 대한 순종의 의무를 진다. 루이스 벌코프(Louis Berkhof)는 이 점을 통찰하면서 행위 언약에 있어 자연적 관계의 요소를 해설한 바 있다.[323] 그런 의미에서 행위 언약 하에 율법과 모세 언약 하에 율법은 동일한 것이다. 율법의 본성은 언약을 넘어 동일한 것이기 때문이다. 율법은

---

322 Golding, 170. 첫째 입장은 주목할 만한 학자 중 다수와 재세례파, 세례파 그리고 독립파들의 입장이었고, 셋째 입장은 존 오웬(John Owen)과 같은 학자의 견해이다. 첫째 견해에 대하여 맥퍼슨 (MacPherson)과 같은 학자는 그의 *Commentary on the Westminster Confession*에서 두 언약의 본질적 차이를 따라 혼합될 수 없는 것이라고 혹평한다.

323 Berkohf, 426-27.

언제나 하나님의 성품과 뜻을 반영하고 계시하는 수단이다. 그러므로 율법은 어떤 언약과 관계하느냐에 따라 그 의미가 달라지는 것이다. 그러나 이 율법에 은혜 언약의 약속과 은혜가 첨부될 때, 넓은 의미로 중생한 신자에게 율법은 가벼운 멍에가 되며, 좁은 의미로 율법은 죄인을 그리스도께 인도하는 몽학선생이요 그리스도의 예표가 되는 것이다. 그러나 율법은 언제나 완전한 하나님의 성품을 계시하며 그에 합당한 요구로서 다가온다. 율법은 변하지 않는다. 율법이 저주가 되거나 복이 되는 것은 은혜 언약 혹은 은혜의 개입 여부에 달린 것이다. 율법의 엄중성은 죄에 대한 인식과 구속의 필요성을 위해 몹시 중요한 것이며 그런 의미에서 유지되어야 한다. 그뿐 아니라 성도에게 있어서도 그들의 선행이 그들의 공로가 아니라 그리스도의 피로 덮혀지는 방도 외에 하나님께 받아들여 질 수 없음을 인식시키기 위해 유지되어야 한다. 언제나 율법은 우리의 힘으로 성취할 수 없는 것이다. 불신자이건 신자이건 이것은 동일하다. 엄중한 율법의 요구를 추구하며 또 그 과정에서 불완전한 선행이 주께 수용됨은 그리스도의 의(義)의 전가에 의한 칭의의 토대 위에서이다. 오직 은혜 언약에 내면적으로 참여함에 의해서만 율법은 가벼운 멍에가 되는 것이다. 은혜 언약의 약속과 은혜를 제거하고 나면 언제나 율법의 본성만이 남겨지는 것이다. 따라서 율법의 본성만을 놓고 볼 때, 필자는 행위 언약과 율법 언약은 유사한 형식으로 제시되며 시행되지만, 본질에 있어 차이점을 간과해서는 안 된다고 생각한다.

그렇다면 아담의 타락 이후, 행위 언약은 그 이후의 구속사에 전혀 무관한 것인가? 필자는 어떤 면에서 은혜 언약이라는 새로운 본질을 지닌 언약으로 말미암아 행위 언약이 폐기 되었지만, 어떤 의미에서 행위 언약은 은혜 언약 시대에도 의미를 갖는다고 판단한다. 왜냐하면, 아담의 불순종 자체가 행위 언약에 대한 파기 행위이기 때문이다. 그런 의미에서 행위 언약은 파기 되었고 새로운 은혜 언약이 체결되었다. 그러나 우리는, 행위 언약의 축복의 약속이 파기된 것이지 형벌에 대한 이행이 파기된 것이 아니라는 것을 인식해야 한다. 행위 언약 파기에 대한 저주와 위협은 아담의 언약의 머리로서 그의 대표성을 인해 모든 인류에게 전가되었다. 따라서 행위 언약은 죄의 문제를 그리스도를 통해 해결하기 전까지 여전히 행위 언약 파기의 대가를 요구하는 것이다. 그들이 불순종한 것에 대하여(그리스도의 수동적 순종을 통해 성취),

그리고 아담이 성취했어야 할 순종의 남겨진 의무에 대하여(그리스도의 능동적 순종을 통해 성취) 모든 죄인의 목을 옥죄는 것이다. 벌코프(Louis Berkhof)는 "계속해서 죄를 범하는 자들에 대한 저주와 형벌에 관한 한" 그렇다고 진술한다.[324] 그리스도 밖에 있는 모든 죄인들은 아직 행위 언약 아래 있는 것이다. 그러나 그리스도 안에 있는 자들은 행위 언약에 대하여 죽고 은혜 언약 아래 있다.[325] 존 프레임(John M. Frame)도 행위 언약이 오늘날 우리에게 갖는 의미를 가르친다.

왜 이 행위 언약이 우리에게 중요한 것인가? 우선적으로, 우리는 아담 안에서(사 24:5) 언약 파기자들로서 우리를 보아야 한다. 그 안에서 우리는 행위의 시험에 실패하였고 우리는 우리의 행위에 의해 우리 자신을 구원할 어떤 희망도 갖지 못한다. 그러나 아담 안에서 우리가 실패한 곳에서 그리스도께서 영광스럽게 성공하셨다. 그분께서는 하나님께 서 완전하게 순종하시고 희생으로서 우리의 순종을 세우도록 그의 생명을 내놓으셨다.[326]

언제나 율법의 본성은 엄중한 기준으로 죄를 드러내며 그에 대한 상급과 위협을 제시하지만, 두 언약 사이에 구조는 몹시 다르다. 행위 언약은 율법의 본성을 그대로 적용한다. 행위 언약 아래서 상급은 영생이요 위협은 영원한 형벌이다. 그러나 은혜 언약 아래서 성도는 율법의 엄격한 표준에 따라 자신의 행위의 선악을 인식하게 되지만, 약속과 은혜로 말미암아 상급은 생명이 아닌 구속의 누림으로 주어지고 위협은 영원한 형벌이 아닌 부성적 징계로 주어진다. 은혜 언약 안에서 이미 칭의 받은 자의 구원은 유효한 것이지만 성화의 열매가 구원의 조건으로 제시되지 않는다. 따라서 은혜 언약 안에서 순종은 구원의 조건이 아니다. 그리고 위협은 영원한 형벌이 아니라 징계일 뿐이다. 그러나 불신자는 어떤 의미에서 행위 언약에 대한 파기의 형벌과 남겨진 순종의 의무 아래서 정죄된다. 그들은 이러한 의미에서 행위 언약 아래 있는 자들이다. 우리가 이러한 관찰을 통해 인식할 수 있는 것은 행위 언약이

---

[324] Berkohf, 430.

[325] 그러나 은혜 언약에 형식적으로만 참여한 자들은 엄밀히 말하면 행위 언약의 저주 아래 머물고 있는 것이다. 은혜 언약의 범위는 선택의 범위보다 크기 때문에 은혜 언약 안에 불택자들과 언약 파기자들이 존재한다. 이 주제에 있어 Berkhof, 508-14를 참조하라.

[326] John M. Frame, *Salvation Belongs To the Lord* (Phillipsburg, New Jersey: P&R Publishing, 2006). 119.

구속사에 있어 언약 파기에 대한 채권자로서, 파기의 대가를 지불해야 하는 불신자들을 속박하는 형식으로 남겨져 있다는 사실이다. 그러나 행위 언약을 통해 영생을 주시고자 하는 언약의 약속이 은혜 언약으로 대체되었기 때문에 어떤 의미에서 행위 언약은 폐기된 것이다. 채권자로서 행위 언약조차도 그리스도 안에 있는 자들에게는 폐기되고 마는 것이다.

이로써 우리는 행위 언약과 율법 언약의 본질을 개요 하였다. 이러한 양 언약의 분석의 목적은 율법과 복음의 대조에 있어 어떤 의미를 갖는지 살피는데 있다. 우리가 관찰한 바로는, 율법 언약과 행위 언약은 차이점을 갖지만, 율법의 엄중한 요구로서 자신의 기능을 수행한다는데 있어 일치를 본다. 은혜 언약 안에 오직 믿음에 의한 칭의 해설에서 율법 언약과 행위 언약의 존재는 중대한 역할을 하므로 이 개념을 유지해야 한다. 행위 언약은 율법에 순종하여 영생을 획득하는 구원의 길을 제시하고, 오직 은혜 안에 믿음을 통해 구원받는 은혜 언약이라는 구원의 길과 대조를 이룬다. 율법 언약은 엄중한 율법의 요구로 몽학선생과 예표의 역할을 수행하여 죄인들에게 구원은 율법에 대한 순종의 길로 되지 아니하고 오직 은혜에 의한 것이라고 가르친다. 율법 언약의 본연의 임무는 "구원의 길은 내(율법)가 아니라 그리스도시다"라고 가르치는데 있다. 이 모두가 무엇을 암시하는가? 성경과 개혁신학자들은 행위 언약과 율법 언약 개념을 통해 율법과 복음의 대조를 가르치므로, 구원이 율법의 행위가 아니라 오직 은혜 안에 믿음으로 된다고 가르치고 있는 것이다. 뿐만 아니라 행위 언약의 개념 없이 그리스도의 속죄를 설명하는 것은 불가능한 것이다. 그리스도의 속죄 개념은 행위 언약과 밀접한 연관성을 가지고 개진된다. 그리스도의 속죄는 행위 언약 파기의 대가와 행위 언약의 요구를 그리스도 스스로 지셨다는 의미 아래 해석된다. 그리스도에게 속죄는 행위 언약의 성취였다. 율법 언약과 행위 언약 개념은 언약의 법정적 성격 아래서 인간의 죄에 대한 심각성, 그리스도의 속죄, 칭의의 의미를 설명하는 중대한 해석학적 도구인 것이다. 그리스도와의 연합 사상은 율법과 복음의 대조 안에 이중 은총으로서 칭의와 성화를 구분하며 구원의 원인으로서 행위를 철저히 배제시킨다. 이것은 공로사상의 독소를 막아내고 예방한다.

우리는 앞에서 소개한 새 관점의 공로신학적 오류의 원인이 율법과 복음의 대조를 부정하는 단일언약주의(monocovenantalism)에 있다고 결론짓는다. 이미 살핀 바대로, 라이트(N. T. Wright)는 타락 전 언약에 대한 침묵 아래 아브라함의 언약을 창조와 연관 짓는다. 행위 언약과 은혜 언약의 구분은 부인되고, 개혁신학자들이 언약의 본질이 아닌 언약의 시행으로 규정한 율법 언약(심지어 행위 언약)을 옛 언약과 새 언약의 본질로 만들어 버렸다. 그것이 언약적 율법주의인 것이다. 우리는 이미 보았다. 던(James D. G. Dunn)이 율법에 대한 순종을 신구약의 통일성의 본질로 만든 것을 말이다. 그러므로 아브라함은 믿음의 조상이 아니라 순종의 조상으로 왜곡되었다. 이들은 율법과 복음의 대조를 율법과 복음의 혼합으로 만들어 은혜 언약을 언약적 율법주의로 대체한다. 그러므로 그들이 말하는 은혜의 종교는 은혜로 시작하되 순종과 협력하여 최종 구원을 성취하는 행위의 종교일 뿐이다. 이러한 언약적 율법주의의 공로적 성격은 단일언약 아래 복음과 율법의 대조에 대한 부인으로 부터 기인한 것이다. 복음과 율법의 대조가 아닌 복음과 율법의 혼합은 그들의 신학 곳곳에 스며들어 칭의론과 구원론을 왜곡하고 있다. 따라서 그들이 주장하는 언약의 조건성은 은혜와 협력하는 행위가 포함된 반(半)-펠라기우스주의적 공로 사상을 함의한다.

C. 새 관점의 갱신적 칭의 개념과 언약의 조건성 비평

주목할 만한 새 관점의 두 가지 경향은 언약적 율법주의의 조건성을 개혁신학의 그것과 이질적인 것으로 만든다. 이러한 이질성은 칭의를 갱신적인 것으로 이해하는 경향과 이러한 경향을 만든 그들의 단일언약주의적 전제에 원인을 둔다. 우리는 이미 이 점을 상세히 논하였다. 그들의 단일언약주의는 문자와 영의 대조를 통해 구원의 갱신적 측면을 강조하면서 구원의 원인에 있어 율법과 복음의 대조는 부인한다. 엄밀히 살피면 그들은 칭의의 원인에 있어 율법과 복음의 종합을 추구한다. 그들이 은혜의 종교라 규정한 언약적 율법주의는 은혜 언약과 행위 언약의 혼합물처럼 여겨진다. 이러한 언약관을 따라 율법과 복음의 대조가 부인될 때, 칭의론은 성화와 칭의의 구분이 철폐되는 형식을 띤다. 따라서 칭의는 성령과 협력하는 행위를 원인으

로 삼게 된다. 이들에 따르면, 성령의 내주를 통해 변화된 성도는 율법을 이룰 수 있다. 이러한 경향은 한국 교회의 신학자들 안에서도 발견된다.

먼저 새 관점을 어느 정도 비평적으로 보지만 중도적인 입장에서 수용하는 이한수 교수를 살펴보자. 이한수 교수는 새 관점과는 달리 바울의 율법에 대한 부정적 입장이 다메섹 사건으로부터 얻은 계시적 인식과 연관된다고 믿는다. 그리고 이방인과 유대인의 보편적 죄의 지배를 인정한다(롬 3:9).[327] 또한 그는 이러한 보편적 죄라는 문제의 해결과 연관 지으며 칭의의 법정적 성격도 인정한다. 그러나 그는 칭의에 있어 언약적 의미(엄밀히 말하면 언약적 율법주의에서 말하는 언약 공동체 구성원이 되는 문제)를 전통적 의미와 함께 보려한다. 이한수 교수의 긍정할만한 주장은 칭의를 구원론적 범주 안에 유지하려는 노력이다. 그러나 이를 좀 더 관계적 용어로 보기를 원한다.[328] 그러나 이한수 교수는 본질적으로 바울의 구원론을 새 관점의 '들어감'과 '머무름'의 구조 안에서 해설하며, 새 관점의 종교 체계를 수용한다. 우리의 논제와 관련하여 이한수 교수에게서 발견되는 몇 가지 문제점을 지적하고자 한다.

이한수 교수에게서 발견되는 가장 큰 특징은 성경과 유대주의의 연속성 안에서 은혜 언약의 조건성을 해설하는데 있다. 그는 성경의 명령과 함께 제시되는 위협과 상급을 새 관점처럼 행위 언약[329] 하에 그것으로 규정한다. 이한수 교수가 제시하는 구절들은 바룩서(Baruch) 45:1; 마태복음 5:20절과 19:16-17절 그리고 로마서 8:12-13절, 특히 레위기 18:5절("너희는 내 규례와 법도를 지키라 사람이 이를 행하면 그로 말미암아 살리라 나는 여호와이니라.")과 같은 구절들이다. 그는 명령과 함께 제시된 생명이나 죽음의 선고를 문자적으로 수용한다. 그는, 순종이 영생의 충분한 자격요건(sufficient qualification)이며 생명을 얻게 하는 것(life-giving)이라고 주장하는 윌슨(S. G. Wilson)을 긍정한다.[330] 즉 율법에 대한 신실함은 칭의의 원인이

---

327 이한수, "새 관점의 칭의 해석, 어떻게 볼 것인가?", 254-55.
328 이한수, "새 관점의 칭의 해석, 어떻게 볼 것인가?", 257.
329 이한수 교수는 구약, 유대교, 예수님과 바울 모두가 최종 심판에 있어 상급과 위협을 영생과 영원한 형벌로 제시하였다고 주장한다. 그리고 이러한 행위 언약적 요구는 성령의 능력으로 성취 가능하다는 입장을 견지한다.
330 이한수, 『언약신학에서 본 복음과 율법』(서울: 생명의 말씀사, 2007), 319. Cf. S. G. Willson, *Luke and the Law* (Cambridge: Cambridge University Press, 1983), 15.

되는 것이다.[331] 따라서 이한수 교수는 "영생의 길로서의 율법,"[332] "순종의 행위는 의(義)와 생명에 이르는 길"[333]이라는 말을 서슴없이 사용한다. 물론 여기서 영생의 길이라는 것은 머무름에 있어 새 관점의 조건성을 따른 것이다. 개혁신학도 은혜 언약 안에 조건성이 존재함을 명확히 한다. 그러나 그것은 유효한 구원의 원인이 아닌 열매와 진정성 표지로서 제시된다. 그러나 이한수 교수는 그러한 의미와 전제를 갖지 않는다. 앞서 소개한 명령에 대한 보상과 위협의 구절들에 대한 그의 해석이 이를 증명한다.

이한수 교수는 제시된 구절들을 갱신적 측면의 강조 안에서 칭의와 연결시킨다. 이한수 교수는 로마서 3:9절이 유대인과 이방인의 보편적 죄성을 다루고 있다고 해석한바 있다. 이진술 자체는 긍정적인 것이지만, 그 이후가 문제를 일으킨다. 그는 회심 이전 혹은 언약 공동체에 들어가기 이전까지의 율법 해석에 있어 전통적인 견해를 따르는 듯하다. 그러나 들어가 머무는 차원에서 율법은 달리 해석된다. 들어간 이후 율법은 하나님의 백성들에게 생명의 길이 된다. 이한수 교수는 유대교, 구약, 예수님 그리고 바울이 율법을 생명의 길로 제시하고 있다고 믿는다. 그렇다면 바울의 반대는 무엇이며 율법과 복음의 대조는 무엇을 의미하는가? 이한수 교수를 따르면, 율법에 대한 바울의 반대는 무능한 인간이 행위를 통해 구원에 이르고자 하는 율법주의에 대한 반대라기보다 선민의식은 내세우면서 정작 율법을 순종하지 않는 것에 대한 질타로 여겨진다. 이러한 바울의 반대의 핵심은 율법주의가 아니라 그리스도 안에서 성령을 받아 율법의 요구를 이루지 않는 것에 놓인다. 그는 성령에 의해 새롭게 된 성도들에게 율법은 생명의 길이 될 수 있다고 주장한다. 문제는 여기서 발생한다. 이전에는 무능하여 율법을 성취할 수 없었지만 성령을 받고 변화되었기 때문에 이후에는 율법의 성취가 가능하다는 것이다. 그러므로 행위는 머무름의 차원에 이르면 성령과 함께 제시되는 또 하나의 구원의 원인이 되는 것이다. 이러한 이한수 교수의 해설을 분석해 보면, 그는 문자와 영의 대조를 통해 행위를 구원의 원인으로 제시하면서 구원의 원인에 있어 율법과 복음의 대조를 부정한다. 그러나 개혁신학은

---

331 이한수, "새 관점의 칭의 해석, 어떻게 볼 것인가?", 264.
332 이한수, 『언약신학에서 본 복음과 율법』, 308.
333 이한수, "새 관점의 칭의 해석, 어떻게 볼 것인가?", 264.

성령을 통해 발생한 성도의 행위도 불완전하고 죄가 섞여 있어 구원의 원인이 될 수 없다고 가르친다. 개혁신학은 중생한 자에게 행위가 구원의 조건으로 제시될 때(좁은 의미의 율법) 율법과 복음의 대조를 유지한다. 불신자도 성도도 행위를 통해 구원을 얻을 수 없는 것이다. 그러나 이한수 교수의 주장은 성령을 통해 율법이 성취될 수 있고 오히려 바울은 그것을 요구하고 있다는 의미를 전달하기 때문에, 문자와 영의 대조가 복음과 율법의 대조를 흡수한다. 그에게 칭의를 위한 갱신적 측면의 원인이 법정적 칭의의 원인을 희석시킨다.

이한수 교수에 따르면, 구약과 신약의 명령과 함께 제시되는 보상과 위협으로서 삶과 죽음의 선고는 행위 언약과 동일한 의미로 해석된다. 선택받고 믿음으로 언약 회원이 된 사람조차(외식자가 아니라 진정한 믿음을 가진 자) 머무름에서 순종의 요구에 실패하면 죽음에 처해지고 성공하면 영생에 이르는 것이다. 명령조의 구절들은 실제로 죽고 사는 결과를 초래한다.

> 옛 언약으로 대변되는 시내산 율법은 그 언약 시스템을 지탱하는 중요한 요소로서 인간의 순종 '행위'를 강조한다. **그것은 아브라함과 그의 후손을 자기 백성으로 택하신 하나님의 주권적 선택 행위에 기초한 은혜 언약의 성격을 지니기는 하지만, 그 내면적 운영체계는 율법을 행하는 자에게 의와 생명과 복을, 율법을 범하는 자에게 저주와 사망과 화를 약속하는 형태를 띠고 있다**(신 30:15-20). 문제는 이런 신명기적 언약의 패턴이 중간사 시대의 유대교 문헌에서만 아니라 복음서의 예수의 말씀 가운데서, 심지어 이신칭의(以信稱義)를 강조하는 바울 서신 중에서도 유사하게 발견된다는 사실이다.[334]

인용문을 살필 때, 이한수 교수가 이해한 은혜 언약은 행위 언약의 상급과 위협을 포함한다. 즉 이한수 교수의 은혜 언약은 은혜 언약과 행위 언약의 혼합 형태이다. 왜냐하면 그의 은혜 언약은 선택과 은혜의 시초를 가지지만 율법 순종에 대한 실패로 인해 파기 될 수 있는 언약 형태이기 때문이다. 이한수 교수가 직접 행위 언약을 언급하고 있지 않지만, 사망과 생명의 길로서 율법은 행위 언약이나 율법 언약 하에 좁은 의미의 율법과 동일한 것이다. 실제로 이한수 교수에게 있어 최종 심판의 주제는

---

[334] 이한수, "새 관점의 칭의 해석, 어떻게 볼 것인가?", 265.

행위 언약적으로 다루어진다. 따라서 그가 주장하는 구원은 유효한 구원이 아니며 하나로서 완전한 구원이 아니라 실패의 가능성을 가진 불완전하고 유효하지 못한 구원이다.

성주진 교수는 신명기 언약을 은혜 언약의 본질 안에 투영한다. 그에 따르면, 신명기 신학의 중심은 언약이다. 그러나 여기서의 언약은 이한수 교수가 제시하는 언약적 율법주의라는 은혜의 종교와 이질적인 것이다. 그 조건성에 대한 이해가 상이하다. 우선 성경의 명령에 따른 보상과 위협의 개념이 다르다. 그에 따르면 명령에 따른 보상과 위협은 실제로 엄중성을 갖지만, 순종의 실패와 그 저주의 결과가 언약의 종결을 의미하지 않는다. 보상과 위협은 단지 문자적으로 해석되지 않고 하나님 중심성 안에서 '용해'(dissolution)되는 측면이 있다.[335] 성주진 교수는 보응사상이 용해되는 본질적인 이유를 "축복과 저주는 하나님의 구속 역사와 별개로 움직이는 것이 아니라, 하나님의 구속 목적에 성실하게 봉사"[336]하기 때문이라고 지적한다.[337] 보응사상에도 불구하고 이스라엘의 실패가 모든 것의 끝을 의미하지 않았다. 구약에서 언약은 계속하여 갱신되었고,[338] 이스라엘의 추방 이후에도 언약은 갱신되고 지속되었다. 보응은 단지 정죄로서 나타나지 않았고, 이스라엘의 실패는 구속사의 또 다른 진행의 동기가 되었다. 신명기의 보응사상은 이한수 교수의 해석과는 달리 구속사에 기여하는 형태로 은혜 언약의 본질 안에 주어진 것이다. 은혜 언약 안에 보응사상은 행위 언약의 성격을 갖지 않는다. 명령에 대한 보상과 위협은 행위 언약과는 달리 해석된다.

그러나 보응사상에 나타난 하나님의 의(義)는 하나님의 사랑을 배척하는 반대 개념이 아니라 하나님의 사랑을 초청하는 초대장이다. 나아가서 보응사상의 '해체'는 보응사상이 하나님의 주권적 사랑을 다룰 수도 있도록 그 개념을 확장하는 신학적 작업으로 이해할 수 있을 것이다. 이렇게 이해한 신명기의 보응사상은 신명기가 사랑의 마그나카르타라는 사실을 부정하지 않는다.[339]

---

[335] 성주진, 『사랑의 마그나카르타』 (서울: 합동신학대학원출판부, 2005), 230-31, 237-38.
[336] 성주진, 212.
[337] 성주진, 223-24.
[338] 성주진, 310.

은혜 언약 안에서 제시되는 은혜의 유효성과 조건성은 이 논문에서 제시한 칭의 주제의 구성 요소들과 언약적 해설들을 전제해야 한다. 우리가 살핀 대로 개혁신학의 이중 은혜와 은혜 언약 안에 제시된 조건성은 인간의 행위와 공로가 구원의 원인으로 들어설 여지가 없다. 그러나 이한수 교수는 성령의 역사와 중생을 근거로 성도의 행위를 구원의 길(원인)로 제시한다. 철저히 갱신적 측면에서 구원의 원인을 다루는 것이다. 그에 따르면 복음과 율법의 대조는 성령이 내주하지 않은 상태에서만 제시된다. 그러나 성령의 내주를 근거로 머무름 안에서 순종은 구원의 길인 것이다. 그러나 성령의 내주가 있더라도 불완전한 성도의 선행은 구원의 원인이 될 수 없으므로, 구원의 원인에 있어서는 복음과 율법의 대조가 유지되는 것이다.

칭의의 원인을 갱신적인 측면에 두는 한국의 신학자로 권연경 교수를 또한 지목할 수 있다. 권연경 교수는 바울의 칭의에 대한 사회학적 해석을 받아들인다. 그러나 이한수 교수처럼 칭의를 구원론의 측면에서 다루려 한다.[340] 왜냐하면 초기 칭의는 '속함'의 문제로 다루어지지만 최종 칭의에서는 정작 구원론적 차원에서 다루어질 수밖에 없기 때문이다. 그러나 권연경 교수는 최종 칭의의 원인을 갱신적 측면으로 해석하려는 새 관점의 경향을 유지한다. 그는 '율법의 행위'를 '율법 전체' 혹은 '도덕법'과 구분한다.[341] 이러한 구분은 바울의 율법 반대에 대한 해석에 영향을 미친다. 율법의 행위는 율법 성취에 대한 가능성을 반대하지 않는다. 그에 따르면, 율법의 행위에 대한 바울의 반대의 내용은 민족적 선민의식은 주장하면서 율법을 성취하려 하지 않는 태도를 의미한다.[342] 이러한 주장은 종교개혁의 그것과 이질적인 것이다. 종교개혁도 율법이 인간의 구원에 무력하다는 사실을 가르친다. 그러나 인간의 무력함의 폭로는 우리의 행위가 아닌 그리스도만을 통해 구원에 이를 수 있다는 율법과 복음의 대조를 전제한다. 물론 중생자의 행위조차 구원의 조건으로서 부족하다. 그러므로 문자와 영의 대조는 성령을 받고 갱신된 상황과 그렇지 못한 상황을 대조하지만, 갱신의 상태가 완전한 것을 의미하거나 구원의 원인이 되는 것을 허락하지 않는다.

---

339 성주진, 239.
340 권연경, "옛 관점과 새 관점의 충돌: 주석적 평가와 제안", 30.
341 권연경, "옛 관점과 새 관점의 충돌: 주석적 평가와 제안", 39.
342 권연경, 『행위없는 구원?』, 199.

오히려 율법과 복음의 대조 안에서 그리스도께서 곤경의 해결책으로 제시되고, 갱신적 은혜는 그리스도와의 연합의 결과와 열매로 나타나는 것이다. 그러나 권연경 교수는 '율법을 성취할 수 있다'는 것에 초점을 둔다. 권연경 교수의 율법의 무력함 폭로는 성령을 받아 율법을 성취할 것을 지향하여 이루어진다. 율법의 무력함 폭로의 목적은 그리스도를 믿고 성령을 받아야 율법을 성취하여 최종 구원에 이를 수 있다는 사실을 가르치는데 있다. 권연경 교수의 해설에 있어 갱신적 측면은 구원의 원인으로 부각되지만, 법적인 측면의 원인은 실종되고 만다.

권연경 교수의 구원론 체계 배후에는 우리가 언급한 언약적 이해의 차이가 존재한다. 그의 구원론 해설은 우리가 이 장을 통해 소개한 개혁주의 칭의론의 전제들을 반대한다. 그는 의미심장한 진술을 한다.

이런 물음과 함께, 새 관점이 바울신학계에 끼친 긍정적 효과의 또 다른 측면을 고찰해보기로 하자. 자주 언급되는 것처럼, 새 관점은 "율법과 복음"이라는 경직된 이분법에 의해 제대로 조명되지 못하던 계시적 연속성, 곧 구약/유대교와 기독교, 옛 언약과 새 언약을 관통하는 "연속성"(continuity)에 보다 깊은 주의를 기울이도록 했다. 사실 종교개혁 이후 구원론 논의를 주도해 온 **"행위 언약 vs. 은혜 언약"의 이분법으로 인해, 두 언약 사이의 차이는 실제보다 과장되거나 잘못 표현되기 쉬웠다.** 복음의 은혜를 강조하기 위해 첫 언약에 담긴 은혜의 무게가 과소평가 되었고, 이와 더불어 바울의 복음 속에 담긴 윤리적 책임의 중요성 또한 상대화되었다. 참된 믿음은 행위로 나타난다는 식의 사후적 변호가 덧붙기는 하지만, 기본적으로 믿음 자체는 행위와 무관한, 심지어 행위와 상반된 개념으로 상정되기 쉬웠다.[343]

권연경 교수가 반대한 개혁신학의 주제들은 개혁신학이 칭의 해설에 있어 중요시하던 해석학적 틀이다. 권연경 교수는 바로 그것을 공격하고 있는 것이다. 권연경 교수의 진술은 우리가 다룬 언약의 구분, 복음과 율법의 대조, 문자와 영의 대조, 신구약의 통일성 주제가 얼마나 중요한 것인지 반증하는 것이다. 권연경 교수의 구원론 체계는 바로 그 자신이 반대하는 주제들의 이탈로부터 발생한 것이다. 개혁신학의 칭의론이 이 주제들을 통해 해설되듯, 권연경 교수의 칭의의 이질성은 바로

---

343 권연경, "옛 관점과 새 관점의 충돌: 주석적 평가와 제안", 31.

이 주제들에 대한 부정과 무관하지 않다. 인용된 권연경 교수의 글에 대해 몇 가지 반론이 제기된다.

첫째, 권연경 교수는 "새 관점은 '율법과 복음'이라는 경직된 이분법에 의해 제대로 조명되지 못하던 계시적 연속성, 곧 구약/유대교와 기독교, 옛 언약과 새 언약을 관통하는 '연속성(continuity)에 보다 깊은 주의를 기울이도록 했다'고 주장한다. 권연경 교수가 말하는 연속성은 새 관점의 가정이요 전제일 뿐이다. 성경이 아닌 1세기 유대주의 문헌을 신학의 원리로 삼을 때 가능한 결론이다. 성경은 신약과 구약의 통일성을 가르치지 유대교와 기독교의 통일성을 주장하지 않는다. 또한 권연경 교수가 주장하는 옛 언약과 새 언약의 연속성(통일성)은 무엇을 의미하는가? 그는 "율법과 복음 사이의 근본적 연속성을 존중하는 개혁주의 입장에서는 이런 합의가 더욱 반갑게 수용할 수 있을 것이다"고 낙관한다. 그러나 어떤 합의가 가능한가? 개혁신학은 옛 언약과 새 언약의 통일성을 은혜 언약이라 하였고 그 본질을 그리스도와 그의 은혜로 규정한다. 그러나 권연경 교수가 말하는 연속성은 은혜와 행위가 함께 구원의 원인이 되는 반(半)-펠라기우스주의적 은혜가 아닌가! 율법과 복음의 대조를 경직된 이분법이라 혹평하는 것은 율법을 원인으로 구원에 이를 수 있다는 명제를 함축하는 것이다. 왜냐하면 복음과 율법의 대조는, 율법은 구원의 원인이 될 수 없다는 그 말 자체와 동의어이기 때문이다. 구원의 조건, 구원의 원인을 두고 개혁주의는 절대적으로 복음과 율법의 대조만을 제시한다. "율법과 복음 사이에 근본적 연속성을 존중하는 개혁주의 입장"[344]이란 진술은 무슨 근거를 통해 제시한 말일까? 혹시 율법의 제3용도를 두고 말한 것이라면, 긍정하겠지만, 이 경우에도 개혁신학은 율법의 제3용도를 구원의 원인으로 제시한 적이 없다.[345]

둘째, 권연경 교수는 행위 언약과 은혜 언약의 대조를 반박한다. 그리고 그는 개혁신학이 행위 언약 안에 함의된 은혜의 요소를 과소평가한다고 주장한다. 그러나 이 주제는 이미 웨스트민스터 신앙고백서를 다루며 언급한바 있다. 이 고백서는

---

344 권연경, "옛 관점과 새 관점의 충돌: 주석적 평가와 제안", 34.
345 물론, 구원의 원인이 아닌, 성도의 삶의 척도로서 율법의 제3용도 안에서는 복음과 율법의 조화가 인정된다. 이러한 조화가 가능한 것은 율법의 제3용도가 구원의 원인으로서 순종 개념을 갖지 않기 때문이다. 성도의 순종은 언제나 은혜의 결과요 열매일 뿐이지 원인이 되지 않는다.

타락 전 언약의 자비를 타락 후 은혜 언약의 구속적 은혜(redemptive grace)와 구분한다. 개혁신학자들은 행위 언약의 은혜를 평가절하 한 것이 아니라 타락 전에 임한 은혜와 구속의 은혜를 구분한 것이다. 우리는 행위 언약 하에 완전한 율법의 요구가 생명의 조건으로 제시된 것 또한 부인할 수 없다.

셋째, 권연경 교수는 이 모든 전제들로 인해 개혁신학이 복음 안에 담긴 윤리적 책임의 중요성을 상대화시켰다고 주장한다. 그러나 개혁신학은 복음 안에 담긴 윤리적 책임을 경시한 적이 없다. 칼빈은, 칭의가 구원과 경건의 토대라고 주장하였다. 개혁신학이 윤리적 책임을 상대화시켰다는 표현보다는 윤리적 책임을 어떤 의미로 강조하였는가로 질문이 제시되어야 한다. 개혁신학은 좁은 의미(율법의 본성에서 은혜를 배제한 개념)에서 율법과 복음의 철저한 대조를 주장했지만, 넓은 의미에서 율법은 복음과 연속성을 인정한다. 우리는 이것을 율법의 제3용도라 부른다. 이때 율법은 성도의 생활의 표준으로서 은혜의 수단으로 여겨진다. 따라서 개혁신학도 문자와 영의 대조를 유지한다. 은혜가 배제된 '문자'는 율법의 본성으로 요구하는 좁은 의미의 율법을 의미하지만(정죄하는), 은혜와 성령이 개입되면 율법은 제3용도의 의미로서 긍정적 역할을 한다. 믿고 성령께서 내주하시면 변화되어 순종을 이루어 가는 것이다. 그러나 남은 죄와 불완전성으로 인해 갱신적 은혜의 열매는 칭의의 원인이 될 수 없다. 권연경 교수의 견해처럼 갱신적 은혜를 받았다고 신자가 율법을 성취할 수 있는 것은 아니다. 갱신적 은혜는 영화(glorification)에 이르기까지 불완전한 모습으로 실현된다. 행위는 결코 구원의 원인이 될 수 없다는 명제의 부정은, 행위 만으로든(펠라기우스주의) 은혜와 협력하는 행위이든(반(半)-펠라기우스주의) 간에, 행위가 구원의 공로적 원인이 된다는 명제로 이어진다. 권연경 교수는 언약의 구분, 율법과 복음의 구분, 오직 은혜 안에 신구약의 통일성을 반대하므로, 은혜를 상대적인 것으로 만들고 있지 않은가?

넷째, 권연경 교수는 자신의 구원 해설이 공로신학이 아니라고 주장한다. 그러나 그는 진술의 문맥 안에서 공로신학의 혐의를 벗어낼 수 없다. 그는 갱신의 문맥에서 사죄의 선포가 이루어진다고 주장한다. 법적인 측면은 침묵된다. 그는 변화하는 믿음은 말하지만, 전가를 통해 의인(義人)으로 여겨지는 평결은 말하지 않는다. 부활이 강조되지만, 부활하신 그리스도와의 연합 안에 분리되지 않지만 구분되는 이중 은총을 말하지 않는다. 옛 언약과 새 언약의 통일성의 본질에 있어 문자와 성령의 대조는 이야기 하지만, 오직 그리스도, 오직 믿음, 오직 은혜라는 은혜 언약의 통일성은 말하지 않는다. 그는 문자와 성령의 대조를 근거로 율법과 복음의 대조를 잠식시킨다. 그는 구약이나 신약에서 "구원의 과정에 *하나님의 은혜와 인간의 순종이 함께 얽히는 구조 자체는* 별로 다를 바 없다"[346]고 주장한다. 권연경 교수의 이 발언이 그리스도와의 연합 안에 분리되지 않지만 구분되는 이중 은총이란 개념의 동일 의미로 여겨질 수 있을까? "얽히는 구조"는 권연경 교수의 진술의 문맥 속에서 조망될 때, 행위가 최종 심판의 원인으로 여겨질 수 있다는 것을 함의한다. 칭의의 원인이 갱신적 측면으로 제시될 때 그렇다. 복음과 율법의 대조가 배제될 때, "얽히는 구조" 안에서의 행위는 구원의 원인을 함축할 수밖에 없다. 공로신학이 아니라는 권연경 교수의 주장은 행위를 최종 칭의의 원인으로 여길 지라도 은혜가 "얽히는 구조"이기 때문에 그것이 은혜의 종교로 간주된다는 의미로 추론된다.

권연경 교수는 개혁신학의 새 관점 반대가 "반대를 위한 반대"[347]의 수준에 머문다고 주장한다. 그리고 개혁신학의 새 관점 비평이 "전통과 다르다는 이유만으로"[348] 이루어진다고 주장한다. 권연경 교수의 진술을 따르면, 새 관점을 반대하는 개혁신학은 성경과 무관한 논쟁을 벌이고 있는 셈이다. 종교개혁자들은 성경과 무관한 자들이었을까? 종교개혁과 개혁신학의 역사적 진술들과 고백들은 성경과 무관한 교리체계일 뿐인가? 필자는 그렇게 생각하지 않는다. 종교개혁자들과 개혁신학자들 그리고 그들의 계승자들은 성경에 대한 역사적, 문법적, 신학적 해석 방법을 통해 성경을 주해하였고, 그들의 교리와 신조는 성경 주해의 결과라고 생각한다. 따라서 종교개혁과 개혁신학에 대한 비판은 긴 역사를 통해 축적된 성경 해석들, 역사적 진술들, 신조들을 검토하는 과정이 필요한 것이다. 그러나 많은 새 관점 학자들이 역사적 진술을 인용하지도 않고 검토도 하지 않은 채 종교개혁의 체계를 단순하고 통속적인 이해 안에서 비판하는 모습을 발견하게 된다. 그러나 정작 성경을 신학의 제1원리로 삼기보다는

---

346 권연경, "옛 관점과 새 관점의 충돌: 주석적 평가와 제안", 34.
347 권연경, "옛 관점과 새 관점의 충돌: 주석적 평가와 제안", 35.
348 권연경, "옛 관점과 새 관점의 충돌: 주석적 평가와 제안", 22.

1세기 유대주의에 대한 자의적 이해를 통해 성경을 조종하는 것은 누구인가? 사실 필자는 샌더스를 비롯한 새 관점 학자들이 방대한 양의 문헌을 많은 노력을 통해 연구하였다는 것을 인정하지만, 그들이 제시한 유대주의의 체계와 그 체계에 대한 새 관점 학자들의 신학적 평가가 상식적인 수준의 판단에 미치지 못함을 발견한다. 만일 그들이 연구한 언약적 율법주의가 은혜에 기원을 갖고 행위를 근거로 최종 칭의를 받는 종교라면(이 체계는 새 관점 자신들이 제시한 것이다), 이 체계는 반(半)-펠라기우스주의로 규정되어야 했다. 그리고 그들은 칼빈과 루터가 펠라기우스주의 류와 논쟁한 것으로 이해했다. 그러나 교회 역사 속에서 로마 카톨릭을 펠라기우스주의라 주장하는 이는 결코 없을 것이다. 그들은 언약적 율법주의와 로마 카톨릭을 모두 반(半)-펠라기우스주의로 인식해야 했다. 그러나 새 관점은 이 점에서 잘못 가기 시작한 것이다. 이로부터 반(半)-펠라기우스주의가 은혜의 종교로 둔갑하면서 *sola gratia*(오직 은혜)는 폐기되고 *gratia*(은혜)만 남겨졌다. 그리고 *sola*(오직)의 빈자리를 행위가 슬며시 파고들었다. 권연경 교수의 칭의가 갱신적 측면에서 해설될 때, 이러한 결론을 피하기 어렵다.

우리는 물을 수 있다. 이렇게 구원의 원인을 갱신적 측면에 둘 때, 성령께서 내주하신 성도의 행위는 탁월하지만, 그렇다고 그 행위가 율법의 완전하고 엄중한 요구를 충족시킬 수 있을 만큼 완전한 것인가? 구원과 칭의에 있어 그리스도의 의(義)는 인간의 행위로 보충해야 할 만큼 불완전한 것이고 부족한 것인가? 칭의에 연결된 믿음은 복음을 처음 받아들이는 신뢰 행위로 축소되는가? 이미 칭의와 언약의 차원에서 살핀 샌더스, 던 그리고 라이트의 체계와 이에 대한 지지자들 혹은 비평적 수용의 입장들이 갖는 공통점이 있다. 그것은 구원의 법정적 측면과 전가를 무시하거나 축소하면서 갱신적 측면에 구원의 원인을 두려는 경향들이다. 갱신적 측면이 구원의 원인이 될 때, 성령과 인간의 협력이 구원의 원인을 점유하게 되는 것은 당연한 결과이다. 실로 이러한 반(半)-펠라기우스주의적 언약 체계들은 결과적으로 행위 언약과 은혜 언약의 구분을 혼동하거나 혼합하는 경향을 보인다. 행위 언약과 은혜 언약의 구분, 율법의 좁은 의미와 넓은 의미, 신약과 구약의 본질에 있어서 통일성과 시행의 차이, 문자와 영 그리고 복음과 율법의 대조들은 은혜 언약을 은혜 언약으로 인식하게 만드는 중요한 해석학적 도구들인 것이다.

우리는 새 관점과 개혁신학의 칭의론과 칭의의 은혜 언약적 함의를 비교 검토하므로 다음과 같은 결론에 이른다. 언약적 율법주의는 은혜의 종교가 아니다. 더욱 엄밀히 말하면 언약적 율법주의의 조건성은 은혜 언약의 조건성과 이질적인 것이다. 이들의 언약의 조건성은 공로적인 것이며 조건적인 것이다. 은혜의 시작을 말하지만, 최종적이고 결정적인 구원 성취는 갱신적 측면에서 성령과 협력하는 인간의 행위에 토대된다. 이들의 구원관이 언약적으로 조망될 때, 그 안에서 은혜 언약과 행위 언약의 혼동이 발견된다. 이들이 말하는 언약적 율법주의에 있어 '들어감'의 은혜는 유효하지 않은 은혜이며, 들어갔다는 의미는 구원을 이루었다는 의미가 아니라 구원을 위해 달려갈 기회와 자격을 언약 안에 얻었다는 의미이다. 그러므로 그들은 칭의를 구원론이라 말하지 않고 교회론이라 주장한다. 결국 칭의는 구원의 공동체에 들어가 구원을 경주할 자격을 부여 받는 것이며, 성도는 머무름에 있어 성령과 협력하여 구원을 추구해야 하는 것이다. 우리는 이러한 새 관점의 언약의 조건성을 반(半)-펠라기우스주의적 공로신학이라 결론지을 수 있다.

3. 새 관점의 방법론에 대한 개혁신학의 비평

지금까지 살핀 새 관점의 신학적 결론들은 그들의 신학 방법론을 통해서 발현되었다. 그들이 추구하는 방법론은 바울과 유대주의 사이에 연속성이다. 양자의 연속성 안에서 역사적 정황과 바울의 신학을 풀어간다. 그렇다면, 우리는 이러한 방법론이 타당한 것인지 물어야 한다. 우선 제기되는 질문은, 1세기 정황이 성경을 풀어가는 전제 즉, 신학의 제1원리가 될 수 있는가 하는 문제이다. 둘째, 그들은 1세기 유대주의가 은혜의 종교라는 전제 아래 신학을 전개해 나간다. 그렇다면 과연 1세기 유대주의는 진정 은혜의 종교인가? 만일 그렇지 않다면, 그들의 모든 신학적 가정들과 논증들은 무너지고 마는 것이다. 왜냐하면 전제 자체가 오류로부터 시작되기 때문이다. 신학의 첫 단추가 잘못 끼워진 것과 같다. 이제 이 두 질문들에 답하여 보자.

A. 1세기 유대주의에 대한 연구와 성경의 관계

새 관점과 개혁신학의 차이는 성경 해석의 차이로부터 비롯된다고 볼 수 있다. 하지만 해석은 신학의 전제 혹은 신학의 방법론으로부터 비롯되기 때문에, 양자의 근본적 신학적 차이는 방법론의 차이로부터 비롯되었다. "양자의 차이는 단순한 해석의 차이를 넘어 방법론의 차이에서 비롯된다. 바울 신학을 당대의 유대주의와 연속성에서 찾으려는 방법론과 그보다 훨씬 폭이 넓게 구약 성경과의 맥락 안에서 찾으려는 방법론의 차이이다."[349]

라이트(N. T. Wright)는 성경을 몹시도 강조하고 심지어 자신이야 말로 sola scriptura(오직 성경)의 슬로건을 추구하는 진정한 개혁자라고 자부한다.[350] 그러나 라이트와 다른 새 관점 신학자들은 구약과 제2 성전 기 유대주의 문학 사이를 구분하지 않는다. 실제로 그들의 신학을 지배하는 것은 제2 성전 기 유대주의가 아닌가? 바울 서신들이 역사적 정황들 안에서 저작되었기 때문에, 역사적 연구가 바울 연구에 필요한 것은 사실이나 역사적 연구가 바울의 신학을 조종하는 주형 혹은 격자로서 간주되어서는 안 된다. 바울 연구에 있어 언제나 "바울의 저작들이 처음부터 끝까지 말하도록 허락해야 한다."[351]

실제로 새 관점 신학자들의 대다수가 13권의 바울 서신들 중에 7권만을 바울의 진정한 저작으로서 신뢰하는 경향이 있다. 따라서 이들은 "골로새서, 에베소서, 데살로니가 후서와 목회서신들은 제이 바울 서신(deutero-Pauline)으로 간주되어" 이 자료들이 신뢰할 만한 바울 연구의 자료에서 제외된다.[352] 그들이 종교개혁을 비판하고 언약적 율법주의를 은혜의 종교로 규정하는 것은 성경으로부터 출발한 사고가 아니라 역사적 연구를 통해 시작된 사고이다. 그들은 성경을 1세기 유대주의 문헌을 통해 조종한다. 워터스(G. P. Waters)는 바울과 유대주의를 구분하지 않으려는 새 관점의

---

349 김병훈, "율법주의, 언약적 율법주의, 은혜 언약: '바울의 새 관점들의 신학적 소재?'", 90-91. Cf. J. Gresham Machen, *Orgin of Paul's Religion* (London: Hodder & Stoughton, 1921), 180, 김병훈, "율법주의, 언약적 율법주의, 은혜 언약: '바울의 새 관점들의 신학적 소재?'", 90-91에서 재인용.

350 Wright, *Paul in Different Perspectives*. Lecture 1.

351 Venema, *The Gospel of Free Acceptance in Christ*, 147-48.

352 Venema, *The Gospel of Free Acceptance in Christ*, 148.

오류를 지적한다.

> 기능적으로, 대부분의 신약학자들은 구약과 제2성전기 유대주의 문학 사이를 구분하지 않는다. 이것은 필연적으로 신약의 해석에 있어 왜곡된 결과를 가져온다…성경과 전통 사이에 이러한 중대한 바울의 구분을 인식하는데 실패하는 것은 필연적으로 바울에 대한 우리의 해석을 일그러지게 하는 것이다. **성경은 오직 바울에 대한 우리의 읽음을 조정해야 한다.**[353]

우리는 구약과 유대주의 사이를 구분할 필요가 있다. 1세기 유대주의 안에 구약의 계시를 온전히 해석하고 따른 자들이 존재하였지만, 구약에 대한 그릇된 해석 또한 존재했던 것이다. 유대주의 문헌은 성경과 동일시 될 수 없다. 유대주의는 성경에 대한 다양한 해석들이지 성경 자체, 계시 자체가 아니다. 예수님과 바울 당시 유대주의자들 대다수가 그리스도를 배척하였다. 예수님을 배척한 것은 구약을 오해하였던 이유이다. 실제로 예수님과 바울은 때때로 유대주의자들의 잘못된 성경해석을 교정하려 했다는 사실을 주시하라. 예수님과 바울은 구약을 수정한 것이 아니라 구약에 대한 바른 해석을 제시한 것이다. 성경이 보여주는 바울의 정체성은 구약의 실현이지 유대주의의 실현이 아니었다. 바울이 언약적 율법주의자였다라고 주장하는 새 관점의 주장은 성경적 근거가 없는 그들의 상상에 불과하다. 이러한 주장은 성경의 주장이 아니라 1세기 유대주의에 조종당하는 성경 해석으로부터 비롯된 오류일 뿐이다.

> … 더욱이 뛰어난 유대주의 연구가인 뉴스너(Jacobs Neusner)가 샌더스를 비평하면서 이르기를, 샌더스가 1세기 유대주의를 연구하면서 그것과 구약성경과의 관계를 고려하지 않은 것은 샌더스의 연구의 치명적인 약점이라고 지적을 한 사실은 '새 관점'의 방법론적 문제점을 잘 말해준다.[354]

요약하자면, 새 관점 신학자들은 바울과 유대주의를 언약적 율법주의의 연속성

---

353 Waters, *Justification and the New Perspectives on Paul*, 156-57.
354 김병훈, "율법주의, 언약적 율법주의, 은혜 언약: 바울의 새 관점들의 신학적 소재?", 91. Cf. Jacob Neusner, *Judaic Law from Jesus to the Mishnah: A Systematic Reply to Professor E. P. Sanders* (Atlanta: Scholars Press, 1993).

아래 놓고 종교개혁신학을 비판하였지만, 이러한 비판은 *sola scriptura*(오직 성경)에 근거한 것이 아니라, 1세기 유대주의 정황에 조종된 해석에서 비롯된 것이다. 그들은 신학의 제1 원리 혹은 외적 원리로서 성경을 철저히 따르지 않고, 유대주의와 구약(정경과 그 권위)을 구분하지 못한 채 바울 신학이 언약적 율법주의로부터 비롯된 것으로 규정하였다. 따라서 새 관점의 방법론은 1세기 유대주의를 신학의 제1 원리처럼 여기고 바울을 유대주의 신학자로 만들어 버렸다. 참된 신학은 성경만이 진리의 척도라는 사실을 고수한다. 오직 바울 연구는 13권의 바울 서신 자체의 음성에 귀 기울일 뿐만 아니라 66권 성경의 유기적인 문맥과 정황 속에서 즉, 성경의 통일성 안에서 바울의 초상을 그려야 한다. 물론 바울 저작과 당시의 역사적 정황을 무시하지 말아야 하지만, 언제나 신학적 체계 구축과 결론은 성경에 의해 조종되어야 한다. 자신들의 방법론이 종교개혁의 대안이라 주장하는 새 관점 주의자들은 종종 조직신학과 교회의 역사적 고백들을 무시하지만, 문제는 성경신학이냐 조직신학이냐의 문제가 아니라 건전하고 타당한 신학 방법론, 해석학 그리고 주석을 통해 온전한 신학 체계를 구축하느냐의 문제이다. 라이트 역시 자신의 신학 체계를 구축하고 있으며, 이는 자신의 방법론으로부터 귀결된 것이다. 개혁신학의 교의 체계 역시 신학적 방법론과 해석의 원리를 따라 성경을 해석한 결과물들인 것이다 (문법적, 역사적 그리고 신학적 해석). 따라서 종교개혁과 개혁신학은 교의 체계의 선입견 속에서 성경을 왜곡하지만 자신은 '오직 성경'의 원리를 따른다는 라이트의 자화자찬은 불합리한 것이다. 양자 사이에 분명한 차이가 존재한다. 종교개혁은 성경을 신학의 제1 원리로 성경 자신의 음성을 따라 신학 체계를 구축하였다. 그러나 새 관점은 언약적 율법주의라는 1세기 유대주의를 신학 원리와 전제 삼아 성경을 해석하였고 성경의 일부만을 인용하였다. 무엇이 '오직 성경'의 모토를 따라가고 있는 것인가? 라이트가 스스로 '오직 성경'의 실천자라고 고백한 것은 정직한 진술일까? 진정 자신은 성경의 진정한 헌신자이지만, 종교개혁과 개혁주의는 교의 신학의 선입견 아래 성경을 왜곡한 성경에 문외한들이었을까? 진정 개혁주의는 자신들의 필요를 위해 그리고 자신들의 체계를 위해 성경을 자의적으로 선별 인용한 사람들일까?

어떤 이들은 '새 관점'은 성경에 대한 정직한 주석에 기초하여 제시한 것이라고 믿는 듯하다. 그들의 생각에 종교개혁신학의 '옛 관점'을 고집하는 것은 학문에 대한 정직한 태도가 아니며 교리의 전통 안에 갇혀 있는 잘못을 범하는 것으로 여겨진다. 그러나 그것이 사실일까? '새 관점'의 신학적 소재에 대한 논고의 평가는 단지 성경 주석에 근거한 '새 관점'을 전통 신학에 근거한 '옛 관점'으로 제한하기 위한 노력의 일부가 아니다. '옛 관점'도 성경의 [에 근거한 신학이기 때문이다. 특별히 개혁신학은 철저한 성경의 역사적, 문법적, 신학적 해석의 기초 위에서 주석한 결과임을 기억할 필요가 있다. 성경의 유비(analogia Scripturae)와 신앙의 유비(analogia fidei)라는 해석의 원리는 개혁신학의 성경 해석적 충실성을 잘 드러내 준다. 성경과 교리는 어떤 이들이 오해하듯이 그렇게 동떨어져 있는 것이 아니다.

그런데 '새 관점' 신학은 정말로 성경 주석적으로 견고한가? 샌더스의 팔레스타인 유대주의에 대한 '언약적 율법주의'는 성경에 나타난 예수님과 바울의 논쟁 상대를 정확히 말해주는가? 만일 그렇다고 할지라도, 바울은 정말로 '언약적 율법주의'와 사상적 체계에 있어 근본적으로 동일성을 갖고 있는가? 그렇다면 신약과 구약의 연속성을 전제로 할 때, '언약적 율법주의'의 언약과 종말론적 체계가 성경 전체의 복음인가? 신학적으로 말하여 그리스도의 복음은 성령의 인도함을 받은 사람의 행위에 근거한 신인협동론적인 넓은 의미에서 율법주의 구원을 말하는가? 이 모든 질문들에 대한 본 논고의 판단은 '새 관점'이 제시하는 신학을 성경적인 답으로 받기에는 길이 너무나도 멀다는 것이다.

또 방법론적인 측면에서 1세기 역사적 맥락을 살피기 위한 성경 외적 문서들의 연구에 의지하여 그것도 성경 해석을 지배할 만큼 확정적이지 않음에도 불구하고 그것으로 성경의 해석을 지배하는 것이 정당한가? 성경 자체의 해석적 음성은 없는 것인가? 왜 라이트와 같은 이가 '새 관점'을 논의하면서 의롭게 됨과 율법의 행위에 관련한 중요한 본문들인 에베소서 2:8-9, 디모데 후서 1:9 그리고 디도서 3:5 등은 다루지 않는 것일까? 그것들을 바울 저작으로 보지 않기 때문인가?[355]

따라서 필자는, 새 관점의 성경해석의 결과들과 그로부터의 신학 체계들이 성경만이 아닌 1세기 유대주의에 조종된 성경해석의 결과들로서 신학의 제1 원리로서 성경 해석의 원칙을 벗어났을 뿐만 아니라 이로부터 성경 자체의 진리를 왜곡하게 되었다고 판단한다.

---

355 김병훈, "율법주의, 언약적 율법주의, 은혜 언약: 바울의 새 관점들의 신학적 소재?", 101-102.

B. 새 관점의 율법주의 이해

성경보다 유대주의를 더욱 신뢰하는 그들의 방법론은 제쳐 두고라도, 그들이 전제로 삼은 1세기 유대주의 자체에 대한 그들의 이해가 실재와 부합하는지를 물어야한다. 진정 언약적 율법주의는 은혜의 종교인가? 그것은 율법주의가 아니었는가? 바울은 율법주의가 아닌 민족적 배타성, 경계표의 문제로 논쟁하였는가? 종교개혁은 진실로 펠라기우스주의로서 로마 카톨릭과 논쟁하였을까? 그러나 실상을 들여다보면 진실은 그렇지 않다.

사실 언약적 율법주의에 대한 초석(礎石)을 놓은 샌더스의 논증은 유대주의 1차 문헌에 대한 양과 깊이에 있어 상당한 호소력을 가지고 있다. 그러나 샌더스의 이러한 역량에 도전할만한 양과 깊이를 가진 유대주의 문헌에 대한 연구와 평가들이 제시되기에 이르렀다. 그것은 카슨(D. A. Carson)을 중심으로 편집된 여러 에세이들을 모은 Justification and Variegated Nomism을 통해서이다. 오브라이언(Peter T. O'Brien)은 이 책을 통해 언약적 율법주의에 대한 심각한 의심들이 제기되었으며, 그에 대한 수정이 요구되고 있다고 전한다.[356] 그렇다면 언약적 율법주의에 대한 새 관점 신학자들의 자의식에 있어 오류는 무엇인가?

샌더스(E. P. Sanders)는 '들어감'과 '머무름'의 구조에 있어 '들어감'에 지나친 강조를 두고 '머무름'에 있어 공로적 개념을 너무나 단순화시킨다.

유대주의 안에 종교의 패턴에 대한 이러한 사상에 대한 그의 발전 안에서, 샌더스는 제2 성전기 유대주의가 언약 공동체의 미래적(종말론적) 정당성 입증을 견지하는 방식에 거의 주의를 기울이지 않는다. 이러한 하나님의 언약 공동체를 다루심의 미래적 측면을 경시함에 의해, 샌더스는 은혜롭게 선택된 언약 공동체 안에서 신적 시작을 강조할 수 있다. 그러나 만일 공동체에 속한 사람들의 마지막 정당성 입증이 더 큰 강조로 주어진다면, 율법에 대순종의 언약 회원의 행위들은 언약을 시작하는 은혜를 빛을 잃게 하는 방식으로 이해될수 있다. 우리는 다음 부분에서 이 이슈로 주의를 기울이는 기회가 있을 것이다. 그러나율법에 대한 순종이 하나님의 백성의 미래 칭의/정당성 입증 안에서 행하는 역할을 무시하는

---

[356] Peter T. O'Brien, "Was Paul a Covenantal Nomist?," Justification and Variegated Nomism: The Paradoxes of Paul, vol. 2, ed., D. A. Carson (Grand Rapids: Baker, 2004), 296.

것은 샌더스의 종교의 유대주의적 패턴의 묘사 안에서 하나의 불균형을 나타낸다.[357]

필립 입슨(Philip H. Eveson)도 1세기 유대주의의 내막이 공로주의적인 것이었음을 지적한다.

그러나 이것이 내막의 전부는 아니다. 샌더스가 믿기 원하는 것보다 훨씬 더 광범위한 면에서의 율법주의가 성행했다는 암시가 신약 외에서 나타난다. 당시 팔레스타인 유대 문헌에는 로마 카톨릭의 공적 교리와 유사한 '공로(공로)의 보고'(treasury of merits) 혹은 '비공로에 대한 공로의 균형'이라는 언급이 없다 하더라도, 트리니티 복음주의 신학교(Trinity Evangelical Divinity School)의 돈 카슨(Don Carson)은 주장하기를, "물론 이후 세대에서 훨씬 확장되었던 '공적(공로)의 신학'(merit theology)을 말하는 것이 부적당한 것처럼 보이지 않는다고 하였다. 샌더스는 '일관성 있게 랍비들이 수용하고 있는 공적(공로) 신학의 영향력을 경시' 하고 있다.[358]

실제로 유대주의 문헌을 통해 은혜와 행위의 긴장이 존재한다는 사실을 샌더스 스스로 인정한다. 그는 이스라엘의 선택이 조건적이었다고 진술하기 때문이다.[359] 그러나 그는 이러한 위기를 모면하고자 옹색한 변명으로 흐지부지 논증을 끝낸다. 샌더스는, 유대인들이 왜 그들을 선택하셨는지를 물었고, 이러한 질문의 의도는 "변덕스럽거나 임의적이지 않은"[360] 공의로운 것으로 이해하기 위해서라고 주장한다. 샌더스에 따르면, 그들은 한편으로는 "하나님의 선택이 비임의적인 것처럼 보이게 하려는 랍비의 바램"과 다른 한편으로는 "하나님께서 이스라엘을 선택하셨다는 확신의 중심성"을 조화시키려 노력했다.[361] 샌더스는, 이러한 긴장을 내포한 모순적 진술이 교리적 진술이 아니라 단지 설명적 장치(explanatory device)라는 진술 정도로 답변을 그친

---

357 Venema, *The Gospel of Free Acceptance in Christ*, 155.

358 Eveson, 191-92. Cf. Carson, *Divine Sovereignty and Human Responsibility*, (Eugene, Oregon: Wipf and Stock Publishers, 2002), 91; D. A. Carson, "Summaries and Conclusions," *Justification and Variegated Nomism: The Complexities of Second Temple Judaism*, vol. 1., ed., D. A. Carson (Grand Rapids: Baker, 2001), 543-44.

359 Sanders, *Paul and Palestine Judaism*, 87-88.

360 Sanders, *Paul and Palestine Judaism*, 87.

361 Sanders, *Paul and Palestine Judaism*, 98.

다.[362] 무엇이 해결되었는가? 샌더스는 선택의 주권성과 선택의 조건성에 대한 아무런 해결책을 내놓고 있지 않다. 단지 설명적 장치며 교리적 진술이 아니라고 진술한 뒤 논증을 그치는 것이다. 그들이 언약적 율법주의를 은혜의 종교로 규정할 때, 그들이 내세운 근거들로서 선택, 속죄의 수단 등은 그 자체 안에 공로적 성격을 띠고 있다. 샌더스의 옹색한 답변으로는 1세기 유대문헌 안에서 공로적 성격에 대한 다른 학자들의 발견들을 막아 내는 것은 역부족인 듯 보인다. 필립 입슨은 몇 가지 자료들의 증거들을 나열한다.

쿰란 공동체가 하나님의 예정과 은혜에 대해서 강력한 신앙을 가졌다는 것은 사실이지만, 그러나 이것으로 하여금 선행이 속죄적 효력이 있고 종교적 입지를 도와준다는 그들의 신념을 제거하도록 하지는 않았다. 루이스빌(Louisville)에 있는 남침례신학교(Southern Baptist Theological Seminary)의 신약 해석학 교수인 마크 세프리드(Mark Seifrid)는 자신의 선생 돈 카슨(Don Carson)의 입장을 따르면서, 쿰란 제1동굴의 문서의 증거를 자세히 살펴본 이후 평가하기를 죄로부터 정결케 될 수 있는 것은 공동체에 속해 있음과 그들의 엄격한 규칙을 준수하는 일에 있었다고 하였다. 그들의 '이해(理解)와 행실'에 따른 공동체 구성원의 서열과 매해의 검사 또한 그 공동체가 의식적으로 종교적 위치를 개인의 행위와 연관시켰다는 것을 지적해 준다.

세프리드는 "**솔로몬의 시편**"(the Psalm of Solomon)도 조사하였는데, 이것은 원래 B.C. 74-40년 사이에 기원한 외경이었다. 세프리드는 결론짓기를 이 시편들은 불경건한 가운데 자비가 아니라 경건 때문에 있는 자비를 말하고 있다고 하였다. 구원할 만한 가치가 경건의 행위에 덧붙여진 것이다. 쿰란 공동체와 마찬가지로, 이들 역시 회개의 행위를 통한 속죄... 행위를 통해 획득된 구원의 의를 말하고 있다. 1세기 유대교 사가인 요세푸스(Josephus)는, 비록 하나님의 은혜를 자주 언급하긴 하지만, 그 은혜를 하나님께 순종함으로 획득될 수 있는 무엇으로 간주한다. 에스라의 계획에 대해서 요세푸스는 주석하기를 "내 생각에 그들이 에스라에게 동조하게 된 것은 그의 의로움과 선함 때문에 하나님이 그의 소원을 허락해 줄 만하다고 판단했기 때문이다고 했다. 카슨은 공로 신학은 요세푸스에게서 충분히 발전되어 있어서 모세나 아니면 족장들의 공로에다가 여러 가지 축복을 연관시키는 말들을 산출하게 했다"고 평가했다.

샌더스 자신도 외경인 **제4에스라**(4Ezra)는 자신의 주장에 있어서 예외적인 것을 인정하지 않을 수 없었다. 거기에서 우리는 "개인적인 스스로의 의의 종교와 직면한다...즉, '언약적

---

362 Sanders, *Paul and Palestine Judaism*, 100.

율법주의가 붕괴되는 경우를 보게 되는 것이다. 남은 것이라고는 율법주의적인 완전론이 전부이다. 스토트는 만일 문헌적 일례 하나가 잔존했다면 잔존하지 못한 많은 문서가 있는 것이 아닌가? 라고 했다.[363]

헤르만 리델보스(Herman Ridderbos)도, 유대교가 세미-펠라기우스주의적 율법주의라는 것을 상기시킨다.

유대주의 구원론의 기본 주제는 율법 성취의 공로에 대한 보상-또는 이와 관련된 어떤 것-에 대한 사상이다. 구원의 수단인 토라(torah-모세 오경, 혹은 율법)가 이스라엘에게 특별 은총으로서 하나님께서 주신 것은 사실이다. 그러나 이 선물을 주신 목적은 이스라엘로 하여금 이 토라를 성취함으로써 하나님께로부터 보상(reward)을 받고자 함에 있다는 것이다. 이러한 까닭에 인간은 자신 속에 토라를 성취할 도덕적 능력을 가지고 있다고 믿었던 것이다. 즉 인간은 순전하고도 거룩한 영혼을 그의 창조주의 손에서부터 받았고, 그의 감각적인 육체 까닭에 어떠한 악한 본능들을 그의 내부에서 발견한다고 하더라도 인간에게는 그것들을 억누를 수 있는 수단인 토라를 가지고 있다는 것이다. 이러한 구원관은 인간의 완전주의적 사상에서 출발한다. 물론 죄를 부정하지는 않으나 그것을 수량적인 방법(quantitative way)으로 이해한다. 율법 성취에 있어서 중요한 것은, 범법한 수가 율법을 성취한 수보다 적어야 한다는 사실이다. 이것을 달리 표현하자면, 인간의 하나님과의 회계 장부에서 대변(credit side)이 차변(debit side)보다 월등히 많아야 된다는 말과 같다. 이러한 견해는 또한 '의인'과 '죄인' 개념을 결정한다. 그러나 의인이라고 해서 구원의 확실성이 있는 것은 아니다. 이러한 까닭에 그들은 마치 자기들의 천칭이 평행인 것처럼, 또한 그들의 구원이 매순간 율법 성취의 새로운 행동에 좌우되는 것처럼 살라는 충고를 받는다. 이같은 성취란 항상 얻을 수 있는 것이다. 왜냐하면 성취란 율법책의 문자적인 가르침 그대로 모방하기만 하면 되는 것이라고 생각하기 때문이다. 그러므로 유대주의의 구원론은 율법적이며 수량적인 의미를 지녔다. 이것은 죄의 성질에 대한 얄팍한 견해와 인간의 완전주의적 관념에서 출발하는 자력 구원 종교(religion of self-redemption)이다.[364]

헤르만 리델보스를 따르면, 이스라엘 안에 구약을 온전히 따른 백성들과 구약을 공로주의적으로 이해한 예수님의 대립자들을 구분해야 한다. 이러한 필요는 유대문헌 자체로부터 발생한다. 예수님의 사도로서 헌신한 바울과 유대교와의 논쟁은

363 Eveson, 193-94.
364 Herman Ridderbos, 『하나님 나라』, 오광만 역 (서울: 도서출판 엠마오, 1994), 287-8.

예수님의 복음과 연속성 속에서 율법주의에 관한 것으로 여겨져야 한다. 새 관점 학자들은 예수님과 바울이 늘 "민족적 우월감에서 나온 민족적, 종교적 배타성"을 반대한 것으로 해석하지만, 예수님께서는 실제로 유대인의 민족적 배타성만을 지적하시지 않고, 그들의 도덕적 우월감으로부터 흘러나오는 율법주의적 태도 및 구원관을 반대하셨다. 예수님께서는 민족적 배타성을 포함해, 죄를 수량적으로 여겨, 창녀와 세리보다 자신들을 우월하게 여긴 유대인의 오만을 함께 반대하셨다(마 9:10-13). 이런 예수님의 태도는 '바리새인과 세리의 기도'(눅 18:9-14)를 비교하신 곳에서도 발견된다. 민족적 배타성 문제는 이미 오래 전에 종교개혁자들도 인식한 문제이며 이는 언제나 설교의 소제들이 아니었던가? 그러나 종교개혁 정신을 따르는 모든 교회는 민족적 배타성만이 아니라 도덕적 우월감 속에서 자기 의(義)를 드러내며 다른 죄인들을 정죄한 유대교의 율법주의적 사상의 문제도 강조하였다. 이런 잠에서 타락하여 공로화된 유대교와 예수님과 바울의 관계를 대립적으로 이해한 헤르만 리델보스의 이해가 합당하다. 물론 유대인들의 교리적 부패에도 불구하고 이스라엘 백성 중에 참된 신자가 존재했지만, 구약과 유대교를 구분하지 않는 것의 위험성도 지적하고 싶다. 예수님과 바울의 복음은 유대교의 성취나 재해석이 아니라 구약의 성취로 봐야 한다.

새 관점의 언약적 율법주의에 대한 자의식을 분석해 볼 때, 그들이 1세기 역사적 정황을 통해 성경을 조장하며 해석한 것에 대하여도 비평이 가해질 수 있지만, 이러한 비평을 떠나 새 관점 지지자들은 언약적 율법주의 자체에 대한 온전한 이해에 이르지 못했다. 언약적 율법주의는 진정 은혜의 종교였는가? 그렇지 않다. 언약적 율법주의는 율법주의이다. 유대주의 문헌 안에 은혜와 긴장이 함께 한다. 구약은 은혜 언약을 제시하지만, 1세기 유대주의는 그들의 말대로 언약적 율법주의이다. 언약적 율법주의는 은혜와 행위가 협력하는 반(半)-펠라기우스주의적 신인협력설(Semi-Pelagian Synergism)인 것이다. 그들의 오류는 무엇인가? 그들은 종종 바울이 논쟁한 것이 펠라기우스주의(Pelagianism)가 아니었다고 주장한다. 유대주의는 펠라기우스주의식의 율법주의가 아니라는 것이다. 그러므로 종교개혁이 펠라기우스주의적인 로마 카톨릭과의 논쟁 정황을 바울에 투영함으로 유대주의를 율법주의로 왜곡시켰다는 것이다. 정말 그러한가? 새 관점의 몇 가지 오류를 지적할 수 있다. 율법주의는 펠라기우스주의만을 의미하지 않는다. 베네마(Cornelis P. Venema)는 유대주의나 기독교 역사 안에 펠라기우스주의는 '희귀한 새'였다고 지적한다.[365] 그렇다 샌더스의 말 대로 언약적 율법주의는 펠라기우스주의가 아니었다. 그리고 로마 카톨릭도 펠라기우스주의가 아니었다. 필자는 앞에서 이 점을 충분히 지적했다고 믿는다. 새 관점 신학자들은 언약적 율법주의와 로마 카톨릭 사이에 유사점을 인식해야 한다. 양자 모두 은혜의 시작이 없었던 것이 아니다. 그들은, 성도가 모두 은혜로 시작하여 은혜와 협력하는 행위로 구원을 받는다고 가르친다. 이점에 있어 양자는 모두 반(半)-펠라기우스주의인 것이다. 칼 쿠퍼(Karl T. Cooper)는 팔레스틴 유대주의와 로마 카톨릭의 유사점을 지적한다.

팔레스타인 유대주의가 그런 것처럼, 후기 중세 유명론은 하나님의 공의와 그의 긍휼을 가지고 끙끙거렸다. 유대주의에서와 같이 하나님께서 긍휼로써 그의 공의를 부드럽게 하신 언약의 흐름을 따라 해결책을 찾았다. 유대주의에서와 같이, 하나님께서 그러한 언약 관계를 맺으셨다는 사실은 순전히 긍휼의 행동이다. 유대주의에서, 언약 관계에 들어가는 것은 이스라엘 안에서 태어난 모든 이들에게 주어진 선물인 것처럼, 유명론에서도 세례를 받은 모든 이들에게 주어지는 선물이다. 유대주의에서와 마찬가지로 유명론에서 복종은 언약 관계를 유지하는 필요조건이다. 유대주의에서와 같이, 이 복종은 완전한 의가 아니어도 된다. 마음의 의도에 강한 강조를 두면서 최선을 다한다면 기본적인 요건을 이루게 된다. 이러한 복종의 수준에 못 미치어 떨어지게 되는 사람에게는 참회를 통해서 돌아가는 일이 가능하다. 여기서 다시 마음의 의도가 참회를 유효하게 하기도 하고 그렇지 못하게 하기도 한다. 참회하며 복종하는 사람에게 하나님께서 베푸시는 받아주시는 은혜는 엄격한 공로에 근거하는 것이 결코 아니며 단지 적당한 수준의 공로[재량 공로](meritum de congruo)에 근거하여 주신다. 구원을 실제로 상실하는 일이 있지만 그것은 회복시키시는 하나님의 방식을 뿌리 깊게 끝까지 거부하는 불순종을 범하는 자들에게만 나타난다.[366]

---

365 Venema, *The Gospel of Free Acceptance in Christ*, 156.

366 Karl T. Cooper, "Paul and Rabbinic Soteriology," *Westminster Theological Journal* 44/1 (1982): 128. 김병훈, "율법주의, 언약적 율법주의, 은혜 언약: 바울의 새 관점들의 신학적 소재?," 93에서 재인용.

우리가 양자를 비교할 때, 결코 유대주의와 바울 그리고 로마 카톨릭과 종교개혁자들의 논쟁은 동일하게 펠라기우스주의와 *sola gratia*(오직 은혜)의 투쟁이 아니라 반(半)-페라기우스주의의 *gratia*(은혜)와 *sola gratia*(오직 은혜)와의 투쟁이었던 것이다.

따라서 새 관점의 오류는 다음과 같다. 첫째, 그들은 은혜의 시작을 강조하므로 행위로 머물고 행위로 종말론적 칭의에 이르는 언약적 율법주의의 공로신학적 성격을 부정한다. 둘째, 그들은 율법주의의 범위를 너무나 좁게 책정하였다. 율법주의는 펠라기우스주의만이 아니라 넓은 의미로 반(半)-펠라기우스주의적이기도 하다. 셋째, 그들은 카톨릭을 펠라기우스주의로 이해했다. 그러므로 그들의 비평은 왜 펠라기우스주의적인 카톨릭의 정황을 언약적 율법주의(반(半)-펠라기우수주의)인 바울과 유대주의에 투영했느냐는 것이다. 그러나 종교개혁자들은 동일한 반(半)-펠라기우스주의적 구원론 체계로서 유대교와 로마 카톨릭을 인식하였다. 결론적으로 그들은, 율법주의는 펠라기우스주의로 너무 좁혀 놓고 은혜의 종교는 반(半)-펠라기우스주의적 종교 패턴으로 관대하게 넓혀 놓았다. 따라서 그들이 언약적 율법주의를 은혜의 종교라고 규정하는 것은 타당성이 없다.

이로써 우리는 새 관점의 신학 방법론과 그 전제의 타당성에 대한 질문에 모두 답하였다. 결론을 요약하자면 다음과 같다.

첫째, 새 관점은 '오직 성경'의 신학 원리를 떠났다. 그들은 언약적 율법주의라는 역사적 정황 내지 역사적 연구를 통해 성경의 계시를 조종한다. 뿐만 아니라 그들은 성경 66권의 권위만이 아니라 바울의 13개 서신의 권위마저 모두 허락하지 않는다. 바울 연구에 있어 신학의 제1원리는 오직 성경이며 역사적 연구의 결과들은 오직 성경에 조종 되어야 한다. 그러나 새 관점은 이러한 건전한 원리들을 떠났다. 그들은 구약과 유대주의 경전외 문서들을 구분하는데 실패하였다.

둘째, 방법론의 문제를 떠나서 그들은 그들이 신학의 원리와 전제로 삼는 언약적 율법주의에 대한 정확한 이해마저 결여하고 있다. 샌더스의 언약적 율법주의에 버금가는 유대주의 1차 문헌의 연구가 새 관점 비평 진영에서 이루어지고 있다. 이러한 연구들은 한 결 같이 언약적 율법주의라고 부르는 종교 체계가 은혜의 종교가 아닌 율법주의임을 증거하고 있다. 1차 문헌 연구의 결과들은 1세기 유대주의가 공로 사상을 함축하고 있음을 증명하고 있는 것이다.

셋째, 그들은 유대주의에 대한 이러한 오해뿐만 아니라 종교개혁 당시 로마 카톨릭이 펠라기우스주의 였다는 이해하기 어려운 주장을 하고 있다. 그들은 스스로의 전제로서 언약적 율법주의에 대한 오해뿐만 아니라 종교개혁의 역사적 정황을 또한 오해하고 있는 것이다. 또한 율법주의에 대한 모호한 정의가 합세해, 성경의 정황과 종교개혁의 역사적 정황을 상식 밖에 모습으로 묘사하고 있는 것이다. 그들의 전제와 교회사적 이해에 큰 오점이 있다. 잘못된 전제로부터 비롯된 유대주의에 대한 해설, 재해석된 유대교와 바울의 관계성, 종교개혁에 대한 재평가 그리고 이러한 개념들 속에 구축된 언약관과 칭의론 진술은 심각하게 평가되어야 하며, 폐기되어야 한다. 구속사적, 종말론적, 언약적 성경해석이라는 긍정적 시도에도 불구하고, 이들의 신학은 복음을 심각하게 왜곡시켰다. 우리는 공로적인 언약적 율법주의를 성경의 은혜 언약과 구별해야 하며, 왜곡된 칭의와 구원론의 공로신학화를 경계해야 한다.

제5장 결 론

바울에 관한 새 관점(new perspective on Paul)은 유대교의 율법주의와 논쟁하며 이신칭의(以信稱義)의 복음을 전하던 바울의 상(像)을 완전히 바꾸어 놓았다. 새 관점에 따르면, 유대교는 은혜를 통해 언약에 들어가서 율법에 대한 순종을 통해 머물고 구원을 성취하는 은혜의 종교 즉, 언약적 율법주의(covenant nomism)로 명명되었다. 이들에 따르면 바울은 율법주의와 싸우지 않았으며, 이방인을 언약 백성에서 배제하려는 민족적 배타성과 투쟁하였던 것이다. 그들은 이 모든 오류의 출발점을 종교개혁자들이 로마 카톨릭과의 논쟁의 정황을 1세기 유대주의와 바울에게 투영한 결과라고 비평한다. 언약적 율법주의에 따라 수정된 칭의론은 그들의 언약 해석의 틀을 좇아 '이미 들어간 자에 대한 회원권 인정 혹은 평결'로 정의된다. 그리고 현재 칭의는 '성령에 이끌린 성도의 삶에 기초한 평결을 예견하는 것'으로 정의된다. 그리고 최종 칭의는 성령과 인간의 협력을 통해 성취된다. 이러한 주장은 과히 코페르니쿠스적 패러다임의 전환과 같은 것이다. 이러한 패러다임의 전환은 바울을 철저히 새롭게 읽자는 제안이기도 하다. 따라서 우리는 새 관점에 대하여 다음과 같은 질문을 제기한다. 첫째, 언약적 율법주의는 은혜의 종교인가? 둘째, 종교개혁은 진실로 카톨릭과 유대주의를 잘못 이해하였는가? 셋째, 그들이 주장하는 언약과 구원론의 조건성은 어떤 의미인가? 이와 같은 질문에 답하는 과정을 통해 우리는 이 논문의 논지를 '새 관점의 언약적 율법주의와 라이트(N. T. Wright)의 칭의론의 조건성(conditionality)은 반(半)-펠라기우스주의적 공로주의(율법주의)다'라고 제시한다.

필자는 이러한 논지를 논증하고자 새 관점과 개혁신학의 칭의에 대한 언약적 이해와 조건성(conditionality) 주제를 중심으로 분석하고 비교 평가하였다. 우리는 세 명의 새 관점 신학자들을 분석하는 가운데, 이들이 은혜의 종교라 명명한 언약적 율법주의가 공로신학적 요소를 명확히 가지고 있음을 확인할 수 있다. 이들이 언약적 율법주의를 은혜의 종교라고 간주할 수 있었던 것은 중요한 사안에 대한 오해로부터 비롯된다. 첫 번째 오해는 종교개혁의 논적이었던 로마 카톨릭에 대한 오해이다. 둘째는, 율법주의와 은혜의 종교에 대한 정의와 범위에 관한 오해이다. 첫 번째 오해는 이들이 로마 카톨릭을 펠라기우스주의로 여겼다는데 있다. 이들은 종교개혁자들이 펠라기우스주의적 로마 카톨릭과의 논쟁을 바울과 유대교의 논쟁에 투영하였다고 비난한다. 유대교는 은혜로 시작하고 입문하는 은혜의 종교였는데, 종교개혁은 펠라기우스주의적인 카톨릭을 유대교에 빗대어 비판하였다는 것이다. 그러나 우리는, 이것이 상식적인 차원에서 저질러진 큰 오해였다는 것을 논증할 수 있다. 왜냐하면 로마 카톨릭과 유대교는 모두 은혜로 시작하는 종교였으며, 바울과 종교개혁자들도 이 사실을 인지하고 있었기 때문이다. 즉 새 관점의 주장처럼 로마 카톨릭은 펠라기우스주의가 아니다. 그들은 반(半)-펠라기우스주의적 율법주의였던 것이다. 종교개혁자들은 이들이 모두 *gratia*(은혜)의 종교라는 것을 이해하였으므로, 종교개혁은 *gratia*(은혜)와 *sola gratia*(오직 은혜)의 싸움이지 펠라기우스주의와 *sola gratia*(오직 은혜)의 싸움이 아니었던 것이다. 따라서 이들은 로마 카톨릭의 성격에 대하여 오해하였을 뿐만 아니라, 율법주의의 범위를 오해하기도 한다. 이들은 펠라기우스주의만 율법주의인 것처럼 간주한다. 그러나 율법주의는 카톨릭이 그러했던 것처럼 은혜와 협력하는 행위를 구원의 원인으로 여기는 반(半)-펠라기우스주의도 포함하는 것이다. 새 관점의 율법주의는 너무나 협소하게 펠라기우스주의로 제한되고 은혜의 종교의 범위는 반(半)-펠라기우스주의적인 것으로 관대히 넓혀진다.

따라서 이들은 반(半)-펠라기우스주의를 은혜 언약이라 부르며, 은혜의 종교 체계 안에서 칭의와 구원론을 율법주의적인 것으로 왜곡시킨다. 이러한 신학적 경향은 라이트의 이중 칭의(dual justification)에 잘 반영되어있다. 우리가 이미 확인한바 대로, 라이트의 칭의론은 샌더스의 '언약적 율법주의'와 던의 '율법의 행위,' '하나님의 의(義)'에 대한 재정의를 토대로 제시된다. 우리는 라이트의 칭의론의 문제점을 구원론적 관점(구원의 서정)과 언약적 해설 안에서 분석하고 비평하였다.

우선 **구원론적 관점**에서 라이트를 분석한 결론적 평가를 요약해 보자. 이러한 분석을 통해 얻은 우리의 결론은, 그의 구원론이 함축하는 은혜의 종교의 '조건성'은 다분히 공로신학적이라는 것이다. 이러한 주장에 대한 근거는 다음과 같이 제시될 수 있다.

첫째, 라이트는 복음으로부터 칭의를 배제시킨다. 복음은 '예수께서 메시아요 주(主)시라는 선포'일 뿐이다. 이들의 구원의 서정은 회심으로부터 칭의를 철저히 분리시킨다. 라이트에게 칭의는 언약 공동체에 이미 속해 있다는 평결이다. 칭의는 구원론이 아니라 교회론이다. 이러한 복음으로부터 칭의의 분리는 그의 연대기적 *ordo salutis*(구원의 서정)을 통해 확인된다. 그는 믿음을 재해석한다. 믿음은 이미 언약 안에 있다는 것을 증거 하는 회원권 표지(badge)의 개념으로 재해석되므로 구원의 도구적 원인(instrumental cause)의 지위를 상실한다. 이와 같이 라이트의 복음은 구원의 방법이 아니다.

둘째, 새 관점은 '하나님의 의(義)'의 재해석을 통해 의(義)의 전가 교리를 부인하고 칭의의 법정적 의미를 수정한다. 이들은 하나님의 의(義)를 하나님의 언약적 신실성으로 재정의하고, 전가되는 의(義)를 부인한다. 또한 칭의는 언약 안에 있다는 평결로서만 법정적이지 전가에 의해 의롭다는 평결이 아니다. 따라서 라이트의 칭의는 복음의 방법으로부터 배제되고 전가와 법정적 개념을 부정한다. 이러한 칭의론 수정은 구원의 원인을 법정적 개념으로부터 갱신적 측면으로 바꾸어 놓는다. 최종적인 구원을 의미하는 최종 칭의는 성령과 협력하는 성도의 행위를 기초해 성취된다. 초기 칭의나 최종 칭의나 라이트에게 있어 갱신적인 것에 원인을 둔다. 따라서 이들의 칭의는 칭의와 성화의 혼합 안에 해설된다. 은혜의 시작을 갖고 성령의 역사가 제시되지만, 인간과 협력을 통해 최종 구원이 결정되므로, 우리는 이러한 구원론 체계를 반(半)-펠라기우스주의적인 것으로 결론지을 수 있다.

셋째, 의(義)의 전가에 대한 부정은 라이트의 속죄론에 다분히 함축되어있다. 그는 대리형벌만족설을 부정한다. 예수님께서는 죄를 대신하여 형벌을 받으시거나 의(義)를 전가하기 위하여 율법을 순종하지 않으셨다. 대리형벌속죄론이 부정될 때 전가의 개념도 함께 부정된다.

위에서 요약한 바 라이트의 구원론적 문제점들은 그에 대한 언약신학적 접근을 통해 더욱 명료해 진다. 그의 언약관에 대해 우리는 다음과 같은 결론을 내린다.

첫째, 이들의 언약관은 단일언약주의(mono covenantalism)이다. 이들은 행위 언약과 은혜 언약을 구분하지 않는다. 이들의 언약은 언약적 율법주의 안에 통일된다. 던에게서 본 것처럼 옛 언약과 새 언약의 통일성은 은혜로 시작하여 율법을 성취하는 아브라함의 모범에 놓인다. 우리는 아브라함이 믿음의 조상이 아니라 율법 성취의 조상이라는 것을 확인한바 있다. 이들의 언약은 행위 언약과 은혜 언약의 혼합 류이다. 이러한 단일언약주의는 문자와 영의 대조를 통해 성화의 열매를 구원의 원인으로 제시하면서 복음과 율법의 대조를 조종하고 철폐한다. 따라서 이들의 은혜의 종교의 언약 안에 보상과 위협은 영생과 영벌로 제시된다. 우리는 이러한 보상과 위협을 은혜 언약에서 찾아 볼 수 없음을 확인한다. 이들의 보상과 위협의 내용은 분명 행위 언약에서나 볼 수 있는 것이다.

둘째, 이러한 언약관은 결국 칭의와 연관된 많은 주제들을 왜곡시킨다. 이러한 단일언약 안에 율법과 복음의 대조의 부정은, 연합 안에 이중 은총의 구분을 철폐한다. 법정적 측면의 칭의와 갱신적 측면의 성화는 혼합되고 후자에 의해 전자가 흡수된다. 따라서 갱신적 측면을 구원의 원인으로 만들고, 갱신의 열매들을 너무나 과대평가하게 된다. 이들은 성도가 율법을 성취할 수 있다고 믿는다. 따라서 성도의 행위가 최종 칭의의 원인으로 충분하다는 생각을 갖는다. 그러나 이러한 생각은 개혁주의 사상과 이질적인 것이다. 이들은 남은 죄로 인한 선행의 불완전성을 부정한다.

위와 같은 논증을 통해 우리는, 새 관점의 칭의에 관련된 구원론 체계와 단일언약주의의 언약관이 성도에게 요구되는 언약의 조건성을 공로적인 것으로 만들었음을 확증한다.

개혁신학에 시선을 돌릴 때, 구원론과 언약 안에 제시된 조건성에 대한 개혁신학의 해설은 새 관점과 몹시 상이함을 발견하게 된다. 필자는 개혁신학의 입장을 라이트의 칭의론과 언약의 구조를 따라 부제를 정하고 대조, 해설하였다.

우선, 개혁신학의 칭의가 조건성에 갖는 관계는 다음과 같다.

첫째, 개혁신학의 칭의론은 교회론의 문제가 아니라 구원론의 문제이며, 바울의 복음은 칭의의 복음임을 표명한다. 복음은 구원의 방법을 함축한다. 성경은 칭의를 곤경으로부터 해결책으로 논증한다. 성경은 전적 타락으로 인한 정죄의 대안을 칭의라고 가르친다.

둘째, 구원의 은혜는 그리스도의 연합 안에서 이중 은총으로 주어진다. 우리는 이것을 칭의와 성화라고 부른다. 전자는 철저히 법정적인 성격을 갖고 후자는 갱신적 성격을 갖는다. 이 둘은 분리될 수 없지만, 구분되어야 한다.

셋째, 개혁신학은 구원의 원인을 법정적인 것에만 허락하였다. 왜냐하면 갱신적 은혜는 구원의 한 측면이지만, '남은 죄'와 불완전성으로 인해 영화(glorification)의 때까지 완전하지 못하다. 따라서 성도의 행위는 문자와 영의 대조를 따라 불신자의 그것과 확연히 구별되지만, 구원의 원인으로서 완전하지 못하다. 따라서 구원의 원인은 언제나 우리 밖에 있는 그리스도라는 공로적 원인(meritorious cause)에 놓인다. 믿음은 언제나 지식, 동의, 신뢰를 통해 그리스도만을 지향하는 도구적 원인(instrumental cause)이다. 의(義)의 전가 외에 즉, 우리 밖에 있는 그리스도 외에 구원의 원인이 존재할 수 없다는 것이다. 선행도 불완전하여 그 자체로 하나님께 수용될 수 없다. 선행의 수용은 그리스도의 의(義)로 죄가 용서될 때, 수용된다. 선행의 수용조차 칭의와 관련된다.

넷째, 개혁신학의 대리형벌만족의 속죄론은 그리스도의 완전한 형벌과 순종이 우리를 대신한 것이었음을 가르치며, 대리형벌만족설은 의(義)의 전가를 해설하기 위한 중요한 토대이다. 그리스도께서는 택자들의 구속을 위한 언약의 머리, 둘째 아담이시다.

개혁신학의 구원론 체계는 언약적 율법주의 하에 칭의와 은혜 언약 하에 칭의의 이질성을 명확히 드러내 준다. 개혁신학의 칭의는 법정적 칭의로서 우리 밖에 있는 그리스도만을 구원의 원인으로 제시된다. 갱신적 은혜인 성화의 열매는 남은 죄와 불완전성으로 인해 구원의 원인이 될 수 없다. 따라서 갱신적 측면을 칭의의 원인으로 놓는 언약적 율법주의와 은혜 언약은 이질적인 체계이다. 그러나 은혜 언약 아래 조건성은 성령의 갱신적 은혜를 통해 나타나지만, 불완전하여 그리스도의 의(義)를 덧입고 수용된다.

다음으로 우리는 개혁신학의 칭의론에 함의된 언약이란 해석학적 도구에 대하여 분석하였다. 언약적 율법주의라는 언약관을 통해 은혜의 종교가 *gratia*(은혜)와 협력하는 행위를 공로로 제시하는 것과 대조적으로, 개혁신학의 은혜 언약은 *sola gratia*(오직 은혜)와 조화된 조건성을 제시한다. 새 관점과 달리 개혁신학은 행위 언약과 은혜 언약의 대조, 율법 언약과 약속 언약의 대조, 은혜를 본질로 한 새 언약과 은혜 언약의 통일성, 문자와 영의 대조 등의 구분을 통해 *sola gratia*(오직 은혜)의 체계를 해설하고 정립한다. 이러한 대조는 구원에 있어 행위의 길(way)과 은혜의 길(way)을 철저히 구분한다. 행위 언약은 순종을 통해 구원에 이르는 언약으로 아담에 의해 파기되었지만, 하나님께서는 이 언약의 파기에 대한 형벌과 책임을 그리스도께 담당시키시므로 은혜 언약 아래 우리를 구원하신다. 그리스도께서는 행위 언약의 저주를 대신 지시고 구속하셔서 우리에게 구원의 길을 주다. 우리는 이것을 은혜 언약으로 부른다. 아담과 그리스도의 대조적 병행은 죄와 의(義)가 언약의 머리를 통해 전가된다는 사실을 계시하고 있다. 은혜 언약은 그리스도의 의(義)의 전가를 통해 죄인을 용서하고 용납한다. 은혜 언약 안에 칭의는 행위 언약의 행위-의(義)의 조건을 배제한다. 은혜 언약의 성취는 성도들 밖에 계신 그리스도를 통해서만 이루어진다.

좁은 의미의 율법으로서 모세의 언약은 율법의 본성으로 죄인에게 조건성을 제시하므로, 죄를 깨닫고 그리스도를 의지하게 만드는 몽학선생의 역할을 한다. 그러나 율법에 은혜가 개입될 때, 성도에게 있어 넓은 의미의 율법은 칼빈의 율법의 제3용도와 같은 기능을 한다. 좁은 의미의 율법은 넓은 의미의 율법과 대조되지만, 행위 언약과는 달리 구속 역사에 기여하는 의미로 주어졌다. 그러나 좁은 의미의 율법은 행위 언약처럼 완전한 요구로서 죄인을 절망시키고 그리스도께 인도해야 하는 이유로 율법의 본성대로 요구한다. 그리고 좁은 의미의 율법은 이스라엘의 신정을 통해 그리스도의 예표 역할을 한다. 신정 아래 언약의 지상적 형벌과 복들은 천상의 그것들을 예표하고, 궁극적으로 그리스도를 예표 하였다.

우리는 신약과 구약이 모두 은혜 언약의 본질 안에 있었다는 것을 상기해야 한다. 신구약은 모두 행위 언약과 대조되는 은혜 언약 안에 통일성을 갖는다. 문자와 영의 대조가 신약과 구약의 차이를 만들기도 하지만, 신약에 성령의 역사가 없지 않았다. 그것은 정도의 차이로만 여겨진다. 따라서 신약과 구약은 동일한 믿음의 원리로 구원을 받으며, 정도의 차이는 있지만 모두 성령의 열매를 경험하였다. 그러나 신구약 모두 갱신의 열매가 구원의 원인이 될 수는 없다. 왜냐하면 갱신적 측면의 변화와 열매는 앞에서 지적했듯이 불완전하기 때문이다. 따라서 구원의 조건과 원인으로 행위가 제시될 때, 성경은 언제나 율법과 복음의 대조를 제시하여 갱신적 구원의 원인을 배제시킨다. 행위 언약은 율법을 통해 구원을 얻으라고 요구하며, 좁은 의미의 모세 율법은 율법으로 구원을 받지 못하기 때문에 그리스도를 의지하라고 지시한다. 그러나 은혜 언약에 있어 구원의 원인은 언제나 그리스도의 의(義)의 전가에 놓인다. 여기서 율법과 복음의 대조는 절대적인 것이다.

따라서 우리는, 개혁신학의 칭의론과 조건성의 관계가 언약적 해석의 틀 안에서 해설될 때 그 의미가 더욱 분명해 짐을 확인하게 된다. 우리의 결론은 은혜 언약 안에서 제시된 조건성이 무공로적이라는 것이다.

양 진영의 칭의론과 언약관에 대한 분석과 비교를 통해 우리는, 은혜의 종교라고 명명된 언약적 율법주의가 반(半)-펠라기우스주의적 율법주의라고 정정할 수 있다. 언약적 율법주의는 율법주의의 정의 자체를 잘못 내린다. 그것도 상식적인 의미에서 실수를 하였다고 판단된다. 종교개혁과 카톨릭의 논쟁은 은혜의 유무를 가리는 논쟁이 아니었다. 그것은 오직 은혜를 고수하느냐 버리느냐의 싸움이었다. 종교개혁자들이 율법주의로 이해한 것은 언약적 율법주의 류의 바로 그 체계였다. 그들이 반대한 율법주의는 은혜의 시작을 가지지만 신인협력적인 행위를 통해 최종적인 구원을 이루는 것이었다. 정확히 그들은 언약적 율법주의와 유사한 체계와 논쟁한 것이다.

이러한 의미에서 우리가 다룬 세 명의 신학자, 특히 라이트의 칭의론 수정은 타당성을 잃는다. 라이트의 칭의론과 소위 은혜의 종교로 불리려지는 언약적 율법주의 안에 제시된 조건성은 신인협력적인 공로주의의 성격을 갖는다. 라이트와 그 지지자들은 종교개혁이 이해한 은혜 언약 안에 제시되는 참된 은혜의 종교의 의미와 이들이 이해한 율법주의의 범위와 정의를 다시 한 번 상기해야 할 것이다. 은혜의 시작을 주장한다하여 은혜의 종교가 될 수는 없는 것이다. 종교개혁자들의 은혜의 종교는

sola christus(오직 그리스도)만을 *sola fide*(오직 믿음)에 의해서만 의지하는 *sola gratia*(오직 은혜)의 신앙 체계를 의미한다. 은혜와 협력하는 행위가 구원의 원인이 될 때, 구원의 공로적 원인 되시는 그리스도와 그의 사역의 충족성과 완전성은 부정되는 것이다. 라이트와 그 지지자들이 공로신학을 은혜의 종교로 계속 고집하면서 은혜에 인간의 불완전한 행위를 더하는 것은, 그리스도께서 획득하신 완전한 구원의 공로를 업신여기는 것이며 따라서 *soli Deo gloria*(오직 하나님께 영광을)를 가리우는 것이다!

■ 참고 문헌 (Bibliography) ■

I. 한서

권연경. 『행위없는 구원?』. 서울: SFC 출판사, 2006.

권호덕. 『율법의 세 가지 용도와 그 사회적 적용: 영미 형법의 세 가지 뼈대』. 서울: 도서출판
　　　그리심, 2003.

김남준. 『구원과 하나님의 계획』. 서울: 부흥과 개혁사, 2004.

김병훈. "개혁 신학의 구원과 성화". 『구원 이후에서 성화의 은혜까지』. 김정우, 오덕교 편. 서울:
　　　이레서원, 2005: 117-63.

김세윤. 『바울 신학과 새 관점』. 정옥배 역. 서울: 두란노, 2002.

김영재. 『기독교 교리사 강의』. 수원: 합동신학대학원출판부, 2006.

김영진. 『조약과 언약: 고대근동의 국제조약과 구약성서의 언약 연구』. 서울: 한들출판사, 2005.

김재성. 『개혁신학의 광맥』. 서울: 도서출판 이레서원, 2001.

_____. 『개혁신학의 정수』. 서울: 이레서원, 2003.

_____. 『칼빈과 개혁신학의 기초』. 수원: 합동신학대학원출판부, 1997.

박동근. 『언약과 구원』. 서울: 도서출판 우리들, 2013.

박형용. 『바울 신학』. 수원: 합신대학원출판부, 2008.

서요한. 『언약 사상사』. 서울: 기독교문서선교회, 1994.

서철원. 『하나님의 구속경륜』. 광주: 성문당, 1991.

성주진, 『사랑의 마그나카르타』. 서울: 합동신학대학원출판부, 2005.

원종천. 『존 칼빈의 신학과 경건』. 서울: 대한기독교서회, 2008.

유태화. 『삼위일체 구원론』. 서울: 도서출판 대서, 2007.

이한수. 『언약신학에서 본 복음과 율법』. 서울: 생명의 말씀사, 2003.

조광호. 『복음에 나타난 하나님의 의: 로마서 강해』. 서울: 비블리카 아카데미, 2008.

최갑종. 『성령과 율법』. 서울: 기독교문서선교회. 1997.

한철하. 『21세기 인류의 살길』. 양평: 아세아연합신학대학교 출판부, 2003.

홍인규. 『바울의 율법과 복음』. 서울: 생명의 말씀사. 2000.

II. 역서

Armstrong, John H. "이신칭의: 칭의를 위한 믿음의 충족성". 『솔라 피데』. Don Kistler 편. 서울: 생명의 말씀사, 2001): 126-65.

Augustin. 『아우구스티누스의 은혜론』. 김종흡 역. 서울: 생명의 말씀사. 1990.

Bavinck, Herman. 『하나님의 큰일』. 김영규 역. 서울: 기독교문서선교회, 1999.

Beeke, Joel R. "이신칭의: 칭의를 위한 믿음의 충족성". 『솔라 피데』. Don Kistler 편. 서울: 생명의 말씀사, 2001): 60-109.

Berkhof, Louis. 『조직신학』. 권수경, 이상원 역. 서울: 크리스찬다이제스트, 2008.

Buchanan, James. 『칭의 교리의 진수』. 신호섭 역. 서울: 지평서원, 2002.

Campbell, M. K, John Murray and Barton J. Payne. 『구속사와 은혜언약』. 오광만 역. 서울: 도서출판 웨스트민스터출판부, 1994.

Cranfield, Charles. 『로마서 주석』. 문선희, 이용주 역. 서울: 도서출판 로고스, 2003.

Gaffin, Richard B. 『구원이란 무엇인가: 바울과 구원의 서정』. 유태화 역. 서울: 크리스찬출판사, 2007.

_____. "칭의와 그리스도와의 연합". 『칼빈의 기독교 강요 신학』. David W. Hall, Peter A. Lillback 편. 손석태 역. 서울: 기독교문서선교회, 2009: 323-346.

Demarest, Bruce. 『십자가와 구원』. 이용중 역. 서울: 부흥과 개혁사, 2006.

Dunn, James D. G. 『로마서: 1-8』. 김철, 채천석 역. 서울: 솔로몬, 2003.

_____. 『로마서: 9-16』. 김철, 채천석 역. 서울: 솔로몬,   2005.

_____. 『바울신학』. 박문재 역. 서울: 크리스찬다이제스트, 2003.

Edgar, William. "윤리: 칼빈에 따른 그리스도인의 생활과 선행". 『칼빈의 기독교 강요 신학』. David W. Hall, Peter A. Lillback 편. 라영환 역. 서울: 기독교문서선교회, 2009: 411-43.

Edwards, Jonathan. 『기독교 중심: 이신칭의·은혜론』. 이태복 옮김. 서울: 개혁된 신앙사, 2002.

Eveson, Philip H. 『칭의론 논쟁』. 석기신, 신호섭 역. 서울: 기독교문서선교회, 2001.

Fee, Gordon D. 『바울, 성령, 그리고 하나님의 백성』. 길성남 역. 서울: 좋은 씨앗, 2001.

Gerstner, John H. "이신칭의: 의롭다 하는 믿음의 본질". 『솔라 피데』. Don Kistler 편. 서울: 생명의 말씀사, 2001): 110-25.

Hall, David W. and Lillback, Peter A. 편. 『칼빈의 기독교 강요 신학』. 나용화 외 역. 서울: 기독교 문서선교회, 2009.

Heppe, Heinrich. 『개혁파 정통교의신학』. 이정석 역. 서울: 크리스챤다이제스트, 2007.

Hodge, A. A. 『웨스트민스터 신앙고백해설』. 김종흡 역. 서울: 크리스챤다이제스트, 1998.

Hoekema, Anthony A. 『개혁주의 구원론』. 류호준 역. 서울: 기독교문서선교회, 1990.

_____. 『개혁주의 종말론』. 류호준 역. 서울: 기독교문서선교회, 1998.

Holwerda, E. David. 『예수와 이스라엘』. 류호영 역. 서울: 기독교문서선교회, 1993.

Horton, Michael S. 『언약과 종말론: 하나님의 드라마』. 서울: 크리스챤출판사, 2002.

_____. 『언약신학』. 백금산 역. 서울: 부흥과 개혁사, 2006.

Kaiser, Walter C., Jr. 『구약 성경신학』. 최종진 역. 서울: 생명의 말씀사, 1998.

Kline, G. Meredith. 『하나님 나라의 서막』. 김구원 역. 서울: 개혁주의신학사, 2007.

Klooster, F. H. 『칼빈의 예정론』. 신복윤 역. 서울: 성광문화사, 1995.

Kopersky, Veronica. 『최근 바울과 율법 연구 동향』. 김병모 역. 서울: 기독교문서선교회, 2009.

Ladd, G. E. 『신약신학』. 신성종, 이한수 역. 서울: 대한기독교출판부, 1994.

Lillback, Peter A. 『칼빈의 언약사상』. 원종천 역. 서울: 기독교문서선교회, 2009.

Luther, Martin. 『루터 저작선』. 이형기 역. 서울: 크리스챤다이제스트, 1996.

_____. 『루터의 로마서 주석』. 박문재 역. 서울: 크리스챤다이제스트, 2008.

McArthur, Jr. 『구원이란 무엇인가』. 송용자 역. 서울: 부흥과 개혁사, 2008.

_____. 외. 『솔라 피데』. 서울: 생명의 말씀사, 1995.

McComiskey, Thomas Edward. 『계약신학과 약속』. 김의원 역. 서울: 기독교문서선교회, 1987.

McGrath, Alister E. 『이신칭의: 현대적 의미』. 김성웅 역. 서울: 생명의 말씀사, 1988.

_____. 『하나님의 칭의론』. 한성진 역. 서울: 기독교문서선교회, 2008.

Melanchthon, Philip. 『신학총론(최종판)』. 이승구 역. 서울: 크리스챤다이제스트, 2000.

Murray, Andrew. 『계약신앙』. 서울: 기독교문서선교회, 1984.

Murray, John. 『구속론』. 하문호 역. 서울: 성광문화사, 2004.

_____. 『조직신학. II.』. 박문재 역. 서울: 크리스챤다이제스트, 2001.

Niesel, Wilhelm. 『칼빈의 신학사상』. 헤롤드 나이트 역. 기독교학술연구원 번역. 서울: 기독교문화사, 1997.

Osterhaven, M. Eugene. "칼빈의 언약 사상".『칼빈에 관한 신학 논문』. 도날드 K. 맥킴 외 편. 한국칼빈주의연구원 역. 서울: 기독교문화협회, 1989: 119-62.

Packer, James.『청교도 사상』. 박영호 역. 서울: 기독교문서선교회, 1992.

Pascal, Blaise.『팡세』. 정봉구 역. 서울: 육문사, 1992.

Pink, A. W.『하나님의 언약』. 김의원 역. 서울: 기독교문서선교회, 1984.

Piper, John.『장래의 은혜』. 차성구 역. 서울: 좋은 씨앗, 2007.

_____.『칭의 교리를 사수하라』. 장호익 역. 서울: 부흥과 개혁사, 2007.

_____.『칭의논쟁』. 신호섭 역. 서울: 부흥과 개혁사, 2009.

Plevink, Joseph, S. J. 『최근 바울신학 동향』. 배용덕 역. 서울: 기독교문서선교회, 2000.

Reymond, Robert L. 『개혁주의 기독론』. 나용화 역. 서울: 기독교문서선교회, 2007.

Ridderbos, Herman. 『바울신학』. 박영희 역. 서울: 개혁주의신행협회, 1985.

_____. 『하나님 나라』. 오광만 역. 서울: 도서출판 엠마오, 1994.

Robertson, O. Palmer.『계약신학과 그리스도』. 김의원 역. 서울: 기독교문서선교회, 1995.

Sanders, E. P.『바울, 율법, 유대인』. 김진영 역. 서울: 크리스찬다이제스트, 1998.

_____.『예수와 유대교』. 황종구 역. 서울: 크리스찬다이제스트, 1998.

Schaff, Philip.『신조학』. 박일민 역. 서울: 문서선교회, 1993.

Schreiner, Thomas R. 『바울과 율법』. 배용덕 역. 서울: 기독교문서선교회, 2007.

Sproul, R. C. 『R. C. 스프롤의 구원의 의미』. 김의원 역. 서울: 생명의 말씀사, 2003.

_____.『오직 믿음으로』. 안보헌 역. 서울: 생명의 말씀사, 1995.

_____.『자유의지와 믿음』. 김태곤 역. 서울: 생명의 말씀사, 1997.

_____. "이신칭의: 칭의의 법정적인 본질".『솔라 피데』. Don Kistler 편. 서울: 생명의 말씀사, 2001): 34-59.

Stott, R. W. John.『그리스도의 십자가』황영철, 정옥배 역. 서울: 한국기독학생회출판부(IVP), 1988.

_____.『로마서 강해: 온 세상을 향한 하나님의 복음』정옥배 역. 서울: 한국기독학생회출판부(IVP), 1996.

Turrettin, Francis.『개혁주의 속죄론: 그리스도의 속죄』. 서울: 개혁된신앙사, 2002.

Ursinus, Zacharias.『하이델베르그 요리문답 해실』. 원광연 역. 서울: 크리스찬다이제스트, 2006.

Wendel, Francis. 『칼빈의 신학서론』. 한국칼빈주의연구원 역. 서울: 기독교문화협회, 1992.

Williamson, G. I. 『웨스트민스터 신앙고백서 강해』. 나용화 역. 서울: 개혁주의신행협회, 1989.

Wright, N. T. 『마침내 드러난 하나님 나라』. 양혜원 역. 서울: IVP, 2009.

_____. 『신약성서와 하나님의 백성』. 박문재 역. 서울: 크리스찬다이제스트, 2003.

_____. 『악의 문제와 하나님의 정의』. 노종문 역. 서울: IVP, 2008.

_____. 『예수와 하나님의 승리』. 박문재 역. 서울: 크리스찬다이제스트, 2004.

III. 양서

Ames, William. *The Marrow of Theology*. Translated by John Dykstra   Eusden. Grand Rapids, Michigan: Baker Books, 1997.

Baker, J. Wayne. *Heinrich Bullinger and the Covenant: The Other Reformed Tradition*.
Athen, Ohio University Press, 1980.

Barth, Karl. *Church Dogmatics*. Translated by G. W. Bromiley. IV/I. Edinburgh: T & T Clark, 1961.

Berkhof, L. *Systematic Theology*. Gand Rapids, Michigan: William B. Eerdmans Publishing Company, 1996.

Beasely, Micheal. Indeed, *Has Paul Really Said?: A Review of N. T. Wright's Book: What Saint Paul Really Said*. Logos Chrstian Reasearch Ministries, 2007.

Berkouwer, G. C. "Faith and Justification." *Studies in Dogmatics*. Edited by Lewis B. Smedes. Grand Rapids, Michigan: Wm. B. Eerdmans Publishing Company, 1977.

Bierma, D. Lyle. *German Calvinism in the Confessional Age: The Covenant Theology of Caspar Olevianus*. Grand Rapids, Michigan: BakerBooks, 1996.

Boston, Thomas. *A View of the Covenant of Grace*. Orchard Road, East Sussex: Focus Christian Ministries Trust, 1990.

Buchanan, James. *The Doctrine of Justification: An Outline of Its History in the Church and of Its Exposition from Scripture*. 1867. Reprint ed. Grand Rapids, Mich.: Baker, 1955. London: Banner of Truth, 1961.

Bullinger. Henry. *The Decades of Henry Bullinger*. Edited by Thomas Harding. Grand Rapids, Michigan: Reformation Heritage Books, 2004.

_____. *A Brief Exposition of the One and Eternal Testament or Covenant of God in Fountainhead of Federalism.* Translated by Charles S. McCoy and J. Wayne Baker. Louisville, Kentucky: Westminster/John Knox Press, 1991.

Bultmann, Rudolf. *Theology of the New Testament.* 2 vols. Translated by Kendrick Grobel. New York: Scribner, 1951, 1955.

Calvin, John. *Acts of the Council of Trent: With the Antidote.* Edited and translated by Henry Beveridge. 1851. Reprint ed. Selected Works of John Calvin: Tracts and Letters. Edited by Henry Beveridge and Jules Bonnet. 4 vols. Eugene, Oregon: Wipf and Stock Publishers, 2002.

_____. *Commentaries on the Book of the Prophet Isaiah.* Vol. 8. Translated by William Pringle. Grand Rapids, Michigan: Baker Books, 2009.

_____. *Commentaries on the Galatians.* Vol. 21. Translated and edited by William Pringle. Grand Rapids, Michigan: Baker Books, 2009.

_____. *Commentaries on the Epistle of Paul the Apostle To the Romans.* Vol. 19. Translated and edited by John Owen. Grand Rapids, Michigan: Baker Books, 2009.

_____. *Commentaries on the First Book of Moses called Genesis.* Vol. 1. Translated by John King. Grand Rapids, Michigan: Baker Books, 2009.

_____. *Commentaries on the Four Last Books of Moses.* Vol. II. Translated by Charles William Bingham. Grand Rapids, Michigan: Baker Books, 2009.

_____. *Commentaries on A Harmony of the Evangelists, Matthew, Mark and Luke.* Vol. 16. Translated by William Pringle. Grand Rapids, Michigan: Baker Books, 2009.

_____. *Corpus Reformatorum.*

_____. *Institutes of the Christian Religion.* Edited by John T. McNeil, Translated and annotated by Ford Lewis Battles. Philadelphia: Westminster Press, 1967.

Carson, D. A. *Divine Sovereignty and Human Responsibility: Biblical perspectives in tension.* Eugene, Oregon: Wipf and Stock Publishers, 2002.

Carson, D. A. Peter T. O'Brien, and Mark A. Seifrid. Eds. *Justification and Variegated Nomism.* Vol. 1: *The Complexities of Second Temple Judaism.* Grand Rapids: Baker, 2001.

_____. Ed. *Justification and Variegated Nomism.* Vol. 2: *The Paradoxes of Paul.* Grand Rapids: Baker, 2004.

Cartledge, Mark J. and David Mills. *Covenant Theology: Contemporary Approaches.* Waynesboro: Paternoster Press, 2001.

Clark, R. Scott. Ed. *Covenant, Justification, and Pastoral Ministry.* Phillipsburg, New Jersey: P&R Publishing, 2007.

_____. "Letter and Spirit: Law and Gospel in Reformed Preaching."*Covenant, Justification, And Pastoral Ministry.* Edited by R. Scott Clark. Phillipsburg, New Jersey: P&R Publishing, 2007: pp. 331-63.

Cranfield, C. E. B. *Romans: A Shorter Commentary.* Grand Rapids, Michigan: William B. Eerdmans Publishing Company, 1985.

Dunn, D. G. "Judaism and Christianity: One Covenant or Two?." *In Covenant Theology: Contemporary Approaches.* Edited by Mark J. Cartledge and David Mills. Carlisle, Cumbria: Paternoster Press, 2001: 31-55.

_____. *Justification By Faith.* Carlisle UK: The Paternoster Press, 1993.

_____. *The New Perspective on Paul.* Grand Rapids, Michigan/Cambridge, U.K.: William B. Eerdmans Publishing Company, 2005.

_____. *Paul, and the Law: Studies in Mark and Galatians.* Louisville, Ky.: Westminster John Knox Press, 1990.

_____. *Paul and the Mosaic Law.* Grand Rapids, Michigan/Cambridge, U.K.: William B. Eerdmans Publishing Company, 2001.

_____. *The Theology of Paul the Apostle.* Grand Rapids: Eerdmans, 1998.

_____. *Romans 1-8.* Word Biblical Commentary 38A-38B. Waco, Tex.: Word, 1988.

_____. *Romans 9-16.* Word Biblical Commentary 38A-38B. Waco, Tex.: Word, 1988.

Estelle, D. Bryan, Fesko, J. V. and David Van Drunen. Eds. *The Law Is Not Of Faith.* Phillipsburg, New Jersey: P&R Publishing, 2009.

Fee, Gordon. *Paul, the Spirit and the People of God.* Peabody, Massachusetts: Hendrickson Publishers, 1996.

Ferguson, Sinclair B. *John Owen on the Christian Life.* Edinburgh: Banner of Truth Trust, 1987.

Fesko, J. V. "Calvin and Witsius on the Mosaic Covenant." *The Law is not of Faith.* Essay on Works and Grace in the Mosaic Covenant. Edited by Bryand D. Estelle J. V. Fesko, David Van Drunen. Phillipsburg, New Jersey: P&R Publishing, 2009: 25-43.

Fisher, Edward. "The Marrow of Modern Divinity." *The Complete Works of Thomas Boston,* Vol. 7. In The Reformation Bookshelf. CD. Vol. 6.

Fitzmeyer, A. Joseph. *Romans.* AB. New York: Doubleday, 1992.

Frame, John M. *Salvation Belongs To the Lord.* Phillipsburg, New Jersey: P&R Publishing, 2006.

Gaffin, Richard B. *By Faith, Not By Sight: Paul and the Order of Salvation.* Mobilization Drive, Waynesboro: Paternoster Press, 2006.

Gathercole, Simon. "The Doctrine of Justification in Paul and Beyond: Some Proposals." *Justification in Perspective.* Edited by Bruce L.McCormack. Grand Rapids, Michigan: Baker Academic/Rutherford House, 2006: 219-41.

Golding, Peter. *Covenant Theology: The Key of Theology in Reformed Thought and Tradition.*

Geanies House, Ross-shire: the Mentor imprint by Christian Focus Publications, 2004.

Hesselink, I. John. *Calvin's Concept of the Law.* Allison Park, Pennsylvania: Pickwick Publications, 1992.

_____. "Christ, the Law, and the Christian: An Unexplored Aspect of the Third Use of the Law in Calvin's Theology." *Readings in Calvin's Theology.* Edited by Donald K. McKim, Grand Rapids, Michigan: Baker Book House, 1984: 179-91.

Hodge, Charles. *Systematic Theology.* 3 Vols. Grand Rapids: Eerdmans, 1993.

Horton, Michael S. *Covenant and Salvation: Union with Christ.* Louisville, London: Westminster John Knox Press, 2007.

_____. *God of Promise: Introducing Covenant Theology.* Grand Rapids, Michigan: BakerBooks, 2006.

_____. "Which Covenant Theology?." *Covenant, Justification, And Pastoral Ministry.* Edited by R. Scott Clark. Phillipsburg, New Jersey: P&R Publishing, 2007: 197-227.

Jeon, Jeong Koo. *Covenant Theology: John Murray's and Meredith G. Kline's Response to the Historical Development of Federal Theology in Reformed Thought.* Lanham, Maryland: University Press of America, 1999.

_____. Covenant Theology and Justification by Faith: The Shepherd Controversy and Its Impacts. Eugene, Oregon: Wipf & Stock Publishers, 2006.

Joel R. Beeke and Sinclair B. Ferguson, ed. *Reformed Confessions Harmonized.* Grand Rapids, Michigan: Baker Books, 1999.

Karlberg, Mark W. *Covenant theology in Reformed perspective: collected essays and book reviews in historical, biblical, and systematic theology.* West Broadway, Eugene: Wipfand & Stock Publishers, 2000.

Kim, Seyoon. *Paul and the New Perspective: Second Thoughts on the Origins of Paul's Gospel.* Grand Rapids: Eerdmans, 2002.

Kruse, Colin G. *Paul, the Law and Justification.* Leicester: Apollos, 1996.

Kuyper, Abraham. *The Work of the Holy Spirit.* Translated by Henri de Vries. Grand Rapids, Michigan: WM. B. Eerdmans Publishing, 1979.

Lillback, Peter A. *The Binding of God: Calvin's Role in the Development of Covenant Theology.* Grand Rapids, Michigan: Baker Book House, 2001.

Luther, Martin. *Luther's Basic Theological Writings.* Edited by Timothy F. Lull. Ausburg/Minneapolis: Fortress Press, 1989.

_____. *What Luther Says: An Anthology,* Edited by Ewald M. Plass. 3 vols. St. Louis: Concordia, 1959.

MacArthur, John F, R, C. Sproul, Joel R. Beeke, John H. Gerstner and Don Kistler. *Justification by Faith Alone.* Morgan, PA: Soli Deo Gloria Publication, 2003.

Machen, J. Gresham. *Origin of Paul's Religion.* London: Hodder & Stoughton, 1921.

MacPherson, J. G. *Commentary on the Westminster Confession.* Edinburg: T.&T. Clark, 1958.

McCormack L. Bruce, ed. *Justification in Perspective: Historical Developments and Contemporary Challenges.* Grand Rapids, Michigan: Baker Academic, 2006.

McCoy, Charles S. and Baker, J. Wayne. *Fountainhead of Federalism: Heinrich Bullinger and the Covenantal Tradition.* Louisville: Westminster/John Knox Press, 1991.

McGowan, A. T. B. "Justification and the ordo salutis." *Justification in Perspective.* Edited by Bruce L. McCormack. Grand Rapids, Michigan: BakerAcademic/Rutherford House, 2006: 147-63.

McGrath, Alister E. *Iustitia Dei: A History of the Christian Doctrine of Justification.* 2 vols. Cambridge: Cambridge University, 1986.

Moo, Douglas. "The Epistle to the Romans." *New International Commentary on the New Testament.* Grand Rapids: Eerdmans, 1996.

_____. *Romans 1-8.* The Wycliffe Exegetica Commenatary. Chicage: Moody Press, 1991.

Murray, J. "The Adamic Administration." *Collected Writings.* Vol. 2. Edinburgh: Banner of Truth Trust, 1982.

_____. *The Covenant of Grace: A Biblical-Theological Study,* Phillipsburg, New Jersey: Presbyterian and Reformed Publishing Company, 1988.

_____. "Covenant Theology." *Collected Writings.* Vol. 4. Edinburgh: Banner of Truth Trust, 1982

Niesel, Wilhelm. The Theology of Calvin. Philadelphia: Westminster, 1956.

Oberman Heiko A. *The Harvest of Medieval Theology.* Grand Rapids, Michigan: Baker, 1983.

Olevianus, Caspar. *A Firm Foundation: An Aid to Interpreting the Heidelberg Catechism.*
  Translated and Edited by Llye D. Bierma. Grand Rapids, Michigan:
  Baker Book House, 1955.

Osterhaven, M. Eugene. "Calvin on the Covenant." *Article on Calvin and Calvinism.* Edited by
  Richard C. Gamble. New York & London: Garland Publishing, 1992: 75-92.

Packer, J. I. *Among God's Giants,* Kngsway, 1991.

Piper, John. *Counted Righteous in Christ: Should We Abandon the Imputation of Christ's
  Righteousness?.* Wheaton, Ill.: Crossway, 2002.

_____. *The Future of Justification: A Response to N. T. Wright.* Wheaton, Illinois: Crossway
  Books, 2007.

_____. *The Justification of God: Exegetical and Theological Study of Romans 9:1-23.* Grand Rapids,
  Michigan: BakerAcademic, 2007.

Ridderbos. Herman. *Paul: An Outline of His Theology.* Grand Rapids, Michigan: Wm. B.
  Eerdmans Publishing Company, 1982.

Robertson, O. Palmer. *The Christ of the Covenants.* Baker Book House, 1980.

Rolston, Holmes. *John Calvin Versus the Westminster Confession.* Richmond: John Knox
  Press, 1972.

Sanders, E. P. *Paul and Palestine Judaism.* Philadelphia: Fortress Press, 1983.

_____. *Paul, the Law, and the Jewish People.* Philadelphia: Fortress Press, 1983.

Schaff, Philip, ed. *The Creeds of Christendom.* Vol. 2. Grand Rapids, Michigan: Baker Books,
  2007.

_____, ed. *The Creeds of Christendom.* Vol. 3. Grand Rapids, Michigan: Baker Books, 2007.

_____, *History of the Christian Church.* Vol. 3. Grand Rapids: Eerdmans, 1952-53.

Schreiner, Thomas. *The Law and Its Fulfillment: A Pauline Theology of Law.* Grand Rapids:
  Bakier, 1993.

Sheperd, Norman. "Justification by Works in Reformed Theology." *Backbone of the Bible:
  Covenant in Contemporary Perspective.* Edited by P. Andrew Sandlin. TX: Covenant
  Media Press, 2004.

_____. *The Call of Grace: How the Covenant Illumines Salvation and Evangelism.*
  Phillipsburg, NJ: Presbyterian & Reformed, 2000.

Sproul R. C. *Faith Alone: The Evangelica Doctrine of Justification.* Grand Rapids Michigan:
  Baker, 1995.

Thielman, Frank. *Paul and the Law: A Contextual Approach.* Downers Grove, ILL.: InterVarsity, 1994.

Turretin, Francis. *Institutes of Elenctic Theology.* 3 Vols. Translated and edited by George Musgrave Giger, James T. Dennison, Jr. Phillipsburg: P&R Publishing, 1992.

Ursinus, Zacharias. *The Commentary of Dr. Zacharias Ursinus.* Translated by the Rev. G. W. Williard, A. M. Phillipsburg, New Jersey: Presbyterian and Reformed Publishing Company, 1852.

Venema, Cornelis P. *The Gospel of Free Acceptance in Christ.* Murrayfield Road, Edinburgh: The Banner of Truth Trust, 2006.

_____. *Getting the Gospel Right.* Edinburgh: The Banner of Truth Trust, 2006.

Vos, Geehardus. "The Doctrine of the Covenant in Reformed Theology." *Redemptive History and Biblical Interpretation.* Edited by Richard Gaffin, Jr. Phillipsburg. NJ: Presbyterian Reformed Pub. Co., 1980.

Warfield, B. B. *The Westminster Assembly and Its Work.* New York, 1931.

Waters, Guy Prentiss. *Justification and the New Perspectives on Paul: A Review and Response.* Phillipsburg, New Jersey: P&R Publishing, 2004.

_____. *The Federal Vision and Covenant Theology: A Comparative Analysis.* Phillipsburg, New Jersey: P&R Publishing, 2006.

Wendel, Francois. *Calvin: The Origin and Development of Religious Thought.* Translated by Philip Mairet. New York: Harper & Row, 1950.

Willson, S. G. *Luke and the Law.* Cambridge: Cambridge University Press, 1983.

Witsius, Herman. *The Economy of the Covenants.* 2 Vols. Phillipsburg, New Jersey: P&R Publishing, 1990.

Wright, N. T. *The Climax of the Covenant: Christ and the Law in Pauline Theology.* Edinburgh: T&T Clark, 1991.

_____. *Justification: God's Plan and Paul's Vision.* London: SPCK, 2009.

_____. "New Perspectives on Paul." In *Justification in Perspective.* Edited by Bruce L. McCormack. Grand Rapids, Michigan: BakerAcademic/Rutherford House, 2006: 243-64.

_____. *The New Testament and the People of God: Christian Origins and the Question of God.* Vol. 1. Philadelphia: Fortress, 1996.

_____. "On Becoming the Righteousness of God: 2 Corinthians 5:21." *Pauline Theology*. Vol. 2. 200-208. Edited by David M. Hay. Minneapolis: Augsburg Fortress, 1993.

_____. *Paul: In Fresh Perspective*. Mineapolis: Fortress Press, 2009.

_____. *What Saint Paul Really Said*. Wilkinson House, Jordan Hill Road: A Lion Book, 1997.

IV. 논문들

권연경. "옛 관점과 새 관점의 충돌: 주석적 평가와 제안". 총신대학에서 열린 제28회 정기학술심 포지엄 제출 논문, 2010년 5월 8일: 22-44.

김광식. "트리엔트 공의회의 칭의론". 『신학논단』 23 (1995년): 63-79.

김병훈. "도르트 신경의 예정론에 관련한 이해". 『장로교회와 신학』 4 (2007): 205-280.

_____. "율법주의, 언약적 율법주의, 은혜 언약". 총신대학에서 열린 제28회 정기학술심포지엄 제 출 논문, 2010년 5월 8일: 84-103.

_____. "종교개혁으로부터 이탈". 『신학정론』 26/2 (2008): 195-219.

김인환. "칼빈과 언약". 『총신대 논총』 제19집 (2000): 44-70.

김재성. "현대 칭의론과 칼빈의 구원론". 『주는 영이시라』 은퇴 기념 논총 출판 위원회 편. 수원: 합동신학대학원출판부, 2009: 327-46.

김철홍. "현대 바울신학 연구 동향: 바울신학의 새 관점을 중심으로". 『성서마당』 여름 (2008): 75-82.

김태훈. "영원한 언약." 『설교자를 위한 성경연구』 9/4 (2003): 14-27.

문상희. "바울 신학에 있어서의 하나님의 의 개념". 『신학 논단』 7 (1992): 137-81.

박혜근. "The Concept of Covenant in Puritanism". 『칼빈 논단』 (2003): 341-81.

박희석. "칼빈과 언약신학". 『총신대 논총』 제21집 (2002): 60-86.

_____. "칼빈과 웨스트민스터 신앙고백서에 나타난 언약신학". 『총신대 논총』 제23집 (2003): 61-90.

신은균. "칼빈의 언약사상: 칼빈의 언약사상이 성경신학에 미친 영향". 『정규오 목사 은퇴 기념 논총』 (1999): 65-82.

심상태. "의화 교리에 관한 합동 선언문 해설".

원종천. "청교도 언약사상: 개혁운동의 힘". 한국학술진흥재단 연구논문, 1998.

_____. "칼빈 언약사상의 본질적 개념과 신학적 위치". 『역사신학 논총』 제13집, 한국복음주의 역사신학회 편 (2007): 161-92.

이승구. "N. T. Wright의 신학적 기여와 그 문제점". 『N. T 라이트 신학에 대한 성경신학적 입장』 제25차 정기논문 발표회, 2010년 2월 10일: 3-20.

이승문. "바울신학의 최근 연구동향: '바울에 대한 새 관점'과 갈라디아서를 중심으로". 『신학논단』 제53집 (2008): 71-96.

이은선. "칼빈과 칼빈주의 논쟁". 『안양대학교 신학대학원 논문집』 제2집 (1997): 153-83.

이한수. "새 관점의 칭의 해석, 어떻게 볼 것인가?". 『신약연구』 9/2 (2010년 6월): 251-89.

정홍열. "루터교와 로마 카톨릭의 칭의론 공동 선언에 대한 신학적 평가". 『조직 신학 논총』 제5집(2001년 1월): 263-80.

최갑종. "바울신학과 새 관점: '바울복음의 기원'에 대한 재고". 『기독신학저널』 제3호 (2002): 259-69.

_____. "바울에 대한 '새 관점'의 접근과 개혁신학: '새 관점' 무엇이 문제인가?". 총신대학에서 열린 제28회 정기학술심포지엄 제출 논문, 2010년 5월 8일: 1-32.

한정건. "새언약 시대의 율법에 대한 고찰". 『고신대학 논문집』 제18집 (1990): 5-29.

Cooper, Karl T. "Paul and Rabbinic Soteriology." *Westminster Theological Journal* 44/1 (1982): 123-39.

Dunn, J. D. G. "Works of the Law and the Curse of the Law(Galatians 3.10-14)." *New Testament Studies* 31 (1985): 523-42.

_____. "Yet Once More-'The Works of the Law': A Response." *Journal for the Study of the New Testament* 46 (1992): 99-117.

Gaffin, Richard B. "Paul the Theologian." *Westminster Theological Journal* 62 (2000): 121-41.

Hoekema, Anthony A. "The Covenant of Grace in Calvin's Teaching." *Calvin Theological Journal* 2, no.2(November 1967): 133-61.

Jung-Woo, Kim. "The Covenant of Grace: Conditional or Unconditional?" *Calvin Theological Journal* 12 (2004): 25-57.

Justification, Report of the Committee to Study the Doctrine of Justification. by the Seventy-third General Assembly of the Orthodoxy Presbyterian Church.

Karlberg, M. "Covenant Theology and the Westminster Confession and Recent Criticism." *Westminster Theological Journal* 53/1 (1991): 109-24.

_____. "Covenant Theology and the Westminster Tradition." *Westminster Theological Journal* 54/1 (1992): 135-52.

_____. "Reformed Interpretation of the Mosaic Covenant." *Westminster Theological Journal* 43/1 (1980): 1-57.

_____. "Justification in Redemptive History." *Westminster Theological Journal* 43/2 (1981): 213-46.

Lillback, P.A. "The Continuing Conundrum: Calvin and the Conditionality of the Covenant." *Calvin Theological Journal* 29/1 (1994): 42-74.

_____. "Ursinus' Development of the Covenant of Creation: A Debt to Melanchton or Calvin." *Westminster Theological Journal,* 43/2 (1981): 247-88.

McWilliams, David B. "The Covenant Theology of the Westminster Confession of Faith and Recent Criticism," *Westminster Theological Journal* 53/1 (1991): 109-24.

Moo, D. J. "'Law,' 'Works of the Law,' and Ligalism in Paul." *Westminster Theological Journal* 45 (1983): 90-100.

Packer, James I. "God's Justification of Sinners." *Christianity Today.* March 16, 1959.

Report on Justification: Present to the seventy-third General Assembly of the Orthodox Presbyterian Church. Willow Grove: Committee on Christian Education Orthodox Presbyterian Church, 2006.

Robertson, O. Palmer. "Current Reformed Thinking on the Nature of the Divine Covenants" *Westminster Theological Journal* 40/1 (Fall 1977): 63-76.

Schreiner, Thomas. "The Abolition and Fulfillment of the Law In Paul." *Journal for the Study of the New Testament* 35 (1989): 47-74.

_____. "Paul and Perfect Obedience to the Law: An Evaluation of the View of E. P. Sanders." *Westminster Theological Seminary Journal* 47/2 (Fall, 1985): 246-79.

_____. "Works of the Law in Paul." *Novum Testamentum* 33 (1991): 217-44.

Wong, Wai-Sing. "The Covenant Theology of John Owen." Ph. D. diss., Westminster Theological Seminary, 1998.

V. 사전류

"벨기에 신앙고백." 『교회사 대사전』. Vol. I. 서울: 기독지혜사, 1994, 1017-18쪽.

"Gospel." *Dictionary of Paul and His Letters.* Edited by Gerald F. Hawthorne, Ralph P. Martin, and Daniel G. Reid. Downers Grove, Illinois: InterVarsity Press, 1993: 369-72.

"Gospel." *Evangelical Theology of Dictionary.* Edited by Walter A. Elwell. Grand Rapids, Michigan: Baker Academic, 2000: 512-15.

"Justification." *Evangelical Theology of Dictionary.* Edited by. Walter A. Elwell. Grand Rapids, Michigan:Baker Academic, 2001: 643-47.

"Justification." *New Dictionary of Theology.* Edited by Sinclair B. Ferguson, David F. Wright, and J. I. Packer. Downers Grove, Illnois: InterVarsity Press, 1988: 359-60.

"Order of Salvation." *Evangelical Theology of Dictionary.* Edited by Walter A Elwell. Grand Rapids, Michigan: Baker Academic, 2000: 869-70.

"Pelagianism." *New Dictionary of Theology.* Edited by Sinclair B. Ferguson, David F. Wright, and J. I. Packer. Downers Grove, Illnois: InterVarsity Press, 1988: 499-501.

VI. 인터넷

Michael, S. Horton. *"What's Really at Stake," Spindle Works,* http://spindleworks.com/library/CR/horton.htm, 2011년 4월 12일 검색.

Mohler, Albert. "Rethinking the Gospel?." *Ligonier ministries the teaching fellowship of R. C. Sproul.* http://www.ligonier.org/learn/articles/rethinking-gospel/. 2010년 7월 16일 검색.

Ferguson, Sinclair. "What does Justification have to do with the Gospel?." *Ligonier ministries the teaching fellowship of R. C. Sproul.* http://www.ligonier.org/ learn/articles/what-does-justification-have-do-gospel/. 2010년 7월 16일 검색.

Wright, N. T. "The Shape of Justification." at http://www.thepaulpage.com/Shape.html 2010년 3월 9일 검색.

_____. "Paul in Different Perspectives: Lecture. 1: Sarting Points and Opening Reflections." at the Pastors Conference of Auburn Avenue Presbyterian Church, Monroe, Louisiana(January 3, 2005). http://ntwrightpage.com/Wright_Auburn_Paul.htm. 2010년 3월 9일 검색.

_____. "4QMMT and Paul: Justification, 'Works,' and Eschatology." Originally published in History and Exegesis: New Testament Essays in Honor of Dr E. Earle Ellis for His 80th Birthday. 104-132. Edited by Aang-Won (Aaron) Son. New York and London: T & T Clark 2006. at http://www.ntwrightpage.com/Wright_4QMMT_Paul.pdf. 2010 년 5월 7일 검색.

카톨릭대사전, GoodNews 카톨릭 정보. http://info.catholic.or.kr/dictionary/dic_view.asp?ctxtId Num=4260. 2010년 5월 1일 검색.